全国财经商贸类
工学结合系列规划教材

税　法

Tax Law

主　编　**张俊清**

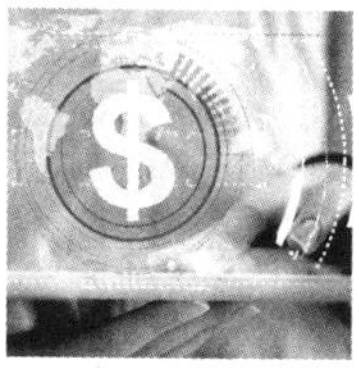

上海财经大学出版社
SHANGHAI UNIVERSITY OF FINANCE & ECONOMICS PRESS

图书在版编目(CIP)数据

税法/张俊清主编. —上海:上海财经大学出版社,2018.7
(全国财经商贸类工学结合系列规划教材)
ISBN 978-7-5642-2947-4/F·2947

Ⅰ.①税… Ⅱ.①张… Ⅲ.①税法-中国-高等学校-教材
Ⅳ.①D922.22

中国版本图书馆CIP数据核字(2018)第021950号

□ 责任编辑 徐 超
□ 联系信箱 1050102606@qq.com
□ 封面设计 杨雪婷

SHUI FA
税 法

主编 张俊清

上海财经大学出版社出版发行
(上海市中山北一路369号 邮编200083)
网 址:http://www.sufep.com
电子邮箱:webmaster @ sufep.com
全国新华书店经销
上海叶大印务发展有限公司印刷装订
2018年7月第1版 2018年7月第1次印刷

787mm×1092mm 1/16 18.25印张 456千字
印数:0 001—3 000 定价:49.00元

前 言

税法作为我国法律体系的一个重要组成部分，是税务机关征收税款和纳税人缴纳税款的法律依据。随着我国经济的迅速发展，近年来国家对税收制度进行了一系列的重大改革，消费税、关税、所得税、资源税、环境保护税等相关税种以及发票管理和税务行政复议等法律制度都有新的调整和改革，特别是从 2016 年 5 月 1 日起在全国推行的“营业税改征增值税”制度，使原有的税法类教材已不适应新的教学和社会生活需要。为此，笔者在汲取最新税法制度和研究成果并结合多年税法课程教学经验的基础上编写了本教材。本书以我国现行税收制度为依据，涵盖了主要税种的知识点，力求做到体系完整、详略得当、例题精准。本书最大的特点在于吸收了最新的税收法规内容，体现了我国税制改革的最新动态，针对税法的知识点设计了相应的习题和案例，好学易懂。本书可作为高职高专的教学用书，也可作从事会计、税务等相关工作人员的自学用书。

本书由河南经贸职业学院张俊清任主编，河南经贸职业学院张亚军、王玉、杨思洁参编。撰写分工：张俊清第一、二章，张亚军第三、八章，王玉第六、七章，杨思洁第四、五、九章。最后由张俊清统稿。

本教材在编写、出版过程中得到了上海财经大学出版社的大力支持，同时参考了有关专家编著的教材和专著，在此表示衷心的感谢！由于编者水平所限，书中难免舛误，敬请广大读者批评指正。

张俊清

2018 年 5 月

目　录

第一章　税法基本理论

知识目标

1. 理解税收的含义、特征及职能；
2. 掌握税收制度的构成要素；
3. 了解我国现行税种分类；
4. 了解税法的基本概念、税收法律关系；
5. 掌握税法的分类、税法的基本要素等基础知识。

能力目标

1. 能够对税收与其他财政收入形式进行区分；
2. 能够对税收制度的构成要素进行准确把握；
3. 能够对税收法律关系进行准确理解；
4. 能够熟练区分税法的基本要素。

关键词

税收　税制要素　税种分类

开篇案例

只有死亡和税收是不可避免的——国家为什么要征税

美国著名政治家、科学家本杰明·富兰克林有一句名言:“人的一生只有两件事不可避免,那就是死亡和税收。”这几年随着我国营业税改增值税税制改革、房产买卖中税负的不断变化、环境税收提上日程等各种涉税事件的频频出现,人们越来越感觉到,税收已渗透到生产生活的各个角落,我们的衣、食、住、行等无不与税收有极密切的关系。明星偷漏税的新闻也时有所闻。比如,在中国红透半边天的韩国影星宋慧乔,就曾在2014年被曝光偷漏税25亿韩元(约合人民币1 507万元),虽然宋慧乔最终交清了欠缴的税款和滞纳金共计38亿韩元,但这一事件无疑给她的自身形象带来了一定的负面影响。

思考:什么是税收?国家为什么要对我们征税?税收与税法有什么关系?

第一节　税收概述

一、税收的含义

在现实生活中，企业要向国家缴纳各种税金，每个人也不可避免地要和税收打交道，那么什么是税收呢？国家为什么要征税呢？税收收入是从哪里取得的？又是依据什么收取的……让我们带着这一系列的疑问，从下面的内容中寻找答案吧。

税收是一个古老的财政范畴，它是伴随国家形成而产生并由国家实施征收的。在西方国家，税收一词起源于古希腊语“tax”，其本意为“忍受”，在我国历史上，用以表示税收的名称有贡、助、彻、赋、租、役、银、课、调等。“税”字由“禾”（稻谷）与“兑”组成，其本来含义是社会成员向国家缴纳一部分农产品，后经常与“赋”“租”“捐”等字连用，形成了“赋税”“税赋”“租税”“捐税”等词语，表明“税”曾与“赋”“租”“捐”相通或相关。随着社会的进步，税收的含义也发生了变化。那么什么是税收呢？简言之，税收是国家为满足社会公共需要，凭借政治权力，按照法律所规定的标准和程序，强制地、无偿地取得财政收入的一种形式。

【案例分析】

背景：2017 年 1 月 23 日我国财政部政府网站公布数据显示：2016 年 1～12 月累计，全国一般公共预算收入 159 552 亿元，比上年增长 4.5%。全国一般公共预算收入中的税收收入 130 354 亿元，同比增长 4.3%；非税收入 29 198 亿元，同比增长 5%。2016 年 1～12 月累计，全国一般公共预算支出 187 841 亿元，比上年增长 6.4%。从主要支出项目情况看：教育支出 28 056 亿元，增长 6.8%；科学技术支出 6 568 亿元，增长 12%；文化体育与传媒支出 3 165 亿元，增长 2.9%；社会保障和就业支出 21 548 亿元，增长 13.3%；医疗卫生与计划生育支出 13 154 亿元，增长 10%；城乡社区支出 18 605 亿元，增长 17.1%；农林水支出 18 442 亿元，增长 5.9%；住房保障支出 6 682 亿元，增长 4.3%；债务付息支出 4 991 亿元，增长 40.6%。

问题：你认为这一新闻与国家征税有什么关系？

分析：国家作为社会管理者，担负着维持社会秩序、满足社会公共需要、提供公共产品和服务的义务。上述报道是向全体纳税人通报 2016 年国家财政在教育、医疗卫生等公共产品提供方面的支出增长的情况。我们每个人都生活在社会中，我们的生存与发展既要靠自身的努力，更离不开国家和政府为我们提供各种公共产品和服务。例如，任何人都需要国家和政府提供公正的法律规范、良好的生活工作秩序、完善的教育设施、丰富的文化生活、健全的医疗卫生条件，等等。而这些公共产品的提供又主要依靠财政的支持。国家本身不是经济组织，无法产生满足自身需要的物质，所以国家必须凭借政治权力，利用税收这种工具筹集财政收入。

二、税收的特征

税收作为政府筹集财政收入的工具，与其他财政收入形式相比具有强制性、无偿性和固定性三大特征。

（一）强制性

税收的强制性是指国家凭借其公共权力以法律、法令形式对税收制度加以规定，并依照规定强制课征。我国《宪法》明确规定，我国公民有依照法律纳税的义务，纳税人必须依法纳税，否则就要受到法律的制裁。税收的强制性主要体现在征税过程中。

【案例探究】河南省郑州市某业主王某在2017年间私下将自己的临街门面房出租，取得收入30万元。王某采取各种方式隐瞒收入，没有向税务机关申报纳税。税务机关会同司法部门以逃避缴纳税款罪起诉王某，法院根据《刑法》等有关规定，对王某的逃避缴纳税款行为追征了税款并处以罚金。

这一案例说明税收具有什么特征？

【解析】这一案例说明税收具有强制性特征。

（二）无偿性

税收的无偿性是指国家征税后，税款一律纳入国家财政预算，由财政统一分配，而不直接向具体纳税人返还或支付报酬。税收的无偿性是对个体纳税人而言的，其享有的公共利益与其缴纳的税款并非一对一的对等，但就纳税人的整体而言则是对等的，政府使用税款目的是向社会全体成员包括具体纳税人提供社会需要的公共产品和公共服务。因此，税收的无偿性表现为个体的无偿性、整体的有偿性。

【小思考】列宁说："所谓赋税，就是国家不付任何代价而向居民取得东西"。这体现了税收具有什么样的特征？

【解析】这体现了税收具有无偿性特征。

（三）固定性

税收的固定性是指国家征税预先规定了统一的征税标准，包括纳税人、课税对象、税率、纳税期限、纳税地点等。这些标准一经确定，在一定时间内是相对稳定的。一方面要求纳税人必须按税法规定的标准缴纳税额；另一方面也要求税务机关只能按税法规定的标准对纳税人征税，不能任意降低或提高。

【案例探究】财政部、国家税务总局2017年6月7日发布通知，明确扩大小型微利企业所得税优惠政策范围的有关政策，以进一步支持小型微利企业发展。前段时间召开的国务院常务会议决定推出6项减税措施，其中就包括扩大享受企业所得税优惠的小型微利企业范围。此次两部门发文做了具体部署。通知明确，自2017年1月1日至2019年12月31日，将小型微利企业的年应纳税所得额上限由30万元提高至50万元，对年应纳税所得额低于50万元（含50万元）的小型微利企业，其所得减按50%计入应纳税所得额，按20%的税率缴纳企业所得税。

这一规定，体现了税收具有什么特征？

【解析】这体现了税收具有固定性特征。

税收的上述三个特征，是税收区别于其他财政收入形式的重要标志，它反映了一切税收的共性。只有这"三性"共同作用，才能使得税收成其为税收，而不成其为其他取得财政收入的手段。税收的三个特征是统一的整体，相互联系，缺一不可。无偿性是税收这种特殊分配手段本质的体现，强制性是实现税收无偿征收的保证，固定性是无偿性和强制性的必然要求。三者相互配合，保证了政府财政收入的稳定。

【例1—1·单选题】 下列有关税收的定义的说法中,不正确的是(　　)。

A. 税收是政府收入的重要来源

B. 税收和国家存在直接联系,两者密不可分

C. 税收是一个分配范畴

D. 税收是以居民为主体的分配关系

【答案】 D

【解析】 税收是国家为了满足一般的社会共同需要,凭借政治权力,按照国家法律规定的标准,强制地、无偿地取得财政收入的一种分配形式。税收是以国家为主体的分配关系。

【例1—2·判断题】 税收是国家为了满足一般的社会共同需要,凭借政治权力,按照国家法律规定的标准,强制地、有偿地取得财政收入的一种分配关系(　　)。

【答案】 ×

【解析】 税收是国家为了满足一般的社会共同需要,凭借政治权力,按照国家法律规定的标准,强制地、无偿地取得财政收入的一种分配关系。

三、税收的职能

税收的职能,就是税收所具有的内在功能。

(一)税收的财政收入职能

这是指税收所具有的将一部分社会产品由社会成员手中转移到国家手中,成为国家的财政收入,以满足国家执行公共事务物质需要的能力。它是税收的最基本职能。

(二)税收的调控职能

这是指税收所具有的引导经济活动和社会生活,使其朝某一方向或是某个规模发展变化的能力。即税收可以对经济发展起到杠杆调节作用。比如,提高工资、薪金所得税率会使人们减少工作时间,而豁免资本利得税会对投资者产生鼓励投资的效应。

(三)税收的保护职能

这是指税收具有的保障国家经济和社会稳定,保护主权国家财政利益和经济利益的能力。

通过税收保护本国财政利益和经济利益,是税收的一项特殊职能。为调节对外经济往来,保护本国经济发展,维护本国权益,近代以来各国纷纷实行出口退税,制订保护关税、开征反补贴税、建立弹性关税制度等。

(四)税收的监督职能

这是指税收对社会经济生活进行监督管理的能力。因为税收的收入职能和调控职能都是建立在日常性征收管理基础上的,且税收征管工作涉及国民经济各个方面,各个环节,通过掌握税源的变化、纳税人收入的多少等及时反映纳税人的生产经营状况,可以督促纳税人加强经济核算,改善经营管理,遵守税法和财经纪律,依法及时足额纳税,进而对经济生活起到了有效监督的作用。

即问即答

问:为什么说税收是"喂养政府的奶娘"?

答:税收是国家参与国民收入分配最主要、最规范的形式,具有强制性、无偿性、固定性的特点。我国的税收收入已占到财政收入的95%左右,是财政收入最主要的来源。

四、税收的分类

由于研究的目的不同,对税收分类可以采用各种不同的标准,从而形成不同的分类方法。通过对税收进行科学的分类,不仅能够揭示各类税收的性质、特点、功能以及各类税收之间的区别与联系,有利于建立合理的税收结构,充分发挥各类税收的功能与作用,而且对于研究税收发展的历史过程、税源的分布与税收负担的归宿以及中央与地方政府之间税收管理和支配权限的划分,都具有重要的意义。世界各国大多实行复税制,税收模式不同,税种数量很多,可采用不同的标准,做出不同的分类。

税收制度的主体是税种,当今世界各国普遍实行由多个税种组成的税收体系。在这一体系中各种税既有各自的特点,又存在着多方面的共同点。因此,有可能从各个不同的角度对各种税进行分类研究。按某一种标志,把性质相同的或近似的税种归为一类,而与其他税种相区别,这就是税种分类。按照不同的分类标志,税种的分类方法一般有以下几种:

(一)按征税对象分类

征税对象是税法的一个基本要素,是一种税区别于另一种税的主要标志。因此,按征税对象的不同来分类,是税种最基本和最主要的分类方法。按照这个标准,我国税种大体可分为以下五类:

1. 对流转额的征税

对流转额的征税简称流转税或商品和劳务税。它是对销售商品或提供劳务的流转额征收的一类税收。商品交易发生的流转额称为商品流转额。这个流转额既可以指商品的实物流转额,也可以指商品的货币流转额。商品交易是一种买卖行为,如果税法规定卖方为纳税人,商品流转额即为商品销售数量或销售收入;如果税法规定买方为纳税人,商品流转额即为采购数量或采购支付金额。非商品流转额是指各种社会服务性行业提供劳务所取得的业务或劳务收入金额。按销售收入减除物耗后的增值额征收的增值税,也归于流转税一类。

流转税与商品(或劳务)的交换相联系,商品无处不在,又处于不断流动之中,这决定了流转税的征税范围十分广泛;流转税的计征,只问收入有无,而不管经营好坏、成本高低、利润大小;流转税都采用比例税率或定额税率,计算简便,易于征收;流转税形式上由商品生产者或销售者缴纳,但其税款常附着于卖价,易转嫁给消费者负担,而消费者却不直接感到税负的压力。由于以上这些原因,流转税对保证国家及时、稳定、可靠地取得财政收入有着重要的作用。同时,它对调节生产、消费也有一定的作用。因此,流转税一直是我国的主体税种。一方面体现在它的收入在全部税收收入中所占的比重一直较大;另一方面体现在它的调节面比较广泛,对经济的调节作用一直比较显著。

我国当前开征的流转税主要有:增值税、消费税和关税。

2. 对所得额的征税

对所得额的征税简称所得税。税法规定应当征税的所得额,一般是指以下方面:一是指有合法来源的所得。合法的所得大致包括生产经营所得(如利润等)、提供劳务所得(如工资、薪金、劳务报酬等)、投资所得(如股息、利息、特许权使用费收入等)和其他所得(如财产租赁所得、遗产继承所得等)四类。二是指纳税人的货币所得,或能以货币衡量或计算其价值的经济上的所得。不包括荣誉性、知识性的所得和体质上、心理上的所得。三是指纳税人的纯所得,即纳税人在一定时期的总收入扣除成本、费用以及纳税人个人的生活费用和赡养近亲的费用后的净所得。这样,使税负比较符合纳税人的负担能力。四是指增强纳税能力的实际所得。例如,利息收入可增加纳税人能力,可作为所得税的征收范围;而存款的提取,就不应列入征税范围。总的来说,所得税是对纳税人在一定时期(通常为一年)的合法收入总额减除成本费用和法定允许扣除的其他各项支出后的余额,即应纳税所得额征收的税。

所得税按照纳税人负担能力(即所得)的大小和有无来确定税收负担,实行"所得多的多征,所得少的少征,无所得的不征"的原则。因此,它对调节国民收入分配,缩小纳税人之间的收入差距有着特殊的作用;同时,所得税的征收面也较为广泛,故此成为经济发达国家的主要收入来源。在我国,随着经济的发展,人民所得的增加,所得税已成为近年来收入增长较快的一类税。

我国当前开征的所得税主要有:企业所得税、个人所得税等。

3. 对资源的征税

对资源的征税是对开发、利用和占有国有自然资源的单位和个人征收的一类税。征收这类税有两个目的:一是为了取得资源消耗的补偿基金,保护国有资源的合理开发利用;二是为了调节资源级差收入,以利于企业在平等的基础上开展竞争。

我国对资源的征税主要有:城镇土地使用税、资源税、耕地占用税、土地增值税等。

4. 对财产的征税

对财产的征税是对纳税人所拥有或属其支配的财产数量或价值额征收的税,包括对财产的直接征收和对财产转移的征收。开征这类税收除为国家取得财政收入外,对提高财产的利用效果、限制财产的不必要的占有量有一定作用。

我国对财产的征税主要有:房产税、契税、车船税、船舶吨税等。

5. 对行为的征税

对行为的征税也称行为税,它一般是指以某些特定行为为征税对象征收的一类税收。征收这类税,或是为了对某些特定行为进行限制、调节,使微观活动符合宏观经济的要求;或只是为了开辟地方财源,达到特定的目的。这类税的设置比较灵活,其中有些税种具有临时税的性质。

我国对行为的征税主要有:印花税、车辆购置税、城市维护建设税、烟叶税、环境保护税等。

【例1—3·多选题】下列选项中,属于流转税的有(　　)。

A. 增值税　　B. 消费税　　C. 关税　　D. 所得税

【答案】ABC

【解析】所得税属于所得税类,不属于流转税。

【例1—4·单选题】在我国现行的下列税种中,属于行为税类的有(　　)。

A. 增值税　　B. 房产税　　C. 车船税　　D. 印花税

【答案】D

【解析】增值税属于流转税类,房产税和车船税属于财产税类。

(二)按税负是否易于转嫁分类

税收按其负担是否易于转嫁,可分为直接税和间接税。所谓税负转嫁,是指纳税人依法缴纳税款之后，通过种种途径将所缴税款的一部分或全部转移给他人负担的经济现象及过程，它表现为纳税人与负税人的非一致性。

1. 直接税

所谓直接税，是指纳税义务人同时是税收的实际负担人，纳税人不能或不便于把税收负担转嫁给别人的税种。属于直接税的这类纳税人，不仅在表面上有纳税义务，而且实际上也是税收承担者，即纳税人与负税人一致，如各种所得税、房产税、遗产税、社会保险税等税种就是直接税。

直接税以归属于私人（为私人占有或所有）的所得和财产为课税对象，较之对流通中的商品或劳务的课税而言，有突出的优点，主要表现在以下几个方面：

（1）直接税的纳税人较难转嫁其税负。

（2）直接税税率可以采用累进结构，根据私人所得和财产的多少决定其负担水平；同时，累进税率的采用，使税收收入较有弹性，在一定程度上可以自动平抑国民经济的剧烈波动。

（3）直接税中的所得税，其征税标准的计算，可以根据纳税人本人及家庭等的生活状况设置各种扣除制度以及负所得税制度等，使私人的基本生存权利得到保障。

因此，直接税较符合现代税法税负公平和量能负担原则，对于社会财富的再分配和社会保障的满足具有特殊的调节职能作用。

在具备上述优点的同时，直接税也有其不足，主要表现为以下几个方面：

（1）税收损失较大，纳税人直接负担重，征收阻力大，易发生逃税、漏税；

（2）征税要求高，征收方法复杂，要有较高的核算和管理水平。

2. 间接税

所谓间接税，是指纳税义务人不是税收的实际负担人，纳税义务人能够用提高价格或提高收费标准等方法把税收负担转嫁给别人的税种。属于间接税税收的纳税人，虽然表面上负有纳税义务，但是实际上已将自己的税款加于所销售商品的价格上由消费者负担或用其他方式转嫁给别人，即纳税人与负税人不一致。

目前，世界各国多以关税、消费税、销售税、货物税、增值税等税种为间接税。间接税为对商品和劳务征税，商品生产者和经营者通常均将税款附加或合并于商品价格或劳务收费标准之中，从而使税负发生转移。因此，间接税不能体现现代税法税负公平和量能纳税的原则。间接税的优点表现为以下几个方面：

（1）间接税几乎可以对一切商品和劳务征收，征税对象普遍，税源丰富；无论商品生产者和经营者的成本高低、有无盈利以及盈利多少，只要商品和劳务一经售出，税金即可实现，因此，间接税具有突出的保证财政收入的内在功能。

（2）间接税的税收负担最终由消费者负担，故有利于节省消费，奖励储蓄。

（3）间接税的计算和征收，无须考虑纳税人的各种复杂情况并采用比例税率，较为简便易行。

间接税的存在与商品经济的发展水平有着密切关系。在经济较为落后的发展中国家，商品流通规模较小，市场竞争的程度也较弱，间接税的大量征收不会由于价格的提高而对交易的竞争产生很大的不利影响；相反，间接税税负易于转嫁的特点，还可以刺激经济的发展。发展中国家的国民收入相对较低，所得税税源不足，只能采用对商品课税的办法来解决财政收入问题。间接税普遍、及时、可靠的特点能够有效地实现国家的财政收入。发展中国家的经济管理、税收管理水平较低,间接税简便易行的特点有利于税收的征收。

(三)按照征税标准不同进行的分类

税收按其征税标准的不同,可分为从价税、从量税、复合税。

1. 从价税

从价税是以课税对象价格作为计税依据计算征收的税收,税额的多少将随着价格的变动而相应增减。从价税一般实行比例税率和累进税率,税收负担比较合理,如增值税、企业所得税、个人所得税。

2. 从量税

从量税,是按征税对象的重量、件数、容积、面积等为标准,采用固定税额征收的税收。从量税具有计算简便的优点,但税收收入不能随价格高低而增减。

从量税一般采用定额税率,如车船税、城镇土地使用税和消费税中的啤酒和黄酒。

3. 复合税

复合税,即定额税率与比例税率相结合的税率。比如,粮食白酒征收消费税的规定,既征收20%的从价税,又征收每斤0.5元的从量税,所以叫复合计税。我国消费税中对卷烟和白酒采用复合税率。

【例1-5·单选题】下列属于按照税收的征税标准不同进行分类的是(　　)。

A. 财产税类　　B. 关税类　　C. 中央税　　D. 复合税

【答案】D

【解析】按照征税标准不同进行分类,可分为从价税、从量税和复合税。

(四)按税收管理和使用权限分类

税收按其管理和使用权限划分,可分为中央税、地方税、中央与地方共享税。这是在分级财政体制下的一种重要的分类方法。通过这种划分,可以使各级财政有相应的收入来源和一定范围的税收管理权限,从而有利于调动各级财政组织收入的积极性,更好地完成一级财政的任务。

1. 中央税

中央税是指属于中央政府的财政收入,由中央政府支配和使用的税种。一般将税源集中、收入大、涉及面广,而由全国统一立法和统一管理的税种,划作中央税。我国目前中央税主要包括消费税、车辆购置税、关税、海关代征的进口环节增值税等。

2. 地方税

地方税是指属于各级地方政府的财政收入,由地方政府支配和使用的税种。一般将一些与地方经济联系紧密,税源比较分散的税种,列为地方税。地方税具体包括土地增值税、耕地占用税、城镇土地使用税、房产税、车船税、契税等。

3. 中央与地方共享税

中央与地方共享税是指属于中央政府和地方政府的共同收入,按一定比例分成的税种。一般将一些既能兼顾中央和地方经济利益,又有利于调动地方组织收入积极性的税种,列为中央地方共享税。目前我国中央地方共享税主要有增值税、企业所得税、个人所得税、资源税、城市维护建设税、印花税等。

【例1-6·多选题】下列税种中,属于地方税的有(　　)。

A. 增值税　　B. 房产税　　C. 车船税　　D. 土地增值税

【答案】 BCD

【解析】 增值税属于中央和地方共享税。

【例 1—7・多选题】 下列税种中，属于中央政府和地方政府共享收入的税种有(　　)。

A. 个人所得税　　B. 消费税

C. 资源税　　D. 城市维护建设税

【答案】 ACD

【解析】 B选项消费税属于中央政府固定收入，其他选项属于中央和地方共享税。

(五)按照税收与价格的关系分类

按税收与价格的关系划分，税收可分为价内税和价外税。在市场经济条件下，税收与商品、劳务或财产的价格有着密切的关系，对商品和劳务课征的税收既可以包含于价格之中，也可以在价格之外。

1. 价内税

凡税收构成价格组成部分的税收称为价内税。价内税其价格的组成＝成本＋利润＋税金。价内税优点在于，税款包含在商品价格内，容易为人们所接受；税款随商品价格的实现而实现，有利于及时组织财政收入；税款随商品价格的提高而增加，使税收收入有一定的弹性；计税简便，征收费用低。其缺点是，易发生商品价格与价值背离的情况，容易造成对价格的扭曲。

2. 价外税

凡税收是价格之外的附加额的税收称为价外税。价外税其价格组成＝成本＋利润。价外税与企业的成本核算和利润、价格没有直接联系，能更好地反映企业的经营成果，不致因征税而影响公平竞争；同时，不干扰价格对市场供求状况的正确反映，因此更适应市场经济的要求。目前只有增值税是价外税，其他流转税都是价内税。

【例 1—8・判断题】 消费税和增值税一样，都属于价外税(　　)。

【答案】 ×

【解析】 消费税属于价内税，增值税属于价外税。

(六)按照课税标准是否具有依附性分类

按照课税标准是否具有依附性，税收可分为正税和附加税。

1. 正税

正税又称本税、主税、独立税，是指通过法定程序由最高权力机关公布税法，或授权拟定条例以草案形式发布开征，具有独立的计税依据并正式列入国家预算收入的税收。正税与其他税没有连带关系，有自己特定的征税对象。征收附加税或地方附加，要以正税为依据。正税是国家预算收入的主要来源，对于保证国家实现各项职能的资金需要，通过税收分配体现国家的有关政策，调节社会经济生活等，具有决定性的意义。中国现行税制中，绝大部分税种都是正税。

2. 附加税

附加税是正税的对称，指随正税按照一定比例征收的税。其纳税义务人与独立税相同，但是税率另有规定。附加税以正税的存在和征收为前提及依据，如目前我国开征的城市维护建设税就是附加税。

除上述主要分类外，还有一些其他分类方法。例如，在我国按征收机关划分，税收可分为工商税系、关税税系和农业税系三大类。工商税系由各级国家税务机关和地方税务机关征收管理；关税税系由海关负责征收管理；农业税系原来由各级财政部门负责征收管理，现正逐步移交给税务机关。又如，按缴纳形式，税收可分为力役税、实物税和货币税；按税收的用途，税收可分为一般税和目的税。

第二节　税法概述

一、税法的概念

税法是国家制定的用以调整国家与纳税人之间在征纳税方面的权利及义务关系的法律规范的总称。

税法有广义和狭义之分。广义的税法是指由国家立法机关、政府及其有关部门制定的有关税收方面的法律、规章和规定等；狭义的税法仅指国家最高权力机关正式立法的税收法律，如我国的《个人所得税法》《企业所得税法》《税收征收管理法》等。本书所说的税法属广义税法。

税法与税收既有区别又有联系。两者之间的联系体现在，税收活动必须严格按照税法的规定进行，税法是税收的法律依据和法律保障。税收与税法密不可分，是一种经济现象所体现出的内容与形式的关系。税收作为社会经济关系，是税法的实质内容，反映国家与纳税人之间的经济利益分配关系；税法作为特殊的行为规范，是税收的法律形式，体现国家与纳税人之间在征纳税方面的权利义务关系。有税必有法，无法不成税；税收决定税法，税法为税收服务。两者的区别在于，税收属于经济基础范畴，税法则属于上层建筑范畴。

【例 1－9 · 多选题】下列项目中，属于税收法律(狭义)的有(　　)。

A.《个人所得税法》　　B.《税收征收管理法》

C.《消费税暂行条例》　　D.《所得税实施细则》

【答案】AB

【解析】AB 选项属于税收法律，CD 选项为税收行政法规。

二、税法的特点

(一)从立法过程看税法属于制定法，而不是习惯法

现代国家的税法都是经过一定的立法程序制定出来的，即税法是由国家制定而不是认可的，这表明税法属于制定法而不是习惯法。尽管从税收形成的早期历史来看，不乏由种种不规范的缴纳形式逐渐演化而成的税法，但其一开始就是以国家强制力为后盾形成的规则，而不是对人们自觉形成的纳税习惯以立法的形式予以认可。税法是由国家制定的，而不是认可的，其根本原因在于国家征税权凌驾于生产资料所有权之上，是对纳税人收入的再分配。征纳双方在利益上是对立的，不可能由纳税习惯演化成习惯法。

(二)从法律性质看,税法属于义务性法规

税法直接规定人们的某种义务,具有强制性,所以不属于授权法。义务性法规是相对授权性法规而言的,是指直接要求人们从事或不从事某种行为的法规,即直接规定人们某种义务的法规。义务性法规具有强制性的显著特征,它所规定的行为方式明确而肯定,不允许任何个人或机关随意改变或违反。

(三)从内容看,税法具有综合性

税法不是单一的法律,而是由实体法、程序法、争讼法等构成的综合性法律体系,其内容涉及课税的基本原则、征纳双方的权利义务、税收管理规则、法律责任、解决税务争议等,包括立法、行政执法、司法各个方面。税法具有综合性,是保证国家正确行使课税权力,有效实施税务管理,确保依法足额取得财政收入,保障纳税人合法权利,建立合作信赖的税收征纳关系的需要,也表明税法在国家法律体系中的重要地位。

【例1—10·单选题】税收制度所调整的税收分配关系和税收法律关系的复杂性决定了税法具有(　　)。

A. 义务性特点　　B. 权利性特点　　C. 综合性特点　　D. 单一性特点

【答案】C

【解析】税收的无偿性和强制性特点决定了税法属于义务性法规;税法的综合性特点是由税收制度所调整的税收分配关系和税收法律关系的复杂性所决定的。故选项C正确。

三、税法的经济作用

(一)税法是税收根本职能得以实现的法律保障

组织财政收入是税收最根本的职能。税法为取得税收收入提供的保证作用,一方面体现在税法作为义务性法规,设定了种种纳税义务,纳税人没有履行纳税义务,就是违反国家法律,就要受到相应的法律制裁。这样就使税收的强制性上升为法律的强制性,并且税法的强制性在诸法律部门中,仅次于刑法,成为取得税收收入的根本保证。另一方面,法律要求相对的稳定性,不能朝令夕改。因此,税收制度一旦成为法律,其固定性就有了法律保证,即使国家也不能对基本的税制要素随意改动。从长远看,这是国家及时、稳定取得财政收入的一个重要保证。

(二)税法是正确处理税收分配关系的法律依据

税收分配是社会剩余产品由纳税人向国家无偿、单向的转移。因此,税收征纳关系始终是一对矛盾,否定这一点,也就是否认了税收的强制性。调节这一矛盾,更好地进行税收分配,需要一套具备权威性、对征纳双方都有约束力的规范标准。没有这样一套客观公正的标准,就不能判定纳税人是否及时足额纳税,国家则不能保证及时稳定地取得财政收入,纳税人的合法权益也不能得到有力的保护。此外,国家的课税权不受任何约束,还容易导致征收无度无序,激化征纳矛盾,不利于税收分配关系的稳定。在现有的各种规范、标准中,最权威、最公正、最客观、最具有约束力的唯有税法。

(三)税法是国家调控宏观经济的重要手段

在计划经济体制下,我国习惯用行政手段直接管理经济,社会主义市场经济体制建立之后,转为运用法律和经济的手段进行宏观经济调控。税收是国家宏观调控的重要手段,通过制定税法,以法律的形式确定国家与纳税人之间的利益分配关系,调节生产与消费及社会成员间的收入水平，调整经济结构，促进社会资源的优化配置，使之符合国家的宏观经济政策；同时，根据法律的平等原则，公平税负、鼓励平等竞争，为市场经济的良性运行与发展创造良好的条件。

（四）税法是国家维护经济秩序的法律工具

税法的贯彻执行涉及从事生产经营活动的每个单位和个人，其单位和个人办理税务登记、建账建制、纳税申报等各项经营活动，都将纳入税法的规范制约和管理范围。这样，税法就确定了一个规范有效的经济秩序和纳税秩序，以监督经营单位和个人依法经营，加强经济核算、提高经营管理水平；同时税务机关按照税法规定对纳税人进行税务稽查，严肃查处偷逃税及其他违反税法规定的行为，也将有效地打击各种违法经营活动。

（五）税法是国家维护其经济权益的法律保障

在对外经济交往中，任何国家都拥有税收管辖权，这是国家利益的体现。改革开放以来，我国在平等互利的基础上，不断扩大同世界各国及地区的经济贸易往来与交流合作，利用外资、引进技术的规模及渠道和方式都有很大发展，在建立和完善涉外税法的同时，还与80多个国家（地区）签订了避免双重征税的协定，既维护了国家的利益，又为吸引外商投资和发展国家间经济技术合作，提供了法律保障。

四、税收法律关系

税收法律关系是税法所确认和调整的，国家和纳税人之间以及各级政府之间在税收分配过程中形成的权利与义务关系。

（一）税收法律关系的构成

1. 税收法律关系的主体

税收法律关系的主体是指在税收法律关系中享有权利和承担义务的当事人，一方为征税主体，另一方则是纳税主体。

征税主体又叫征税人，是指在税收法律关系中行使税收征管权，依法进行税款征收行为的一方当事人。因为税收是以国家为主体的特殊分配形式，所以征税主体只能是国家，而不是其他主体。现实中税收征管的各项权力要由国家授权给具体的职能机关来行使。目前我国征税主体的具体部门有税务机关、财政机关和海关等行政机关，其中，国家各级税务机关是最主要的征税主体。

纳税主体是指税收法律关系中依法履行纳税义务，进行税款缴纳行为的一方当事人，通常包括法人、自然人和其他组织，在华的外国企业、组织、外籍人、无国籍人，以及在华虽然没有机构、场所但有来源于中国境内所得的外国企业或组织。这种对税收法律关系中权利主体另一方的确定，我国采用的是属地兼属人的原则。

2. 税收法律关系的客体

税收法律关系的客体是指税收法律关系主体的权利义务所指向的对象，也就是征税对象，主要包括货币、实物和行为。例如，企业所得税法律关系的客体就是企业生产经营所得和其他所得，财产税法律关系的客体就是财产，流转税法律关系的客体就是货物销售收入或劳务、服务收入。

3. 税收法律关系的内容

税收法律关系的内容是指税收法律关系主体所享有的权利和所承担的义务，主要包括纳税人的权利义务和征税机关的权利义务。这是税收法律关系中最实质的东西,也是税法的灵魂。它规定权利主体可以有什么行为,不可以有什么行为,若违反了这些规定,须承担相应的法律责任。

税务机关的权利主要表现在依法进行征税、进行税务检查及对违章者进行处罚等;其义务主要表现在向纳税人宣传、咨询、辅导解读税法,及时把征收的税款解缴国库,依法受理纳税人对税收争议的申诉等。

纳税义务人的权利主要表现在多缴税款申请退还权、延期纳税权、依法申请减免税权、申请复议和提起诉讼权等;其义务主要表现在按税法规定办理税务登记、进行纳税申报、接受税务检查、依法缴纳税款等。

【例 1—11·单选题】税收法律关系最实质的东西是(　　)。

A. 权利主体　　B. 权利客体

C. 税收法律事实　　D. 税收法律关系的内容

【答案】D

【解析】税收法律关系的内容是税收法律关系中最实质的东西,也是税法的灵魂。

(二)税收法律关系的产生、变更与消灭

税法是引起税收法律关系的前提条件,但税法本身并不能产生具体的税收法律关系,税收法律关系的产生、变更和消灭必须有能够引起税收法律关系产生、变更或消灭的客观情况,也就是由税收法律事实来决定。

税收法律事实可以分为税收法律事件和税收法律行为。

税收法律事件是指不以税收法律关系权利主体的意志为转移的客观事件,例如,自然灾害可以导致税收减免,从而引起税收法律关系内容的变化。

税收法律行为是指税收法律关系主体在正常意志支配下做出的活动。例如,纳税人开业经营即产生税收法律关系,纳税人转业或停业就造成税收法律关系的变更或消灭。

【例 1—12·判断题】税法是引起税收法律关系的前提条件,税法可以产生具体的税收法律关系(　　)。

【答案】×

【解析】税法是引起税收法律关系的前提条件,但税法本身并不能产生具体的税收法律关系,税收法律关系的产生、变更和消灭是由税收法律事实决定的。

(三)税收法律关系的保护

税收法律关系是同国家利益及企业和个人的权益相联系的,保护税收法律关系,实质上就是保护国家正常的经济秩序,保障国家财政收入,维护纳税人的合法权益。税收法律关系的保护形式和方法有很多,税法中关于限期纳税、征收滞纳金和罚款的规定,我国《刑法》对构成逃税、抗税罪予以刑罚的规定,以及税法中对纳税人不服税务机关征税处理决定,可以申请复议或提出诉讼的规定等,都是对税收法律关系的直接保护。税收法律关系的保护对权利主体双方是平等的,不能只对一方保护,而对另一方不予保护;同时,对其享有权利的保护,就是对其承担义务的制约。

五、税法与其他法律的关系

在我国的法律体系中，各个法律之间，不管是横向还是纵向都有一定的相关性。涉及税收征纳关系的法律规范，除税法本身直接在税收实体法、税收程序法、税收争讼法、税收处罚法中规定外，在某种情况下也需要援引一些其他法律。因此，税法与其他法律或多或少地有着相关性。

(一)税法与宪法的关系

宪法是我国的根本大法，它是制定所有法律、法规、章程的依据。税法是国家法律的组成部分，当然也是依据宪法的原则制定的。

《宪法》第56条规定："中华人民共和国公民有依照法律纳税的义务。"这里，一是明确了国家可以向公民征税；二是明确了向公民征税要有法律依据。因此，我国《宪法》的这一条规定，是立法机关制定税法并据以向公民征税，以及公民必须依照税法纳税的最直接的法律依据。

《宪法》还规定，国家要保护公民的合法收入、财产所有权，保护公民的人身自由不受侵犯等。因此，在制定税法时，就要规定公民应享受的各项权利以及国家税务机关行使征税权的约束条件，同时要求税务机关在行使征税权时，不能侵犯公民的合法权益等。

《宪法》第33条规定："中华人民共和国公民在法律面前人人平等。"即凡是中国公民都应在法律面前处于平等的地位。我们在制定税法时也应遵循这个原则，对所有的纳税人要平等对待，不能因为纳税人的种族、性别、出身、年龄等不同而在税收上给予不平等的待遇。

【例1－13·单选题】下列法律中，明确规定"中华人民共和国公民有依照法律纳税的义务"的是(　　)。

A.《中华人民共和国宪法》　　B.《中华人民共和国民法通则》

C.《中华人民共和国个人所得税法》　　D.《中华人民共和国税收征收管理法》

【答案】A

【解析】本题考核税法与宪法的关系。我国《宪法》第56条规定："中华人民共和国公民有依照法律纳税的义务。"故选项A正确。

(二)税法与民法的关系

民法是调整平等主体之间，也就是公民之间、法人之间、公民与法人之间财产关系和人身关系的法律规范，故民法调整方法的主要特点是平等、等价和有偿。而税法的本质是国家依据政治权力向公民进行课税，是调整国家与纳税人关系的法律规范，这种税收征纳关系不是商品交换关系，明显带有国家意志和强制的特点，其调整方法要采用命令和服从的方法。这是由税法与民法的本质区别所决定的。因此，税法与民法有本质区别。

税法与民法之间又有联系，当税法的某些规范同民法的规范基本相同时，税法一般援引民法条款。在征税过程中，经常涉及大量的民事权利和义务问题。比如，印花税中有关经济合同关系的成立、房产税中有关房屋的产权认定等，而这些在民法中已予以规定，所以税法就不再另行规定。当涉及税收征纳关系问题时，一般应以税法的规范为准则。比如，两个关联企业之间，一方以高进低出的价格与对方进行商业交易，然后再以其他方式从对方取得利益补偿，以达到避税的目的。虽然上述交易符合民法中规定的"民事活动应遵循自愿、公平、等价有偿、诚实信用”的原则，但却违反了税法规定，应该按照税法的规定对这种交易做相应的调整。

（三）税法与刑法的关系

刑法是关于犯罪、刑事责任与刑罚的法律规范的总和。应该指出的是，违法与犯罪是两个概念，违反了税法，并不一定就是危害税收征管罪。例如，我国现行《刑法》第201条规定：“纳税人采取欺骗、隐瞒手段进行虚假纳税申报或者不申报，逃避缴纳税款数额较大并且占应纳税额百分之十以上的，处三年以下有期徒刑或者拘役，并处罚金；数额巨大并且占应纳税额百分之三十以上的，处三年以上七年以下有期徒刑，并处罚金。”而《税收征收管理法》第63条规定：“纳税人采取伪造、变造、隐匿、擅自销毁账簿、记账凭证，在账簿上多列支出或者不列、少列收入，经税务机关通知申报而拒不申报或者进行虚假的纳税申报的手段，不缴或者少缴应纳税款的，是偷税，对纳税人偷税的，由税务机关追缴其不缴或少缴的税款、滞纳金，并处以不缴或少缴的税款50%以上五倍以下的罚款；构成犯罪的，依法追究刑事责任。”据此可以看出，两者之间的区别就在于情节是否严重，轻者给予行政处罚，重者则要承担刑事责任，予以刑事处罚。

第三节　税法原则

税法原则是反映税收活动的根本属性，是税收法律制度建立的基础。税法原则包括税法基本原则和税法适用原则。

一、税法基本原则

税法的基本原则是统驭所有税法规范的根本准则，是有关税收立法、执法、司法等各个环节都必须遵循的基本准则。其中税收法定原则是税法基本原则中的核心。

（一）税收法定原则

税收法定原则又称为税收法定主义，是指税法主体的权利义务必须由法律加以规定，税法的各类构成要素都必须且只能由法律予以明确规定。税收法定主义贯穿税收立法和执法的全部领域，其内容包括税收要件法定原则和税务合法性原则。

（二）税收公平原则

税收公平原则源于法律上的平等原则。税收公平原则，是指政府征税要使不同纳税人承受的税收负担与其经济状况相适应，并使各个纳税人之间的负担水平保持均衡。一般认为税收公平原则包括税收横向公平和纵向公平。横向公平，即相同经济条件的纳税人承担等量税收；纵向公平，即不同纳税能力的纳税人承担不同的税收，纳税能力强者多纳税，纳税能力弱者少纳税，无纳税能力者不纳税。

（三）税收效率原则

税收效率原则包括两个方面，即经济效率和行政效率。前者要求政府征税活动要有利于资源的有效配置，促进经济行为的合理化和社会经济效率的提高，或者对经济效率的不利影响最小；后者要求以尽可能小的税收成本来取得税收收入，即税务机关的征收费用和纳税人的纳税费用最小化。

(四)实质课税原则

实质课税原则是指应根据客观事实确定是否符合课税要件，并根据纳税人的真实负担能力决定纳税人的税负，而不能仅考虑相关外观和形式。之所以提出这一原则，是因为纳税人是否满足课税要件，其外在形式与内在真实之间往往会因一些客观因素或纳税人的刻意伪装而产生差异。比如，纳税人借转让定价而减少计税所得时，纳税人表面确定的价格就不能反映其真实所得，税务机关就有权根据实质课税原则重新估定计税价格，并据以征税。实质课税原则的意义在于防止纳税人避税和逃税，增强税法适用的公正性。

【例1—14·单选题】税法基本原则中，要求税法的制定要有利于资源的有效配置和经济体制的有效运行的原则是(　　)。

A. 税收法定原则　B. 税收公平原则　C. 税收效率原则　D. 实质课税原则

【答案】C

【解析】税收效率原则包括两个方面，即经济效率和行政效率。前者要求税法的制定要有利于资源的有效配置和经济体制的有效运行，后者要求提高税收行政效率。

二、税法适用原则

税法的适用原则是在税法的解释、税收的征纳等具体使用税法的过程中应遵循的准则。税法适用原则并不违背税法基本原则，而且在一定程度上体现税法基本原则，但税法适用原则相比于税法基本原则含有更多的法律技术性准则，更为具体化。其作用在于法律规定实施过程中，提供方向性的指导，判定税法之间的相互关系，合理解决法律纠纷，保障法律顺利实现，以达到税法认可的各项税收政策目标，维护征纳双方的合法权益。

(一)法律优位原则

法律优位原则的基本含义是法律的效力高于行政立法的效力。该原则在税法中的作用主要体现在处理不同等级税法的关系上。法律优位原则明确了税收法律的效力高于税收行政法规的效力，还可进一步推论税收行政法规的效力优于税收行政规章效力；效力低的税法与效力高的税法发生冲突时，效力低的税法即是无效的。

【例1—15·单选题】以下不符合法律优位原则的说法是(　　)。

A. 法律的效力高于行政立法的效力

B. 我国税收法律与行政法规具有同等效力

C. 税收行政法规的效力高于税收行政规章的效力

D. 效力低的税法与效力高的税法发生冲突时，效力低的税法即是无效的

【答案】B

【解析】法律优位原则的基本含义为法律的效力高于行政立法的效力。

(二)法律不溯及既往原则

法律不溯及既往原则的基本含义是新法实施后，对新法实施之前人们的行为不适用新法，而只沿用旧法。在税法领域内坚持这一原则，目的在于维护税法的稳定性和可预测性，使纳税人能在知道纳税结果的前提下做出相应的经济决策，税收的调节作用才会较为有效。该原则是绝大多数国家所遵循的法律程序技术原则。

（三）新法优于旧法原则

新法优于旧法原则也称后法优于先法原则，即新旧法对同一事项有不同规定时，新法的效力优于旧法。其作用在于避免因法律修订造成新法、旧法对同一事项有不同的规定，而给法律适用带来疑问，为法律的更新与完善提供法律适用上的保障。新法优于旧法原则在税法中普遍适用，但是当新税法与旧税法处于普通法与特别法的关系时，以及某些程序性税法引用"实体从旧，程序从新原则"时，可以例外。

（四）特别法优于普通法原则

特别法优于普通法原则的含义是对同一事项两部法律分别订有一般和特别规定时，特别规定的效力高于一般规定的效力。本原则打破了税法效力等级的限制，居于特别法地位级别比较低的税法，其效力可高于作为普通法的级别比较高的税法。

（五）实体从旧，程序从新原则

这一原则的含义是实体法不具备溯及力，而程序法在特定条件下具备一定溯及力。即对于新税法公布实施之前发生，却在新税法公布实施之后进入税款征收程序的纳税义务，原则上新税法具有约束力。

（六）程序优于实体原则

程序优于实体原则是指在税收争讼发生时，程序法优于实体法。这一原则的适用，是为了保证国家课税权的实现，不因争议的发生而影响税款的及时、足额入库。

【例 1－16・多选题】下列关于税法原则的表述中，正确的有（　　）。

A. 新法优于旧法原则属于税法的适用原则

B. 税法主体的权利义务必须由法律加以规定，这体现了税收法定原则

C. 税法的原则反映税收活动的根本属性，包括税法基本原则和税法适用原则

D. 税法适用原则中的法律优位原则明确了税收法律的效力高于税收行政法规的效力

【答案】ABCD

【解析】该题考核税法原则的分类和适用状况。ABCD 选项均为正确选项。

【例 1－17・多选题】下列关于税法原则的表述中，正确的有（　　）。

A. 实质课税原则属于税法的适用原则

B. 税法适用原则中的法律优位原则明确了税收法律的效力高于税收行政法规的效力

C. 特别法优于普通法原则与法律优位原则存在一定的冲突

D. 税法适用原则在一定程度上体现着税法基本原则

【答案】BCD

【解析】实质课税原则属于税法的基本原则，故选项 A 错误；选项 BCD 均为正确选项。

第四节　税收立法与我国现行税法体系

税收立法是指有权机关依据一定的程序，遵循一定的原则，运用一定的技术，制定、公布、修改、补充和废止有关税收法律、法规、规章的活动。

一、税收立法原则

税收立法原则是指在税收立法活动中必须遵循的准则。我国的税收立法原则是根据我国的社会性质和具体国情确定的，是立法机关根据社会经济活动、经济关系，特别是税收征纳双方的特点确定的，并贯穿税收立法工作始终的指导方针。

（一）从实际出发的原则

从实际出发，要求我们在一切工作中必须从实际出发，也就是从客观存在的事实出发，从客观存在的事物中发现规律，来指导我们的行动。贯彻这个原则，首先要求税收立法必须根据经济、政治发展的客观需要，反映客观规律，也就是从中国国情出发，充分尊重社会经济发展规律和税收分配理论。其次，要客观反映一定时期国家社会、政治、经济等各方面的实际情况，既不能被某些条条框框所束缚，也不能盲目抄袭别国的立法模式，在此基础上，充分运用科学的知识和技术手段，不断丰富税收立法理论，完善税法体系，以适应社会主义市场经济发展的客观需要。

（二）公平原则

在税收立法中一定要体现公平原则。所谓公平，就是要体现合理负担原则。在市场经济体制下，参加市场竞争的各个主体需要有一个平等竞争的环境，而税收的公平是实现平等竞争的重要条件。

公平主要体现在三个方面：一是从税收负担能力上看，负担能力大的应多纳税，负担能力小的应少纳税，没有负担能力的不纳税；二是从纳税人所处的生产和经营环境看，由于客观环境优越而取得超额收入或级差收益者多纳税，反之少纳税；三是从税负平衡看，不同地区、不同行业间及多种经济成分之间的实际税负必须尽可能公平。

（三）民主决策的原则

民主决策的原则主要指税收立法过程中必须充分倾听社会民众的意见，严格按照法定程序进行，确保税收法律能体现广大群众的根本利益。坚持这个原则，要求税收立法主体应以各级人民代表大会及其常务委员会为主，按照法定程序进行；对税收法案的审议，要进行充分的辩论，倾听各方面意见；税收立法过程要公开化，让广大公众及时了解税收立法的全过程，以及立法过程中各个环节的争论情况和如何达成共识的。

（四）原则性与灵活性相结合的原则

在制定税法时，要求明确、具体、严谨、周密。但是，为了保证税法制定后在全国范围内、在各个地区都能贯彻执行，不致与现实脱节，又要求在制定税法时，不能规定得过细过死，这就要求必须坚持原则性与灵活性相结合的原则，即必须贯彻法制的统一性与因时、因地制宜相结合。法制的统一性，表现在税收立法上，就是税收立法权只能由国家最高权力机关来行使，各地区、各部门不能擅自制定违背国家宪法和法律的所谓“土政策”“土规定”。但鉴于我国是一个幅员辽阔、人口众多、多民族的国家，各地区的经济文化发展水平不平衡的现状，为了充分发挥地方的积极性，在某些情况下，允许地方在遵守国家法律、法规的前提下，制定适合当地的实施办法等。

（五）法律的稳定性、连续性与废、改、立相结合的原则

制定税法，是与一定经济基础相适应的，税法一旦制定，在一定阶段内就要保持其稳定性，不能朝令夕改，变化不定；否则，不仅会破坏税法的权威和严肃性，而且会给国家经济生

活造成非常不利的影响。但是，这种稳定性不是绝对的，因为社会政治、经济状况是不断变化的，税法也要随之变化。这种发展变化具体表现在：已经过时的税法，需要废除；部分失去效力的税法，需要修改、补充；根据新的情况，要制定新的税法。此外，还必须注意保持税法的连续性，即税法不能中断，在新的税法未制定前，原有的税法不应随便中止生效；在修改、补充或制定新的税法时，应保持与原有税法的承续关系，应在原有税法的基础上，结合新的实践经验，修改、补充原有的税法和制定新的税法。

二、税收立法机关

根据现行有关法律的规定，我国的立法体制是：全国人民代表大会及其常务委员会行使立法权，制定法律；国务院及所属各部委，有权根据宪法和法律制定行政法规和规章；地方人民代表大会及其常务委员会，在不违背宪法、法律、行政法规的前提下，有权制定地方性法规，但要报全国人大常委会和国务院备案；民族自治地方的人民代表大会有权依照当地民族政治、经济和文化的特点，制定自治条例和单行条例。根据国家立法体制规定，所制定的一系列税收法律、法规、规章和规范性文件，构成了我国的税收法律体系。

（一）全国人民代表大会和全国人大常委会制定的税收法律

《宪法》第 58 条规定："全国人民代表大会和全国人民代表大会常务委员会行使国家立法权。"上述规定确定了我国税收法律的立法权由全国人大及其常委会行使，其他任何机关都没有制定税收法律的权力。在国家税收中，凡是基本的、全局性的问题，如国家税收的性质，税收法律关系中征纳双方权利和义务的确定，税种的设置，税目、税率的确定等，都须由全国人大及其常委会以税收法律的形式制定实施，并且在全国范围内普遍适用。

在现行税法中，如《企业所得税法》《个人所得税法》《税收征收管理法》等都是税收法律。除宪法外，在税收法律体系中，税收法律具有最高的法律效力，是其他机关制定税收法规、规章的法律依据，其他各级机关制定的税收法规、规章，都不得与宪法和税收法律相抵触。

（二）全国人大或人大常委会授权立法

授权立法是指全国人民代表大会及其常务委员会根据需要授权国务院制定某些具有法律效力的暂行规定或者条例。授权立法与制定行政法规不同，国务院经授权立法所制定的规定或条例等，具有国家法律的性质和地位，它的法律效力高于行政法规，在立法程序上还需报全国人大常委会备案。1984 年 9 月 1 日，全国人大常委会授权国务院改革工商税制和发布有关税收条例；1985 年，全国人大授权国务院在经济体制改革和对外开放方面可以制定暂行的规定或者条例，都是授权国务院立法的依据。按照这两次授权立法，国务院从 1994 年 1 月 1 日起实施工商税制改革，制定实施了增值税、营业税、消费税、资源税、土地增值税、企业所得税 6 个暂行条例。授权立法，在一定程度上解决了我国经济体制改革和对外开放工作急需法律保障的当务之急。税收暂行条例的制定和公布施行，也为全国人大及常委会立法工作提供了有益的经验和条件，在条件成熟时，将这些条例上升为法律做好了准备。

（三）国务院制定的税收行政法规

国务院作为最高国家权力机关的执行机关，是最高的国家行政机关，拥有广泛的行政立法权。我国《宪法》规定，国务院可"根据宪法和法律，规定行政措施，制定行政法规，发布决定和命令"。行政法规作为一种法律形式，在中国法律形式中处于低于宪法、法律和高于地方法规、部门规章、地方规章的地位，也是在全国范围内普遍适用的。行政法规的立法目的在于保证宪法和法律的实施；行政法规不得与宪法、法律相抵触，否则无效。国务院发布的《个人所得税法实施细则》《税收征收管理法实施细则》等，都是税收行政法规。

（四）地方人民代表大会及其常委会制定的税收地方性法规

根据现行法律的规定，省、自治区、直辖市的人民代表大会以及省、自治区的人民政府所在地的市和经国务院批准的较大的市的人民代表大会有制定地方性法规的权力。由于我国在税收立法上坚持的是"统一税法"的原则，因此地方权力机关制定税收地方法规不是无限制的，而是要严格按照税收法律的授权行事。目前，除了海南省、民族自治地区按照全国人大授权立法规定，在遵循宪法、法律和行政法规的原则基础上，可以制定有关税收的地方性法规外，其他省、市一般都无权自定税收地方性法规。

（五）国务院税务主管部门制定的税收部门规章

《宪法》第90条规定："国务院各部、委员会根据法律和国务院的行政法规、决定、命令，在本部门的权限内，发布命令、指示和规章。"有权制定税收部门规章的税务主管机关是财政部和国家税务总局及海关总署，其制定规章的范围包括对有关税收法律、法规的具体解释、税收征收管理的具体规定、办法等。税收部门规章在全国范围内具有普遍适用效力，但不得与税收法律、行政法规相抵触。例如，财政部颁发的《增值税暂行条例实施细则》、国家税务总局颁发的《税务代理试行办法》等都属于税收部门规章。

（六）地方政府制定的税收地方规章

根据有关法律规定，省、自治区、直辖市以及省、自治区的人民政府所在地的市和国务院批准的较大的市的人民政府，可以根据法律和国务院的行政法规，制定规章。

按照"统一税法"的原则，上述地方政府制定税收规章，都必须在税收法律、法规明确授权的前提下进行，并且不得与税收法律、行政法规相抵触。没有税收法律、法规的授权，地方政府是无权自定税收规章的，凡越权自定的税收规章没有法律效力。例如，国务院发布实施的城市维护建设税、车船使用税、房产税等地方性税种暂行条例，都规定省、自治区、直辖市人民政府可根据条例制定实施细则。

【例1－18·多选题】下列各项中，有权制定税收部门规章的税务主管机关有（　　）。

A. 国家税务总局　　B. 财政部

C. 国务院办公厅　　D. 海关总署

【答案】ABD

【解析】国务院下设的办公厅不属于税务主管机关，无权制定税收规章。

三、税收立法程序

税收立法程序是指有权的机关，在制定、认可、修改、补充、废止等税收立法活动中，必须遵循的法定步骤和方法。目前我国税收立法程序主要包括以下几个阶段：

（一）提议阶段

无论是税法的制定还是税法的修改、补充和废止，一般都由国务院授权其税务主管部门（财政部、国家税务总局及海关总署）负责立法的调查研究等准备工作，并提出立法方案或税法草案，上报国务院。

（二）审议阶段

税收法规由国务院负责审议。税收法律在经国务院审议通过后，以议案的形式提交全国人民代表大会常务委员会的有关工作部门，在广泛征求意见并做修改后，提交全国人民代表大会或其常务委员会审议通过。

（三）通过和公布阶段

税收行政法规，由国务院审议通过后，以国务院总理名义发布实施。税收法律，在全国人民代表大会或其常务委员会开会期间，先听取国务院关于制定税法议案的说明，然后经过讨论，以简单多数的方式通过后，以国家主席名义发布实施。

【例 1－19 · 多选题】我国税收立法程序主要包括的阶段有（　　）。

A. 提议阶段　　　　B. 审议阶段

C. 通过和公布阶段　　　　D. 试行阶段

【答案】ABC

【解析】目前我国税收立法程序主要包括提议阶段、审议阶段、通过和公布阶段，没有试行阶段，因此选项 ABC 正确，选项 D 错误。

四、税法的实施

税法的实施即税法的执行，它包括税收执法和守法两个方面。一方面要求税务机关及其税务人员正确运用税收法律，并对违法者实施制裁；另一方面要求税务机关、税务人员、公民、法人、社会团体及其他组织严格遵守税收法律。

由于税法具有多层次的特点，因此，在税收执法过程中，对其适用性或法律效力的判断上，一般按以下原则掌握：一是层次高的法律优于层次低的法律；二是同一层次的法律中，特别法优于普通法；三是国际法优于国内法；四是实体法从旧，程序法从新。

税法实施的核心是严格遵守税法。所谓遵守税法，是指税务机关、税务人员都必须遵守税法的规定，严格依法办事。遵守税法是保证税法得以顺利实施的重要条件，任何违反税法的行为都要受到法律的制裁。

五、我国现行税法体系

税法体系就是通常所说的税收制度。一个国家的税收制度，可按构成方法和形式分为简单型税制及复合型税制。简单型税制是指税种单一、结构简单的税收制度；复合型税制是指由多个税种构成的税收制度。在现代社会中，世界各国一般都采用复合型税制，我国也不例外。我国目前基本上是以间接税和直接税为双主体的税制结构。

税法体系中按各税法的立法目的、征税对象、权限划分、适用范围、职能作用的不同，可分为不同类型的税法。

（一）按照税法的基本内容和效力的不同，可分为税收基本法和税收普通法

税收基本法是税法体系的主体和核心，在税法体系中起着税收母法的作用。其基本内容一般包括：税收制度的性质、税务管理机构、税收立法与管理权限、纳税人的基本权利与义务、税收征收范围（税种）等。我国目前还没有制定统一的税收基本法，随着我国税收法制建设的发展和完善将研究制定税收基本法。税收普通法是根据税收基本法的原则，对税收基本法规定的事项分别立法予以实施的法律，如个人所得税法、税收征收管理法等。

【例1—20·多选题】下列各项中，属于我国现行税法的有(　　)。

A. 税收基本法　　B. 企业所得税法

C. 进出口关税条例　　D. 中央与地方共享税条例

【答案】BC

【解析】企业所得税法和进出口关税条例都是构成我国现行税法体系的组成部分。我国目前没有税收基本法，也不存在中央与地方共享税条例。

(二)按照税法的职能作用的不同，可分为税收实体法和税收程序法

税收实体法主要是指确定税种立法，具体规定各税种的征收对象、征收范围、税目、税率、纳税地点等，如《企业所得税法》《个人所得税法》。

税收程序法是指税务管理方面的法律，主要包括税收管理法、纳税程序法、发票管理法、税务机关组织法、税务争议处理法等，如《税收征收管理法》。

【例1—21·多选题】我国现行的税收实体法包括(　　)。

A. 个人所得税法　　B. 企业所得税法

C. 车船税法　　D. 税收征收管理法

【答案】ABC

【解析】税收实体法是指以确定税种立法，规定税收法律关系主体的权利、义务的法律规范的总称，故ABC为正确选项；税收程序法是规定国家征税行使程序和纳税人纳税义务履行程序的法律规范的总称，《税收征收管理法》属于税收程序法，故D选项错误。

(三)按照税法征收对象的不同分类

(1)对流转额课税的税法，主要包括增值税、消费税、关税等税法。这类税法的特点是与商品生产、流通、消费有密切联系。对什么商品征税，税率多高，对商品经济活动都有直接的影响，易于发挥对经济的宏观调控作用。

(2)对所得额课税的税法，主要包括企业所得税、个人所得税等税法。其特点是可以直接调节纳税人收入，发挥公平税负、调整分配关系的作用。

(3)对财产、行为课税的税法，主要是对财产的价值或某种行为课税，包括房产税、车船税、印花税、契税税法。

(4)对自然资源课税的税法，主要是为保护和合理使用国家自然资源而课征的税。我国现行的资源税、土地增值税、城镇土地使用税等税种均属于资源课税的范畴。

(5)特定目的税法，主要是为了达到特定目的，对特定对象和特定行为发挥调节作用而课征的税，主要包括城市维护建设税、车辆购置税、耕地占用税、烟叶税、环境税等税法。

(四)按照主权国家行使税收管辖权的不同，可分为国内税法、国际税法、外国税法等

(1)国内税法一般是按照属人或属地原则，规定一个国家的内部税收制度。

(2)国际税法是指国家间形成的税收制度，主要包括双边或多边国家间的税收协定、条约和国际惯例等。

(3)外国税法是指外国各个国家制定的税收制度。

以上对于税法或税种的分类不具有法定性，但将各具体税种按一定方法分类，在税收理论的研究和税制建设方面的用途相当广泛，作用非常大。

【例 1—22 · 多选题】 根据税法的职能作用的不同，可以将税法分为（　　）。

A. 税收实体法　　B. 税收法律

C. 税收程序法　　D. 税收行政法规

【答案】 AC

【解析】 按照税法的职能作用的不同，可分为税收实体法和税收程序法。

【例 1—23 · 多选题】《税收征管法》属于我国税法体系中的（　　）。

A. 税收基本法　　B. 税收实体法　　C. 税收程序法　　D. 国内税法

【答案】 CD

【解析】 我国目前没有税收基本法，《税收征管法》属于税收普通法；作为税务管理方面的法律，《税收征管法》不属于税收实体法而属于税收程序法；作为我国自主制定的内部税收制度，《税收征管法》属于国内税法。

【例 1—24 · 多选题】 以下关于税法分类的说法中不正确的有（　　）。

A. 商品和劳务税最终由商品或劳务的购买者负担，所以称为直接税

B. 所得税类税种一般不存在转嫁问题，所以称为间接税

C. 对于税种的分类具有法定性

D. 我国目前基本上是以间接税和直接税为双主体的税制结构

【答案】 ABC

【解析】 商品和劳务税最终由商品或劳务的购买者负担，纳税人与负税人相分离，所以称为间接税；所得税类税种一般不存在转嫁问题，纳税人往往就是负税人，所以称为直接税；对于税种的分类是不具有法定性的，只是在理论研究和税制建设方面用途相当广泛。

第五节　税法要素

税法要素一般是指构成税收实体法的组成要素。虽然各国税法的内容不同，但税法总是有一些共同要素，简称税法要素。税法要素一般包括以下内容：

一、纳税义务人

纳税义务人简称纳税人，是税法上规定的直接负有纳税义务的单位和个人。纳税人主要解决对谁征税的问题，它可以是自然人，也可以是法人或其他组织。

在税收理论与实践中，理解纳税人还必须明确与其相关的几个概念：

（1）代扣代缴义务人，是指按照税法规定，在其经营活动中负有代扣代缴税款义务的单位和个人，即纳税人的税款由其收入支付单位或个人代扣代缴。例如，个人所得税法规定，支付所得的单位或个人为个人所得税代扣代缴义务人。税法规定扣缴义务人的意义在于加强税收的源泉控制，降低税收成本，确保税收收入。

（2）代收代缴义务人，是指虽不承担纳税义务，但依照有关规定，在向纳税人收取商品或劳务收入时，有义务代收代缴其应纳税款的单位和个人。例如，消费税条例规定，委托加工的应税消费品，由受托方在向委托方交货时代收代缴委托方应该缴纳的消费税。

(3)负税人,是指最终负担国家征收税款的单位和个人。纳税人与负税人依据税款是否转嫁,分为两种情况:一种是税款可以转嫁,纳税人不是负税人;另一种是税款难以转嫁,纳税人就是负税人。

【小思考】纳税人和负税人是一个概念吗?请举例说明。

【解析】纳税人和负税人不是一个概念,比如增值税的纳税人是从事经营活动的单位或个人,但其负税人却是终端消费者。

二、征税对象

征税对象又叫课税对象、征税客体,是指税收法律关系中征纳双方权利义务所共同指向的客体或标的物,即对什么征税。

征税对象是区别一种税与另一种税的重要标志,是税法最基本的要素,因为它体现着征税的最基本界限,决定着某一种税的基本征税范围,同时它也决定了各个不同税种的名称。

与征税对象有关的还有以下两个重要概念:计税依据、税目。

计税依据又称税基,是指税法中规定的据以计算各种应征税款的依据和标准。

税目是各个税种所规定的具体征税项目。它是征税对象的具体化,代表征税的广度,如消费税具体规定了烟、酒、化妆品等税目。

【例1—25·多选题】下列关于税法构成要素的表述中,不正确的有(　　)。

A. 并非所有税种都需要规定税目

B. 税目是对课税对象的量的规定

C. 税目体现征税的深度

D. 消费税、企业所得税都规定有不同的税目

【答案】BCD

【解析】税目是对课税对象质的界定;税目体现征税的广度;消费税规定了税目,但企业所得税没有设置税目,故选项BCD错误。

三、税率

税率是对征税对象的征收比例或征收额度。税率是税收制度的中心环节,或称核心要素,它是计算税额的尺度,也是衡量税负轻重与否的重要标志,是国家税收政策的具体体现。

我国现行税率主要有比例税率、累进税率、定额税率三种形式。

(一)比例税率

比例税率是指对同一征税对象,不分数额大小,均按规定的同一比例征税。我国的增值税、企业所得税等税种采用的是比例税率。比例税率按照确定比例的标准不同,又可分为单一比例税率、差别比例税率和幅度比例税率等。

(二)累进税率

累进税率是指按照税法规定,根据征税对象数额的大小,规定不同等级的税率。累进税率按其累进的方式不同,又分为全额累进税率、超额累进税率和超率累进税率两种形式。

全额累进税率是把征税对象数额大小事先分成若干个等级,不同的等级对应不同的税率,征税对象数额越大,对应的税率越高;计算应纳税额时,根据具体的计税依据找到对应等

级的税率，征税对象的全部数额都按相应等级的税率征收。全额累进税率计算简便，但在不同等级的临界点附近会出现应纳税额增加超过计税依据增加的不合理现象，不利于鼓励纳税人增加收入，目前我国没有采用这种税率。

超额累进税率是把征税对象按数额的大小分成若干级距，每一级距规定一个税率，税率依次提高。当征税对象的数额每超过一个规定的级距时，仅就超过的部分按高一级的税率计征，分别计算各个级距的税额。我国现行的个人所得税采用这种税率形式。

超率累进税率是把征税对象数额的相对率划分为若干级距，分别规定相应的差别税率，相对率超过一个级距的，对超过的部分就按高一级的税率计算征税。我国现行的土地增值税采用这种税率。

（三）定额税率

定额税率是指按征税对象确定的计算单位，直接规定一个固定的税额。我国现行的车船税、城镇土地使用税以及消费税中的部分税目采用了这种税率。

【例1—26·多选题】我国现行税制中采用的累进税率有（　　）。

A. 全额累进税率　B. 超率累进税率　C. 超额累进税率　D. 超倍累进税率

【答案】BC

【解析】我国目前没有采用全额累进税率和超倍累进税率。

四、纳税环节

纳税环节是指税法规定的征税对象在从生产到消费的流转过程中应当缴纳税款的环节。例如，流转税在生产和流通环节纳税，所得税在分配环节纳税等。

五、纳税期限

纳税期限是指纳税人发生纳税义务后，按照税法规定缴纳税款的法定期限。关于纳税期限，应从以下三个方面进行理解：

（一）纳税义务发生时间

纳税义务发生时间是指税法规定的纳税人应当承担纳税义务的起始时间。规定纳税义务发生时间，一是为了明确纳税人承担纳税义务的具体日期；二是有利于税务机关实施税务管理，合理规定申报期限和纳税期限，监督纳税人依法履行纳税义务，保证国家财政收入。

（二）计算应纳税额期限

纳税人每次发生纳税义务后，不可能马上去缴纳税款，而是按规定将一定时间内发生的纳税义务汇总计算。纳税人的具体纳税期限，由主管税务机关根据纳税人应纳税额的大小分别核定，不能按照固定期限纳税的，可以按次纳税。

（三）缴库期限

缴库期限是指在税法规定的纳税期满后，纳税人应将税款缴入国库的最后期限。例如，《增值税暂行条例》规定纳税人以1个月或者1个季度为1个纳税期的，自期满之日起15日内申报纳税；以1日、3日、5日、10日或者15日为1个纳税期的，自期满之日起5日内预缴税款，于次月1日起15日内申报纳税并结清上月应纳税款。

六、纳税地点

纳税地点是指纳税人具体缴纳税款的地点，是根据各个税种纳税对象的纳税环节和有利于对税款的源泉控制而规定的纳税人（包括代征、代扣、代缴义务人）的具体申报缴纳税款的地点。规定纳税人申报纳税的地点，既有利于税务机关实施税源控管，防止税收流失，又便利纳税人缴纳税款。

七、减税、免税

（一）减税和免税

减税、免税是对某些纳税人或课税对象的鼓励或照顾措施。减税是减征部分应纳税款；免税是免征全部应纳税款。减免税可以采取税基式减免 、税额式减免和税率式减免三种具体的形式。

（1）税基式减免是指通过缩小计税依据方式来实现税收减免。具体应用形式有设起征点、免征额、允许跨期结转等。

（2）税率式减免就是通过降低税率的方式来实现税收的减免。

（3）税额式减免就是通过直接减免税收的方式来实现税收减免，具体包括全额免征、减半征收、核定减征率、核定减征额等。

把减税免税作为税制构成要素之一，是因为国家的税收制度是根据一般情况制定的，具有普遍性，不能照顾不同地区、部门、单位的特殊情况。设置减税、免税，可以把税收的严肃性和必要的灵活性结合起来，体现因地制宜和因事制宜的原则，更好地贯彻税收政策。

（二）起征点和免征额

与减免税有直接关系的还有起征点和免征额两个要素。

起征点是指开始计征税款的界限，即课税对象数额没达到起征点的不征税，达到起征点的就全部数额征税。

免征额是指在课税对象全部数额中免予征税的数额。它是按照一定标准从课税对象全部数额中预先扣除的数额，免征额部分不征税，只对超过免征额部分征税。

起征点和免征额具有不同的作用。起征点的设置前提主要是纳税人的纳税能力，是对纳税能力小的纳税人给予的照顾。免征额的设置虽然也有照顾纳税能力弱者的意思，但其他因素却是考虑的关键因素，如个人所得税的赡养老人税前扣除免征额、子女教育费用税前扣除免征额等，考虑的是社会效应和公平原则。

【例 1—27 · 单选题】征税对象的数量界限达到、超过某一界限时，全额纳税，未达到某一界限的不纳税，该界限属于税法中规定的（　　）。

A. 起征点　　B. 免征额　　C. 减免的税额　　D. 扣除数额

【答案】A

【解析】起征点是指开始计征税款的界限，A 选项正确。

八、违章处理

违章处理是指对纳税人违反税法的行为采取的处罚措施。违反税法的行为主要有漏税、欠税、逃避缴纳税款、骗税、抗税等。违章处理的主要方式有加收滞纳金、罚款、通知银行扣款、移送司法机关追究刑事责任等。

在以上构成要素中，纳税义务人、征税对象和税率是构成税法的三个最基本的要素。

即问即答

问：西方有一句话叫“起床负税”，这句话的意思是从起床后，我们就开始负担税款了。请你思考为什么这样说呢？

答：因为国家要对企业征税，这些纳税企业往往会通过提高产品或劳务价格的方式将税金转嫁给消费者，消费者最终成了负税人。比如我们起床后刷牙用的牙膏、洗脸用的香皂就负担着增值税税款。

本章小结

税收是国家为满足社会公共需要，凭借政治权力，按照法律所规定的标准和程序，强制地、无偿地取得财政收入的一种形式。税收依据是国家政治权力，具有强制性、无偿性和固定性的特征，以及履行财政、经济及管理等职能。

税法是国家制定的用以调整国家与纳税人之间在征纳税方面的权利义务关系的法律规范的总称。它是国家依法征税、纳税人依法纳税的行为规范。税法与宪法、民法、刑法等密切相关，税法与税收具有辩证统一、互为因果的关系。

税收法律关系是税法所确认和调整的，国家和纳税人之间以及各级政府之间在税收分配过程中形成的权利义务关系。税收法律关系的主体是指在税收法律关系中享有权利和承担义务的当事人，一方为征税主体，另一方则是纳税主体；税收法律关系的客体是指税收法律关系主体的权利义务所指向的对象，也就是征税对象，主要包括货币、实物和行为；税收法律关系的内容是指税收法律关系主体所享有的权利和所承担的义务，主要包括纳税人的权利义务和征税机关的权利义务。

税法的原则是反映税收活动的根本属性，是税收法律制度建立的基础。税法原则包括税法基本原则和税法适用原则。税收立法是指有权的机关依据一定的程序，遵循一定的原则，运用一定的技术，制定、公布、修改、补充和废止有关税收法律、法规、规章的活动。税法体系就是通常所说的税收制度。一个国家的税收制度，可按构成方法和形式分为简单型税制及复合型税制。我国目前基本上是以间接税和直接税为双主体的税制结构。

税法要素一般是指构成税收实体法的组成要素。税法要素主要包括总则、纳税人、征税对象、税率、纳税环节、纳税期限、纳税地点、减税免税等要素，其中纳税人、征税对象和税率是基本要素。

同步测试

一、单选题

1. 国家征税的依据是（　　）。

A. 财产权利　　B. 政治权力　　C. 所有权　　D. 产权

2. 下列各项中,不属于税法三个最基本构成要素的是(　　)。

A. 纳税人　　B. 征税人　　C. 征税对象　　D. 税率

3. 税收制度的核心内容是(　　)。

A. 纳税人　　B. 征税对象　　C. 税率　　D. 纳税环节

4. 在税收制度的构成要素中,区分不同税种的标志是(　　)。

A. 纳税人　　B. 纳税义务　　C. 征税对象　　D. 征税人

5. 采用超额累进税率征收的税种有(　　)。

A. 增值税　　B. 消费税　　C. 企业所得税　　D. 个人所得税

6. 下列属于流转税类的税种是(　　)。

A. 印花税　　B. 消费税　　C. 企业所得税　　D. 资源税

7. 税法规定,征税对象达到或者超过一定标准时照章全额计算纳税,没有达到该标准时则免予征税,这一标准被称为(　　)。

A. 免征额　　B. 起征点　　C. 减税　　D. 免税

8. 个人所得税法规定,个人工资薪金以每月收入扣除 3 500 元后的金额为依据计算应纳税额,该 3 500 元指的是(　　)。

A. 起征点　　B. 免征额　　C. 税率式减免　　D. 税额式减免

9. 所得税是以生产经营所得和其他经营所得为征税对象的税种,下列各项中,属于所得税的是(　　)。

A. 增值税　　B. 消费税　　C. 个人所得税　　D. 资源税

10. 税收法律关系中,(　　)是最实质的要素,是税法的灵魂。

A. 主体　　B. 客体　　C. 内容　　D. 税率

11. 直接关系到国家财政收入和纳税人负担水平的税制要素是(　　)。

A. 纳税人　　B. 征税对象　　C. 纳税环节　　D. 税率

12. 以下关于税法概念的理解不正确的是(　　)。

A. 税法是税收制度的法律表现形式

B. 税法是税收制度的核心内容

C. 税收的无偿性和强制性的特点决定税法属权力性法规

D. 税法属于综合性法规

13. 全国性地方税种的开征、停征权属于(　　)。

A. 全国人大及其常委会　　B. 国务院

C. 财政部和国家税务总局　　D. 地方人大及其常委会

14. 以下关于税收法律关系的表述中正确的是(　　)。

A. 税收法律关系的保护对权利主体双方是不平等的

B. 权利主体纳税义务人一方的确定采用的是属地原则

C. 税收法律关系中最实质的东西是税收法律事实

D. 税收法律关系的产生、变更与消灭是由税收法律事实来决定的

15. 我国税收制度按照构成方法和形式分类属于(　　)。

A. 简单型税制　　B. 复合型税制　　C. 直接型税制　　D. 间接型税制

二、多选题

1. 下列税种中属于流转税类的有（　　）。
A. 增值税　B. 消费税　C. 关税　D. 印花税
2. 采用比例税率征收的税种有（　　）。
A. 增值税　B. 房产税　C. 企业所得税　D. 车船税
3. 税收具有（　　）的特征。
A. 强制性　B. 自愿性　C. 无偿性　D. 固定性
4. 我国现行税率的形式主要有（　　）。
A. 定额税率　B. 比例税率　C. 超额累进税率　D. 名义税率
5. 减免税的基本形式有（　　）。
A. 税基式减免　B. 税率式减免　C. 税额式减免　D. 纳税人减免
6. 根据计税依据不同，可以把税收划分为（　　）。
A. 从价税　B. 从量税　C. 直接税　D. 间接税
7. 下列税种中，税收负担可以转嫁的有（　　）。
A. 增值税　B. 消费税　C. 企业所得税　D. 资源税
8. 累进税率的形式有（　　）。
A. 全额累进税率　B. 超额累进税率　C. 超率累进税率　D. 定额税率
9. 下列各项中，表述正确的有（　　）。
A. 税目是区分不同税种的主要标志
B. 税率是衡量税负轻重的主要标志
C. 纳税人就是履行纳税义务的法人和自然人
D. 征税对象就是税收法律关系中征纳双方权利义务所指向的标的物
10. 根据税收与价格的关系不同，可以把税收划分为（　　）。
A. 价内税　B. 价外税　C. 直接税　D. 间接税
11. 广义上的税收制度包括（　　）。
A. 各种税收法规　B. 暂行条例
C. 实施细则　D. 税务机关内部管理制度
12. 下列属于税收立法包含的内容有（　　）。
A. 制定有关税收法律、法规、规章　B. 公布有关税收法律、法规、规章
C. 修改有关税收法律、法规、规章　D. 废止有关税收法律、法规、规章
13. 下列各项中，有权制定税收部门规章的税务主管机关有（　　）。
A. 国家税务总局　B. 财政部　C. 国务院办公厅　D. 海关总署
14. 下列税种中，全部属于中央政府固定收入的有（　　）。
A. 消费税　B. 增值税　C. 车辆购置税　D. 资源税
15. 下列各项中，属于税法基本原则的有（　　）。
A. 法律优位原则　B. 税收效率原则
C. 实质课税原则　D. 特别法优于普通法原则

三、判断题

1. 起征点是指税法规定在课税对象总额中免予征税的数额。 ( )

2. 纳税人就是负税人，即最终负担国家征收税款的单位和个人。 ( )

3. 价外税是指税收是价外附加的，相对于价内税，增加了纳税人的负担。 ( )

4. 扣缴义务人是指税法规定的，在经营活动中负有代扣税款并向国库缴纳税款义务的单位和个人。 ( )

5. 税率是指税额与征税对象之间的比例，反映征税的深度，是税收制度的中心环节。 ( )

6. 经全国人大及其常委会授权，国务院有制定税法实施细则、增减税目和调整税率的权力。 ( )

7. 税收法律客体是税收法律关系中最实质的东西，也是税法的灵魂。 ( )

8. 按照我国法律规定，税务机关是国家税收征收的唯一行政执法主体。 ( )

9.《税收征管法》属于我国税法体系中的税收实体法。 ( )

10. 我国目前没有制定统一的税收基本法。 ( )

四、简答题

1. 什么是税收？

2. 税收有哪些特征？

3. 如何理解税法的原则？

4. 税收法律关系的构成因素有哪些？如何把握其内容？

5. 按照税法征收对象的不同，可分为哪些种类？

6. 税法构成要素有哪些？基本要素有哪三个？

第二章　增值税法

知识目标

1. 了解增值税的概念、纳税义务人、税率等内容；
2. 掌握增值税应纳税额的计算；
3. 了解增值税的纳税地点、纳税期限等征管内容。

能力目标

1. 能够知道生产者的何种业务需要缴纳增值税；
2. 能够熟练、准确计算增值税的应纳税额。

关键词

纳税义务人　税率　应纳税额的计算

开篇案例

因为增值了——缴纳增值税的前提

兴隆公司花了 4 万元买了一辆某单位淘汰下来的旧桑塔纳。4 个月后，该公司将该辆旧桑塔纳到二手车市场进行拍卖。谁知由于车牌号码好，竞拍的人多，最后扣除拍卖费用后，兴隆公司净得 4.8 万元。短短 4 个月，该辆车不仅没有贬值，还让公司赚了 0.8 万元。公司老板乐坏了，但会计张强却对老板说："别高兴得太早，咱公司赚不到 0.8 万元，因为咱还没有交增值税呢。"

思考：什么是增值税？如何计算应缴增值税？

第一节　征税范围

一、增值税的概念和特点

增值税是以单位和个人生产经营过程中取得的增值额为课税对象而征收的一种税。按照我国增值税法的规定，增值税是对在我国境内销售货物，提供加工、修理修配劳务（以下简称提供应税劳务），销售服务、无形资产及不动产（以下简称发生应税行为），以及进口货物的企业、单位和个人，就其销售货物、提供应税劳务、发生应税行为的增值额和货物进口金额为计税依据而课征的一种流转税。

增值税法是指国家制定的用以调整增值税征收与缴纳之间权利义务关系的法律规范。

从1954年法国最先开征增值税以来，世界上170多个国家相继开征了增值税。增值税之所以能够在世界上众多国家推广，是由增值税自身所具有的特点和优点所决定的。

（一）增值税的特点

1. 不重复征税，具有税收中性的特点

所谓税收中性，这个概念有两层含义：一是国家征税使社会所付出的代价以税款为限，尽可能不给纳税人或社会带来其他的额外损失或负担；二是国家征税应避免对市场经济的正常运行进行干扰，特别是不能使税收超越市场机制而成为资源配置的决定因素。增值税具有税收中性的特征，是因为增值税只对增值额征税，以前环节已征过税的销售额不再征税，从而避免了重复征税。另外，增值税税率档次少，绝大部分应税项目按一个统一的基本税率征税，从而使绝大部分应税项目在生产流通的各个环节整体税负一致。这样一来，增值税对生产经营活动以及消费行为基本不发生影响，从而使增值税具有了税收中性的特点。

2. 逐环节征税，逐环节扣税，最终消费者是全部税款的承担者

增值税在实行逐环节征税的同时，实行逐环节扣税，经营者本身并没有承担税款，而只是将从买方收取的税款抵扣自己支付出去进项税额后的余额交给国家，最终将税负转嫁给了终端消费者。

3. 税基广阔，具有征收的普遍性和连续性

无论从横向还是纵向来看，增值税都有着广阔的税基。从生产经营的横向关系看，无论工业、商业还是劳务服务活动，都是增值税的应税范围；从生产经营的纵向关系看，每一货物无论经过多少生产经营环节，每一环节都要征收增值税。

4. 实行比例税率

从实行增值税制度的国家看，普遍实行比例税制，以贯彻征收简便易行的原则。由于增值额对不同行业和不同企业、不同产品来说性质是一样的，原则上对增值额应采用单一比例税率，但是，为了贯彻一些经济社会政策也会对某些行业或产品实行不同的政策，因而征收增值税的国家都规定基本税率和优惠税率或者称为低税率。

5. 实行价外税制度

增值税实行价外税制度，是指税金不包括在销售价格内，实行价税分离，使企业的成本核算不受增值税的影响。在市场经济条件下，生产经营者制定价格以生产价格为基础，生产价格由生产成本加平均利润两部分构成，这样国家以流通中商品为对象所征的税款，只能作为价格附加，成为价外税。价外税，税收的变动不直接影响商品的价格和企业利润，税收透明度高，税收负担转嫁明显，价税分开，有利于发挥价格和税收各自的独特作用，便于消费者对价格和税收进行监督，同时也便于企业根据市场情况确定价格。

（二）增值税的优点

1. 能够平衡税负，促进公平竞争

现行增值税下，同一产品的税收负担是平等的，即一项货物只要最终售价相同，无论它是由全能厂生产的还是由非全能厂生产的，无论其所经历的生产环节有多少，其税收负担是一致的，排除了税收负担受货物结构中外购协作件所占比重大小的影响，从而彻底解决了同

一货物由全能厂生产和由非全能厂生产所产生的税负不平衡问题，促进企业公平竞争。

2. 有利于促进企业生产经营结构的合理化

由于增值税的税收负担不受商品流转环节的多寡而制约，流转环节的多少只会影响整体税负在各流转环节间的纵向分配。所以，增值税不但有利于企业生产向专业化协作方向发展，还有利于生产组织结构的合理化。

3. 有利于国家及时、稳定地取得财政收入

增值税征税范围的广阔性和连续性，使增值税有着充足的税源和为数众多的纳税人，从而可以通过征收增值税，取得及时、稳定的财政收入。

4. 促进对外经济交往

实行增值税的国家一般对出口实行零税率，即对出口的货物或劳务在国内已经缴纳的增值税额全部退还给纳税者，使其以不含税价格进入国际市场，增强出口商品在国际市场上的竞争力。在进口环节征收增值税，使进口商品与本国商品税负一致，不会产生进口商品税负低于国内同种商品税负的问题，有利于在对外经济交往中维护国家利益，有利于国内生产的发展和国家间的税负协调。

二、增值税的征税范围

增值税的征税范围包括在境内销售货物、提供应税劳务、发生应税行为以及进口货物等。根据我国《增值税暂行条例》《增值税暂行条例实施细则》以及《关于全面推开营业税改征增值税试点的通知》(简称《通知》)的相关规定，将增值税的征税范围划分为一般规定和特殊规定。

(一)现行增值税征税范围的一般规定

现行增值税征税范围的一般规定包括销售或者进口的货物、提供的应税劳务和发生的应税行为。

1. 销售或者进口的货物

销售货物是指有偿转让包括电力、热力、气体在内的有形动产的所有权。凡是报关进口的货物，均应按规定缴纳进口环节的增值税。

2. 提供的应税劳务

应税劳务是指纳税人提供的加工、修理修配劳务。加工是指受托加工货物，即委托方提供原料及主要材料，受托方按照委托方的要求制造货物并收取加工费的业务；修理修配是指受托方对损伤和丧失功能的货物进行修复，使其恢复原状和功能的业务。

应税劳务不包括单位或个体工商户聘用的员工为本单位或者雇主提供的加工、修理修配劳务。

3. 发生的应税行为

应税行为分为三大类：销售应税服务、销售无形资产和销售不动产。

(1)销售应税服务。应税服务包括交通运输服务、邮政服务、电信服务、建筑服务、金融服务、现代服务、生活服务等。具体征税范围如下：

①交通运输服务。这是指利用运输工具将货物或者旅客送达目的地，使其空间位置得到转移的业务活动，包括陆路运输服务、水路运输服务、航空运输服务和管道运输服务。

②邮政服务。这是指中国邮政集团公司及其所属邮政企业提供邮件寄递、邮政汇兑和

机要通信等邮政基本服务的业务活动，包括邮政普遍服务、邮政特殊服务和其他邮政服务。邮政普遍服务，是指函件、包裹等邮件寄递，以及邮票发行、报刊发行和邮政汇兑等业务活动；邮政特殊服务，是指义务兵平常信函、机要通信、盲人读物和革命烈士遗物的寄递等业务活动；其他邮政服务，是指邮册等邮品销售、邮政代理等业务活动。

③电信服务。这是指利用有线、无线的电磁系统或者光电系统等各种通信网络资源，提供语音通话服务，传送、发射、接收或者应用图像、短信等电子数据和信息的业务活动，包括基础电信服务和增值电信服务。基础电信服务，是指利用固网、移动网、卫星、互联网，提供语音通话服务的业务活动，以及出租或者出售带宽、波长等网络元素的业务活动；增值电信服务，是指利用固网、移动网、卫星、互联网、有线电视网络，提供短信和彩信服务、电子数据和信息的传输及应用服务、互联网接入服务等业务活动。卫星电视信号落地转接服务，按照增值电信服务计算缴纳增值税。

④建筑服务。这是指各类建筑物、构筑物及其附属设施的建造、修缮、装饰，线路、管道、设备、设施等的安装以及其他工程作业的业务活动，包括工程服务、安装服务、修缮服务、装饰服务和其他建筑服务。

⑤金融服务。这是指经营金融保险的业务活动，包括贷款服务、直接收费金融服务、保险服务和金融商品转让。

⑥现代服务。这是指围绕制造业、文化产业、现代物流产业等提供技术性、知识性服务的业务活动，包括研发和技术服务、信息技术服务、文化创意服务、物流辅助服务、租赁服务、鉴证咨询服务、广播影视服务、商务辅助服务和其他现代服务。

【例2—1·多选题】下列项目中，应按照“商务辅助服务”税目征税的有(　　)。

A. 企业管理服务　B. 经济代理服务　C. 人力资源服务　D. 安全保护服务

【答案】ABCD

【解析】根据增值税法律法规的相关规定，商务辅助服务包括企业管理服务、经济代理服务、人力资源服务、安全保护服务。

⑦生活服务。这是指为满足城乡居民日常生活需求提供的各类服务活动，包括文化体育服务、教育医疗服务、旅游娱乐服务、餐饮住宿服务、居民日常服务和其他生活服务。

(2)销售无形资产。这是指转让无形资产所有权或者使用权的业务活动。无形资产是指不具实物形态，但能带来经济利益的资产，包括技术、商标、著作权、商誉、自然资源使用权和其他权益性无形资产。技术，包括专利技术和非专利技术；自然资源使用权，包括土地使用权、海域使用权、探矿权、采矿权、取水权和其他自然资源使用权；其他权益性无形资产，包括基础设施资产经营权、公共事业特许权、配额、经营权(包括特许经营权、连锁经营权、其他经营权)、经销权、分销权、代理权、会员权、席位权、网络游戏虚拟道具、域名、名称权、肖像权、冠名权、转会费等。

(3)销售不动产。这是指有偿转让不动产所有权的业务活动。不动产是指不能移动，移动后会引起性质、形状改变的财产，包括建筑物、构筑物等。建筑物包括住宅、商业营业用房、办公楼等可供居住、工作或者进行其他活动的建造物；构筑物包括道路、桥梁、隧道、水坝等建造物。

转让建筑物有限产权或者永久使用权的，转让在建的建筑物或者构筑物所有权的，以及在转让建筑物或者构筑物时一并转让其所占土地的使用权的，按照销售不动产缴纳增值税。

【知识拓展】有关“境内”的含义。

在境内销售货物或者提供加工、修理修配劳务，是指：

(1)销售货物的起运地或者所在地在境内；

(2)提供的应税劳务发生在境内。

在境内销售服务、无形资产或者不动产，是指：

(1)服务(租赁不动产除外)或者无形资产(自然资源使用权除外)的销售方或者购买方在境内；

(2)所销售或者租赁的不动产在境内；

(3)所销售自然资源使用权的自然资源在境内；

(4)财政部和国家税务总局规定的其他情形。

值得一提的是，境外单位和个人发生的下列行为不属于在境内销售服务或者无形资产：

(1)为出境的函件、包裹在境外提供的邮政服务、收派服务；

(2)向境内单位或者个人提供的工程施工地点在境外的建筑服务、工程监理服务；

(3)向境内单位或者个人提供的工程、矿产资源在境外的工程勘察勘探服务；

(4)向境内单位或者个人提供的会议展览地点在境外的会议展览服务。

【例 2—2 · 多选题】下列项目中，属于增值税征税范围的有(　　)。

A. 单位职工为本单位提供的运输服务

B. 美国某公司转让专利权供我国 W 公司在我国使用

C. 出租车公司向使用本公司自有出租车的出租车司机收取的管理费用

D. 巴黎某酒店向来自我国境内的考察团提供住宿服务

【答案】BC

【解析】A 选项属于非营业活动中提供的应税项目，不属于增值税的征税范围。D 选项不属于在境内销售服务，也不属于增值税的征税范围。

(二)现行增值税征税范围的特殊规定

1. 增值税征税范围的特殊项目

增值税征税范围的特殊项目分为征收增值税的项目和不征收增值税的项目两类。

(1)征收增值税的项目。征收增值税的项目主要包括：

①货物期货(包括商品期货和贵金属期货)，应当征收增值税，在期货的实物交割环节纳税。

②供电企业利用自身输变电设备对并入电网的企业自备电厂生产的电力产品进行电压调节，属于提供加工劳务。对于供电企业进行电力调压并按电量向电厂收取的并网服务费，应当征收增值税。

③经批准允许从事二手车经销业务的纳税人按照《机动车登记规定》的有关规定，收购二手车时将其办理过户登记到自己名下，销售时再将该二手车过户登记到买家名下的行为，属于《增值税暂行条例》规定的销售货物的行为，应按照现行规定征收增值税。

④经营单位购入执法部门拍卖的物品再销售的，以及国家指定销售单位将罚没物品纳入正常销售渠道销售的，应当征收增值税。

⑤航空运输企业已售票但未提供航空运输服务取得的逾期票证收入，按照航空运输服务征收增值税。

【例2—3·单选题】下列项目中，按照货物销售征收增值税的有（　　）。

A. 贷款业务　　B. 缝纫业务　　C. 加工业务　　D. 商品期货业务

【答案】D

【解析】A选项属于金融服务，BC选项属于加工、修理修配劳务。

(2)不征收增值税的项目。不征收增值税的项目主要包括：

①基本建设单位和从事建筑安装业务的企业附设工厂、车间在建筑现场制造的预制构件，凡直接用于本单位或本企业建筑工程的。

②各燃油电厂从政府财政专户取得的发电补贴不属于增值税规定的价外费用，不计入应税销售额，不征收增值税。纳税人取得的中央财政补贴，不征收增值税。

③对国家管理部门行使其管理职能，发放的执照、牌照和有关证书等取得的收入，不征收增值税。

④对增值税纳税人收取的会员费收入，不征收增值税。

⑤融资性售后回租业务中，承租方出售资产的行为不属于增值税的征税范围，不征收增值税。

⑥根据国家指令无偿提供的铁路运输服务、航空运输服务，属于《营业税改增值税试点实施办法》第14条规定的用于公益事业的服务，不征收增值税。

⑦存款利息不征收增值税。

⑧被保险人获得的保险赔付不征收增值税。

⑨纳税人在资产重组过程中，通过合并、分立、出售、置换等方式，将全部或者部分实物资产以及与其相关联的债权、负债和劳动力一并转让给其他单位和个人，不属于增值税的征税范围，其中涉及的货物转让，不征收增值税。

⑩房地产主管部门或者其指定机构、公积金管理中心、开发企业以及物业管理单位代收的住宅专项维修资金，不征收增值税。

2. 增值税征税范围的特殊行为

(1)视同销售货物或视同发生应税行为。单位或个体工商户的下列行为，视同销售货物或发生应税行为，应缴纳增值税，具体包括：

①将货物交付其他单位或个人代销；

②销售代销货物；

③设有两个以上机构并实行统一核算的纳税人，将货物从一个机构移送其他机构用于销售，但相关机构设在同一县(市)的除外；

④将自产、委托加工的货物用于集体福利或个人消费；

⑤将自产、委托加工或购买的货物作为投资，提供给其他单位或个体经营者；

⑥将自产、委托加工或购买的货物分配给股东或投资者；

⑦将自产、委托加工或购买的货物无偿赠送其他单位或个人；

⑧单位或个体工商户向其他单位或者个人无偿销售应税服务、无偿转让无形资产或者不动产，但用于公益事业或者以社会公众为对象的除外；

⑨财政部和国家税务总局规定的其他情形。

对于上述9种视同销售货物或视同发生应税行为均要征收增值税，其原因：一是为了防止通过上述行为侵蚀税基，逃避纳税，造成税款流失；二是为了避免税款抵扣链条的中断，导致各环节间税负的不均衡，造成重复征税。

【例2—4·单选题】下列行为属于视同销售货物，应征收增值税的是（　　）。

A. 某商店为服装厂代销儿童服装

B. 某批发商将外购的部分饮料用于集体福利

C. 某企业将外购的水泥用于职工健身房的基建工程

D. 某企业将外购的洗衣粉用于个人消费

【答案】A

【解析】A选项属于增值税视同销售货物行为，应征收增值税；BCD选项均属于不得抵扣增值税进项税的情形，不属于视同销售货物的行为。

(2)混合销售行为。一项销售行为如果既涉及服务又涉及货物，为混合销售。混合销售包括两个要素：首先必须是同一项销售行为，其次必须涉及服务和货物，两个条件缺一不可。

从事货物的生产、批发或者零售的单位和个体工商户的混合销售行为，按照销售货物缴纳增值税；其他单位和个体工商户的混合销售行为，按照销售服务缴纳增值税。

本条所称从事货物的生产、批发或者零售的单位和个体工商户，包括以从事货物的生产、批发或者零售为主，并兼营销售服务的单位和个体工商户在内。

【小思考】下列企业从事的经营活动属于混合销售吗？

A. 百货商店在销售商品的同时又提供送货服务

B. 餐饮公司提供餐饮服务的同时又销售烟酒

C. 建材商店在销售木质地板的同时提供安装服务

D. 歌舞厅在提供娱乐服务的同时销售食品

【解析】以上4个选项，均属于混合销售。

(3)兼营行为。所谓兼营行为，是指纳税人的经营范围既包括销售货物和加工修理修配劳务，又包括提供服务、销售无形资产或不动产。但是，销售货物、提供加工修理修配劳务或服务、销售无形资产或不动产不是同时发生在同一项销售行为中。

根据《增值税暂行条例实施细则》和《营业税改增值税试点有关事项的规定》(财税〔2016〕36号)，纳税人销售货物、加工修理修配劳务、服务、无形资产或者不动产适用不同税率或者征收率的，应当分别核算适用不同税率或者征收率的销售额，未分别核算销售额的，按照以下方法适用税率或者征收率：兼有不同税率的销售货物、加工修理修配劳务、服务、无形资产或者不动产，从高适用税率；兼有不同征收率的销售货物、加工修理修配劳务、服务、无形资产或者不动产，从高适用征收率；兼有不同税率和征收率的销售货物、加工修理修配劳务、服务、无形资产或者不动产，从高适用税率。

【案例分析】

背景：某增值税一般纳税人兼有货物销售、出租车业务、设计服务等，当期共取得销售收入500万元，且没有分别核算。

问题：当月该纳税人应如何计算增值税销项税额？

分析：纳税人销售货物应适用16%或10%的税率；出租车业务可以按照简易征税办法以3%的税率计征税款；设计服务应按照现代服务业按6%的税率计征税款。但根据《增值税暂行条例实施细则》和《营业税改增值税试点有关事项的规定》（财税〔2016〕36号），“纳税人兼有不同税率和征收率的销售货物、加工修理修配劳务、服务、无形资产或者不动产，从高适用税率”，则该纳税人当期销项税额为500÷（1+16%）×16%=68.97（万元）。

第二节　增值税的纳税义务人和扣缴义务人

一、增值税纳税义务人和扣缴义务人的基本规定

（一）纳税人

在中华人民共和国境内销售货物或者提供加工、修理修配劳务、销售服务、无形资产或者不动产，以及进口货物的单位和个人，为增值税的纳税义务人。

单位，是指企业、行政单位、事业单位、军事单位、社会团体及其他单位。

个人，是指个体工商户和其他个人。

单位租赁或承包给其他单位或者个人经营的，以承租人或承包人为纳税人。

对报关进口的货物，以进口货物的收货人或办理报关手续的单位和个人为纳税人。对代理进口货物，以海关开具的完税凭证上的纳税人为增值税纳税人。

（二）扣缴义务人

中华人民共和国境外的单位或者个人在境内提供应税劳务，在境内未设有经营机构的，以其境内代理人为扣缴义务人；在境内没有代理人的，以购买方为扣缴义务人。财政部和国家税务总局另有规定的除外。

【例2—5·多选题】依据增值税的有关规定，境外单位或个人在境内发生增值税应税劳务而在境内未设立经营机构的，增值税的扣缴义务人有（　　）。

A. 境内代理人　　B. 银行　　C. 购买者　　D. 境外单位

【答案】AC

【解析】根据增值税的有关规定，境外单位或个人在境内发生增值税应税劳务而在境内未设立经营机构的，以其境内代理人为扣缴义务人；在境内没有代理人的，以购买方为扣缴义务人。

二、增值税纳税义务人的分类

（一）增值税纳税人分类的依据

增值税的纳税人按其经营规模大小及会计核算健全与否，划分为一般纳税人和小规模纳税人两种。衡量企业规模的大小一般以年应税销售额为依据。会计核算健全与否是指能否按照国家统一的会计制度规定设置账簿，是否能根据合法、有效的凭证进行健全的核算。

（二）划分一般纳税人和小规模纳税人的目的

对增值税纳税人进行分类，主要是为了适应纳税人经营管理规模差异大、财务核算水平

不一的实际情况。分类管理有利于税务机关加强对重点税源的管理，简化小型企业税款计算缴纳程序，也有利于对专用发票正确使用与安全管理要求的落实。增值税专用发票既是增值税纳税人纳税的依据，又是纳税人据以扣税的凭证，而且增值税实施面广、情况复杂、纳税人多且核算水平差距很大，为保证对专用发票的正确使用和安全管理，有必要对增值税纳税人进行分类。

根据《增值税暂行条例》规定，增值税纳税人分为一般纳税人和小规模纳税人，这两类纳税人在税款计算方法、适用税率以及管理办法上都有所不同。对一般纳税人实行凭发票扣税的计税办法；对小规模纳税人规定简便易行的计税方法和征收管理办法，这样有利于增值税制度的推行。

1. 一般纳税人

增值税一般纳税人是指年应征增值税销售额（以下简称应税销售额）超过小规模纳税人标准的企业和企业性单位。

下列纳税人不属于一般纳税人：

(1)个体工商户以外的其他个人。其他个人，是指自然人。

(2)选择按照小规模纳税人纳税的非企业性单位。

(3)选择按照小规模纳税人纳税的不经常发生应税行为的企业。

自 2018 年 5 月 1 日起，按照《中华人民共和国增值税暂行条例实施细则》第二十八条规定已登记为增值税一般纳税人的单位和个人，在 2018 年 12 月 31 日前，可转登记为小规模纳税人，其未抵扣的进项税额作转出处理。

【例 2—6 · 判断题】除个体经营者以外的其他个人不属于一般纳税人。(　　)

【答案】√

【解析】年应税销售额超过规定标准的其他个人不属于一般纳税人。

2. 小规模纳税人

小规模纳税人是指年应税销售额在规定标准以下，并且会计核算不健全，不能按规定报送有关税务资料的增值税纳税人。其认定标准为：

(1)增值税小规模纳税人标准为年应征增值税销售额 500 万元及以下。

(2)年应税销售额超过小规模纳税人标准的其他个人按小规模纳税人纳税。

(3)非企业性单位、不经常发生应税行为的企业可选择按小规模纳税人纳税。

【例 2—7 · 单选题】下列各项中，不能按照一般纳税人纳税的是(　　)。

A. 销售非现场消费食品的饮食业纳税人

B. 年应税销售额超过规定标准的其他个人

C. 年应税销售额超过规定标准但不经常发生应税行为的单位

D. 年应税销售额超过规定标准但不经常发生应税行为的个体工商户

【答案】B

【解析】ACD 可以选择按照小规模纳税人纳税，也可以选择按照一般纳税人纳税，只有选项 B 正确。

【例 2—8 · 多选题】下列关于增值税小规模纳税人的表述中正确的有(　　)。

A. 实行简易征收办法

B. 不得自行开具或申请代开增值税专用发票

C. 不得抵扣进项税额

D. 一经认定为小规模纳税人，不得再转为一般纳税人

【答案】 AC

【解析】 小规模纳税人不得自行开具增值税专用发票，但可以申请由主管税务机关代开增值税专用发票；小规模纳税人达到一般纳税人标准，或虽未达到标准但符合相关条件的，可以申请转为一般纳税人。

第三节　增值税税率与征收率

一、增值税税率

从 2018 年 5 月 1 日起，增值税税率按以下规定执行：

(1)增值税一般纳税人销售或者进口货物，除列举的外，税率均为 16%；提供加工、修理修配劳务和有形动产租赁服务(包括经营性租赁和融资性租赁)，税率也为 16%。

(2)增值税一般纳税人销售或者进口下列货物，按 10%的税率征收增值税：

①食用植物油。

②食用盐。这是指符合《食用盐》(GB5461－2000)和《食用盐卫生标准》(GB2721－2003)两项国家标准的食用盐。

③自来水、暖气、冷气、热水、煤气、石油液化气、天然气、沼气、居民用煤炭制品。

④图书、报纸、杂志。

⑤音像制品。这是指正式出版的录有内容的录音带、录像带、唱片、激光唱盘和激光视盘。

⑥电子出版物。这是指以数字代码方式，使用计算机应用程序，将图文声像等内容信息编辑加工后存储在具有确定的物理形态的磁、光、电等介质上，通过内嵌在计算机、手机、电子阅读设备、电子显示设备、数字音/视频播放设备、电子游戏机、导航仪以及其他具有类似功能的设备上读取使用，具有交互功能，用以表达思想、普及知识和积累文化的大众传播媒体。

⑦饲料、化肥、农药、农机、农膜。

⑧农产品。这是指种植业、养殖业、林业、牧业、水产业生产的各种植物、动物的初级产品。农业产品的征税范围包括：植物类和动物类。植物类具体征税范围为：粮食、蔬菜、烟叶、茶叶、园艺植物、药用植物、油料植物、纤维植物、糖料植物、林业产品和其他植物；动物类具体征税范围为：水产品、畜牧产品、动物皮张、动物毛绒和其他动物组织。

⑨二甲醚。二甲醚是指化学分子式为 CH_3OCH_3，常温常压下为具有轻微醚香味，易燃、无毒、无腐蚀性的气体。

【例 2－9・多选题】 增值税一般纳税人销售下列货物，按 10%税率计征增值税的有(　　)。

A. 橄榄油　　B. 面粉　　C. 农机整机　　D. 方便面

【答案】ABC

【解析】方便面不属于初级农产品，适用16%的税率。

(3)增值税一般纳税人提供交通运输、邮政、基础电信、建筑、不动产租赁服务，销售不动产，转让土地使用权，税率为10%。

(4)增值税一般纳税人提供增值电信服务、金融服务、现代服务(租赁服务除外)、生活服务、转让土地使用权以外的其他无形资产的应税行为，税率为6%。

(5)纳税人出口货物，境内单位和个人发生符合规定的跨境应税行为，适用零税率，国务院另有规定的除外。

【知识拓展】零税率与免税的区别

零税率不能简单地等同于免税。出口货物免税仅指在出口环节不征收增值税，而零税率是指对出口货物除了在出口环节不征增值税外，还要对该产品在出口前已经缴纳的增值税进项退税，使该出口产品在出口时完全不含增值税款，从而以无税价格进入国际市场。我国根据经济形势的变化和调节出口产品结构规定了出口退税率，对大部分出口产品实行零税率，对某些出口产品并非完全实行零税率。

二、增值税征收率

增值税征收率是指对特定的货物或特定的纳税人销售的货物、应税劳务在某一生产流通环节应纳税额与销售额的比率。增值税征收率适用于以下两种情况：一是小规模纳税人；二是一般纳税人销售货物、提供应税劳务、发生应税行为按规定可以选择简易计税方法计税的。

(一)3%征收率的适用范围

小规模纳税人由于会计核算不健全，无法准确核算进项税额和销项税额，在增值税征收管理中，采用简便方式，用销售额与规定的征收率相乘计算应缴纳的增值税，不允许抵扣进项税，小规模纳税人也不得自行开具增值税专用发票。

下列情况适用3%的征收率：

(1)小规模纳税人在中华人民共和国境内销售货物、销售服务、无形资产或不动产，使用简易方法计税，增值税征收率为3%(适用5%征收率的除外)，征收率的调整，由国务院决定。

小规模纳税人(除其他个人外，下同)销售自己使用过的固定资产，减按2%的征收率征收增值税，并且只能开具普通发票，不得由税务机关代开增值税专用发票。

(2)小规模纳税人销售自己使用过的除固定资产以外的物品，应按3%的征收率征收增值税。

(3)纳税人销售旧货，按照简易办法依照3%征收率减按2%征收增值税。

(4)对于一般纳税人生产销售的特定货物和应税劳务，可以选择适用简易计税方法计税，增值税征收率为3%。

【例2—10·计算题】某增值税小规模纳税义务人，2017年11月将自己作为固定资产核算的一台旧设备出售，共取得价款价税合计10 300元，则该项业务应纳增值税多少？

【解析】应纳增值税额＝10 300÷(1＋3%)×2%＝200(元)

(二)5%征收率的适用范围

下列情况适用5%的征收率:

(1)小规模纳税人销售自建或者取得的不动产。

(2)一般纳税人选择简易计税方法计税的不动产销售。

(3)房地产开发企业中的小规模纳税人,销售自行开发的房地产项目。

(4)其他个人销售其取得(不含自建)的不动产(不含其购买的住房)。

(5)一般纳税人选择简易计税方法计税的不动产经营租赁。

(6)小规模纳税人出租(经营租赁)其取得的不动产(不含个人出租住房)。

(7)其他个人出租(经营租赁)其取得的不动产(不含住房)。

(8)个人出租住房,应按5%的征收率减按1.5%计算应纳税额。

(9)一般纳税人和小规模纳税人提供劳务派遣服务选择差额纳税的。

(10)一般纳税人2016年4月30日前签订的不动产融资租赁合同,或以2016年4月30日前取得的不动产提供的融资租赁服务,选择适用简易计税方法的。

(11)一般纳税人收取试点前开工的一级公路、二级公路、桥、闸通行费,选择适用简易计税方法的。

(12)一般纳税人提供人力资源外包服务,选择适用简易计税方法的。

(13)纳税人转让2016年4月30日前取得的土地使用权,选择适用简易计税方法的。

第四节　一般纳税人应纳税额的计算

从计税原理上说,增值税是对商品或劳务在生产、流通过程中所产生的新增价值或附加值征收的一种流转税,有增值才计税,没增值不计税。但是,在实际工作中,这个新增价值很难准确计算,对征纳双方都不易操作。因此,世界各国一般采用税额抵扣的办法,也就是购进扣税法,我国也不例外。这种方法根据货物或劳务等的销售额,按照规定的税率,先计算出销项税额,再用销项税额扣除上一环节已纳增值税额,也就是进项税额,其差额就是纳税人应纳的增值税额。这种计算方法体现了按增值因素计税的原理,只是各个国家及其不同时期税法规定的扣除项目和税率不同而已。

一般纳税人应纳增值税税额等于当期销项税额减当期进项税额后的余额。其应纳税额的多少取决于当期销项税额和当期进项税额这两个因素。具体计算公式为:

当期应纳增值税税额=当期销项税额-当期进项税额

当期销项税额小于当期进项税额不足抵扣的部分,可以结转下期继续抵扣。

一、销项税额的计算

销项税额是指纳税人销售货物、提供应税劳务以及发生应税行为时,按照销售额或应税劳务和应税行为的收入额和适用税率相乘,计算并向购买方收取的增值税税额。其计算公式为:

销项税额=销售额×适用税率

对属于一般纳税人的销货方来说,在没有抵扣进项税额以前,这个销项税额还不是其应纳的增值税额。销项税额的多少取决于销售额和适用税率两个因素，在税率既定的前提下，销项税额的大小主要取决于销售额的大小。

(一)一般销售方式下的销售额

销售额为纳税人销售货物、提供应税劳务以及发生应税行为时向购买方收取的全部价款和价外费用，但不包括向购买方收取的销项税额。

价外费用包括向购买方收取的手续费、补贴、基金、集资费、返还利润、奖励费、违约金、滞纳金、延期付款利息、赔偿金、代收款项、代垫款项、包装费、包装物租金、储备费、优质费、运输装卸费以及其他各种性质的价外收费。但不包括下列项目：

(1)受托加工应征消费税的消费品所代收代缴的消费税。

(2)同时符合以下条件的代为收取的政府性基金或者行政事业性收费：

①由国务院或者财政部批准设立的政府性基金；由国务院或者省级人民政府及其财政、价格主管部门批准设立的行政事业性收费；

②收取时开具省级以上财政部门印制的财政票据；

③所收款项全额上缴财政。

(3)以委托方名义开具发票代委托方收取的款项。

(4)销售货物的同时代办保险等而向购买方收取的保险费，以及向购买方收取的代购买方缴纳的车辆购置税、车辆牌照费。

凡价外费用，无论其财务上如何核算，均应并入销售额计算应纳税额，以防纳税人以各种名目的收费减少计税销售额逃避纳税。值得注意的是，纳税人向购买方收取的价外费用和逾期包装物押金，应视为含税收入，应将其换算成不含税收入再并入销售额征税。

在实际工作中，一般纳税人销售货物或应税劳务时，有可能采用销售额和销项税额合并定价的方法。因此，还必须将其换算为不含税销售额。其换算公式为：

不含税销售额＝含税销售额÷(1＋增值税税率)

【例2－11·计算题】某企业本期销售产品取得含税销售额1 160万元，企业适用增值税税率为16％，计算其应税销售额和销项税额。

【解析】

(1)销售额＝1 160÷(1＋16％)＝1 000(万元)

(2)销项税额＝1 000×16％＝160(万元)

【例2－12·计算题】某企业本期取得不含税销售额为2 000万元，价外收取相关手续费232万元(含税)，企业适用增值税税率为16％，计算该企业的应税销售额和销项税额。

【解析】

(1)销售额＝2 000＋232÷(1＋16％)＝2 200(万元)

(2)销项税额＝2 200×16％＝352(万元)

(二)特殊销售方式下的销售额

为了应对市场竞争，纳税人会采取某些特殊、灵活的销售方式以求扩大销量、占领市场。在这些特殊的销售方式下，销售额的确定方法税法规定如下：

1. 折扣销售

折扣销售是企业为了鼓励购买者批量采购而在价格上给予一定数额的折扣，即购买越多，价格越低。

税法规定，纳税人采取折扣方式销售货物，如果销售额和折扣额在同一张发票上分别注明的，可按折扣后的销售额征收增值税。纳税人采取折扣方式销售货物，销售额和折扣额在同一张发票上分别注明是指销售额和折扣额在同一张发票上的“金额”栏分别注明的，可按折扣后的销售额征收增值税。未在同一张发票“金额”栏注明折扣额，而仅在发票的“备注”栏注明折扣额的，折扣额不得从销售额中减除。如果将折扣额另开发票，则不得从销售额中扣减折扣额。

纳税人销售货物并向购买方开具增值税专用发票后，由于购货方在一定时期内累计购买货物达到一定数量，或者由于市场价格下降等原因，销货方给予购货方相应的价格优惠或补偿等折扣、折让行为，销货方可按现行《增值税专用发票使用规定》的有关规定开具红字增值税专用发票。

值得注意的是，折扣销售不同于销售折扣。销售折扣也就是我们所说的现金折扣，是企业为了鼓励购买者在一定信用期内早日付款而给予购买方一定数额的折扣，这是一种理财费用，发生在销货之后，不得从销售额中减除。折扣销售也不同于销售折让。销售折让是指商品销售后，由于其品种、质量不合格等原因购货方未予退货，但销货方需给予购货方一种价格折让。销售折让可以通过开具红字专用发票从销售额中扣减，未按规定开具红字增值税专用发票的，不得扣减销项税额或销售额。

【小思考】某电缆厂为增值税一般纳税人，2018 年 6 月销售给 A 建筑公司电缆 5 000 米，不含税价格为 10 元/米。由于 A 建筑公司购买数量较多，电缆厂给予其 9 折优惠，并按原价开具了增值税专用发票，折扣额在同一张发票的“备注”栏注明，该电缆厂该笔销售业务的销项税额应该是多少?

【解析】因折扣在“备注”栏列示，所以折扣额不得从销售额中减除，该笔业务的销项税额=5 000×10×16%=8 000(元)。

2. 以旧换新

以旧换新是指纳税人在销售自己的货物时，有偿收回旧货物的行为。采取以旧换新方式销售货物的，应按新货物的同期销售价格确定销售额，不得扣减旧货物的收购价格。也就是说，以旧换新要按照销售货物和收购货物两个业务活动来进行核算，销售额和收购额不能相互抵减。比如某商场采用以旧换新方式销售洗衣机，新洗衣机每台含税销售额 2 000 元，同时旧洗衣机作价 300 元，实收零售价格是 1 700 元，则该笔业务的含税销售额为 2 000 元，而不是扣减旧洗衣机作价后的 1 700 元。

但是，考虑到金银首饰以旧换新业务的特殊情况，对金银首饰以旧换新业务，可以按销售方实际收取的不含增值税的全部价款征收增值税。

3. 还本销售

还本销售是企业销售货物后，在一定期限内将全部或部分销货款一次或分次无条件退还给购货方的一种销售方式。纳税人采取还本销售方式的，不得从销售额中扣除还本支出。

4. 以物易物

以物易物是一种较为特殊的购销活动，是指购销双方不是以货币结算，而是以同等价款的货物(包括应税劳务和应税行为)相互结算，实现货物购销的一种方式。以物易物双方都应作购销处理，以各自发出的货物核算销售额并计算销项税额，以各自收到的货物按规定核算购货额并计算进项税额。应注意，在以物易物活动中，应分别开具合法的票据，如收到货物不能取得相应的增值税专用发票或其他合法票据的，不能抵扣进项税额。

5. 包装物押金

税法规定，纳税人为销售货物而出租、出借包装物收取的押金，单独记账核算的，且时间在1年以内，又未过期的，不并入销售额征税；但对因逾期未收回包装物不再退还的押金，应按所包装货物的适用税率计算增值税款。

在这里，"逾期"是指按合同约定实际逾期或以1年为期限，对收取1年以上的押金，无论是否退还均并入销售额征税。包装物押金是含税收入，在并入销售额征税时，需要先将该押金换算为不含税收入，再计算应纳增值税款。另外，包装物押金不同于包装物租金，包装物租金属于价外费用，在销售货物时随同货款一并计算增值税款。

对销售除啤酒、黄酒以外的其他酒类产品而收取的包装物押金，无论是否返还以及会计上如何核算，均应并入当期销售额征收增值税。

【例2—13·计算题】某食品厂为增值税一般纳税人，2018年6月销售汤圆1 000箱，取得不含税收入100 000元，没收逾期未退还的包装物押金2 320元。则销售汤圆的增值税销项税额为多少？

【解析】汤圆属于非酒类产品，其包装物押金在逾期没收时应换算成不含税收入后并入销售额计税。销售汤圆的销项税额＝[100 000＋2 320÷(1＋16%)]×16%＝16 320(万元)。

6. 直销

直销企业先将货物销售给直销员，直销员再将货物销售给消费者的，直销企业的销售额为其向直销员收取的全部价款和价外费用。直销员将货物销售给消费者时，应按照现行规定缴纳增值税。

直销企业通过直销员向消费者销售货物，直接向消费者收取货款，直销企业的销售额为其向消费者收取的全部价款和价外费用。

7. 贷款服务

贷款服务，以提供贷款服务取得的全部利息及利息性质的收入为销售额。

银行提供贷款服务按期计收利息的，结息日当日计收的全部利息收入，均应计入结息日所属期的销售额，按照现行规定计算缴纳增值税。

8. 直接收费金融服务

直接收费金融服务，以提供直接收费金融服务收取的手续费、佣金、酬金、管理费、服务费、经手费、开户费、过户费、结算费、转托管费等各类费用为销售额。

【例2—14·多选题】下列各项中，说法错误的有(　　)。

A. 采取折扣方式销售货物，销售额和折扣额在同一张发票上的"金额"栏分别注明的，可按折扣后的销售额征收增值税

B. 采取以旧换新方式销售货物，按新货物的同期销售价格扣减旧货的收购价格后的差额作为计税销售额

C. 采取还本方式销售货物，以销售额扣减还本支出后的余额为计税销售额

D. 采取以物易物方式销售，如未发生补价，则无计税销售额

【答案】BCD

【解析】采取以旧换新方式销售货物的，计税销售额不得扣减旧货物的收购价格；还本销售方式的，不得从销售额中扣除还本支出；以物易物销货，双方以各自发出的货物核算销售额，故BCD选项说法错误。

（三）按差额确定销售额

以下项目属于按差额确定销售额：

（1）金融商品转让。金融商品转让，按照卖出价扣除买入价后的余额为销售额。

转让金融商品出现的正负差，按盈亏相抵后的余额为销售额。若相抵后出现负差，可结转下一个纳税期与下期转让金融商品销售额相抵，但年末时仍出现负差的，不得转入下一个会计年度。

（2）经纪代理服务。经纪代理服务，以取得的全部价款和价外费用，扣除向委托方收取并代为支付的政府性基金或者行政事业性收费后的余额为销售额。向委托方收取的政府性基金或者行政事业性收费，不得开具增值税专用发票。

（3）融资租赁和融资性售后回租：

①经中国人民银行、银监会或者商务部批准从事融资租赁业务的试点纳税人，提供融资租赁服务，以取得的全部价款和价外费用，扣除支付的借款利息（包括外汇借款和人民币借款利息）、发行债券利息和车辆购置税后的余额为销售额。

②经中国人民银行、银监会或者商务部批准从事融资租赁业务的试点纳税人，提供融资性售后回租服务，以取得的全部价款和价外费用（不含本金），扣除对外支付的借款利息（包括外汇借款和人民币借款利息）、发行债券利息后的余额作为销售额。

③试点纳税人根据2016年4月30日前签订的有形动产融资性售后回租合同，在合同到期前提供的有形动产融资性售后回租服务，可继续按照有形动产融资租赁服务缴纳增值税。

（4）航空运输业。航空运输企业的销售额，不包括代收的机场建设费和代售其他航空运输企业客票而代收转付的价款。

（5）试点纳税人中的一般纳税人（以下称试点纳税人）提供客运场站服务，以其取得的全部价款和价外费用，扣除支付给承运方运费后的余额为销售额。

（6）试点纳税人提供旅游服务，可以选择以取得的全部价款和价外费用，扣除向旅游服务购买方收取并支付给其他单位或者个人的住宿费、餐饮费、交通费、签证费、门票费和支付给其他接团旅游企业的旅游费用后的余额为销售额。

选择上述办法计算销售额的试点纳税人，向旅游服务购买方收取并支付的上述费用，不得开具增值税专用发票，可以开具普通发票。

（7）试点纳税人提供建筑服务适用简易计税方法的，以取得的全部价款和价外费用扣除支付的分包款后的余额为销售额。

（8）房地产开发企业中的一般纳税人销售其开发的房地产项目（选择简易计税方法的房地产老项目除外），以取得的全部价款和价外费用，扣除受让土地时向政府部门支付的土地价款后的余额为销售额。

房地产老项目，是指《建筑工程施工许可证》注明的合同开工日期在2016年4月30日前的房地产项目。

(9)试点纳税人按照上述(4)~(8)款的规定从全部价款和价外费用中扣除的价款,应当取得符合法律、行政法规和国家税务总局规定的有效凭证。

(四)视同销售货物和发生应税行为的销售额确定

视同销售行为属于特殊销售行为。由于视同销售行为一般不以资金形式反映出来,因而往往没有销售额,或者有时纳税人销售货物或提供应税劳务或服务价格明显偏低又无正当理由。在上述情况下,主管税务机关有权按照下列顺序核定其计税销售额:

(1)按纳税人最近时期同类货物或者应税行为的平均销售价格确定。

(2)按其他纳税人最近时期同类货物或者应税行为的平均销售价格确定。

(3)按组成计税价格确定,组成计税价格的计算公式为:

组成计税价格=成本×(1+成本利润率)

成本利润率由国家税务总局确定。

【例2—15·多选题】下列关于计税销售额的表述中,正确的有(　　)。

A. 金融企业转让金融商品,按照卖出价扣除买入价后的余额为销售额

B. 银行提供贷款服务,以提供贷款服务取得的全部利息及利息性质的收入为销售额

C. 建筑企业提供建筑服务适用一般计税方法的,以取得的全部价款和价外费用扣除支付的分包款后的余额为销售额

D. 房地产开发企业销售其开发的房地产项目适用一般计税方法的,以取得的全部价款和价外费用,扣除受让土地时向政府部门支付的土地价款后的余额为销售额

【答案】ABD

【解析】根据增值税相关规定,纳税人提供建筑服务适用简易计税方法的,以取得的全部价款和价外费用扣除支付的分包款后的余额为销售额,故C选项说法错误。

二、进项税额的计算

进项税额是指纳税人购进货物、加工修理修配劳务、服务、无形资产或者不动产,支付或者负担的增值税额。

进项税额是与销项税额对应的另一个概念,它们之间的对应关系是,销售方收取的销项税额就是购货方支付的进项税额。每一个一般纳税人,都会有收取的销项税额和支付的进项税额。增值税的核心就是用纳税人收取的销项税额抵扣其支付的进项税额,其余额为纳税人实际应缴纳的增值税税额,因此,进项税额影响纳税人实际缴纳的增值税。

值得注意的是,并不是纳税人支付的所有进项税额都可以从销项税额中抵扣,税法对哪些进项税额可以抵扣、哪些进项税额不能抵扣作了严格的规定。

在实际工作中,严格把握进项税额的抵扣范围、条件、数额和方法是十分重要的。

(一)准予从销项税额中抵扣的进项税额

准予从销项税额中抵扣的进项税额仅限于下列增值税扣税凭证上注明的增值税税额和按规定的扣除率计算的进项税额。

(1)从销售方取得的增值税专用发票(含税控机动车销售统一发票)上注明的增值税额。

(2)从海关取得的海关进口增值税专用缴款书上注明的增值税额。

(3)从境外单位或者个人购进服务、无形资产或者不动产,自税务机关或者扣缴义务人取得的解缴税款的完税凭证上注明的增值税额。

(4)购进农产品，除取得增值税专用发票或者海关进口增值税专用缴款书外，按照农产品收购发票或者销售发票上注明的农产品买价和10%的扣除率计算的进项税额(包括从小规模纳税人处取得的专用发票上注明的买价)；如果购进的农产品用于生产销售或委托受托加工16%税率货物，按12%的扣除率计算进项税额。计算公式为：

准予扣除的进项税额＝买价×10%(或12%)

买价是指纳税人购进农产品在农产品收购发票或者销售发票上注明的价款和按照规定缴纳的烟叶税。

购进农产品，按照《农产品增值税进项税额核定扣除试点实施办法》抵扣进项税额的除外。

(5)不动产在建工程进项税额的抵扣问题。适用一般计税方法的试点纳税人，2016年5月1日后取得并在会计制度上按固定资产核算的不动产或者2016年5月1日后取得的不动产在建工程，其进项税额应自取得之日起分2年从销项税额中抵扣，第一年抵扣比例为60%，第二年抵扣比例为40%。取得不动产，包括以直接购买、接受捐赠、接受投资入股、自建以及抵债等各种形式取得不动产，不包括房地产开发企业自行开发的房地产项目。融资租入的不动产以及在施工现场修建的临时建筑物、构筑物，其进项税额不适用上述分2年抵扣的规定。

(6)按照《实施办法》第27条第(一)项规定不得抵扣且未抵扣进项税额的固定资产、无形资产、不动产，发生用途改变，用于允许抵扣进项税额的应税项目，可在用途改变的次月按照下列公式计算可以抵扣的进项税额：

可以抵扣的进项税额＝固定资产、无形资产、不动产净值/(1＋适用税率)×适用税率

上述可以抵扣的进项税额应取得合法有效的增值税扣税凭证。

【例2—16·单选题】某食品厂2017年11月将职工食堂专用的一台设备改用于生产车间生产产品。该食品厂对该业务的处理，符合增值税法律制度的相关规定的是(　　)。

A. 凭该设备购进时取得的增值税专用发票，在2017年11月份作转增进项税额处理

B. 凭该设备购进时取得的增值税普通发票，在2017年11月份作转增进项税额处理

C. 凭该设备购进时取得的增值税专用发票，在2017年12月份作转增进项税额处理

D. 凭该设备购进时取得的增值税普通发票，在2017年12月份作转增进项税额处理

【答案】C

【解析】不得抵扣且未抵扣进项税额的固定资产可在改变用途的次月抵扣进项税额，且应取得合法有效的增值税扣税凭证。

(7)原增值税一般纳税人购进服务、无形资产或者不动产，取得的增值税专用发票上注明的增值税额为进项税额，准予从销项税额中抵扣。

(8)原增值税一般纳税人自用的应征消费税的摩托车、汽车、游艇，其进项税额准予从销项税额中抵扣。

(9)原增值税一般纳税人从境外单位或者个人购进服务、无形资产或者不动产，按照规定应当扣缴增值税的，准予从销项税额中抵扣的进项税额为自税务机关或者扣缴义务人取得的解缴税款的完税凭证上注明的增值税额。纳税人凭完税凭证抵扣进项税额的，应当具备书面合同、付款证明和境外单位的对账单或者发票。资料不全的，其进项税额不得从销项

税额中抵扣。

(10)原增值税一般纳税人购进货物或者接受加工修理修配劳务，用于《销售服务、无形资产或者不动产注释》所列项目的，不属于《增值税暂行条例》第10条所称的用于非增值税应税项目，其进项税额准予从销项税额中抵扣。

【例2—17·单选题】一般纳税人在2016年5月1日后购进的不动产，其进项税额抵扣的规定是(　　)。

A. 第一年抵扣比例为60%，第二年抵扣比例为40%

B. 第一年抵扣比例为40%，第二年抵扣比例为60%

C. 第一年抵扣比例为50%，第二年抵扣比例为50%

D. 第一年抵扣比例为65%，第二年抵扣比例为35%

【答案】A

【解析】根据增值税相关规定，2016年5月1日后取得并在会计制度上按固定资产核算的不动产或者在2016年5月1日后取得的不动产在建工程，其进项税额应自取得之日起分2年从销项税额中抵扣，第一年抵扣比例为60%，第二年抵扣比例为40%。

(二)不得从销售额中抵扣的进项税额

纳税人取得的增值税扣税凭证不符合法律、行政法规或者国家税务总局有关规定的，其进项税额不得从销项税额中抵扣。

纳税人凭完税凭证抵扣进项税额的，应当具备书面合同、付款证明和境外单位的对账单或者发票。资料不全的，其进项税额不得从销项税额中抵扣。

例如：A企业为增值税一般纳税人，2017年9月境外B企业向其提供咨询服务，A企业在主管税务机关为B企业代扣代缴增值税6 000元，但A企业不能够提供与该业务相关的境外单位的对账单或者发票。故该笔进项税额不得抵扣。

下列项目的进项税额不得从销项税额中抵扣：

(1)用于简易计税方法计税项目、免征增值税项目、集体福利或者个人消费的购进货物、加工修理修配劳务、服务、无形资产和不动产。

简易计税方法是指一般纳税人发生财政部和国家税务总局规定的特定应税行为，可以选择适用简易计税方法计税。适用简易计税方法计税的一般纳税人，其取得的用于简易计税方法计税项目的进项税额不得抵扣，如：房地产开发企业一般纳税人销售自行开发的房地产老项目、一般纳税人为建筑工程老项目提供的建筑服务等。

例如：某建筑企业为增值税一般纳税人，2018年6月购买材料，取得增值税专用发票注明金额100 000元，进项税额16 000元，该批材料用于适用简易计税方法的老建筑项目，该笔进项税额不得抵扣，应直接计入成本。

免征增值税是指财政部及国家税务总局规定的免征增值税的项目，如：养老机构提供的养老服务、婚姻介绍服务、从事学历教育的学校提供的教育服务、农业生产者销售的自产农产品等。

集体福利是指纳税人为内部职工提供的各种内设福利部门所发生的设备、设施等费用，包括职工食堂、职工浴室、理发室、医务所、托儿所、疗养院等集体福利部门的设备、设施及维修保养费用。

个人消费是指纳税人内部职工个人消费的货物、劳务及服务等所发生的费用，如：交际应酬消费、职工个人的车辆加油费等。纳税人的交际应酬消费属于个人消费。

上述固定资产、无形资产、不动产，仅指专用于上述项目的固定资产、无形资产（不包括其他权益性无形资产）、不动产。若纳税人取得的进项税额同时用于正常缴纳增值税项目和简易计税方法计税项目、免征增值税项目、集体福利或者个人消费的，则进项税额可以全部抵扣。

(2)非正常损失的购进货物，以及相关的加工修理修配劳务和交通运输服务。

例如：某企业为增值税一般纳税人，2018 年 6 月因管理不善，霉烂变质材料一批。该批材料购买时，取得增值税专用发票注明金额 100 000 元，进项税额 16 000 元，该笔进项税额已抵扣。该批因管理不善造成的非正常损失的购进货物，其取得的进项税额不得抵扣，其进项税额应予以转出。

(3)非正常损失的在产品、产成品所耗用的购进货物（不包括固定资产）、加工修理修配劳务和交通运输服务。

(4)非正常损失的不动产，以及该不动产所耗用的购进货物、设计服务和建筑服务。

(5)非正常损失的不动产在建工程所耗用的购进货物、设计服务和建筑服务。纳税人新建、改建、扩建、修缮、装饰不动产，均属于不动产在建工程。

上述所说的非正常损失，是指因管理不善造成不动产被盗、丢失、霉烂变质，以及因违反法律法规造成货物或不动产被依法没收、销毁、拆除的情形。

(6)购进的旅客运输服务、贷款服务、餐饮服务、居民日常服务和娱乐服务。

旅客运输服务是指客运服务，包括通过陆路运输、水路运输、航空运输为旅客个人提供的客运服务。纳税人取得的旅客运输服务的进项税额不得抵扣。

例如：某企业为增值税一般纳税人，2018 年 6 月，职工报销差旅费，其中报销交通费用（飞机票）11 000 元，取得增值税专用发票注明金额 10 000 元，进项税额 1 000 元。则该笔旅客运输对应的进项税额不得抵扣，应直接计入相关损益类科目。

贷款服务是指将资金贷与他人使用而取得利息收入的业务活动，如：银行提供的贷款服务、金融商品持有期间利息收入、信用卡透支利息收入、买入返售金融商品利息收入、融资融券收取的利息收入，以及融资性售后回租、押汇、罚息、票据贴现、转贷等业务取得的利息及利息性质的收入。纳税人取得的贷款服务的进项税额不得抵扣。

餐饮服务是指通过同时提供饮食和饮食场所的方式为消费者提供饮食消费服务的业务活动，纳税人取得的餐饮服务的进项税额不得抵扣。

居民日常服务是指主要为满足居民个人及其家庭日常生活需求提供的服务，包括市容市政管理、家政、婚庆、养老、殡葬、照料和护理、救助救济、美容美发、按摩、桑拿、氧吧、足疗、沐浴、洗染、摄影扩印等服务。纳税人取得的居民日常服务的进项税额不得抵扣。

娱乐服务是指为娱乐活动同时提供场所和服务的业务，具体包括：歌厅、舞厅、夜总会、酒吧、台球、高尔夫球、保龄球、游艺（包括射击、狩猎、跑马、游戏机、蹦极、卡丁车、热气球、动力伞、射箭、飞镖）。纳税人取得的娱乐服务的进项税额不得抵扣。

(7)纳税人接受贷款服务向贷款方支付的与该笔贷款直接相关的投融资顾问费、手续费、咨询费等费用，其进项税额不得从销项税额中抵扣。

(8)财政部和国家税务总局规定的其他情形。

(9)适用一般计税方法的纳税人,兼营简易计税方法计税项目、免税项目而无法划分不得抵扣的进项税额,应按照下列公式计算不得抵扣的进项税额:

不得抵扣的进项税额=当期无法划分的全部进项税额×(当期简易计税方法计税项目销售额+免征增值税项目销售额)÷当期全部销售额

【例2－18·计算题】A企业为一般纳税人,提供货物运输服务和装卸搬运服务,其中货物运输服务适用一般计税方法,装卸搬运服务选择适用简易计税方法。A企业2018年6月缴纳当月电费11.6万元,取得增值税专用发票并于当月认证抵扣,且该进项税额无法在货物运输服务和装卸搬运服务间划分。A企业当月取得货物运输收入6万元,装卸搬运服务4万元。则该企业当月应转出的进项税额是多少?

【解析】纳税人因兼营简易计税项目而无法划分所取得进项税额的,按照下列公式计算应转出的进项税额:

应转出的进项税额=116 000÷(1+16%)×16%×40 000÷(40 000+60 000)
=6 400(元)

(10)一般纳税人已抵扣进项税额的固定资产、无形资产或者不动产,发生用途改变不得抵扣进项税额的,按照下列公式计算不得抵扣的进项税额:

不得抵扣的进项税额=固定资产、无形资产或者不动产净值×适用税率

固定资产、无形资产或者不动产净值,是指纳税人根据财务会计制度计提折旧或摊销后的余额。

【例2－19·计算题】A企业为一般纳税人,2018年将其一台生产设备改变用途,用于职工食堂。该设备2018年购进时取得增值税专用发票,注明价款20万元,增值税税款3.2万元,已提折旧4万元。已知增值税税率为16%,该企业该笔业务应转出的进项税额是多少?

【解析】已抵扣进项税额的固定资产、无形资产或者不动产用于集体福利,不得抵扣进项税额,应按照下列公式计算应转出的进项税额:

应转出的进项税额=(20－4)×16%=2.56(万元)

三、应纳税额的计算

在确定了销项税额和进项税额后,就可以得出实际应纳税额,其基本计算公式为:

当期应纳增值税税额=当期销项税额－当期进项税额

当期销项税额小于当期进项税额不足抵扣的部分,可以结转下期继续抵扣。

【例2－20·计算题】某工业企业为增值税一般纳税人,货物适用增值税税率16%,2018年6月份有关经济业务如下:

(1)销售A产品给甲商场,开具增值税专用发票,取得不含税销售额100万元,另收取送货运输费收入5.8万元。该笔送货运输费收入含增值税,与销售货物不能分别核算。

(2)销售B产品给个人,开具普通发票,取得含税销售额3.48万元。

(3)将试制的一批应税新产品用于本企业职工娱乐室基建工程,该批新产品无同类产品市场售价,成本价为20万元,国家税务总局规定的成本利润率为10%。

(4)销售2008年2月购进的一台固定资产,开具普通发票,取得含税售价30 900元。

(5)购进生产原料，取得增值税专用发票，购买价款 50 万元、进项税额 8 万元；另支付购货运费，取得运输公司开具的增值税专用发票，上面注明价款 6 万元，税款 0.6 万元。

以上相关票据均符合税法的规定，请按下列顺序计算该企业 6 月份应缴纳的增值税。

(1)计算销售 A 产品的销项税额；

(2)计算销售 B 产品的销项税额；

(3)计算自用新产品的销项税额；

(4)计算销售使用过的小汽车的应纳税额；

(5)计算外购货物应抵扣的进项税额；

(6)计算该企业 10 月份应缴纳的增值税税额。

【解析】

(1)销售 A 产品的销项税额＝100×16%＋5.8÷(1＋16%)×16%＝16.8(万元)

(2)销售 B 产品的销项税额＝3.48÷(1＋16%)×16%＝0.48(万元)

(3)自用新产品的销项税额＝20×(1＋10%)×16%＝3.52(万元)

(4)销售使用过的固定资产的应纳税额＝30 900÷(1＋3%)×2%＝0.06(万元)

(5)外购货物应抵扣的进项税额＝8＋0.6＝8.6(万元)

(6)该企业 6 月份应缴纳的增值税税额＝16.8＋0.48＋3.53＋0.06－8.6＝12.26(万元)

【例 2－21·计算题】某公司为增值税一般纳税人，专门从事认证服务。适用增值税税率 6%，征税率为 3%。2018 年 6 月份发生如下经济业务：

(1)10 日，取得某项认证服务收入 106 万元，开具增值税专用发票，价款 100 万元，税款 6 万元。

(2)12 日，购进一台经营用设备，取得增值税专用发票注明价款 20 万元，税款 3.2 万元；支付运输费，取得增值税专用发票注明价款 0.5 万元，税款 0.05 万元。

(3)15 日，支付广告服务费，取得增值税专用发票注明金额 5 万元，增值税 0.3 万元。

(4)25 日，销售 2007 年购进的一台固定资产，售价 0.206 万元，开具普通发票。

以上相关票据均符合税法的规定，进项发票已认证，请计算该企业当月份应缴纳的增值税。

【解析】

(1)当期销项税额＝106÷(1＋6%)×6%＝6(万元)

(2)当期进项税额＝3.2＋0.05＋0.3＝3.55(万元)

(3)一般计税方法的应纳税额＝6－3.55＝2.45(万元)

(4)简易计税方法的应纳税额＝0.206÷(1＋3%)×2%＝0.004(万元)

(5)应缴纳的增值税税额＝2.45＋0.004＝2.454(万元)

第五节　简易计税方法应纳税额的计算

纳税人销售货物或者提供应税劳务或者发生应税行为适用简易计税方法的，应该按照销售额和征收率计算应纳增值税税额，并且不得抵扣进项税额。其应纳税额的计算公式为：

应纳增值税税额＝销售额×征收率

这里的销售额与一般纳税人的销售额是一致的，即都是销售货物或提供应税劳务向购买方收取的全部价款或费用，但不包括按3％或5％征收率收取的增值税额。

纳税人采取价税合并定价方式取得销售收入的，应按规定将含税销售额换算为不含税销售额。

销售额＝含税销售额÷(1＋征收率)

小规模纳税人一律采用简易计税方法计税。但是，一般纳税人销售特定货物或者提供特定应税行为可以选择适用简易计税方法，例如：一般纳税人提供的公共交通运输服务、以清包工方式提供的建筑服务、动画设计服务、电影放映、仓储服务、装卸搬运服务、收派服务和文化体育服务，可以选择简易计税方法计算缴纳增值税。

【例2－22·计算题】某商店为小规模纳税人，2018年6月取得含税销售额0.515万元；将一批商品无偿捐赠给中国红十字会，该商品的含税售价为2.06万元；购进商品一批，取得增值税普通发票上注明金额为3万元，增值税额为0.48万元。已知增值税的征收率为3％。计算该商店10月份应缴纳的增值税额。

【解析】

(1)销售商品不含税销售额＝0.515÷(1＋3％)＝0.5(万元)

(2)销售商品应纳增值税额＝0.5×3％＝0.015(万元)

(3)捐赠商品应纳增值税额 ＝2.06÷(1＋3％)×3％＝0.06(万元)

(4)小规模纳税人购进货物支付的增值税款不允许抵扣

(5)该商店10月份应缴纳的增值税税额＝0.015＋0.06＝0.075(万元)

【例2－23·计算题】某汽车维修企业为小规模纳税人，主要从事汽车修理和装潢业务。2017年10月汽车修理业务取得收入31万元；销售汽车装饰用品取得收入5.05万元；购进的修理用配件被盗，账面成本1万元。计算汽车修理厂10月份应缴纳的增值税额。

【解析】该汽修企业10月份应缴纳的增值税税额＝(31＋5.05)÷(1＋3％)×3％＝1.05(万元)

纳税人适用简易计税方法计税的，因销售折让、中止或者退回而退还给购买方的销售额，应当从当期销售额中扣减。扣减当期销售额后仍有余额造成多缴的税款，可从以后的应纳税额中扣减。

【例2－24·计算题】某企业为小规模纳税人，专门从事商业咨询服务，2017年10月向某一般纳税人提供咨询服务，取得不含税销售额2万元并缴纳了增值税，11月该笔业务由于合理原因发生退款。已知增值税的征收率为3％。

假设该企业11月份取得应税服务的不含税销售额为3万元，计算该企业11月份应缴纳的增值税额。

【解析】

(1)11月份最终的计税销售额＝3－2＝1(万元)

(2)11月份应纳增值税额＝1×3％＝0.03(万元)

【例2－25·计算题】承【例2－24·计算题】，假设该企业11月份取得应税服务的不含税销售额为 1 万元，12 月份取得应税服务的不含税销售额为 3.5 万元，计算该企业 11 月、12 月份应缴纳的增值税额。

【解析】

(1)11 月份最终的计税销售额＝1－1＝0(万元)

(2)11 月份应纳增值税额＝0×3％＝0(万元)

(3)11 月份扣减了 10 月的销售退回后，还有(1－2)万元不足扣除，多缴的税款为 0.03 万元(1×3％)，可在以后的应纳税额中扣减。

(4)12 月份最终的计税销售额＝3.5－1＝2.5(万元)

(5)12 月份应纳增值税额＝2.5×3％＝0.075(万元)

或 12 月份应纳增值税额＝3.5×3％－0.03＝0.075(万元)

第六节　进口货物应纳税额的计算

对进口货物征税是国际惯例。我国规定，中华人民共和国境内进口货物的单位和个人均应按规定缴纳增值税。

一、进口货物的纳税人

根据《增值税暂行条例》的规定，进口货物的收货人(承受人)或办理报关手续的单位和个人，为进口货物增值税的纳税义务人，包括国内一切从事进口业务的企事业单位、机关团体和个人。

对于企业、单位和个人委托代理进口应征增值税的货物，鉴于代理进口货物的海关完税凭证，有的开具给委托方、有的开具给受托方的特殊性，对代理进口货物以海关开具的完税凭证上的纳税人为增值税纳税人。

二、进口货物的征税范围

根据《增值税暂行条例》的规定，申报进入中华人民共和国海关境内的货物，均应缴纳增值税。

确定一项货物是否属于进口货物，首先必须看其是否有报关进口手续。只要是报关进口的应税货物，不论其是国外产制还是我国已出口而转销国内的货物，是进口者自用还是用于贸易或其他用途，不论是购进还是国外捐赠，均应按照规定缴纳进口环节的增值税。但国家在规定对进口货物征税的同时，也对某些货物做出了减免税或不征税的特殊规定。

三、进口货物的适用税率

进口货物的适用税率与增值税一般纳税人在国内销售同类货物的税率相同。

四、进口货物应纳税额的计算

(一)组成计税价格的确定

纳税人进口货物，按照组成计税价格和国家规定的税率计算应纳增值税税额。组成计税价格是指在没有实际销售价格时，按照税法规定计算出作为计税依据的价格。进口货物增值税的组成计税价格中包括已纳关税税额，如果进口货物属于消费税应税消费品，其组成计税价格中还要包括进口环节已纳消费税税额。具体计算公式如下：

组成计税价格＝关税完税价格＋关税＋消费税

或：组成计税价格＝(关税完税价格＋关税)/(1－消费税税率)

(二)进口货物应纳税额的计算

纳税人进口货物，按照组成计税价格和适用的税率计算应纳增值税税额，不得抵扣任何税额。

应纳增值税税额＝组成计税价格×税率

进口货物在海关缴纳的增值税，符合抵扣范围的，凭海关进口增值税专用缴款书，可以从当期销项税额中抵扣。

【例2－26·计算题】某企业为增值税一般纳税人，2018年8月进口一批香水精，买价85万元，境外运费及保险费共计5万元。货物报关后，该企业按规定缴纳了进口环节的增值税，并取得了海关进口增值税专用缴款书。假定该批货物进口后全部在国内销售，取得不含税销售额300万元(关税税率为50%，消费税税率为30%)。

请按下列顺序回答下列问题：

(1)计算组成计税价格；

(2)计算进口环节应纳的增值税税额；

(3)计算国内销售环节的销项税额；

(4)计算国内销售环节应缴纳的增值税税额。

【解析】

(1)组成计税价格＝(85＋5)×(1＋50%)/(1－30%)＝192.86(万元)

(2)进口环节应纳的增值税税额＝192.86×16%＝30.86(万元)

(3)国内销售环节的销项税额＝300×16%＝48(万元)

(4)国内销售环节应缴纳的增值税税额＝48－30.86＝17.14(万元)

第七节 出口货物、劳务和跨境应税行为增值税的退(免)税和征税

出口货物、劳务和跨境应税行为退(免)税是国际贸易中通常采用的做法，目的在于鼓励各国出口货物公平竞争。《增值税暂行条例》规定的出口货物、劳务和跨境应税行为的零税率，有两层含义：一是免征出口货物、劳务和跨境应税行为销售环节的增值税；二是退还出口货物前道环节所含的进项税额。但由于各种货物、劳务和跨境应税行为出口前涉及免征增值税的情况不同，且国家对少数货物、劳务等有出口限制政策，因此，国家在遵循“征多少、退多少”“未征不退和彻底退税”原则的基础上，制定了不同的增值税退(免)税处理办法。

为鼓励本国货物出口，在遵循WTO基本规则的前提下，我国根据本国实际采取出口退税与免税相结合的政策，主要有出口免税并退税、出口免税不退税、出口不免税也不退税三

种形式。

一、出口免税并退税

出口免税并退税是指出口货物不但免予征税，且给予退税。

（一）适用增值税退（免）税政策的出口货物劳务

对下列出口货物劳务，除适用增值税免税政策和征税政策的以外，实行免征和退还增值税[以下称增值税退（免）税]政策：

1. 出口企业出口货物

出口企业是指依法办理工商登记、税务登记、对外贸易经营者备案登记，自营或委托出口货物的单位或个体工商户，以及依法办理工商登记、税务登记但未办理对外贸易经营者备案登记，委托出口货物的生产企业。

出口货物是指向海关报关后实际离境并销售给境外单位或个人的货物，分为自营出口货物和委托出口货物两类。

生产企业是指具有生产能力（包括加工修理修配能力）的单位或个体工商户。

2. 出口企业或其他单位视同出口的货物

视同出口货物具体是指：

（1）出口企业对外援助、对外承包、境外投资的出口货物。

（2）出口企业经海关报关进入国家批准的出口加工区、保税物流园区、保税港区、综合保税区、中澳跨境工业区（珠海园区）、中哈霍尔果斯国际边境合作中心（中方配套区域）、保税物流中心（B型）（以下统称特殊区域）并销售给特殊区域内单位或境外单位、个人的货物。

（3）免税品经营企业（比如中国免税品集团）销售的货物（国家规定不允许经营和限制出口的货物、卷烟和超出免税品经营企业的《企业法人营业执照》中规定经营范围的货物除外）。

（4）出口企业或其他单位销售给用于国际金融组织或外国政府贷款国际招标建设项目的中标机电产品。

（5）生产企业向海上石油天然气开采企业销售的自产的海洋工程结构物。

（6）出口企业或其他单位销售给国际运输企业用于国际运输工具上的货物（如国内航空供应公司生产销售给国内和国外航空公司国际航班的航空食品）。

（7）出口企业或其他单位销售给特殊区域内生产企业生产耗用且不向海关报关而输入特殊区域的水（包括蒸汽）、电力、燃气。

3. 融资租赁货物出口退税

（1）对融资租赁出口货物试行退税政策。对融资租赁企业、金融租赁公司及其设立的项目子公司（以下统称融资租赁出租方），以融资租赁方式租赁给境外承租人且租赁期限在5年（含）以上，并向海关报关后实际离境的货物，试行增值税、消费税出口退税政策。

（2）对融资租赁海洋工程结构物试行退税政策。对融资租赁出租方购买的，并以融资租赁方式租赁给境内列名海上石油天然气开采企业且租赁期限在5年（含）以上的国内生产企业生产的海洋工程结构物，视同出口，试行增值税、消费税出口退税政策。

（3）上述融资租赁出口货物和融资租赁海洋工程结构物不包括在海关监管年限内的进口减免税货物。

4. 出口企业对外提供加工修理修配劳务

对外提供加工修理修配劳务，是指对进境复出口货物或从事国际运输的运输工具进行的加工修理修配。

5. 一般纳税人提供适用增值税零税率的应税服务的退(免)税

中华人民共和国境内(以下简称境内)的增值税一般纳税人提供适用增值税零税率的应税服务，实行增值税退(免)税办法。

增值税零税率应税服务提供者，是指提供适用增值税零税率应税服务，且认定为增值税一般纳税人，实行增值税一般计税方法的境内单位和个人。属于汇总缴纳增值税的，为经财政部和国家税务总局批准的汇总缴纳增值税的总机构。

增值税零税率应税服务适用范围按财政部、国家税务总局的规定执行。

增值税零税率应税服务退(免)税办法包括免抵退税办法和免退税办法，具体办法及计算公式按财政部、国家税务总局的规定执行。

实行免抵退税办法的增值税零税率应税服务提供者如果同时出口货物劳务且未分别核算的，应一并计算免抵退税。税务机关在审批时，应按照增值税零税率应税服务、出口货物劳务免抵退税额的比例划分其退税额和免抵税额。

(二)增值税退(免)税办法

适用增值税退(免)税政策的出口货物、劳务和应税行为，按照下列规定实行增值税“免、抵、退”税或“免、退”税办法。

1.“免、抵、退”税办法

免、抵、退税办法的“免”税，是指生产企业出口的自产(含视同自产)货物和应税劳务等，免征本企业生产销售环节增值税；“抵”税，是指生产企业出口自产货物、应税劳务等所耗用的原材料、零部件、燃料、动力等所含应予退还的进项税额，抵顶内销货物的应纳税额；“退”税，是指生产企业出口自产货物、应税劳务等在当月内应抵顶的进项税额大于内销应纳税额时，对未抵顶完的部分予以退税。

适用增值税一般计税方法的生产企业出口自产货物与视同自产货物、对外提供加工修理修配劳务，以及列名的74家生产企业出口非自产货物，实行“免、抵、退”税办法。

境内的单位和个人提供适用增值税零税率的服务或无形资产，如果属于适用增值税一般计税方法的，生产企业实行“免、抵、退”税办法，外贸企业直接将服务或自行研发的无形资产出口，视同生产企业连同其出口货物统一实行“免、抵、退”税办法。

2.“免、退”税办法

不具有生产能力的出口企业(以下简称外贸企业)或其他单位出口货物、劳务，免征增值税，相应的进项税额予以退还。

适用增值税一般计税方法的外贸企业外购服务或者无形资产出口实行“免、退”税办法。

(三)增值税出口退税率

1. 退税率的一般规定

除财政部和国家税务总局根据国务院决定而明确的增值税出口退税率(以下称退税率)外，出口货物的退税率为其适用税率。

服务和无形资产的退税率为其适用的增值税税率，即有形动产租赁服务退税率为16%；交通运输业服务、邮政业服务退税率为10%，现代服务业服务(有形动产租赁服务除外)退税率为6%。

2. 退税率的特殊规定

(1)外贸企业购进按简易办法征税的出口货物、从小规模纳税人购进的出口货物,其退税率分别为简易办法实际执行的征收率、小规模纳税人征收率。上述出口货物取得增值税专用发票的,退税率按照增值税专用发票上的税率和出口货物退税率孰低的原则确定。

(2)出口企业委托加工修理修配货物,其加工修理修配费用的退税率,为出口货物的退税率。

(3)中标机电产品、出口企业向海关报关进入特殊区域销售给特殊区域内生产企业生产耗用的列名原材料、输入特殊区域的水电气,其退税率为适用税率。

(4)海洋工程结构物退税率的适用,具体范围根据财税〔2012〕39号文件附件3确定。

适用不同退税率的货物劳务,应分开报关、核算并申报退(免)税,未分开报关、核算或划分不清的,从低适用退税率。

(四)增值税退(免)税的计税依据

出口货物、劳务的增值税退(免)税的计税依据,按出口货物劳务的出口发票(外销发票)、其他普通发票或购进出口货物劳务的增值税专用发票、海关进口增值税专用缴款书确定。

跨境应税行为增值税退(免)税的计税依据按照《适用增值税零税率应税服务退(免)税管理办法》(国家税务总局公告2014年第11号)执行。

(五)增值税免抵退税和免退税的计算

1. 生产企业出口货物、劳务、服务和无形资产的增值税"免、抵、退"税,依下列公式计算

(1)当期应纳税额的计算:

当期应纳税额=当期销项税额-(当期进项税额-当期不得免征和抵扣税额)

当期不得免征和抵扣税额=当期出口货物离岸价×外汇人民币折合率×(出口货物适用税率-出口货物退税率)-当期不得免征和抵扣税额抵减额

当期不得免征和抵扣税额抵减额=当期免税购进原材料价格×(出口货物适用税率-出口货物退税率)

(2)当期免抵退税额的计算:

当期免抵退税额=当期出口货物离岸价×外汇人民币折合率×出口货物退税率-当期免抵退税额抵减额

当期免抵退税额抵减额=当期免税购进原材料价格×出口货物退税率

(3)当期应退税额和免抵税额的计算:

①当期期末留抵税额≤当期"免、抵、退"税额,则

当期应退税额=当期期末留抵税额

当期免抵税额=当期免抵退税额-当期应退税额

②当期期末留抵税额>当期"免、抵、退"税额,则

当期应退税额=当期"免、抵、退"税额

当期免抵税额=0

当期期末留抵税额为当期增值税纳税申报表中"期末留抵税额"。

【例2-27·计算题】某自营出口的生产企业为增值税一般纳税人,出口货物的适用税

率为16%，退税率为12%。2018年8月的有关经营业务为：

(1)购进原材料一批，取得的增值税专用发票注明价款为200万元，税额为32万元，已通过认证。

(2)本月内销产品一批，取得不含税收入100万元；出口货物一批，取得出口销售收入折合人民币200万元。

(3)上期留抵税额3万元。

试计算该企业当期的"免、抵、退"税额。

【解析】

(1)当期"免、抵、退"税不得免征和抵扣税额＝200×(16%－12%)＝8(万元)

(2)当期应纳税额＝100×16%－(32－8)－3＝－11(万元)

(3)出口货物"免、抵、退"税额＝200×12%＝24(万元)

(4)按规定，如当期末留抵税额≤当期"免、抵、退"税额时：

当期应退税额＝当期期末留抵税额

即该企业当期应退税额＝11(万元)

(5)当期免抵税额＝当期免抵退税额－当期应退税额

该企业当期免抵税额＝24－11＝13(万元)

【例2－28·计算题】某自营出口的生产企业为增值税一般纳税人，出口货物的适用税率为16%，退税率为12%。2018年8月的有关经营业务为：

(1)购进原材料一批，取得的增值税专用发票注明价款为400万元，税额为64万元，已通过认证。

(2)本月内销产品一批，取得不含税收入100万元；出口货物一批，取得出口销售收入折合人民币200万元。

(3)上期留抵税额5万元。

试计算该企业当期的"免、抵、退"税额。

【解析】

(1)当期"免、抵、退"税不得免征和抵扣税额＝200×(16%－12%)＝8(万元)

(2)当期应纳税额＝100×16%－(64－8)－5＝－45(万元)

(3)出口货物"免、抵、退"税额＝200×12%＝24(万元)

(4)按规定，如当期期末留抵税额＞当期"免、抵、退"税额时：

当期应退税额＝当期"免、抵、退"税额

即该企业当期应退税额＝24(万元)

(5)当期免抵税额＝当期免抵退税额－当期应退税额

该企业当期免抵税额＝24－24＝0(万元)

(6)8月期末留抵结转下期继续抵扣税额＝45－24＝21(万元)

【例2－29·计算题】某自营出口生产企业是增值税一般纳税人，出口货物适用税率为16%，退税率为15%。2018年8月的有关经营业务为：

(1)购进原材料一批，取得的增值税专用发票注明的价款为200万元，进项税额32万元。

(2)当月进料加工免税进口料件的组成计税价格100万元。

(3)上期留抵税额6万元。

(4)本月内销产品一批，取得不含税收入100万元；出口货物一批，取得出口销售收入折合人民币200万元。

试计算该企业当期的“免、抵、退”税额。

【解析】

(1)当期“免、抵、退”税不得免征和抵扣税额抵减额＝100×(16%－15%)＝1(万元)

(2)当期“免、抵、退”税不得免征和抵扣税额＝200×(16%－15%)－1＝1(万元)

(3)当期应纳税额＝100×16%－(32－1)－6＝－21(万元)

(4)“免、抵、退”税额抵减额＝100×15%＝15(万元)

(5)出口货物“免、抵、退”税额＝200×15%－15＝15(万元)

(6)按规定，如当期期末留抵税额＞当期“免、抵、退”税额时：

当期应退税额＝当期“免、抵、退”税额

即该企业当期应退税额＝15(万元)

(7)当期免抵税额＝当期免抵退税额－当期应退税额＝15－15＝0(万元)

(8)8月期末留抵结转下期继续抵扣税额为6万元(21－15)

2. 外贸企业出口货物、劳务和应税行为增值税免退税，依下列公式计算

(1)外贸企业出口委托加工修理修配货物以外的货物：

增值税应退税额＝增值税退(免)税计税依据×出口货物退税率

【例2－30·计算题】某进出口公司2018年8月出口美国平纹布2 000米，进货增值税专用发票列明单价为40元/米，计税金额为80 000元，增值税出口退税率为12%。要求：计算当期应退增值税税额。

【解析】增值税应退税额＝2 000×40×12%＝9 600(万元)

(2)外贸企业出口委托加工修理修配货物：

出口委托加工修理修配货物的增值税应退税额＝委托加工修理修配的增值税退(免)税计税依据×出口货物退税率

【例2－31·计算题】某进出口公司2018年8月购进棉布委托加工成服装出口，进货增值税专用发票注明计税金额为20 000元，取得了受托方开具的增值税专用发票，支付委托加工费2 000元，增值税额320元，出口退税率为16%。要求：计算当期应退增值税税额。

【解析】增值税应退税额＝(20 000＋2 000)×16%＝3 520(元)

(3)退税率低于适用税率的，相应计算出的差额部分的税款计入出口货物劳务成本。

(4)出口企业既有适用增值税“免、抵、退”项目，也有增值税即征即退、先征后退项目的，增值税即征即退和先征后退项目不参与出口项目“免、抵、退”税计算。出口企业应分别核算增值税免抵退项目和增值税即征即退、先征后退项目，并分别申请享受增值税即征即退、先征后退和“免、抵、退”税政策。

【例2－32·单选题】下列各项中，适用增值税出口退税“免退税”办法的是(　　)。

A. 收购货物出口的外贸企业　　B. 受托代理出口货物的外贸企业

C. 自营出口自产货物的生产企业　　D. 委托出口自产货物的生产企业

【答案】A

【解析】本题考核出口增值税的出口退税有关规定。外贸企业收购货物出口适用“免退税”的方式计算退税。B要视委托方的情况适用免税或免抵退税政策。CD采用免抵退税政策。

二、出口免税不退税

出口免税不退税是指出口免征出口环节增值税;不退税是指不退还出口销售货物、劳务及应税行为所用原材料、燃料、动力等购进货物的增值税。因其前一道环节是免税的,这些货物、劳务或应税行为出口时本身就不含税,也就无需退还。

对符合下列条件的出口货物、劳务和应税行为,除适用《通知》第7条规定外,按下列规定实行免征增值税(以下称增值税免税)政策:

(一)适用范围

适用增值税免税政策的出口货物、劳务和应税行为是指:

1. 出口企业或其他单位出口规定的货物

(1)增值税小规模纳税人出口的货物。

(2)避孕药品和用具,古旧图书。

(3)软件产品。其具体范围是指海关税则号前四位为“9803”的货物。

(4)含黄金、铂金成分的货物,钻石及其饰品。

(5)国家计划内出口的卷烟。

(6)非出口企业委托出口的货物

(7)非列名生产企业出口的非视同自产货物。

(8)农业生产者自产农产品。农产品的具体范围按照《农业产品征税范围注释》(财税〔1995〕52号)的规定执行。

(9)油、花生果仁、黑大豆等财政部和国家税务总局规定的出口免税的货物。

(10)外贸企业取得普通发票、废旧物资收购凭证、农产品收购发票、政府非税收入票据的货物。

(11)来料加工复出口的货物。

(12)特殊区域内的企业出口的特殊区域内的货物。

(13)以人民币现金作为结算方式的边境地区出口企业从所在省(自治区)的边境口岸出口到接壤国家的一般贸易和边境小额贸易出口货物。

(14)以旅游购物贸易方式报关出口的货物。

2. 出口企业或其他单位视同出口的货物劳务

(1)国家批准设立的免税店销售的免税货物[包括进口免税货物和已实现退(免)税的货物]。

(2)特殊区域内的企业为境外的单位或个人提供加工修理修配劳务。

(3)同一特殊区域、不同特殊区域内的企业之间销售特殊区域内的货物。

3. 出口企业或其他单位未按规定申报或未补齐增值税退(免)税凭证的出口货物和劳务

(1)未在国家税务总局规定的期限内申报增值税退(免)税的出口货物劳务。

(2)未在规定期限内申报开具《代理出口货物证明》的出口货物劳务。

(3)已申报增值税退(免)税,却未在国家税务总局规定的期限内向税务机关补齐增值税退(免)税凭证的出口货物和劳务。

对于适用增值税免税政策的出口货物和劳务,出口企业或其他单位可以依照现行增值税有关规定放弃免税,并依照《通知》第7条的规定缴纳增值税。

4. 境内的单位和个人销售的下列服务和无形资产免征增值税,但财政部和国家税务总局规定适用增值税零税率的除外

(1)下列服务:

①工程项目在境外的建筑服务。

②工程项目在境外的工程监理服务。

③工程、矿产资源在境外的工程勘察勘探服务。

④会议展览地点在境外的会议展览服务。

⑤存储地点在境外的仓储服务。

⑥标的物在境外使用的有形动产租赁服务。

⑦在境外提供的广播影视节目(作品)的播映服务。

⑧在境外提供的文化体育服务、教育医疗服务、旅游服务。

(2)为出口货物提供的邮政服务、收派服务、保险服务。为出口货物提供的保险服务,包括出口货物保险和出口信用保险。

(3)向境外单位提供的完全在境外消费的下列服务和无形资产:

①电信服务。

②知识产权服务。

③物流辅助服务。

④鉴证咨询服务。

⑤专业技术服务。

⑥商务辅助服务。

⑦广告投放地在境外的广告服务。

⑧无形资产。

(4)以无运输工具承运方式提供的国际运输服务。

(5)为境外单位之间的货币资金融通及其他金融业务提供的直接收费金融服务,且该服务与境内的货物、无形资产和不动产无关。

(6)财政部和国家税务总局规定的其他服务。

(二)进项税额的处理和计算

(1)适用增值税免税政策的出口货物劳务,其进项税额不得抵扣和退税,应当转入成本。

(2)出口卷烟,依下列公式计算:

不得抵扣的进项税额=出口卷烟含消费税金额÷(出口卷烟含消费税金额+内销卷烟销售额)×当期全部进项税额

①当生产企业销售的出口卷烟在国内有同类产品销售价格时:

出口卷烟含消费税金额=出口销售数量×销售价格

"销售价格"为同类产品生产企业国内实际调拨价格。如实际调拨价格低于税务机关公示的计税价格的，"销售价格"为税务机关公示的计税价格；高于公示计税价格的，销售价格为实际调拨价格。

②当生产企业销售的出口卷烟在国内没有同类产品销售价格时：

出口卷烟含税金额＝(出口销售额＋出口销售数量×消费税定额税率)÷(1－消费税比例税率)

"出口销售额"以出口发票上的离岸价为准。若出口发票不能如实反映离岸价，生产企业应按实际离岸价计算，否则税务机关有权按照有关规定予以核定调整。

(3)除出口卷烟外，适用增值税免税政策的其他出口货物、劳务及应税行为的计算，按照增值税免税政策的统一规定执行。其中，如果涉及销售额，除来料加工复出口货物为其加工费收入外，其他均为出口离岸价或销售额。

【例2－33·多选题】下列货物的出口，享受增值税免税不退税政策的有(　　)。

A. 来料加工复出口的货物

B. 小规模生产企业出口的自产货物

C. 外贸企业出口避孕药品

D. 非出口企业委托出口的货物

【答案】ABCD

【解析】选项A来料加工复出口的货物进口时保税，出口免税不退税；选项B小规模生产企业出口的自产货物，无法核算生产环节进项税，出口免税不退税；选项C避孕药品销售时免税，故出口免税不退税；选项D非出口企业委托出口的货物，在出口时免税但不办理退税。

三、出口不免税也不退税

出口不免税也不退税是指对国家限制或禁止出口的某些货物、劳务和应税行为出口环节视同内销环节，照常征税，也不退还出口前其所承担的税款。

下列出口货物劳务，不适用增值税退(免)税和免税政策，按下列规定及视同内销货物征税的其他规定征收增值税(以下称增值税征税)。

(一)适用范围

适用增值税征税政策的出口货物、劳务和应税行为：

(1)出口企业出口或视同出口财政部和国家税务总局根据国务院决定明确的取消出口退(免)税的货物(不包括来料加工复出口货物、中标机电产品、列名原材料、输入特殊区域的水电气、海洋工程结构物)。

(2)出口企业或其他单位销售给特殊区域内的生活消费用品和交通运输工具。

(3)出口企业或其他单位因骗取出口退税被税务机关停止办理增值税退(免)税期间出口的货物。

(4)出口企业或其他单位提供虚假备案单证的货物。

(5)出口企业或其他单位增值税退(免)税凭证有伪造或内容不实的货物。

(6)出口企业或其他单位未在国家税务总局规定期限内申报免税核销以及经主管税务机关审核不予免税核销的出口卷烟。

(7)出口企业或其他单位具有以下情形之一的出口货物劳务：

①将空白的出口货物报关单、出口收汇核销单等退(免)税凭证交由除签有委托合同的货代公司、报关行，或由境外进口方指定的货代公司(提供合同约定或者其他相关证明)以外的其他单位或个人使用的。

②以自营名义出口，其出口业务实质上是由本企业及其投资的企业以外的单位或个人借该出口企业名义操作完成的。

③以自营名义出口，其出口的同一批货物既签订购货合同，又签订代理出口合同(或协议)的。

④出口货物在海关验放后，自己或委托货代承运人对该笔货物的海运提单或其他运输单据等上的品名、规格等进行修改，造成出口货物报关单与海运提单或其他运输单据有关内容不符的。

⑤以自营名义出口，但不承担出口货物的质量、收款或退税风险之一的，即出口货物发生质量问题不承担购买方的索赔责任(合同中有约定质量责任承担者除外)；不承担未按期收款导致不能核销的责任(合同中有约定收款责任承担者除外)；不承担因申报出口退(免)税的资料、单证等出现问题造成不退税责任的。

⑥未实质参与出口经营活动、接受并从事由中间人介绍的其他出口业务，但仍以自营名义出口的。

(8)不适应跨境应税行为适用增值税零税率和免税政策规定的出口服务和无形资产。

【例2—34·多选题】下列货物的出口，适用增值税征税政策的有(　　)。

A. 以旅游购物贸易方式报关出口的货物

B. 特殊区域内的企业出口的特殊区域内的货物

C. 出口企业或其他单位销售给特殊区域内的生活消费用品和交通运输工具

D. 以自营名义出口，但不承担出口货物的质量、收款或退税风险之一的出口企业

【答案】CD

【解析】AB为适用增值税免税政策的出口货物劳务；CD为适用增值税征税政策的出口货物劳务。

(二)应纳增值税的计算

适用增值税征税政策的出口货物、劳务和应税行为，其应纳增值税按下列办法计算：

1. 一般纳税人出口业务

销项税额＝(出口货物、劳务和应税行为离岸价－出口货物耗用的进料加工保税进口料件金额)÷(1＋适用税率)×适用税率

(1)出口货物、劳务和应税行为若已按征退税率之差计算不得免征和抵扣税额并已经转入成本的，相应的税额应转回进项税额。

出口货物耗用的进料加工保税进口料件金额＝主营业务成本×(投入的保税进口料件金额÷生产成本)

主营业务成本、生产成本均为不予退(免)税的进料加工出口货物的主营业务成本、生产成本。当耗用的保税进口料件金额大于不予退(免)税的进料加工出口货物金额时，耗用的保税进口料件金额为不予退(免)税的进料加工出口货物金额。

(2)出口企业应分别核算内销货物、劳务及应税行为和增值税征税的出口货物的生产成本、主营业务成本。未分别核算的，其相应的生产成本、主营业务成本由主管税务机关核定。

进料加工手册海关核销后，出口企业应对出口货物耗用的保税进口料件金额进行清算。清算公式为：

清算耗用的保税进口料件总额＝实际保税进口料件总额－退(免)税出口货物耗用的保税进口料件总额－进料加工副产品耗用的保税进口料件总额

若耗用的保税进口料件总额与各纳税期扣减的保税进口料件金额之和存在差额时，应在清算的当期相应调整销项税额。当耗用的保税进口料件总额大于出口货物离岸金额时，其差额部分不得扣减其他出口货物金额。

2. 小规模纳税人出口业务

应纳税额＝出口货物离岸价÷(1＋征收率)×征收率

四、出口货物、劳务和应税行为增值税的其他规定

(一)认定和申报

(1)适用增值税退(免)税或免税政策的出口企业或其他单位，应办理退(免)税认定。

(2)经过认定的出口企业及其他单位，应在规定的增值税纳税申报期内向主管税务机关申报增值税退(免)税和免税。委托出口的货物、劳务和应税行为，由委托方申报增值税退(免)税和免税。输入特殊区域的水电气，由作为购买方的特殊区域内生产企业申报退税。

(3)出口企业或其他单位骗取国家出口退税款的，经省级以上税务机关批准可以停止其退(免)税资格。

(二)若干征、退(免)税规定

(1)出口企业或其他单位退(免)税认定之前的出口货物劳务，在办理退(免)税认定后，可按规定适用增值税退(免)税或免税及消费税退(免)税政策。

(2)出口企业或其他单位出口货物劳务适用免税政策的，除特殊区域内企业出口的特殊区域内货物、出口企业或其他单位视同出口的免征增值税的货物劳务外，如果未按规定申报免税，应视同内销货物和加工修理修配劳务征收增值税。

(3)开展进料加工业务的出口企业若发生未经海关批准将海关保税进口料件作价销售给其他企业加工的，应按规定征收增值税、消费税。

(4)卷烟出口企业经主管税务机关批准按国家批准的免税出口卷烟计划购进的卷烟免征增值税、消费税。

(5)发生增值税、消费税不应退税或免税但已实际退税或免税的，出口企业和其他单位应当补缴已退或已免税款。

(6)出口企业和其他单位出口的货物(不包括《通知》附件7所列货物)，如果原材料成本80%以上为附件9所列原料的，应执行该原料的增值税、消费税政策，上述出口货物的增值税退税率为附件9所列该原料海关税则号在出口货物劳务退税率文库中对应的退税率。

(7)国家批准的免税品经营企业销售给免税店的进口免税货物免征增值税。

(三)外贸企业核算要求

外贸企业应单独设账核算出口货物的购进金额和进项税额，若购进货物时不能确定是用于出口的，先记入出口库存账，用于其他用途时应从出口库存账转出。

（四）符合条件的生产企业已签订出口合同的交通运输工具和机器设备，在其退税凭证尚未收集齐全的情况下，可凭出口合同、销售明细账等，向主管税务机关申报免抵退税

在货物向海关报关出口后，应按规定申报退（免）税，并办理已退（免）税的核销手续。多退（免）的税款，应予追回。生产企业申请时应同时满足以下条件：

（1）已取得增值税一般纳税人资格。

（2）已持续经营 2 年及 2 年以上。

（3）生产的交通运输工具和机器设备生产周期在 1 年及 1 年以上。

（4）上一年度净资产大于同期出口货物增值税、消费税退税额之和的 3 倍。

（5）持续经营以来从未发生逃税、骗取出口退税、虚开增值税专用发票或农产品收购发票、接受虚开增值税专用发票（善意取得虚开增值税专用发票除外）行为。

第八节　税收优惠

为扶持农业发展、促进资源综合利用、鼓励产业发展、支持安全生产、统筹区域发展、促进社会公益事业和照顾弱势群体等，增值税给予了相应的税收优惠。

一、《增值税暂行条例》规定的法定免税项目

（1）农业生产者销售的自产农产品。农业生产者包括从事农业生产的单位和个人。农产品是指种植业、养殖业、林业、牧业、水产业生产的各类植物、动物的初级产品。对上述单位和个人销售的外购农产品，以及单位和个人外购农产品生产、加工后销售的仍然属于规定范围的农业产品，不属于免税范围，应按规定的税率征收增值税。

（2）避孕药品和用具。

（3）古旧图书，是指向社会收购的古书和旧书。

（4）直接用于科学研究、科学试验和教学的进口仪器和设备。

（5）外国政府、国际组织无偿援助的进口物资和设备。

（6）由残疾人的组织直接进口供残疾人专用的物品。

（7）销售自己使用过的物品。自己使用过的物品是指其他个人自己使用过的物品。

二、财政部、国家税务总局规定的免税项目

（1）根据财税〔2015〕78 号关于印发《资源综合利用产品和劳务增值税优惠目录》的通知规定，纳税人销售自产的综合利用产品和提供资源综合利用劳务，可享受增值税即征即退政策。

（2）免征蔬菜流通环节的增值税。

（3）饲料（豆粕类除外）产品免征增值税。

（4）制种行业在一定的生产经营模式下生产销售种子免征增值税。

（5）纳税人生产销售和批发、零售有机肥产品免征增值税。

（6）按债转股企业与金融资产管理公司签订的债转股协议，债转股原企业将货物资产作为投资提供给债转股新公司的，免征增值税。

(7)增值税小规模纳税人销售货物,提供加工、修理修配劳务月销售额不超过3万元(按季纳税9万元)的,销售服务、无形资产月销售额不超过3万元(按季纳税9万元)的,自2016年5月1日起至2020年12月31日,免征增值税。

按季纳税申报的增值税小规模纳税人,实际经营期不足一个季度的,以实际经营月份计算当期可享受小微企业免征增值税政策的销售额度。

其他个人采取预收款形式出租不动产,取得的预收租金收入,可在预收款对应的租赁期内平均分摊,分摊后的租金收入不超过3万元的,可享受小微企业免征增值税优惠政策。

(8)自2016年1月1日至2018年供暖期结束,对供热企业向居民个人供热而取得的采暖费收入免征增值税。

(9)自2016年1月1日至2018年12月31日,继续对国产抗艾滋病病毒药品免征增值税。

(10)对内资研发机构和外资研发中心采购国产设备全额退还增值税。

三、"营改增"相关增值税优惠政策

(一)以下项目免征增值税

(1)托儿所、幼儿园提供的保育和教育服务。

(2)养老机构提供的养老服务。

(3)残疾人福利机构提供的育养服务。

(4)婚姻介绍服务。

(5)殡葬服务。

(6)残疾人员本人为社会提供的服务。

(7)医疗机构提供的医疗服务。

(8)从事学历教育的学校提供的教育服务。

(9)学生勤工俭学提供的服务。

(10)农业机耕、排灌、病虫害防治、植物保护、农牧保险以及相关技术培训业务,家禽、牲畜、水生动物的配种和疾病防治。

(11)纪念馆、博物馆、文化馆、文物保护单位管理机构、美术馆、展览馆、书画院、图书馆在自己的场所提供文化体育服务取得的第一道门票收入。

(12)寺院、宫观、清真寺和教堂举办文化、宗教活动的门票收入。

(13)行政单位之外的其他单位收取的符合《试点实施办法》第10条规定条件的政府性基金和行政事业性收费。

(14)个人转让著作权。

(15)个人销售自建自用住房。

(16)2018年12月31日前,公共租赁住房经营管理单位出租公共租赁住房。

(17)台湾航运公司、航空公司从事海峡两岸海上直航、空中直航业务在大陆取得的运输收入。

(18)纳税人提供的直接或者间接国际货物运输代理服务。

(19)符合规定条件的贷款、债券利息收入。

(20)被撤销金融机构以货物、不动产、无形资产、有价证券、票据等财产清偿债务。

(21)保险公司开办的一年期以上人身保险产品取得的保费收入。

(22)符合条件的金融商品转让收入。

(23)金融同业往来利息收入。

(24)同时符合条件的担保机构从事中小企业信用担保或者再担保业务取得的收入(不含信用评级、咨询、培训等收入)3年内免征增值税。

(25)国家商品储备管理单位及其直属企业承担商品储蓄任务,从中央或者地方财政取得的利息补贴收入和价差补贴收入。

(26)纳税人提供技术转让、技术开发和与之相关的技术咨询、技术服务。

(27)符合条件的合同能源管理服务。

(28)2017年12月31日前,科普单位的门票收入,以及县级及以上党政部门和科协开展科普活动的门票收入。

(29)政府举办的从事学历教育的高等、中等和初等学校(不含下属单位),举办进修班、培训班取得的全部归该学校所有的收入。

(30)政府举办的职业学校设立的主要为在校学生提供实习场所,并由学校出资自办、由学校负责经营管理,经营收入归学校所有的企业,从事《销售服务、无形资产或者不动产注释》中"现代服务"(不含融资租赁服务、广告服务和其他现代服务)、"生活服务"(不含文化体育服务、其他生活服务和桑拿、氧吧)业务活动取得的收入。

(31)家政服务企业由员工制家政服务员提供家政服务取得的收入。

(32)福利彩票、体育彩票的发行收入。

(33)军队空余房产租赁收入。

(34)为了配合国家住房制度改革,企业、行政事业单位按房改成本价、标准价出售住房取得的收入。

(35)将土地使用权转让给农业生产者用于农业生产。

(36)涉及家庭财产分割的个人无偿转让不动产、土地使用权。

(37)土地所有者出让土地使用权和土地使用者将土地使用权归还给土地所有者。

(38)县级以上地方人民政府或自然资源行政管理主管部门出让、转让或收回自然资源使用权(不含土地使用权)。

(39)随军家属创业、就业符合相关条件的免征增值税。

(40)军队转业干部就业符合相关条件的免征增值税。

(41)各党派、共青团、工会、妇联、中科协、青联、台联、侨联收取的党费、团费、会费,以及政府间国际组织收取会费,属于非经营活动,不征收增值税。

(42)青藏铁路公司提供的铁路运输服务。

(43)中国邮政集团公司及其所属邮政企业提供的邮政普遍服务和邮政特殊服务,免征增值税。

【例2—35·单选题】下列项目中,免征增值税的是(　　)。

A. 存款利息　　B. 流动资金贷款利息

C. 学历教育收取的学费　　D. 非学历教育收取的学费

【答案】C

【解析】学历教育收取的学费免征增值税,存款利息不征增值税,流动资金贷款利息和非学历教育收取的学费征收增值税。

【例 2－36·判断题】个人转让著作权免征增值税(　　)。

【答案】√

【解析】该题符合“营改增”的免税规定。

【例 2－37·单选题】某博物馆 2017 年 11 月取得的下列收入中，免征增值税的是(　　)。

A. 出租门面房收入　　B. 第一道门票收入

C. 转让著作权收入　　D. 转让自建的仓库收入

【答案】B

【解析】A 选项按不动产经营租赁服务缴纳增值税，选项 CD 错误，是因为个人转让著作权收入、个人转让自建的仓库收入才免税，博物馆上述业务不免税。

(二)下列项目实行增值税即征即退

(1)增值税一般纳税人销售其自行开发生产的软件产品按 16%的税率征收增值税后，对其增值税实际税负超过 3%的部分实行即征即退政策。

(2)增值税一般纳税人提供管道运输服务，对其增值税实际税负超过 3%的部分实行增值税即征即退政策。

(3)经中国人民银行、银监会或者商务部批准从事融资租赁业务的试点纳税人中的一般纳税人，提供有形动产融资租赁服务和有形动产融资性售后回租服务，对其增值税实际税负超过 3%的部分实行增值税即征即退政策。

四、增值税的起征点

个人发生销售货物、劳务和应税行为的销售额未达到增值税起征点的，免征增值税；达到起征点的，全额计算缴纳增值税。

增值税起征点仅适用于个人，包括：个体工商户和其他个人，但不适用于登记为一般纳税人的个体工商户，即：增值税起征点仅适用于个体工商户小规模纳税人和其他个人。

增值税起征点幅度如下：

(1)按期纳税的，为月销售额 5 000～20 000 元(含本数)。

(2)按次纳税的，为每次(日)销售额 300～500 元(含本数)。

起征点的调整由财政部和国家税务总局规定。省、自治区、直辖市财政厅(局)和国家税务局应当在规定的幅度内，根据实际情况确定本地区适用的起征点，并报财政部和国家税务总局备案。

【案例分析】

背景：河南郑州某个体工商户是小规模纳税义务人，2017 年 10 月份、11 月份分别取得尚未在科委备案的技术转让服务收入 20 600 元、20 601 元，假设该地区将增值税的起征点定为月销售额 20 000 元。

问题：该个体户 10 月份和 11 月份应如何缴纳增值税？

分析：该个体户 2017 年 10 月份取得尚未在科委备案的技术转让服务收入 20 600 元，

换算成不含税收入为20 600÷(1+3%)=20 000(元),因该地区将增值税的起征点定为月销售额20 000元,该纳税人10月份无需缴纳增值税。

2017年11月份取得尚未在科委备案的技术转让服务收入20 601元,换算成不含税收入为20 601÷(1+3%)=20 000.97(元),超过了起征点,该纳税人11月份需全额计算缴纳增值税,即20 000.97×3%=600.03(元)。

第九节 增值税的征收管理与纳税申报

一、增值税的征收管理

(一)纳税义务发生时间

纳税义务发生时间是指税法规定的纳税人应当承担纳税义务的起始时间。

1. 销售货物或提供应税劳务纳税义务发生时间

销售货物或者提供应税劳务,其纳税义务发生时间为收讫销售款或者取得索取销售款项凭据的当天,先开具发票的,为开具发票的当天;进口货物,其纳税义务的发生时间为报关进口的当天。其中,收讫销售款项或者取得索取销售款项凭据的当天,按销售结算方式的不同,具体为:

(1)采取直接收款方式销售货物,不论货物是否发出,均为收到销售款或者取得索取销售款凭据的当天。

(2)采取托收承付和委托银行收款方式销售货物,为发出货物并办妥托收手续的当天。

(3)采取赊销和分期收款方式销售货物,为书面合同约定的收款日期的当天,无书面合同的或者书面合同没有约定收款日期的,为货物发出的当天。

(4)采取预收货款方式销售货物,为货物发出的当天,但生产销售生产工期超过12个月的大型机械设备、船舶、飞机等货物,为收到预收款或者书面合同约定的收款日期的当天。

(5)委托其他纳税人代销货物,为收到代销单位的代销清单或者收到全部或者部分货款的当天。未收到代销清单及货款的,为发出代销货物满180天的当天。

(6)销售应税劳务,为提供劳务同时收讫销售款或者取得索取销售款的凭据的当天。

(7)纳税人发生除将货物交付其他单位或者个人代销和销售代销货物以外的视同销售货物行为,为货物移送的当天。

【例2—38·多选题】某电脑商城采用预收款方式向乙公司销售电脑,销售数量为400台,含税销售单价为5 000元。2017年7月5日双方签订销售合同,7月10日收到全部货款。9月15日和9月25日电脑商城各发出电脑200台,则该电脑商城销售电脑缴纳增值税的纳税义务发生时间为(　　)。

A. 9月15日　　B. 9月25日　　C. 7月5日　　D. 7月10日

【答案】AB

【解析】根据增值税法律制度的规定,纳税人采取预收货款方式销售货物,为货物发出的当天。

【例 2－39 · 多选题】 下列关于增值税纳税义务发生时间的表述中，正确的有（　　）。

A. 以预收款方式销售货物的，为收到预收款当天

B. 委托他人代销货物的，为货物发出当天

C. 采用赊销方式销售货物的，为书面合同约定的收款日期的当天

D. 纳税人发生视同销售货物行为的，为货物移送的当天

【答案】 CD

【解析】 以预收款方式销售货物的，增值税纳税义务发生时间为货物发出的当天，但生产销售生产工期超过 12 个月的大型机械设备、船舶、飞机等货物，为收到预收款或书面合同约定的收款日期的当天。委托他人代销货物的，为收到代销单位的代销清单或者收到全部或者部分货款的当天；未收到代销清单及货款的，为发出代销货物满 180 天的当天。

2. 发生应税行为的纳税义务发生时间

（1）纳税人发生应税行为并收讫销售款项或者取得索取销售款项凭据的当天为纳税义务发生时间；先开具发票的，为开具发票的当天。

收讫销售款项，是指纳税人销售服务、无形资产、不动产过程中或者完成后收到款项。

取得索取销售款项凭据的当天，是指书面合同确定的付款日期；未签订书面合同或者书面合同未确定付款日期的，为服务、无形资产转让完成的当天或者不动产权属变更的当天。

（2）纳税人提供建筑服务、租赁服务采取预收款方式的，其纳税义务发生时间为收到预收款的当天。

（3）纳税人从事金融商品转让的，为金融商品所有权转移的当天。

（4）纳税人发生视同销售服务、无形资产或者不动产情形的，其纳税义务发生时间为服务、无形资产转让完成的当天或者不动产权属变更的当天。

（5）增值税扣缴义务发生时间为纳税人增值税纳税义务发生的当天。

（二）纳税地点

增值税纳税地点是指纳税人申报缴纳增值税税款的具体地点。

（1）固定业户应当向其机构所在地或者居住地主管税务机关申报纳税。总机构和分支机构不在同一县（市）的，应当分别向各自所在地的主管税务机关申报纳税；经财政部和国家税务总局或者其授权的财政和税务机关批准，可以由总机构汇总向总机构所在地的主管税务机关申报纳税。

（2）非固定业户应当向应税行为发生地主管税务机关申报纳税；未申报纳税的，由其机构所在地或者居住地主管税务机关补征税款。

（3）其他个人提供建筑服务，销售或者租赁不动产，转让自然资源使用权，应向建筑服务发生地、不动产所在地、自然资源所在地主管税务机关申报纳税。

（4）进口货物，应当由进口人或其代理人向报关地海关申报纳税。

（5）扣缴义务人应当向其机构所在地或者居住地主管税务机关申报缴纳扣缴的税款。

【例 2－40 · 单选题】 以下关于增值税纳税地点的表述中，正确的是（　　）。

A. 固定业户在其销售地或劳务发生地申报纳税

B. 非固定业户在其居住地或机构所在地申报纳税

C. 进口货物向报关地海关申报纳税

D. 总机构和分支机构不在同一县(市)的,分别向各自所在地主管税务机关申报纳税

【答案】 CD

【解析】 固定业户在其机构所在地申报纳税,非固定业户在其销售地或劳务发生地申报纳税,未在销售地或劳务发生地纳税的,回机构所在地或居住地补税,故选项 AB 错误。

(三)纳税期限

增值税的纳税期限分别为 1 日、3 日、5 日、10 日、15 日、1 个月或者 1 个季度。纳税人的具体纳税期限,由主管税务机关根据纳税人应纳税额的大小分别核定。以 1 个季度为纳税期限的规定适用于小规模纳税人、银行、财务公司、信托投资公司、信用社,以及财政部和国家税务总局规定的其他纳税人。不能按照固定期限纳税的,可以按次纳税。

纳税人以 1 个月或者 1 个季度为 1 个纳税期的,自期满之日起 15 日内申报纳税;以 1 日、3 日、5 日、10 日或者 15 日为 1 个纳税期的,自期满之日起 5 日内预缴税款,于次月 1 日起 15 日内申报纳税并结清上月应纳税款。

扣缴义务人解缴税款的期限,按照前两款规定执行。

纳税人进口货物,应当自海关填发海关进口增值税专用缴款书之日起 15 日内缴纳税款。

【小思考】 财务公司增值税的纳税期限为 1 个月。这种说法正确吗?

【解析】 不正确。根据我国税收相关法律规定,银行、财务公司、信托投资公司、信用社以及财政部和国家税务总局规定的其他纳税人的纳税期限为 1 个季度。

二、一般纳税人纳税申报办法

根据国家税务总局《关于全面推开营业税改征增值税试点后增值税纳税申报有关事项的公告》(国家税务总局公告 2016 年第 13 号)的相关内容,增值税一般纳税人纳税申报有关事项规定如下:

(一)适用范围

中华人民共和国境内增值税纳税人均应按照公告的规定进行增值税纳税申报纳税申报资料。

(二)纳税申报资料

纳税申报资料包括纳税申报表及其附列资料和纳税申报其他资料。

1. 纳税申报表及其附列资料

增值税一般纳税人(以下简称一般纳税人)纳税申报表及其附列资料包括:

(1)《增值税纳税申报表(一般纳税人适用)》(见表 2—1)。

(2)《增值税纳税申报表附列资料(一)》(本期销售情况明细)。(略)

(3)《增值税纳税申报表附列资料(二)》(本期进项税额明细)。(略)

(4)《增值税纳税申报表附列资料(三)》(服务、不动产和无形资产扣除项目明细)。(略)

一般纳税人销售服务、不动产和无形资产,在确定服务、不动产和无形资产销售额时,按照有关规定可以从取得的全部价款和价外费用中扣除价款的,需填报《增值税纳税申报表附列资料(三)》。其他情况不填写该附列资料。

(5)《增值税纳税申报表附列资料(四)》(税额抵减情况表)。(略)

(6)《增值税纳税申报表附列资料(五)》(不动产分期抵扣计算表)。(略)

表 2－1

增值税纳税申报表

（一般纳税人适用）

根据国家税收法律法规及增值税相关规定制定本表。纳税人不论有无销售额，均应按税务机关核定的纳税期限填写本表，并向当地税务机关申报。

税款所属时间：自　　年　月　日至　　年　月　日　填表日期：　年　月　日　金额单位：元至角分

纳税人识别号			所属行业：				
纳税人名称	（公章）	法定代表人姓名		注册地址		生产经营地址	
开户银行及账号		登记注册类型				电话号码	

	项　目	栏　次	一般项目		即征即退项目	
			本月数	本年累计	本月数	本年累计
销售额	（一）按适用税率计税销售额	1				
	其中：应税货物销售额	2				
	应税劳务销售额	3				
	纳税检查调整的销售额	4				
	（二）按简易办法计税销售额	5				
	其中：纳税检查调整的销售额	6				
	（三）免、抵、退办法出口销售额	7			—	—
	（四）免税销售额	8			—	—
	其中：免税货物销售额	9			—	—
	免税劳务销售额	10			—	—
税款计算	销项税额	11				
	进项税额	12				
	上期留抵税额	13		—		—
	进项税额转出	14				
	免、抵、退应退税额	15			—	—
	按适用税率计算的纳税检查应补缴税额	16			—	—
	应抵扣税额合计	17=12+13－14－15+16		—		—
	实际抵扣税额	18（如 17<11，则为 17，否则为 11）				
	应纳税额	19=11－18				
	期末留抵税额	20=17－18		—		—
	简易计税办公计算的应纳税额	21				
	按简易计税办法计算的纳税检查补缴税额	22			—	—
	应纳税额减征额	23				
	应纳税额合计	24=19+21－23				
税款缴纳	期初未缴税额（多缴为负数）	25				
	实收出口开具专用缴款书退税额	26			—	—
	本期已缴税额	27=28+29+30+31				
	①分次预缴税额	28		—		—
	②出口开具专用缴款书预缴税额	29		—	—	—
	③本期缴纳上期应纳税额	30				
	④本期缴纳欠缴税额	31				
	期末未缴税额（多缴为负数）	32=24+25+26－27				
	其中：欠缴税额（≥0）	33=25+26－27		—		—
	本期应补（退）税额	34=24－28－29		—		—
	即征即退实际退税额	35	—	—		
	期初未缴查补税额	36			—	—
	本期入库查补税额	37			—	—
	期末未缴查补税额	38=16+22+36－37			—	—
授权声明	如果你已委托代理人申报，请填写下列资料： 为代理一切税务事宜，现授权 （地址） 为本纳税人的代理申报人，任何与本申报表有关的往来文件，都可寄予此人。 授权人签字：	申报人声明	此纳税申报表是根据国家税收法律法规及相关规定填报的，我确定它是真实的、可靠的、完整的。 声明人签字：			

主管税务机关：　　　　　　接收人：　　　　　　接收日期：

(7)《固定资产(不含不动产)进项税额抵扣情况表》。(略)

(8)《本期抵扣进项税额结构明细表》。(略)

(9)《增值税减免税申报明细表》。(略)

2. 纳税申报其他资料

(1)已开具的税控机动车销售统一发票和普通发票的存根联。

(2)符合抵扣条件且在本期申报抵扣的增值税专用发票(含税控机动车销售统一发票)的抵扣联。

(3)符合抵扣条件且在本期申报抵扣的海关进口增值税专用缴款书、购进农产品取得的普通发票的复印件。

(4)符合抵扣条件且在本期申报抵扣的税收完税凭证及其清单,书面合同、付款证明和境外单位的对账单或者发票。

(5)已开具的农产品收购凭证的存根联或报查联。

(6)纳税人销售服务、不动产和无形资产,在确定服务、不动产和无形资产销售额时,按照有关规定从取得的全部价款和价外费用中扣除价款的合法凭证及其清单。

(7)主管税务机关规定的其他资料。

纳税申报表及其附列资料为必报资料,纳税申报其他资料的报备要求由各省、自治区、直辖市和计划单列市国家税务局确定。

(三)其他资料要求

纳税人跨县(市)提供建筑服务、房地产开发企业预售自行开发的房地产项目、纳税人出租与机构所在地不在同一县(市)的不动产,按规定需要在项目所在地或不动产所在地主管国税机关预缴税款的,需填写《增值税预缴税款表》。

三、小规模纳税人纳税申报办法

增值税小规模纳税人(以下简称小规模纳税人)纳税申报表及其附列资料包括:

(1)《增值税纳税申报表(小规模纳税人适用)》。(见表2—2)

(2)《增值税纳税申报表(小规模纳税人适用)附列资料》。(见表2—3)

小规模纳税人销售服务,在确定服务销售额时,按照有关规定可以从取得的全部价款和价外费用中扣除价款的,需填报《增值税纳税申报表(小规模纳税人适用)附列资料》。其他情况不填写该附列资料。

(3)《增值税减免税申报明细表》。(略)

表 2—2

增值税纳税申报表

（小规模纳税人适用）

纳税人识别号：□□□□□□□□□□□□□□□□□□□□

纳税人名称（公章）： 金额单位：元至角分

税款所属期： 年 月 日至 年 月 日 填表日期： 年 月 日

	项 目	栏 次	本期数		本年累计	
			货物及劳务	服务、不动产和无形资产	货物及劳务	服务、不动产和无形资产
一、计税依据	（一）应征增值税不含税销售额	1				
	税务机关代开的增值税专用发票不含税销售额	2				
	税控器具开具的普通发票不含税销售额	3				
	（二）销售、出租不动产不含税销售额	4	—		—	
	税务机关代开的增值税专用发票不含税销售额	5	—		—	
	税控器具开具的普通发票不含税销售额	6	—		—	
	（三）销售使用过的应税固定资产不含税销售额	7(7≥8)		—		—
	其中：税控器具开具的普通发票不含税销售额	8		—		—
	（四）免税销售额	9=10+11=12				
	其中：小微企业免税销售额	10				
	未达起征点销售额	11				
	其他免税销售额	12				
	（五）出口免税销售额	13(13≥14)				
	其中：税控器具开具的普通发票销售额	14				
二、税款计算	项 目	栏 次	本期数		本年累计	
			货物及劳务	服务、不动产和无形资产	货物及劳务	服务、不动产和无形资产
	本期应纳税额	15				
	本期应纳税额减征额	16				
	本期免税额	17				
	其中：小微企业免税额	18				
	未达起征点免税额	19				
	应纳税额合计	20=15−16				
	本期预缴税额	21			—	—
	本期应补（退）税额	22=20−21			—	—

纳税人或代理人声明：	如纳税人填报，由纳税人填写以下各栏：
本纳税申报表是根据国家税收法律法规及相关规定填报的，我确定它是真实的、可靠的、完整的。	办税人员： 财务负责人： 法定代表人： 联系电话：
	如委托代理人填报，由代理人填写以下各栏：
	代理人名称（公章）： 经办人： 联系电话：

主管税务机关： 接收人： 接收日期：

表 2—3 增值税纳税申报表(小规模纳税人适用)附列资料

税款所属期： 年 月 日至 年 月 日 填表日期： 年 月 日

纳税人名称(公章)： 金额单位:元至角分

应税服务扣除额计算			
期初余额	本期发生额	本期扣除额	期末余额
1	2	3(3≤1+2之和,且3≤5)	4=1+2−3
应税服务计税销售额计算			
全部含税收入	本期扣除额	含税销售额	不含税销售额
5	6=3	7=5−6	8=7÷1.03

第十节 增值税发票的使用及管理

一、增值税专用发票

(一)增值税专用发票的联次

增值税专用发票由基本联次或者基本联次附加其他联次构成。基本联次为三联:发票联、抵扣联和记账联。发票联,作为购买方核算采购成本和增值税进项税额的记账凭证;抵扣联,作为购买方报送主管税务机关认证和留存备查的凭证;记账联,作为销售方核算销售收入和增值税销项税额的记账凭证。其他联次用途,由一般纳税人自行确定。

【例 2—41 · 多选题】下列关于增值税专用发票记账联用途的表述中,正确的是(　　)。

A. 作为购买方核算采购成本的记账凭证

B. 作为销售方核算销售收入和增值税销项税额的记账凭证

C. 作为购买方报送主管税务机关认证和留存备查的扣税凭证

D. 作为购买方核算增值税进项税额的记账凭证

【答案】B

【解析】选项 AD 属于发票联的用途;选项 C 属于抵扣联的用途。

(二)增值税专用发票的领购

一般纳税人领购专用设备后,凭《最高开票限额申请表》《发票领购簿》到主管税务机关办理初始发行。初始发行是指主管税务机关将一般纳税人的企业名称、税务登记代码、开票限额、购票限量、购票人员姓名、密码、开票机数量、国家税务总局规定的其他信息等载入空白金税盘和 IC 卡的行为。

一般纳税人凭《发票领购簿》、金税盘(或 IC 卡)和经办人身份证明领购专用发票。一般纳税人有下列情形之一的,不得领购开具专用发票:

(1)会计核算不健全,不能向税务机关准确提供增值税销项税额、进项税额、应纳税额数据及其他有关增值税税务资料的。

(2)有《税收征管法》规定的税收违法行为，拒不接受税务机关处理的。

(3)有下列行为之一，经税务机关责令限期改正而仍未改正的：

①虚开增值税专用发票；

②私自印制专用发票；

③向税务机关以外的单位和个人买取专用发票；

④借用他人专用发票；

⑤未按规定开具专用发票；

⑥未按规定保管专用发票和专用设备；

⑦未按规定申请办理防伪税控系统变更发行；

⑧未按规定接受税务机关检查。

有上述情形的，如已领购专用发票，主管税务机关应暂扣其结存的专用发票和IC卡。

(三)增值税专用发票的开具要求

(1)项目齐全，与实际交易相符。

(2)字迹清楚，不得压线、错格。

(3)发票联和抵扣联加盖财务专用章或者发票专用章。

(4)按照增值税纳税义务的发生时间开具。

(四)增值税专用发票的开票限额

增值税专用发票(增值税税控系统)实行最高开票限额管理。最高开票限额是指单份专用发票或货运专票开具的销售额合计数不得达到的上限额度。

最高开票限额由一般纳税人申请，区县税务机关依法审批。一般纳税人申请最高开票限额时，需填报《增值税专用发票最高开票限额申请单》。主管税务机关受理纳税人申请以后，根据需要进行实地查验。实地查验的范围和方法由各省级国税机关确定。

自2014年5月1日起，一般纳税人申请领用专用发票(包括增值税专用发票和货物运输业增值税专用发票，下同)最高开票限额不超过10万元的，主管税务机关不需事前进行实地查验。各省级国税机关可在此基础上适当扩大不需事前实地查验的范围，实地查验的范围和方法由各省级国税机关确定。

税务机关应根据纳税人实际生产经营和销售情况进行审批，保证纳税人生产经营的正常需要。

(五)增值税专用发票的使用范围

(1)一般纳税人销售货物或者提供应税劳务和应税服务，应向购买方开具专用发票。

(2)商业企业一般纳税人零售的烟、酒、食品、服装、鞋帽(不包括劳保专用部分)、化妆品等消费品不得开具专用发票。

(3)增值税小规模纳税人需要开具专用发票的，可向主管税务机关申请代开。

(4)销售免税货物不得开具专用发票，法律、法规及国家税务总局另有规定的除外。

(5)纳税人提供应税服务，应当向索取增值税专用发票的接收方开具增值税专用发票，并在增值税专用发票上分别注明销售额和销项税额。属于下列情形之一的，不得开具增值税专用发票：

①向消费者个人提供应税服务。

②适用免征增值税规定的应税服务。

【例 2—42·单选题】下列业务中，一般纳税人允许开具增值税专用发票的是(　　)。

A. 向个人提供修理、修配劳务

B. 向个体经营者零售烟酒、食品

C. 向一般纳税人销售货物

D. 向个人销售房屋

【答案】C

【解析】根据增值税法律制度的规定，选项 A 、B、D 三种情形不得开具增值税专用发票。

【例 2—43·多选题】增值税一般纳税人销售货物时，下列情况中不能开具增值税专用发票的有(　　)。

A. 购货方购进免税药品要求开具增值税专用发票

B. 消费者个人购进电脑要求开具增值税专用发票

C. 商店零售化妆品

D. 境内易货贸易

【答案】ABC

【解析】掌握增值税专用发票的具体开具范围。销售免税药品、商店零售化妆品、向消费者个人销售货物均不得开具增值税专用发票。

(六)增值税专用发票作废与开具红字专用发票

1. 作废处理

一般纳税人在开具增值税专用发票当月，如发生销货退回、销售折让、开票有误等情形，收到退回的发票联、抵扣联，符合作废条件的，按作废处理；开具时发现有误的，可即时作废。作废增值税专用发票须在防伪税控系统中将相应的数据电文按"作废"处理，在纸质增值税专用发票各联次上注明"作废"字样，全联次留存。

符合作废条件是指同时具有下列情形的：

(1)收到退回的发票联、抵扣联时间未超过销售方开票当月；

(2)销售方未抄税并且未记账；

(3)购买方未认证或者认证结果为"纳税人识别号认证不符""专用发票代码、号码认证不符"。

纳税人在按要求进行作废处理后，可重新开具增值税专用发票。

2. 开具红字专用发票

增值税一般纳税人开具增值税专用发票(以下简称专用发票)后，发生销货退回、开票有误、应税服务中止等情形但不符合发票作废条件，或者因销货部分退回及发生销售折让，需要开具红字专用发票的，按以下方法处理：

(1)购买方取得专用发票已用于申报抵扣的，购买方可在增值税发票管理新系统中填开并上传《开具红字增值税专用发票信息表》(以下简称《信息表》，见表 2—4)，在填开《信息表》时不填写相对应的蓝字专用发票信息，应暂依《信息表》所列增值税税额从当期进项税额中转出，待取得销售方开具的红字专用发票后，与《信息表》一并作为记账凭证。

购买方取得专用发票未用于申报抵扣、但发票联或抵扣联无法退回的，购买方填开《信息表》时应填写相对应的蓝字专用发票信息。

销售方开具专用发票尚未交付购买方，以及购买方未用于申报抵扣并将发票联及抵扣联退回的，销售方可在新系统中填开并上传《信息表》。销售方填开《信息表》时应填写相对应的蓝字专用发票信息。

（2）主管税务机关通过网络接收纳税人上传的《信息表》，系统自动校验通过后，生成带有“红字发票信息表编号”的《信息表》，并将信息同步至纳税人端系统中。

（3）销售方凭税务机关系统校验通过的《信息表》开具红字专用发票，在新系统中以销项负数开具。红字专用发票应与《信息表》一一对应。

（4）纳税人也可凭《信息表》电子信息或纸质资料到税务机关对《信息表》内容进行系统校验。

表 2—4 **开具红字增值税专用发票信息表**

填开日期：　年　月　日

<table>
<tr><td rowspan="2">销售方</td><td>名　称</td><td></td><td rowspan="2">购买方</td><td>名　称</td><td colspan="2"></td></tr>
<tr><td>纳税人识别号</td><td></td><td>纳税人识别号</td><td colspan="2"></td></tr>
<tr><td rowspan="10">开具红字专用发票内容</td><td>货物（劳务服务）名称</td><td>数　量</td><td>单　价</td><td>金　额</td><td>税　率</td><td>税　额</td></tr>
<tr><td></td><td></td><td></td><td></td><td></td><td></td></tr>
<tr><td></td><td></td><td></td><td></td><td></td><td></td></tr>
<tr><td></td><td></td><td></td><td></td><td></td><td></td></tr>
<tr><td></td><td></td><td></td><td></td><td></td><td></td></tr>
<tr><td></td><td></td><td></td><td></td><td></td><td></td></tr>
<tr><td></td><td></td><td></td><td></td><td></td><td></td></tr>
<tr><td></td><td></td><td></td><td></td><td></td><td></td></tr>
<tr><td></td><td></td><td></td><td></td><td></td><td></td></tr>
<tr><td>合　计</td><td>—</td><td>—</td><td></td><td>—</td><td></td></tr>
<tr><td>说明</td><td colspan="6">一、购买方□
对应蓝字专用发票抵扣增值税销项税额情况：
1. 已抵扣□
2. 未抵扣□
对应蓝字专用发票的代码：　　　号码：________
二、销售方□
对应蓝字专用发票的代码：　　　号码：________</td></tr>
<tr><td>红字专用发票信息表编号</td><td colspan="6"></td></tr>
</table>

（七）增值税专用发票不得抵扣进项税额的规定

1. 经认证，有下列情形之一的，不得作为增值税进项税额的抵扣凭证，税务机关退还原件，购买方可要求销售方重新开具专用发票

（1）无法认证。这是指专用发票所列密文或者明文不能辨认，无法产生认证结果。

（2）纳税人识别号认证不符。这是指专用发票所列购买方纳税人识别号有误。

（3）专用发票代码、号码认证不符。这是指专用发票所列密文解译后与明文的代码或者

号码不一致。

2. 经认证,有下列情形之一的,暂不得作为增值税进项税额的抵扣凭证,税务机关扣留原件,查明原因,分别情况进行处理

(1)重复认证。这是指已经认证相符的同一张专用发票再次认证。

(2)密文有误。这是指专用发票所列密文无法解译。

(3)认证不符。这是指纳税人识别号有误,或者专用发票所列密文解译后与明文不一致,不包括“纳税人识别号认证不符”“专用发票代码、号码认证不符”。

(4)列为失控专用发票。这是指认证时的专用发票已被登记为失控专用发票。

二、增值税普通发票

(一)增值税普通发票(折叠票)

增值税普通发票(折叠票)由基本联次或者基本联次附加其他联次构成,分为两联版和五联版两种。基本联次为两类:第一联为记账联,是销售方记账凭证;第二联为发票联,是购买方记账凭证。其他联次用途,由纳税人自行确定。纳税人办理产权过户手续需要使用发票的,可以使用增值税普通发票第三联。

(二)增值税普通发票(卷票)

增值税普通发票(卷票)分为两种规格:57mm×177.8mm、76mm×177.8mm,均为单联。自 2017 年 7 月 1 日起,纳税人可按照《中华人民共和国发票管理办法》及其实施细则要求,书面向国税机关要求使用印有本单位名称的增值税普通发票(卷票),国税机关按规定确认印有该单位名称发票的种类和数量。纳税人通过新系统开具印有本单位名称的增值税普通发票(卷票)。印有本单位名称的增值税普通发票(卷票),由税务总局统一招标采购的增值税普通发票(卷票)中标厂商印制,其式样、规格、联次和防伪措施等与原有增值税普通发票(卷票)一致,并加印企业发票专用章。使用印有本单位名称的增值税普通发票(卷票)的企业,按照《国家税务总局财政部关于冠名发票印制结算问题的通知》规定,与发票印制企业直接结算印制费用。

三、增值税电子普通发票

为了满足纳税人开具增值税电子普通发票的需求,国家税务总局 2015 年 11 月 26 日发布《关于推行通过增值税电子发票系统开具的增值税电子普通发票有关问题的公告》(国家税务总局公告 2015 年第 84 号)。推行通过新系统开具的增值税电子普通发票,对降低纳税人经营成本、节约社会资源、方便纳税人发票使用、营造健康公平的税收环境起到了重要作用。

增值税电子普通发票的发票代码为 12 位,编码规则为:第 1 位为 0,第 2～5 位代表省、自治区、直辖市和计划单列市,第 6～7 位代表年度,第 8～10 位代表批次,第 11～12 位代表票种(11 代表电子增值税普通发票)。发票号码为 8 位,按年度、分批次编制。

增值税电子普通发票的开票方和受票方需要纸质发票的,可以自行打印增值税电子普通发票的版式文件,其法律效力、基本用途和基本使用规定等与税务机关监制的增值税普通发票相同。

增值税电子普通发票的样式见图 2—1。

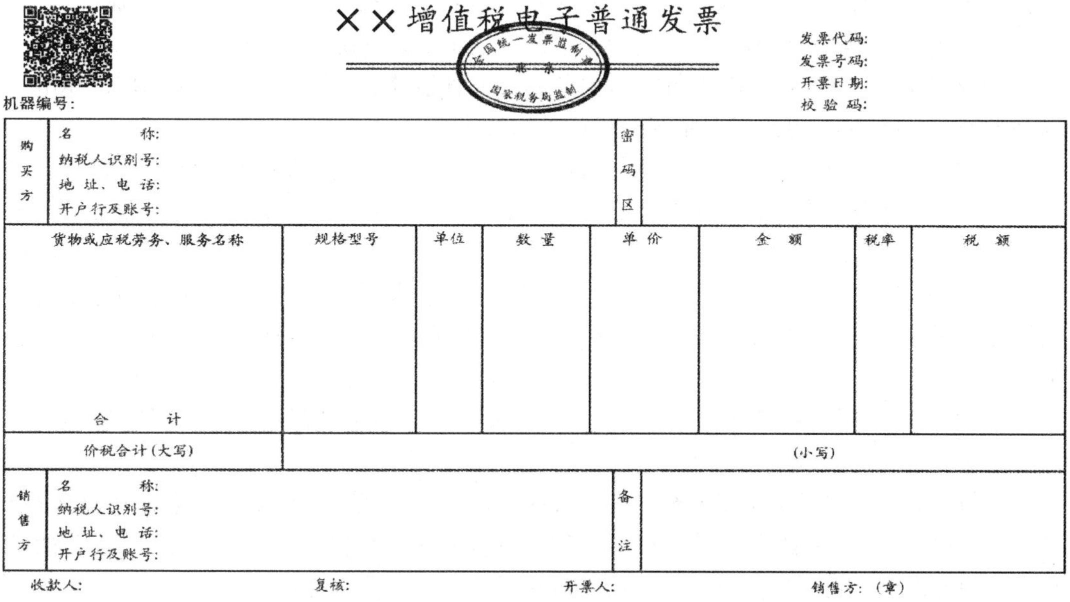
××增值税电子普通发票
全国统一发票监制章 北京 国家税务局监制
机器编号：
发票代码：
发票号码：
开票日期：
校验码：

购买方	名称： 纳税人识别号： 地址、电话： 开户行及账号：				密码区			
货物或应税劳务、服务名称	规格型号	单位	数量	单价	金额	税率	税额	
合计								
价税合计（大写）					（小写）			
销售方	名称： 纳税人识别号： 地址、电话： 开户行及账号：				备注			

收款人：　　复核：　　开票人：　　销售方：（章）

图 2—1　增值税电子普通发票

增值税电子发票系统实现方案逻辑示意图如图 2—2 所示。

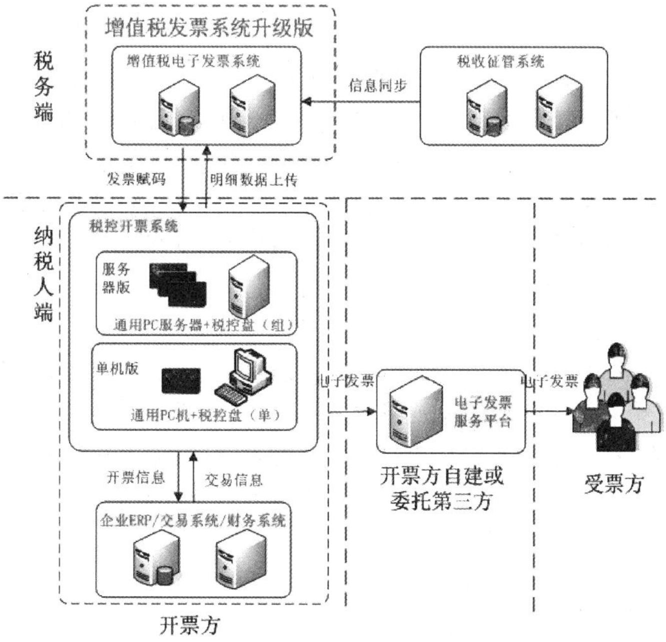

图 2—2　增值税电子发票系统实现方案逻辑示意图

增值税电子发票系统实现方案描述如下：

(1)信息同步。选择使用增值税电子发票的纳税人，与现有的纳税人登记、票种核定等流程一致。现有增值税电子发票试点纳税人，保持纳税人登记、票种核定等业务流程不变，税务后台征管系统将票种核定信息同步至增值税电子发票系统。

(2)发票赋码。电子发票的号段，由税务后台征管系统通过接口方式同步至增值税电子发票系统，通过增值税电子发票系统最终赋予纳税人。

(3)电子发票数据生成。电商等用票量大的企业可选用服务器版税控开票系统以满足企业大量集中开票需求。票量小的企业可使用单机版税控开票系统完成电子发票开具及电子数据生成。

(4)电子发票版式文件生成。可在企业端直接生成，也可由第三方电子发票服务平台完成。使用第三方电子发票服务平台的纳税人，需将电子发票数据传递给第三方电子发票服务平台。

(5)电子发票明细数据传送税务机关。电子发票明细数据通过增值税电子发票系统实时传送税务机关，进入发票电子底账库。

增值税电子发票系统实现方案数据接口规范包含两种：第一种适用于税控开票系统(单机版)开具电子发票的纳税人；第二种适用于开票量大、使用税控开票系统(服务器版)的纳税人。税务总局将对数据接口规范及相关技术标准另行向社会公开发布。

四、机动车销售统一发票

(一)机动车销售发票的联次设置

国家税务总局《关于使用新版机动车销售统一发票有关问题的通知》(简称《通知》)(国税函〔2006〕479号)规定："《机动车销售统一发票》为电脑六联式发票。即第一联发票联(购货单位付款凭证)，第二联抵扣联(购货单位扣税凭证)，第三联报税联(车购税征收单位留存)，第四联注册登记联(车辆登记单位留存)，第五联记账联(销货单位记账凭证)，第六联存根联(销货单位留存)。第一联印色为棕色，第二联印色为绿色，第三联印色为紫色，第四联印色为蓝色，第五联印色为红色，第六联印色为黑色。发票代码、发票号码印色为黑色，当购货单位不是增值税一般纳税人时，第二联抵扣联由销货单位留存。"

(二)机动车销售发票适用范围

《通知》规定："凡从事机动车零售业务的单位和个人，从2006年8月1日起，在销售机动车(不包括销售旧机动车)收取款项时，必须开具税务机关统一印制的新版《机动车销售统一发票》，并在发票联加盖财务专用章或发票专用章，抵扣联和报税联不得加盖印章。"

国家税务总局《关于〈机动车销售统一发票〉注册登记联加盖开票单位印章问题的通知》(国税函〔2006〕813号)规定："从2006年10月1日起，《机动车销售统一发票》注册登记联一律加盖开票单位印章。"

(三)增值税税额和不含税价计算公式

增值税税额＝价税合计－不含税价

不含税价＝价税合计÷(1＋增值税税率或征收率)

本章小结

增值税是以单位和个人生产经营过程中取得的增值额为课税对象而征收的一种税。按照我国增值税法的规定，增值税是对在我国境内销售货物，提供加工、修理修配劳务，销售服务、无形资产及不动产，以及进口货物的企业、单位和个人，就其销售货物、提供应税劳务、发生应税行为的增值额和货物进口金额为计税依据而课征的一种税。

根据我国《增值税暂行条例》《增值税暂行条例实施细则》以及《关于全面推开营业税改征增值税试点的通知》的相关规定，增值税的征税范围包括在境内销售货物、提供应税劳务、发生应税行为以及进口货物等，覆盖面涵盖了所有行业。

我国将增值税纳税义务人划分为一般纳税人和小规模纳税人两类。一般纳税人按照购进扣税法计算应纳税额，采用增值税抵扣制度，可以领购增值税专用发票；而小规模纳税人采用简易方法计算应纳税额，不实行抵扣制度，也不得领购增值税专用发票。现行增值税税率主要有16%、10%、6%及零税率4种；征收率主要有3%、5%两种。

一般纳税人按照一般计税方法计算缴纳增值税，小规模纳税人按照简易计税方法计算缴纳增值税。一般纳税人应纳增值税额是销项税额减去进项税额后的余额。销项税额是指纳税人销售货物或提供应税劳务或服务，按照应税销售额和规定税率计算并向购买方收取的增值税税额；进项税额是指纳税人购进货物或接受应税劳务所支付或负担的增值税税额。小规模纳税人按照销售额与征收率的乘积计算应纳增值税税额。

增值税实行出口免税并退税、出口免税不退税、出口不免税也不退税的政策，其中：免税是指对货物在出口环节不征增值税；退税是指按国家规定的退税率退还货物在出口前实际负担的增值税。

为扶持农业发展、促进资源综合利用、鼓励产业发展、支持安全生产、统筹区域发展、促进社会公益事业和照顾弱势群体等，国家制定了增值税的税收优惠政策。增值税的纳税义务发生时间根据销售结算方式的不同而有所不同，增值税可以按期纳税也可以按次纳税，纳税期限分别为1日、3日、5日、10日、15日、1个月或者1个季度。增值税的纳税地点一般为纳税人机构所在地或者居住地的主管税务机关。国家对增值税专用发票、增值税普通发票、增值税电子普通发票、机动车销售统一发票的使用和管理做出了严格的规定，纳税人应按国家相关规定遵照执行。

同步测试

一、单选题

1. 我国现行的增值税采用(　　)。

A. 价内税　　B. 价外税　　C. 定额税　　D. 累进税

2. 增值税一般纳税人采用的税率为(　　)。

A. 20%　　B. 10%　　C. 16%　　D. 5%

3. 下列项目所包含的进项税额，不得从销项税额中抵扣的是(　　)。

A. 库存材料管理不善毁损　　B. 购进的劳保用品

C. 购进的办公用品　　D. 购进的原材料

4. 下列单位或个人，不属于增值税纳税义务人的是(　　)。

A. 进口生产设备的企业　　B. 零售杂货的个体户

C. 提供公共服务的事业单位　　D. 生产销售家用电器的公司

5. 小规模工业企业销售货物当月取得不含税销售价格 40 000 元，当月应纳增值税为(　　)元。

A. 180　　B. 1 200　　C. 460　　D. 540

6. 下列各项中不属于我国税法规定的增值税视同销售行为的是(　　)。

A. 将自产的货物用于非应税项目　　B. 将购买的货物用于非应税项目

C. 将自产的货物用于投资　　D. 将自建的厂房对外转让

7.《增值税暂行条例》规定，纳税人采用托收承付方式销售货物，其纳税义务发生时间是(　　)。

A. 货物发出的当天　　B. 收到销货款的当天

C. 发出货物并办妥托收手续的当天　　D. 签订合同的当天

8. 2017 年 10 月，境外公司为我国 Q 企业提供技术咨询服务，Q 企业向其支付含税价款 100 万元，该境外公司在境内未设立经营机构，则 Q 企业应当扣缴的增值税税额为(　　)万元。

A. 0　　B. 6　　C. 5.66　　D. 2.91

9. 某电器厂为增值税一般纳税人，2018 年 6 月销售给 A 商场 300 台电器，不含税价格为 700 元/台，由于是批量销售，给予 7 折优惠，并按原价开具了增值税专用发票，折扣额在同一张发票的“备注”栏注明。该电器厂当月的销项税额为(　　)元。

A. 24 990　　B. 33 600　　C. 36 890　　D. 47 600

10. 外购下列各项中货物的增值税，不得从销项税额中抵扣的是(　　)。

A. 进口的机器设备　　B. 外购的燃料

C. 外购的货物用于职工福利　　D. 外购的低值易耗品

11. 下列纳税人中，不属于增值税一般纳税人的有(　　)。

A. 年销售额为 60 万元的从事货物生产的个体经营者

B. 年销售额为 100 万元的从事货物批发的个人

C. 年销售额为 60 万元的从事货物生产的企业

D. 年销售额为 100 万元的从事货物批发零售的企业

12. 下列各项中，不得从销项税额中抵扣进项税额的有(　　)。

A. 购进生产用燃料所支付的增值税款

B. 不合格产品耗用材料所支付的增值税款

C. 购进的贷款服务所支付的增值税款

D. 购进不动产耗用装修材料所支付的增值税款

13. 增值税纳税人的销售额中的价外费用不包括(　　)。

A. 收取的手续费　　B. 收取的包装物租金

C. 收取的运输装卸费　　D. 收取的销项税额

14. 一般纳税人销售的下列货物中，适用 10%增值税税率的是(　　)。

A. 洗衣粉　　B. 文具盒　　C. 杂粮　　D. 水果罐头

15. 根据增值税法律制度的规定，下列关于增值税纳税义务发生时间的表述中，不正确的是(　　)。

A. 纳税人采取直接收款方式销售货物,为货物发出的当天
B. 纳税人销售应税劳务,为提供劳务同时收讫销售款或者取得索取销售款凭据的当天
C. 纳税人采取委托银行收款方式销售货物,为发出货物并办妥托收手续的当天
D. 纳税人进口货物,为报关进口的当天

二、多选题

1. 应交增值税的行业有(　　)。
A. 商业　B. 建筑业　C. 交通运输业　D. 制造业
2. 根据增值税法的有关规定,下列项目中不得从销售额中抵扣的进项税额有(　　)。
A. 购进的生产设备
B. 非正常损失的购进货物
C. 用于免税项目的购进货物
D. 纳税人购进货物未按照规定取得增值税扣税凭证
3. 下列行为中,应视同销售货物征收增值税的有(　　)。
A. 将外购的货物分配给股东　B. 将外购货物用于个人消费
C. 将自产货物无偿赠送他人　D. 将自产货物用于集体福利
4. 一般纳税人销售的下列货物中,适用税率为10%的有(　　)。
A. 淀粉　B. 化肥　C. 面粉　D. 玉米纤维
5. 一般纳税人销售的下列货物中,适用税率为10%的有(　　)。
A. 图书　B. 老年代步车　C. 电子出版物　D. 暖气
6. 下列各项中,属于增值税价外费用的有(　　)。
A. 销项税额
B. 违约金
C. 包装物租金
D. 受托加工应征消费税的消费品所代收代缴的消费税
7. 下列关于增值税税率的表述中,正确的有(　　)。
A. 提供交通运输服务,增值税税率为10%
B. 提供租赁服务,增值税税率为10%
C. 销售不动产,增值税税率为10%
D. 提供基础电信服务,增值税税率为10%
8. 下列项目中,属于增值税征税范围的有(　　)。
A. 境内单位在境内提供电信服务　B. 境内单位在境内销售无形资产
C. 境内单位在境外提供建筑服务　D. 境外单位在境外出租不动产
9. 下列应税行为中,可以选择简易计税方法计税的有(　　)。
A. 公交客运服务　B. 动画设计服务
C. 仓储服务　D. 装卸搬运服务
10. 下列项目中,适用增值税零税率的有(　　)。
A. 国际运输服务　B. 完全发生在境外的设计服务
C. 工程项目在境外的建筑服务　D. 存储地点在境外的仓储服务

11. 下列关于增值税纳税地点的表述中，不正确的是（　　）。

A. 固定业户纳税人销售不动产，应当向机构所在地的主管税务机关申报纳税

B. 固定业户纳税人提供文化劳务，应当向文化劳务发生地的主管税务机关申报纳税

C. 固定业户转让土地使用权，应当向土地所在地的主管税务机关申报纳税

D. 个人跨省从事建筑劳务，应当向居住地的主管税务机关申报纳税

12. 下列各项中，按照销售货物征收增值税的有（　　）。

A. 缝纫业务

B. 银行销售金银业务

C. 货物期货

D. 电力公司向发电企业收取的过网费

13. 下列各项中，除另有规定外，可以享受增值税出口免税并退税优惠政策的有（　　）。

A. 来料加工复出口的货物

B. 小规模纳税人委托外贸企业出口的自产货物

C. 企业在国内采购并运往境外作为国外投资的货物

D. 对外承包工程公司运出境外用于对外承包项目的货物

14. 下列各项中，属于《增值税暂行条例》规定的免税项目有（　　）。

A. 销售古旧图书　　B. 外国企业无偿赞助的进口物资

C. 百货公司进口的残疾人轮椅　　D. 其他个人销售自己使用过的物品

15. 下列各项中，关于包装物押金的处理正确的有（　　）。

A. 纳税人为销售货物而出借包装物收取的押金，单独记账核算的，均不并入销售额征收增值税

B. 对收取一年以上的啤酒包装物押金，无论是否退还都要并入销售额征税增值税

C. 对销售白酒收取的包装物押金，收取当期就要并入销售额征税

D. 对销售酒类产品收取的包装物押金，无论是否返还及会计上如何核算，均应并入当期销售额征收增值税

三、判断题

1. 某房地产企业采取预收款方式销售不动产，其纳税义务发生时间为收到预收款的当天。（　　）

2. 增值税是价外税，消费税是价内税，因此消费税从价计征时其销售额不同于增值税的销售额。（　　）

3. 购进货物时取得的增值税专用发票上记载的税额都可以作为进项税额从销项税额中抵扣。（　　）

4. 增值税是对销售货物、提供劳务、发生应税行为等过程中实现的增值额征收的一种税。（　　）

5. 根据国家税务总局的规定，价外费用应视同含税收入，在征税时应换算成不含税收入再并入销售额。（　　）

6. 增值税起征点不适用于认定为一般纳税人的个体工商户。（　　）

7. 以农产品为原料的工业企业,其购进的农产品都可以按照买价的12%的比例抵扣进项税额。 ( )

8. 所有出口的货物或劳务都可以退回其出口之前所负担的增值税。 ( )

9. 除个体经营者以外的个人,不属于增值税一般纳税义务人,应按小规模纳税人纳税。 ( )

10. 纳税人发生视同销售货物行为,纳税义务的发生时间为货物移送的当天。 ( )

11. 应税行为的年应征增值税销售额超过500万元的其他个人可以认定为一般纳税人。 ( )

12. 境内单位在境外提供建筑服务属于增值税的征税范围。 ( )

13. 兼有不同税率的销售货物、加工修理修配劳务、服务、无形资产或者不动产,从低适用税率。 ( )

14. 非正常损失的购进货物、以及相关的加工修理修配劳务和交通运输服务其进项税额不得从销项税额中抵扣。 ( )

15. 2016年5月1日后取得并在会计制度上按固定资产核算的不动产、不动产在建工程,其进项税额自取得之日起第一年抵扣40%,第二年抵扣60%。 ( )

16. 从事学历教育的学校提供的教育服务免征增值税。 ( )

17. 卫星电视信号落地转接服务,按照增值电信服务缴纳增值税。 ( )

18. 无运输工具承运业务,应当按照商务辅助服务中的经济代理服务缴纳增值税。 ( )

19. 增值税一般纳税人提供贷款服务,以其取得的全部利息及利息性质的收入为销售额;增值税一般纳税人接受贷款服务,凭增值税专用发票上注明的税额作为进项税额抵扣。 ( )

20. 根据增值税法律制度的规定,增值税一般纳税人购进的住宿服务涉及的进项税额,不得从销项税额中进行抵扣。 ( )

四、简答题

1. 增值税的征税范围有何规定?
2. 增值税纳税义务的发生时间是如何规定的?
3. 混合销售行为如何处理?
4. 简述增值税一般纳税义务人与小规模纳税义务人的认定标准。
5. 计算应纳增值税时,不得抵扣进项税的情况有哪些?

五、计算题

1. 某企业为增值税一般纳税人,2018年6月发生下列业务:

(1)购进A材料取得增值税专用发票注明价款20 000元,税款3 200元;

(2)将生产的甲产品销售,不含税销售价格为30 000元;

(3)将生产的甲产品赠送客户,同类产品不含税销售价格20 000元。

假定企业取得的增值税专用发票均符合规定,并已认证;购进和销售产品适用的增值税税率为16%。要求:计算该企业本月应纳增值税额。

2. 某鞭炮厂为增值税一般纳税人，本月取得不含增值税销售额 28 万元，含增值税销售额 23.2 万元，本月可抵扣的进项税额为 3 万元，增值税税率为 16%。

要求：计算该公司本月应缴纳的增值税税额。

3. 某工业企业为增值税一般纳税义务人，2018 年 6 月发生以下经济业务：

(1)购入原材料一批，取得增值税专用发票注明的价款 100 000 元，税款 16 000 元，款项已付清。

(2)购入生产设备一台，取得增值税专用发票注明的价款 200 000 元，税款 32 000 元，款项已付清。

(3)本厂为维修生产设备，领用外购原材料 1 500 元，并领用本厂生产的产品一批，该产品不含税销售价格 5 000 元。

(4)向小规模纳税人销售产品一批，开具增值税普通发票，价税合计 348 000 元。

(5)向一般纳税人销售产品一批，开具增值税专用发票，价款 500 000 元，税款 80 000 元。

要求：计算该企业当月应纳增值税额。

4. 某小五金制造企业为增值税一般纳税义务人，2018 年 6 月发生以下经济业务：

(1)购入原材料一批，取得增值税专用发票注明的价款 50 万元，税款 8 万元。支付运费，取得增值税普通发票注明的金额为 1 万元，增值税为 0.1 万元。

(2)接受其他企业投资转入材料一批，取得增值税专用发票注明的金额为 100 万元，增值税为 16 万元。

(3)购进低值易耗品，取得增值税专用发票注明的金额为 6 万元，增值税为 0.96 万元。

(4)销售产品一批，取得不含税销售额 300 万元，另外收取包装物租金 1.16 万元。

(5)采用以旧换新方式销售产品，新产品含税售价为 8.12 万元，旧产品作价 2 万元。

(6)因管理不善，上月购进的一批材料被盗，该批材料的采购成本为 8 万元(该批材料的进项税额已抵扣)。

假定企业取得的增值税专用发票均符合规定，并已认证；购进和销售产品适用的增值税税率为 16%。要求：计算该企业当月应纳增值税额。

5. 某商店为增值税小规模纳税人，2018 年第三季度发生业务如下：

(1)销售商品，取得含税收入 5.15 万元。

(2)将外购的一批商品无偿捐赠给某慈善机构，该批商品的含税价格为 1.03 万元。

(3)购进商品，取得增值税普通发票注明的金额为 2 万元，增值税为 0.32 万元。

已知征收率为 3%。要求：计算该企业当期应纳增值税额。

6. 某外贸公司为增值税一般纳税人，2018 年 8 月从国外进口一批普通商品，海关核定的关税完税价格为 200 万元。已知进口关税税率为 10%，增值税税率为 16%。

要求：计算该公司进口环节应纳增值税税额。

7. 某公司为增值税一般纳税人，2018 年 8 月从国外进口一批高档化妆品，海关核定的关税完税价格为 100 万元。已知进口关税税率为 26%，增值税税率为 16%，消费税税率为 30%。

要求：计算该公司进口环节应纳增值税税额。

第三章　消费税法

知识目标

1. 了解消费税的概念、纳税义务人、税率等内容；
2. 掌握上述税种应纳税额的计算；
3. 了解上述税种的纳税地点、纳税期限等征管内容。

能力目标

1. 知道何种经济活动需要缴纳消费税；
2. 熟练、准确计算消费税的应纳税额。

关键词

纳税义务人　税率　应纳税额的计算

开篇案例

爱的代价——特定消费须交消费税

李先生是一位老烟民，已有30多年的抽烟史，每天要抽一包中华烟。朋友们戏称李先生是最佳公民，因为他每天都在向国家纳税。的确，因为李先生在购买香烟时，他已经间接承担了香烟价格中所包括的增值税、消费税、城市维护建设税等税负。其实，我国为了调节人们的消费行为，很早就开征了消费税。像李先生这样有着特殊消费爱好的人，都在为其爱好付出更多的代价。

思考：什么是消费税？我国对所有的消费品都要征收消费税吗？

第一节　纳税义务人与征税范围

一、消费税概念及其特点

（一）消费税概念

根据我国《消费税暂行条例》的规定，消费税是对我国境内从事生产、委托加工和进口应税消费品的单位和个人，就其销售额或销售数量，在特定环节征收的一种税。简单地说，消费税就是对特定的消费品和消费行为征收的一种税。

(二)消费税特点

一般来说,消费税的征税对象主要是与居民消费有关的最终消费品和消费行为。与其他税种相比,消费税具有以下几个特点:

1. 征税项目具有选择性

各国目前征收的消费税实际上都属于对特定消费品或消费行为征收的税种。

2. 征税环节具有单一性

消费税原则是在生产(进口)、流通或消费的某一环节一次征收(卷烟和高档汽车除外),而不是在消费品生产、流通或消费的每个环节多次征收,即通常所说的一次课征制。

3. 征收方法具有多样性

对一部分价格差异较大,且便于按价格核算的应税消费品,依消费品或消费行为的价格实行从价定率征收;对一部分价格差异较小,品种、规格比较单一的大宗应税消费品,依消费品的数量实行从量定额征收;对有些产品在实行从价定率征收的同时,还对其实行从量定额征收。

4. 税收调节具有特殊性

一是不同的征税项目税负差异较大,对需要限制或控制消费的消费品规定较高的税率,体现特殊的调节目的;二是消费税往往与有关税种配合实现加重或双重调节,通常采取增值税与消费税双重调节的办法,即对某些需要特殊调节的消费品或消费行为在征收增值税的同时,再征收一道消费税,形成一种特殊的对消费品双层次调节的税收调节体系。

5. 消费税具有转嫁性

消费品中所含的消费税税款最终都要转嫁到消费者身上,由消费者负担,税负具有转嫁性。消费税转嫁性的特征,要较其他商品课税形式更为明显。

二、消费税的纳税义务人

消费税的纳税人,是指在中华人民共和国境内生产、委托加工和进口应税消费品的单位和个人。

在中华人民共和国境内,是指生产、委托加工和进口属于应当缴纳消费税的消费品(简称应税消费品)的起运地或所在地在境内。

单位,是指企业、行政单位、事业单位、军事单位、社会团体及其他单位。

个人,是指个体工商户和其他个人。

三、消费税的征税范围

目前,消费税的征税范围包括生产、委托加工、进口、零售、移送使用应税消费品及卷烟批发,它们分别在相应的环节征税。

(一)生产应税消费品

(1)纳税人生产的应税消费品,于纳税人销售时纳税。纳税人自产自用的应税消费品,用于连续生产应税消费品的,不纳税;用于其他方面的,于移送使用时纳税。

用于连续生产应税消费品,是指纳税人将自产自用的应税消费品作为直接材料生产最终应税消费品,自产自用应税消费品构成最终应税消费品的实体。

用于其他方面，是指纳税人将自产自用应税消费品用于生产非应税消费品、在建工程、管理部门、非生产机构、提供劳务、馈赠、赞助、集资、广告、样品、职工福利、奖励等方面。

(2)工业企业以外的单位和个人的下列行为视为应税消费品的生产行为，按规定征收消费税：

①将外购的消费税非应税产品以消费税应税产品对外销售的；

②将外购的消费税低税率应税产品以高税率应税产品对外销售的。

(二)委托加工应税消费品

委托加工应税消费品是指委托方提供原料和主要材料，受托方只收取加工费和代垫部分辅助材料加工的应税消费品。由受托方提供原材料或其他情形的一律不能视同委托加工应税消费品。

委托加工的应税消费品，除受托方为个人外，由受托方在向委托方交货时代收代缴消费税，委托个人加工的应税消费品，由委托方收回后缴纳消费税。

委托加工收回的应税消费品，委托方用于连续生产应税消费品的，所纳税款准予按规定抵扣；委托方将收回的应税消费品，以不高于受托方的计税价格出售的，为直接出售，不再缴纳消费税；委托方以高于受托方的计税价格出售的，不属于直接出售，需按照规定申报缴纳消费税，在计税时准予扣除受托方已代收代缴的消费税。

(三)进口应税消费品

单位和个人进口应税消费品，于报关进口时由海关代征消费税。

(四)商业零售金银首饰

生产、进口和批发金银首饰、铂金首饰、钻石及钻石饰品时不征收消费税，纳税人在零售时纳税。

(五)批发销售卷烟

烟草批发企业将卷烟批发给其他烟草批发企业的，不缴纳消费税。

烟草批发企业将卷烟销售给烟草批发企业以外的单位和个人的卷烟，于销售时纳税。

【例3－1·多选题】下列关于消费税纳税人的说法中，正确的有(　　)。

A. 零售金银首饰的纳税人是消费者

B. 委托加工高档化妆品的纳税人是受托加工企业

C. 携带卷烟入境的纳税人是携带者

D. 邮寄入境应税消费品的纳税人是收件人

【答案】CD

【解析】选项A：零售金银首饰的纳税人是零售单位；选项B：委托加工高档化妆品的纳税人是委托方。

第二节　消费税的税目与税率

一、消费税的税目

税目体现了征税的广度，目前征收消费税税目共有15个，有的税目还下设若干子税目。

（一）烟

即以烟叶为原料加工生产的特殊消费品。本税目设置了三个子目，分别是：

（1）卷烟，包括甲类卷烟和乙类卷烟。

甲类卷烟，是指每标准条（200支）调拨价格在70元（不含增值税）以上（含70元）的卷烟；

乙类卷烟，是指每标准条（200支）调拨价格在70元（不含增值税）以下的卷烟。

（2）雪茄烟。雪茄烟的征收范围包括各种规格、型号的雪茄烟。

（3）烟丝。烟丝的征收范围包括以烟叶为原料加工生产的不经卷制的散装烟。

卷烟生产、批发、委托加工和进口环节均采用从量加从价的复合计税的方式。

（二）酒

酒是酒精度在1度以上的各种酒类饮料。本税目设置4个子税目：白酒、黄酒、啤酒、其他酒。

（1）白酒是指以高粱、玉米、大米、糯米、大麦、小麦、青稞等各种粮食为原料，经过糖化、发酵后，采用蒸馏方法酿制的白酒，包括粮食白酒和薯类白酒。

（2）黄酒是指以糯米、粳米、籼米、大米、黄米、玉米、小麦、薯类等为原料，经加温、糖化、发酵、压榨酿制的酒，包括各种原料酿制的黄酒和酒度超过12度（含12度）的土甜酒。

（3）啤酒，分为甲类啤酒和乙类啤酒，包括各种包装和散装的啤酒。无醇啤酒比照啤酒征税。"果啤"属于啤酒，应征消费税。对饮食业、商业、娱乐业举办的啤酒屋（啤酒坊）利用啤酒生产设备生产的啤酒，应当征收消费税。

（4）其他酒是指除白酒、黄酒、啤酒以外，酒度在1度以上的各种酒，包括糠麸白酒、其他原料白酒、土甜酒、复制酒、果木酒、汽酒、药酒、葡萄酒等。对以黄酒为酒基生产的配制酒或泡制酒，按其他酒征收消费税，调味料酒不征消费税。

【例3—2·单选题】以下属于消费税"其他酒"税目的是（　　）。

A. 葡萄酒　　B. 果汁啤酒　　C. 调味料酒　　D. 食用酒精

【答案】A

【解析】选项B属于啤酒项目；选项C、D不属于消费税的征税范围。

（三）高档化妆品

本税目征收范围包括高档美容、修饰类化妆品、高档护肤类化妆品和成套化妆品。

高档美容、修饰类化妆品和高档护肤类化妆品是指生产（进口）环节销售（完税）价格（不含增值税）在10元/毫升（克）或15元/片（张）及以上的美容、修饰类化妆品和护肤类化妆品。不含舞台、戏剧、影视演员化妆用的上妆油、卸妆油、油彩。

【例3—3·多选题】依据消费税的有关规定，下列消费品中不属于高档化妆品税目，不需要缴纳消费税的有（　　）。

A. 进口完税价格10元一张的面膜

B. 出厂价格（不含增值税）20元一瓶（50g）的护手霜

C. 进口完税价格600元一瓶（50毫升）的香水

D. 影视演员化妆用的上妆油、卸妆油

【答案】ABD

【解析】高档美容、修饰类化妆品和高档护肤类化妆品是指生产(进口)环节销售(完税)价格(不含增值税)在10元/毫升(克)或15元/片(张)及以上的美容、修饰类化妆品和护肤类化妆品。不含舞台、戏剧、影视演员化妆用的上妆油、卸妆油、油彩。

(四)贵重首饰及珠宝玉石

本税目征收范围包括各种金银珠宝首饰和经采掘、打磨、加工的各种珠宝玉石。

(1)金银首饰、铂金首饰和钻石及钻石饰品,包括凡以金、银、白金、宝石、珍珠、钻石、翡翠、珊瑚、玛瑙等高贵稀有物质以及其他金属、人造宝石等制作的各种纯金银首饰及镶嵌首饰(含人造金银、合成金银首饰等)。

(2)其他贵重首饰和珠宝玉石,包括钻石、珍珠、松石、青金石、欧泊石、橄榄石、长石、玉、石英、玉髓、石榴石、锆石、尖晶石、黄玉、碧玺、金绿玉、绿柱石、刚玉、琥珀、珊瑚、煤玉、龟甲、合成刚玉、合成宝石、双合石、玻璃仿制品。

宝石坯是经采掘、打磨、初级加工的珠宝玉石半成品,因此,对宝石坯应按规定征收消费税。

(五)鞭炮、焰火

本税目征收范围包括各种鞭炮、焰火。通常分为13类,即喷花类、旋转类、旋转升空类、火箭类、吐珠类、线香类、小礼花类、烟雾类、造型玩具类、爆竹类、摩擦炮类、组合烟花类、礼花弹类。不含体育上用的发令纸、鞭炮引线。

(六)成品油

本税目包括汽油、柴油、石脑油、溶剂油、航空煤油、润滑油、燃料油7个子目。

(1)汽油。汽油是指原油或其他原料加工生产的辛烷值不小于66的可用作汽油发动机燃料的各种轻质油。汽油分为车用汽油和航空汽油。以汽油、汽油组分调和生产的甲醇汽油、乙醇汽油也属于本税目征收范围。

(2)柴油。柴油是指用原油或其他原料加工生产的倾点或凝点在-50号至30号的可用作柴油发动机燃料的各种轻质油和以柴油组分为主、经调和精制可用作柴油发动机燃料的非标油。以柴油、柴油组分调和生产的生物柴油也属于本税目征收范围。

(3)石脑油。石脑油又叫化工轻油,是以原油或其他原料加工生产的用于化工原料的轻质油。石脑油的征收范围包括除汽油、柴油、航空煤油、溶剂油以外的各种轻质油。

(4)溶剂油。溶剂油是用原油或其他原料加工生产的用于涂料、油漆、食用油、印刷油墨、皮革、农药、橡胶、化妆品生产和机械清洗、胶黏行业的轻质油。橡胶填充油、溶剂油原料,属于溶剂油征收范围。

(5)航空煤油。航空煤油也叫喷气燃料,是用原油或其他原料加工生产的用作喷气发动机和喷气推进系统燃料的各种轻质油。

(6)润滑油。润滑油是用原油或其他原料加工生产的用于内燃机、机械加工过程的润滑产品。润滑油分为矿物性润滑油、植物性润滑油、动物性润滑油和化工原料合成润滑油。润滑油的征收范围包括矿物性润滑油、矿物性润滑油基础油、植物性润滑油、动物性润滑油和化工原料合成润滑油。

(7)燃料油。燃料油也称重油、渣油。燃料油的征收范围包括用作电厂发电、锅炉用燃料、加热炉燃料、冶金和其他工业炉燃料的各种燃料油。

自2012年11月1日起,催化料、焦化料属于燃料油的征收范围,应当征收消费税。

（七）摩托车

包括轻便摩托车和摩托车两种。对最大设计车速不超过50千米/小时，发动机气缸总工作容量不超过50毫升的三轮摩托车不征收消费税。气缸容量250毫升（不含）以下的小排量摩托车不征收消费税。

（八）小汽车

小汽车是指由动力驱动，具有4个或4个以上车轮的非轨道承载的车辆。本税目征收范围包括乘用车、中轻型商用客车、超豪华小汽车。

（1）乘用车。乘用车是指包含驾驶员座位在内最多不超过9个座位（含）的，在设计和技术特性上用于载运乘客和货物的各类乘用车。用排气量小于1.5升（含）的乘用车底盘（车架）改装、改制的车辆属于乘用车征收范围。用排气量大于1.5升的乘用车底盘（车架）或用中轻型商用客车底盘（车架）改装、改制的车辆属于中轻型商用客车征收范围。

对于购进乘用车或中轻型商用客车整车改装生产的汽车，应按规定征收消费税。

（2）中轻型商用客车。中轻型商用客车是指包括驾驶员座位在内的座位数在10～23座（含23座）的、在设计和技术特性上用于载运乘客和货物的各类中轻型商用客车。车身长度大于7米（含），并且座位在10～23座（含）以下的商用客车，不属于中轻型商用客车征税范围，不征收消费税。含驾驶员人数（额定载客）为区间值的（如8～10人，17～26人）小汽车，按其区间值下限人数确定征收范围。

（3）超豪华小汽车。为每辆零售价格130万元（不含增值税）及以上的乘用车和中轻型商用客车，即乘用车和中轻型商用客车子税目中的超豪华小汽车。

电动汽车、沙滩车、雪地车、卡丁车、高尔夫车不属于消费税征收范围，不征收消费税。企业购进货车或厢式货车改装生产的商务车、卫星通信车等专用汽车不属于消费税征税范围，不征收消费税。

（九）高尔夫球及球具

高尔夫球及球具是指从事高尔夫球运动所需的各种专用装备，包括高尔夫球、高尔夫球杆、高尔夫球包（袋）、高尔夫球杆的杆头、杆身和握把。

（十）高档手表

高档手表是指销售价格（不含增值税）每只在10 000元（含）以上的各类手表。

本税目征收范围包括符合以上标准的各类手表。

（十一）游艇

游艇是指长度大于8米小于90米，船体由玻璃钢、钢、铝合金、塑料等多种材料制造，可以在水上移动的水上浮载体。按照动力划分，游艇分为无动力艇、帆艇和机动艇。

本税目征收范围包括艇身长度大于8米（含）小于90米（含），内置发动机，可以在水上移动，一般为私人或团体购置，主要用于水上运动和休闲娱乐等非营利活动的各类机动艇。

（十二）木制一次性筷子

木制一次性筷子又称卫生筷子，是指以木材为原料经过锯段、浸泡、旋切、刨切、烘干、筛选、打磨、倒角、包装等环节加工而成的各类一次性使用的筷子。

本税目征收范围包括各种规格的木制一次性筷子。未经打磨、倒角的木制一次性筷子属于本税目征税范围。

（十三）实木地板

实木地板是指以木材为原料，经锯割、干燥、刨光、截断、开榫、涂漆等工序加工而成的块状或条状的地面装饰材料。实木地板按生产工艺不同，可分为独板（块）实木地板、实木指接地板、实木复合地板三类；按表面处理状态不同，可分为未涂饰地板（白坯板、素板）和漆饰地板两类。

本税目征收范围包括各类规格的实木地板、实木指接地板、实木复合地板及用于装饰墙壁、天棚的侧端面为榫、槽的实木装饰板。未经涂饰的素板属于本税目征税范围。

（十四）电池

电池是一种将化学能、光能等直接转换为电能的装置，一般由电极、电解质、容器、极端，通常还有隔离层组成的基本功能单元，以及用一个或多个基本功能单元装配成的电池组，包括原电池、蓄电池、燃料电池、太阳能电池和其他电池。

对无汞原电池、金属氢化物镍蓄电池（又称氢镍蓄电池或镍氢蓄电池）、锂原电池、锂离子蓄电池、太阳能电池、燃料电池和全钒液流电池免征消费税。

2015 年 12 月 31 日前对铅蓄电池缓征消费税；自 2016 年 1 月 1 日起按 4%征收消费税。

（十五）涂料

涂料是指涂于物体表面能形成具有保护、装饰或特殊性能的固态涂膜的一类液体或固体材料之总称。

自 2015 年 2 月 1 日起对涂料征收消费税；施工状态下挥发性有机物（Volatile Organic Compounds，VOC）含量低于 420 克/升（含）的涂料免征消费税。

【例 3—4 · 单选题】企业生产销售的下列产品中，属于消费税征税范围的是（　　）。

A. 电动汽车　　B. 体育用鞭炮药引线

C. 铅蓄电池　　D. 销售价格为 9 000 元的手表

【答案】C

【解析】选项 A 电动汽车不属于消费税征税范围；选项 B 体育用鞭炮药引线不是消费税征税范围；选项 D 销售价格（不含增值税）在 1 万元（含）以上的手表为消费税征税范围内的高档手表。

【例 3—5 · 单选题】下列产品中，属于消费税征税范围的是（　　）。

A. 轮胎　　B. 卡丁车　　C. 电池　　D. 酒精

【答案】C

【解析】2014 年 12 月 1 日起，轮胎和酒精被剔除出消费税的征税范围，所以轮胎、卡丁车、酒精都不属于消费税征税范围。

【例 3—6 · 单选题】下列行为涉及的货物，属于消费税征税范围的是（　　）。

A. 批发商批发销售的雪茄烟

B. 竹木制品厂销售的竹制一次性筷子

C. 鞭炮加工厂销售田径比赛用发令纸

D. 商场零售的金银首饰

【答案】D

【解析】选项A批发环节缴纳消费税的货物只涉及卷烟，不包括雪茄烟；选项B竹制一次性筷子不属于消费税的征税范围；选项C体育上用的发令纸不属于消费税的征税范围。

二、消费税的税率

消费税的税率有两种形式：一种是比例税率；另一种是定额税率，即单位税额。消费税税率形式的选择，主要是根据课税对象的具体情况来确定的，对一些供求基本平衡，价格差异不大，计量单位规范的消费品，选择计税简便的定额税率，如黄酒、啤酒、成品油等；对一些供求矛盾突出、价格差异较大、计量单位不规范的消费品，选择税价联动的比例税率，如烟、白酒、化妆品、鞭炮、焰火、贵重首饰及珠宝玉石、摩托车、小汽车等。

一般情况下，对一种消费品只选择一种税率形式，但为了更有效地保全消费税税基，对一些应税消费品如卷烟、白酒，则采用了定额税率和比例税率双重征收形式。消费税税目税率详见表3—1。

表3—1　　消费税税目税率表

税　目	税　率
一、烟	
1. 卷烟	
(1)甲类卷烟[调拨价70元(不含增值税)/条以上(含70元)]	56%加0.003元/支
(2)乙类卷烟[调拨价70元(不含增值税)/条以下]	36%加0.003元/支
(3)商业批发环节	11%加0.005元/支
2. 雪茄烟	36%
3. 烟丝	30%
二、酒	
1. 白酒	20%加0.5元/500克(或者500毫升)
2. 黄酒	240元/吨
3. 啤酒	
(1)甲类啤酒	250元/吨
(2)乙类啤酒	220元/吨
4. 其他酒	10%
三、高档化妆品	15%
四、贵重首饰及珠宝玉石	
1. 金银首饰、铂金首饰和钻石及钻石饰品	5%
2. 其他贵重首饰和珠宝玉石	10%
五、鞭炮、焰火	15%
六、成品油	
1. 汽油	1.52元/升
2. 柴油	1.20元/升
3. 航空煤油	1.20元/升
4. 石脑油	1.52元/升
5. 溶剂油	1.52元/升

续表

税目	税率	
6. 润滑油	1.52 元/升	
7. 燃料油	1.20 元/升	
七、摩托车		
1. 气缸容量(排气量,下同)为 250 毫升的	3%	
2. 气缸容量在 250 毫升以上的	10%	
八、小汽车	生产(进口)环节	零售环节
1. 乘用车		
(1)气缸容量(排气量,下同)在 1.0 升(含 1.0 升)以下的	1%	
(2)气缸容量在 1.0 升以上至 1.5 升(含 1.5 升)的	3%	
(3)气缸容量在 1.5 升以上至 2.0 升(含 2.0 升)的	5%	
(4)气缸容量在 2.0 升以上至 2.5 升(含 2.5 升)的	9%	
(5)气缸容量在 2.5 升以上至 3.0 升(含 3.0 升)的	12%	
(6)气缸容量在 3.0 升以上至 4.0 升(含 4.0 升)的	25%	
(7)气缸容量在 4.0 升以上的	40%	
2. 中轻型商用客车	5%	
3. 超豪华小汽车	按子税目 1 和子税目 2 的规定征收	10%
九、高尔夫球及球具	10%	
十、高档手表	20%	
十一、游艇	10%	
十二、木制一次性筷子	5%	
十三、实木地板	5%	
十四、电池	4%	
十五、涂料	4%	

消费税采用列举法按具体应税消费品设置税目税率,征税界限清楚,一般不易发生错用税率的情况。但是,存在下列情况时,应按适用税率中最高税率征税:

(1)纳税人兼营不同税率的应税消费品,即生产销售两种税率以上的应税消费品时,应当分别核算不同税率应税消费品的销售额或销售数量,未分别核算的,按最高税率征税;

(2)纳税人将应税消费品与非应税消费品以及适用税率不同的应税消费品组成成套消费品销售的,应根据组合产制品的销售金额按应税消费品中适用最高税率的消费品税率征税。

【例 3—7·多选题】下列各项中,实行从价计征消费税的有(　　)。

A. 高档手表　　B. 烟丝　　C. 高尔夫球　　D. 黄酒

【答案】ABC

【解析】黄酒实行从量计征消费税。

第三节　消费税的计税依据

消费税实行从价定率、从量定额，或者从价定率和从量定额复合计税（以下简称复合计税）的办法计算应纳税额，其计税依据包括销售额和销售数量。

一、实行从价定率的计税依据

实行从价定率办法征税的应税消费品，计税依据为应税消费品的销售额。

（一）生产销售应税消费品销售额的确定

1. 计税销售额的一般规定

应税消费品的销售额包括销售应税消费品从购买方收取的全部价款和价外费用。所谓"价外费用"，是指价外收取的基金、集资款、返还利润、补贴、违约金（延期付款利息）和手续费、包装费、储备费、优质费、运输装卸费、品牌使用费、代收款项、代垫款项以及其他各种性质的价外收费。但下列款项不属于价外费用。

(1)同时符合以下条件的代垫运输费用：

①承运部门的运输费用发票开具给购买方的；

②纳税人将该项发票转交给购买方的。

(2)同时符合以下条件代为收取的政府性基金或者行政事业性收费：

①由国务院或者财政部批准设立的政府性基金，由国务院或者省级人民政府及其财政、价格主管部门批准设立的行政事业性收费；

②收取时开具省级以上财政部门印制的财政票据；

③所收款项全额上缴财政。

除此之外，其他价外费用，无论是否属于纳税人的收入，均应并入销售额计算纳税，即：销售额＝应税消费品销售额＋价外收费。

2. 含增值税销售额的换算

应税消费品在缴纳消费税的同时，还应缴纳增值税。按照消费税法的规定，应税消费品的"销售额"不包括应向购买方收取的增值税税额。如果纳税人应税消费品的销售额中未扣除增值税税额或者因不得开具增值税专用发票而发生价款和增值税税额合并收取的，在计算消费税时，应当换算为不含增值税税额的销售额。其换算公式如下：

应税消费品的销售额＝含增值税的销售额÷(1＋增值税税率或征收率)

在使用换算公式时，应根据纳税人的具体情况分别使用增值税税率或征收率。如果消费税的纳税人同时又是增值税一般纳税人，应适用16％的增值税税率；如果消费税的纳税人是小规模纳税人，应适用3％的征收率。

3. 计税销售额的特殊规定

(1)应税消费品连同包装物销售的，无论包装物是否单独计价，也不论在会计上如何核算，均应并入应税消费品的销售额中征收消费税。

(2)销售应税消费品的包装物收取押金时计税销售额的确定。根据现行消费税的相关规定，分为以下三种情况：

①如果包装物不作价随同产品销售，而是收取押金，此项押金则不应并入应税消费品销售额中征税。但对逾期未收回的包装物不再退还的和已收取一年以上的押金，应并入应税消费品的销售额，按照应税消费品的适用税率征收消费税。

② 对既作价随同应税消费品销售，又另外收取的包装物的押金，凡纳税人在规定的期限内不予退还的，均应并入应税消费品的销售额，按照应税消费品的适用税率征收消费税。

③对酒类产品生产企业销售酒类产品而收取的包装物押金，无论押金是否返还及会计上如何核算，均应并入酒类产品销售额中征收消费税。对销售啤酒、黄酒所收取的押金，按一般押金的规定处理。根据税法规定，啤酒的包装物押金不包括供重复使用的塑料周转箱的押金。

另外，白酒生产企业向商业销售单位收取的“品牌使用费”是随着应税白酒的销售而向购货方收取的，属于应税白酒销售价款的组成部分，因此，不论企业采取何种方式以何种名义收取价款，均应并入白酒的销售额中缴纳消费税。

(3)发生视同对外销售时计税销售额的确定。纳税人自产的应税消费品用于换取生产资料和消费资料、投资入股和抵偿债务等方面，应当按纳税人同类应税消费品的最高销售价格作为计税依据。

【例 3—8 · 多选题】 下列自产应税消费品，以纳税人同类应税消费品的最高销售价格作为计税依据计算消费税的有(　　)。

A. 用于抵债的应税消费品　　B. 用于馈赠的应税消费品

C. 用于换取生产资料的应税消费品　　D. 用于对外投资入股的应税消费品

【答案】 ACD

【解析】 用于馈赠的应税消费品按照纳税人生产的同类消费品的销售价格计算纳税，而不是按最高销售价格计税。

【例 3—9 · 单选题】 某化妆品厂为增值税一般纳税人，2016 年 12 月发生以下业务：8 日销售高档化妆品 400 箱，每箱不含税价格 600 元；15 日销售同类高档化妆品 500 箱，每箱不含税价格 650 元。当月以 200 箱同类高档化妆品与某公司换取精油。该厂当月应纳消费税(　　)元。(高档化妆品消费税税率为 15%)

A. 84 750　　B. 102 750　　C. 103 500　　D. 104 250

【答案】 D

【解析】 纳税人自产的应税消费品用于换取生产资料和消费资料、投资入股和抵偿债务等方面，应当按纳税人同类应税消费品的最高销售价格作为计税依据计算消费税。应纳消费税＝(600×400＋650×500＋650×200)×15%＝104 250(元)。

(4)纳税人通过自设非独立核算门市部销售的自产应税消费品，应当按照门市部对外销售额或者销售数量计算征收消费税。

【例 3—10 · 单选题】 某高尔夫球具厂为增值税一般纳税人，下设一非独立核算的门市部，2018 年 6 月该厂将生产的一批成本价 70 万元的高尔夫球具移送门市部，门市部将其中 80%销售，取得含税销售额 76.56 万元。高尔夫球具的消费税税率为 10%，成本利润率 10%，该高尔夫球具厂此项业务应缴纳的消费税税额为(　　)万元。

A. 5.13　　B. 6　　C. 6.60　　D. 7.72

【答案】 C

【解析】 纳税人通过自设非独立核算的门市部销售自产应税消费品的，要按非独立核算门市部的销售额或销售数量计算消费税额。该高尔夫球具厂此项业务应缴纳的消费税＝76.56÷(1＋16%)×10%＝6.60(万元)。

(5)纳税人将自产的应税消费品与外购或自产的非应税消费品组成套装销售的，以套装产品的销售额(不含增值税)为计税依据。

(二)自产自用应税消费品的税额计算

自产自用是指纳税人生产应税消费品后，不是直接用于对外销售，而是用于自己连续生产应税消费品，或用于其他方面。具体分以下两种情况：

(1)纳税人自产自用的应税消费品，用于连续生产应税消费品的，不纳税。

所谓"纳税人自产自用的应税消费品，用于连续生产应税消费品的"，是指这种消费品作为生产最终应税消费品的直接材料，并构成最终产品实体。也就是说，将自己生产的应税消费品用于连续生产应税消费品的，中间投入的应税消费品不需纳税，只对最终的应税消费品征税。这样的规定体现了税不重征和计税简便的原则，由此避免了重复征税问题。

(2)纳税人自产自用的应税消费品用于其他方面的，于移送使用时纳税。即纳税人用于生产非应税消费品和在建工程、管理部门、非生产机构、提供劳务以及用于馈赠、赞助、广告、样品、职工福利、奖励等，均视同对外销售，在移送使用时纳税。其销售额的确定方法为：

①有同类消费品销售价格的，按照纳税人生产的同类消费品不含增值税的销售价格计算纳税。这里所说的"同类消费品销售价格"，是指纳税人当月销售的同类消费品的销售价格，如果当月同类消费品各期销售价格高低不同，应按销售数量加权平均计算。但销售的应税消费品有下列情况之一的，不得列入加权平均计算：销售价格明显偏低又无正当理由的；无销售价格的。如果当月无销售或者当月未完结，应按照同类消费品上月或最近月份的销售价格计算纳税。

②没有同类消费品销售价格的，按照组成计税价格计算纳税。

实行从价定率办法计算纳税的组成计税价格的计算公式：

组成计税价格＝(成本＋利润)÷(1－比例税率)

＝[成本×(1＋成本利润率)]÷(1－比例税率)

实行复合计税办法计算纳税的组成计税价格的计算公式：

组成计税价格＝(成本＋利润＋自产自用数量×定额税率)÷(1－比率税率)

公式中的"成本"，是指应税消费品的生产成本；公式中的"利润"，是指根据应税消费品的全国平均成本利润率计算的利润。应税消费品的全国平均成本利润率由国家税务总局确定。具体标准见表3－2。

表3－2　　应税消费品平均成本利润率表

货物名称	利润率	货物名称	利润率
1. 甲类卷烟	10%	11. 摩托车	6%
2. 乙类卷烟	5%	12. 高尔夫球及球具	10%
3. 雪茄烟	5%	13. 高档手表	20%

续表

货物名称	利润率	货物名称	利润率
4. 烟丝	5%	14. 游艇	10%
5. 粮食白酒	10%	15. 木制一次性筷子	5%
6. 薯类白酒	5%	16. 实木地板	5%
7. 其他酒	5%	17. 乘用车	8%
8. 化妆品	5%	18. 中轻型商用客车	5%
9. 鞭炮、焰火	5%	19. 电池	4%
10. 贵重首饰及珠宝玉石	6%	20. 涂料	7%

【例 3—11 · 计算题】某酒厂(增值税一般纳税人)2017 年 12 月将自产白酒 1 吨发放给职工作福利,无同类白酒的销售价格,其成本为 4 000 元/吨,成本利润率为 5%,则此笔业务应缴纳的消费税为多少?

【解析】

(1)白酒的消费税从量税=2 000×0.5=1 000(元)

(2)白酒的组成计税价格=[4 000×(1+5%)+1 000]÷(1−20%)=6 500(元)

(3)应纳消费税=1 000+6 500×20%=2 300(元)

(三)委托加工应税消费品

根据《消费税暂行条例》的规定,委托加工的应税消费品,按照受托方的同类消费品的销售价格计算纳税。

没有同类消费品销售价格的,按照组成计税价格计算纳税。

实行从价定率办法计算纳税的组成计税价格计算公式:

组成计税价格=(材料成本+加工费)÷(1−比例税率)

自 2009 年 1 月 1 日起,增加了实行复合计税办法计算纳税的组成计税价格计算公式:

组成计税价格=(材料成本+加工费+委托加工数量×定额税率)÷(1−比例税率)

“材料成本”是指委托方所提供加工材料的实际成本。委托加工应税消费品的纳税人,必须在委托加工合同上如实注明(或以其他方式提供)材料成本。凡未提供材料成本的,受托方所在地主管税务机关有权核定其材料成本。“加工费”是指受托方加工应税消费品向委托方所收取的全部费用,包括代垫辅助材料的实际成本,但不包括随加工费收取的增值税税额,这样组成的计税价格才是不含增值税但含消费税的价格。

【例 3—12 · 计算题】某高尔夫球具厂接受一家俱乐部委托加工一批高尔夫球具,俱乐部提供主要材料的成本 12 000 元,球具厂收取的不含税的加工费为 4 012 元、代垫辅料费 188 元。球具厂没有同类球具的销售价格,消费税税率为 10%。请问此项经济业务中,谁应缴纳消费税?计税销售额是多少?

【解析】

(1)该项经济业务为委托加工应税消费品业务,由球具厂代收代缴俱乐部应缴纳的消费税。

(2)委托加工的应税消费品没有受托方同类消费品的销售价格的，按照组成计税价格计算纳税。

(3)组成计税价格=(12 000+4 012+188)/(1-10%)=18 000(元)

(四)进口应税消费品

进口应税消费品以进口商品总值为计税依据。根据消费税法的规定，进口的应税消费品，实行从价定率办法计算应纳税额的，按照组成计税价格计算应纳税额：

组成计税价格=(关税完税价格+关税)÷(1-消费税税率)

公式中的"关税完税价格"是指海关核定的关税计税价格。

【例3-13·计算题】某商贸公司12月从国外进口一批应税消费品，已知关税完税价格为150 000元，按规定应缴纳关税30 000元，假定进口的应税消费品适用的消费税税率为10%，请计算该批消费品进口环节的计税价格。

【解析】组成计税价格=150 000+30 000)÷(1-10%)=200 000(元)

二、实行从量定额计税方法的计税依据

从量定额通常以每单位应税消费品的重量、容积或数量为计税依据，并按每单位应税消费品规定固定税额。

(一)从量定额销售数量的确定

销售数量是指纳税人生产、委托加工和进口应税消费品的数量，具体为：

(1)销售应税消费品的，为应税消费品的销售数量；

(2)自产自用应税消费品的，为应税消费品的移送使用数量；

(3)委托加工应税消费品的，为纳税人收回的应税消费品数量；

(4)进口的应税消费品，为海关核定的应税消费品进口征税数量。

(二)从量定额的换算标准

在实际销售过程中，一些纳税人往往将计量单位混用。为了规范不同产品的计量单位，《消费税暂行条例实施细则》中具体规定了吨与升两个计量单位的换算标准：

黄酒1吨=962升	石脑油1吨=1 385升
啤酒1吨=988升	溶剂油1吨=1 282升
汽油1吨=1 388升	润滑油1吨=1 126升
柴油1吨=1 176升	燃料油1吨=1 015升
航空煤油1吨=1 246升	

【例3-14·多选题】下列各项中关于从量计征消费税计税依据确定方法的表述中，正确的有(　　)。

A. 销售应税消费品的，为应税消费品的销售数量

B. 进口应税消费品的，为海关核定的应税消费品进口征税数量

C. 以应税消费品投资入股的，为应税消费品移送使用数量

D. 委托加工应税消费品，为加工完成的应税消费品数量

【答案】ABC

【解析】委托加工应税消费品的，为纳税人收回的应税消费品数量。

三、复合计税方法的计税依据

对卷烟、白酒征收消费税，实行从量定额与从价定率相结合的复合计税法或全部采用从量定额计税法的征收方法是国际上通用的做法。由于我国卷烟、白酒的级差较大，从量定额的方法不利于公平税负。因此，我国于2001年开始对卷烟、白酒实行从量定额与从价定率相结合的复合计税方法，即对卷烟、白酒先从量定额计征，然后再从价定率计征。

这里需要注意的是，自2009年5月1日起，对卷烟还要在批发环节加征一道从价税，即在境内从事卷烟批发业务的单位和个人，批发销售的所有牌号的卷烟，按其销售额（不含税）征收5%的从价税。自2015年5月10日起，从价税率由5%提高至11%，并按0.005元/支加征一道从量税。纳税人应将卷烟销售额与其他商品销售额分开核算，未分开核算的，一并征收消费税。卷烟消费税在生产和批发两个环节征收后，批发企业在计算纳税时不得扣除已含的生产环节的消费税税款。

生产销售卷烟、白酒从量计征的依据为实际销售数量。自产自用、委托加工或进口卷烟、白酒从量计税的依据，分别为移送使用数量、委托加工收回数量和进口征税数量。

卷烟从价定率计税办法的计税依据为调拨价格或核定价格。调拨价格是卷烟生产企业通过卷烟交易市场与购买方签订的卷烟交易价格。同时，为防止白酒行业利用关联交易达到避税的目的，法律规定了白酒生产企业销售给销售企业的白酒消费税的计税价格不得低于销售单位最终零售价格的70%，如果低于这一比例，税务机关将进行核定征收。

第四节 消费税应纳税额的计算

一、应纳税额的计算方法

按照现行消费税法的基本规定，消费税应纳税额的计算分为从价定率、从量定额和复合计税三种计算方法。具体计算方法为：

（一）从价定率

实行从价定率办法计算的应纳税额＝应税消费品的销售额×比例税率

【例3—15·计算题】某化妆品生产企业为增值税一般纳税人，2018年6月15日向某大型商场销售高档化妆品一批，开具增值税专用发票，取得不含增值税销售额30万元，增值税额4.8万元；10月20日向某单位销售普通化妆品一批，开具增值税普通发票，取得含增值税销售额4.64万元。该化妆品生产企业10月应缴纳的消费税额为多少？

【解析】

(1)高档化妆品适用消费税税率为15%。

(2)普通化妆品不缴纳消费税。

(3)应缴纳的消费税额＝30×15% ＝4.5(万元)。

（二）从量定额

实行从量定额办法计算的应纳税额＝应税消费品的销售数量×定额税率

【例 3－16 · 计算题】某啤酒厂 8 月销售啤酒 400 吨，每吨出厂价格 2 800 元。8 月应纳消费税税额为多少？

【解析】

(1)每吨售价在 3 000 元以下的，适用单位税额 220 元。

(2)应纳税额＝销售数量×定额税率＝400×220＝88 000(元)。

(三)复合计税

实行复合计税办法计算的应纳税额＝应税消费品的销售额×比例税率＋应税消费品的销售数量×定额税率

【例 3－17 · 计算题】2017 年 12 月，某白酒厂销售白酒 100 吨，当月取得不含增值税销售额 1 480 万元。计算该厂当月应纳的消费税。

【解析】当月应纳消费税－100×2 000×0.5/10 000＋1480×20%＝306(万元)

二、应纳税额计算中的特殊情况

(一)用已税消费品作为中间投入物生产的应税消费品

1. 外购应税消费品已纳税款的扣除

为避免重复征税，纳税人使用外购或委托加工收回的应税消费品继续生产应税消费品销售的，可以将外购应税消费品和委托加工收回的应税消费品已缴纳的消费税给予扣除。

外购应税消费品连续生产应税消费品的，税法规定应按当期生产领用数量计算准予扣除外购的应税消费品已纳的消费税税款。外购已纳税款，含进口环节已缴纳的消费税税款，扣除范围包括：

(1)已税烟丝生产的卷烟；

(2)已税高档化妆品生产的高档化妆品；

(3)已税珠宝、玉石原料生产的贵重首饰及珠宝、玉石；

(4)已税鞭炮、焰火生产的鞭炮、焰火；

(5)已税杆头、杆身和握把为原料生产的高尔夫球杆；

(6)已税木制一次性筷子为原料生产的木制一次性筷子；

(7)已税实木地板为原料生产的实木地板；

(8)已税石脑油、燃料油、润滑油为原料生产的成品油；

(9)已税汽油、柴油、为原料生产的汽油、柴油。

另外，根据《葡萄酒消费税管理办法(试行)》的规定，自 2015 年 5 月 1 日起，从葡萄酒生产企业购进、进口葡萄酒连续生产应税葡萄酒的，准予从葡萄酒消费税应纳税额中扣除所耗用应税葡萄酒已纳消费税税款。如本期消费税应纳税额不足抵扣的，余额留待下期抵扣。

上述列举的扣除范围内的应税消费品当期准予扣除外购应税消费品已纳消费税税款的计算公式为：

当期准予扣除的外购应税消费品已纳税款＝当期准予扣除的外购应税消费品买价或数量 ×外购应税消费品的适用税率或税额

当期准予扣除的外购应税消费品买价或数量＝期初库存的外购应税消费品的买价或数量 ＋当期购进的应税消费品的买价或数量－期末库存的外购应税消费品的买价或数量

公式中外购应税消费品买价，是指购货发票上注明的销售额(不包括增值税税款)。

应当注意：单位和个人外购润滑油大包装经简单加工成小包装或外购润滑油不经加工只贴商标的行为，视同应税消费品的生产行为；纳税人用外购的已税珠宝玉石生产的改在零售环节征收消费税的金银首饰(镶嵌首饰)、钻石首饰，在计税时，一律不得扣除外购珠宝玉石的已纳税款。

从商业企业购进应税消费品连续生产应税消费品，符合抵扣条件的，准予扣除外购应税消费品已纳消费税税款。

【例3－18·多选题】下列各项中，外购应税消费品已纳消费税税款准予扣除的有(　　)。

A. 外购已税烟丝生产的卷烟

B. 外购已税电池生产的小轿车

C. 外购已税珠宝玉石为原料生产的金银镶嵌首饰

D. 外购已税润滑油为原料生产的成品油

【答案】AD

【解析】外购已税电池生产小轿车不可以抵扣电池已纳消费税；外购已税珠宝玉石生产的金银镶嵌首饰不可以抵扣珠宝玉石已纳的消费税。

【例3－19·多选题】下列外购商品中已缴纳的消费税，可以从本企业应纳消费税额中扣除的有(　　)。

A. 从工业企业购进已税蒸馏酒为原料生产配制酒

B. 从工业企业购进已税素板生产的实木地板

C. 从工业企业购进已税溶剂油为原料生产的溶剂油

D. 从工业企业购进已税高尔夫球杆、握把为原料生产的高尔夫球杆

【答案】BD

【解析】选项A：外购蒸馏酒连续加工不得抵扣已纳消费税；选项C：溶剂油不属于消费税连续加工的扣税项目。

【例3－20·单选题】某化妆品生产企业为增值税一般纳税人，2017年2月从境外进口一批高档香水精，海关核定的关税完税价格是35万元，进口关税税率是25%。当月该企业领用其中的60%连续生产高档化妆品，领用其中的10%连续生产护肤品，剩余30%留存仓库，期初库存为零。已知高档化妆品消费税税率为15%。当月该企业上述业务可以抵扣的外购应税消费品已纳税额为(　　)万元。

A. 4.63　　B. 5.40　　C. 7.72　　D. 11.25

【答案】A

【解析】可以抵扣的消费税＝35×(1＋25%)/(1－15%)×15%×60%＝4.63(万元)。

2. 委托加工收回的应税消费品已纳税款的扣除

委托加工的应税消费品，委托方在提取货物时已由受托方(受托方为个人的除外)代收代缴了消费税，委托方收回后用于连续生产成另一种应税消费品的，销售时应按新的应税消费品纳税。为了避免重复征税，税法规定部分项目已纳税款准予扣除，扣除税额按当期生产领用量计算，扣除范围包括：

(1)已税烟丝生产的卷烟；

(2)已税高档化妆品生产的高档化妆品；

(3)已税珠宝、玉石原料生产的贵重首饰及珠宝、玉石；

(4)已税鞭炮、焰火生产的鞭炮、焰火；

(5)已税杆头、杆身和握把为原料生产的高尔夫球杆；

(6)已税木制一次性筷子为原料生产的木制一次性筷子；

(7)已税实木地板为原料生产的实木地板；

(8)已税石脑油、燃料油、润滑油为原料生产的成品油；

(9)已税汽油、柴油、为原料生产的汽油、柴油。

上述当期准予扣除委托加工收回的应税消费品已纳消费税税款的计算公式为：

当期准予扣除的委托加工应税消费品已纳税款＝期初库存的委托加工应税消费品已纳税款＋当期收回的委托加工应税消费品已纳税款－期末库存的委托加工应税消费品已纳税款

值得注意的是，纳税人用委托加工收回的已税珠宝玉石生产的改在零售环节征收消费税的金银、钻石首饰，在计税时一律不得扣除委托加工收回的珠宝玉石已纳的消费税税款。

【例 3－21·单选题】下列项目中，纳税人可按生产领用量抵扣委托加工收回应税消费品已纳消费税的是(　　)。

A. 首饰厂将委托加工收回的已税玉珠抛光打孔串成玉珠项链

B. 日化厂以委托加工收回的已税高档香水精为原料生产香皂

C. 首饰厂将委托加工收回的已税红宝石戒面制成 22K 黄金镶嵌项坠

D. 汽车制造厂将委托加工收回的已税小轿车改装成工程抢修车

【答案】A

【解析】B 选项：香皂不属于消费税的征税范围，不得抵扣高档香水精已纳消费税；C 选项：黄金镶嵌首饰应在零售环节纳税，不能抵扣红宝石戒面已纳消费税税额；D 选项：已税小轿车改装成工程抢修车的行为不属于消费税的征收范围，故也不能抵扣上一环节已纳消费税。

(二)生产者自产自用应税消费品的应纳税额的计算

自产自用通常指的是纳税人生产应税消费品后，不是直接用于对外销售，而是用于连续生产应税消费品，或用于其他方面。如果用于连续生产应税消费品的，不纳税；如果用于其他方面，于移送使用时纳税。

【例 3－22·单选题】企业生产的下列消费品，无需缴纳消费税的是(　　)。

A. 地板企业生产用于装修本企业办公室的实木地板

B. 汽车企业生产用于本企业管理部门使用的小轿车

C. 化妆品企业生产用于赠送客户的高档化妆品

D. 卷烟企业生产用于连续生产卷烟的烟丝

【答案】D

【解析】选项 ABC 均在消费品移送使用时缴纳消费税；选项 D 在移送使用环节不缴纳消费税。

纳税人自产自用的应税消费品，凡用于其他方面，应当纳税的，具体又分以下两种情况：

第一种情况，有同类消费品的销售价格的按照纳税人生产的同类消费品不含增值税的销售价格计算纳税。

实行从价定率办法计算纳税的：

应纳税额＝同类消费品不含增值税的销售单价×自产自用的数量×适用消费税税率

这里所说的"同类消费品销售价格"，是指纳税人当月销售的同类消费品的销售价格，如果当月同类消费品各期销售价格高低不同，应按销售数量加权平均计算。但销售的应税消费品有下列情况之一的，不得列入加权平均计算：销售价格明显偏低又无正当理由的；无销售价格的。如果当月无销售或者当月未完结，应按照同类消费品上月或最近月份的销售价格计算纳税。

第二种情况，没有同类消费品销售价格的，按照组成计税价格计算纳税。

实行从价定率办法计算纳税的组成计税价格的计算公式：

组成计税价格＝(成本＋利润)÷(1－比例税率)

＝[成本×(1＋成本利润率)]÷(1－比例税率)

实行复合计税办法计算纳税的组成计税价格的计算公式：

组成计税价格＝(成本＋利润＋自产自用数量×定额税率)÷(1－比率税率)

【例 3－23·计算题】某企业将生产的葡萄酒作为年终奖励发给本厂职工，查知无同类产品销售价格，其生产成本为 15 000 元。国家税务总局核定的该产品的成本利润率为 5%，葡萄酒适用税率为 10%。计算应纳消费税税额。

【解析】

(1)组成计税价格＝15 000×(1＋5%)＝(1－10%)＝17 500(元)

(2)应纳税额＝ 17 500×10% ＝1 750(元)

【例 3－24·单选题】2017 年 1 月某化妆品厂将一批成本为 35 000 元的自产高档护肤类化妆品用于集体福利；将新研制的高档香水用于赠送客户，生产成本 20 000 元。已知高档化妆品的成本利润率为 5%，消费税税率为 15%。上述货物已全部发出，均无同类产品售价。2017 年 1 月该化妆品厂上述业务应纳消费税(　　)元。(高档化妆品消费税税率为 15%)

A. 11 196.43　　B. 10 191.18　　C. 17 575　　D. 25 107.43

【答案】B

【解析】纳税人自产自用的应税消费品用于馈赠、职工福利应视同销售，于移送使用时缴纳消费税。在计算消费税时，没有同类消费品销售价格的，应按组成计税价格计算纳税。应纳消费税＝[35 000×(1＋5%)＋20 000×(1＋5%)]÷(1－15%)×15%＝10 191.18(元)。

(三)委托加工应税消费品应纳税额的计算

委托加工应税消费品的消费税的纳税人是委托方，不是受托方，受托方只是承担代收代缴的义务(受托方为个人的除外)。即加工完成委托方收回应税消费品时，由受托方代收代缴消费税税款。但是，纳税人委托个人加工应税消费品的，一律由委托方收回后在委托方所在地缴纳消费税。

1. 受托方代收代缴消费税的计算

根据《消费税暂行条例》的规定，委托加工的应税消费品，按照受托方的同类消费品的销售价格计算纳税；没有同类消费品销售价格的，按照组成计税价格计算纳税。

有同类消费品销售价格的，其应纳税额的计算公式为：

应纳税额＝同类消费品销售单价×委托加工数量×适用税率

没有同类消费品销售价格的，按组成计税价格计税。

实行从价定率办法计算纳税的组成计税价格计算公式：

组成计税价格＝(材料成本＋加工费)÷(1－比例税率)

自2009年1月1日起，增加了实行复合计税办法计算纳税的组成计税价格计算公式：

组成计税价格＝(材料成本＋加工费＋委托加工数量×定额税率)÷(1－比例税率)

应纳税额＝组成计税价格×适用税率

【例3－25·单选题】甲企业为增值税一般纳税人，2018年6月外购一批木材，取得增值税专用发票注明价款50万元、税额8万元；将该批木材运往乙企业委托其加工木制一次性筷子，取得税务局代开的增值税专用发票注明运费1万元、税额0.03万元，支付不含税委托加工费5万元。假定乙企业无同类产品对外销售价格，木制一次性筷子消费税税率为5%。乙企业当月应代收代缴的消费税为(　　)万元。

A. 2.62　　B. 2.67　　C. 2.89　　D. 2.95

【答案】D

【解析】委托加工的应税消费品，按照受托方的同类消费品的销售价格计算纳税；没有同类消费品销售价格的，按照组成计税价格计算纳税。本题要注意两点：一是材料成本的金额包括买价和运输费；二是材料成本和加工费都要使用不含增值税的金额。乙企业当月应代收代缴的消费税＝(50＋1＋5)/(1－5%)×5%＝2.95(万元)。

2. 如果受托方没有按规定代收代缴消费税，委托方补缴税款的计算

如果收回的应税消费品已经直接销售的，按不含增值税销售额(或销售量)计税；如果收回的应税消费品尚未销售或不能直接销售的，按下列组成计税价格计税补缴：

组成计税价格＝(材料成本＋加工费)÷(1－消费税比例税率)

或，组成计税价格＝(材料成本＋加工费＋委托加工数量×消费税定额税率)÷(1－消费税比例税率)

(四)进口应税消费品的应纳税额的计算

纳税人进口应税消费品，按照组成计税价格和规定的税率计算应纳税额。

1. 从价定率计征应纳税额的计算

组成计税价格＝(关税完税价格＋关税)÷(1－消费税税率)

应纳税额＝组成计税价格×消费税税率

2. 从量定额计征应纳税额的计算

应纳税额＝进口应税消费品数量×消费税定额税率

3. 实行复合计税方法的进口应税消费品的应纳税额计算

组成计税价格＝(关税完税价格＋关税＋进口数量×消费税定额税率)÷(1－消费税比例税率)

应纳税额＝应税消费品进口数量×消费税定额税率＋组成计税价格×消费税比例税率

【例 3－26·单选题】某外贸公司进口一批小轿车，关税完税价格折合人民币 500 万元。关税税率 25%，消费税税率 9%，则该批小轿车进口环节应纳消费税(　　)万元。

A. 49.45　　B. 61.81　　C. 65.23　　D. 70.31

【答案】B

【解析】该批小轿车进口环节应纳消费税＝500×(1＋25%)/(1－9%)×9%＝61.81(万元)。

(五)消费税出口退税的计算

我国借鉴国际惯例，对纳税人出口的应税消费品免征消费税，但国家限制出口的产品除外。出口应税消费品同时涉及退(免)增值税和消费税，且退(免)消费税与出口货物退(免)增值税在退(免)税范围的限定、退(免)税办理程序、退(免)税审核及管理上均有许多一致的地方。下面仅就出口应税消费品退(免)消费税某些不同于出口货物退(免)增值税的特殊规定加以阐述。

1. 出口应税消费品的基本政策

出口应税消费品退(免)消费税在政策上分为以下三种情况：

(1)出口免税并退税。这是指有出口经营权的外贸企业购进应税消费品直接出口，以及外贸企业受其他外贸企业委托代理出口应税消费品。需要注意的是，外贸企业只有受其他外贸企业委托，代理出口应税消费品才可办理退税，外贸企业受其他企业(主要是非生产性的商贸企业)委托，代理出口应税消费品是不予退(免)税的。

(2)出口免税但不退税。有出口经营权的生产性企业自营出口或生产企业委托外贸企业代理出口自产的应税消费品，依据其实际出口数量免征消费税，不予办理退还消费税。免征消费税是指对生产性企业按其实际出口数量免征生产环节的消费税。不予办理退还消费税，是指因已免征生产环节的消费税，该应税消费品出口时，已不含有消费税，所以无须再办理退还消费税。这项政策规定与前述生产性企业自营出口或委托代理出口自产货物退(免)增值税的规定是不一样的。政策区别的原因是：消费税仅在生产企业的生产环节征收，生产环节免税了，出口的应税消费品就不含有消费税了；而增值税却在货物销售的各个环节征收，生产企业出口货物时，已纳的增值税就需退还。

(3)出口不免税也不退税。除生产企业、外贸企业外的其他企业，具体是指一般商贸企业，这类企业委托外贸企业代理出口应税消费品一律不予退(免)税。

2. 出口退税率的规定

计算出口应税消费品应退消费税的税率或单位税额，依据《消费税暂行条例》所附《消费税税目税率(税额)表》执行。这是退(免)消费税与退(免)增值税的一个重要区别。当出口的货物是应税消费品时，其退还增值税要按规定的退税率计算；其退还消费税则按该应税消费品所适用的消费税税率计算。企业应将不同消费税税率的出口应税消费品分开核算和申报，凡划分不清适用税率的，一律从低适用税率计算应退消费税税额。

3. 出口应税消费品的计税依据和应纳税额的计算

出口货物的消费税应退税额的计税依据，按购进出口货物的消费税专用缴款书和海关进口消费税专用缴款书确定。

(1)从价定率计征消费税的应税消费品，计税依据为已征且未在内销应税消费品应纳税额中抵扣的购进出口货物金额：

应退消费税税款＝购进金额×税率

(2)从量定额计征消费税的应税消费品，计税依据为已征且未在内销应税消费品应纳税额中抵扣的购进出口货物数量：

应退消费税税款＝购进数量×定额税率

(3)属于复合计征消费税的：

应退消费税税款＝从价定率计征消费税的退税计税依据×比例税率＋从量定额计征消费税的退税计税依据×定额税率

【例3—27·计算题】某公司(增值税一般纳税人)是一家具有出口经营权的外贸公司，主要从事各种高尔夫球及球具的进口和出口。2018年8月，该公司从生产企业购进了一批高尔夫球杆，取得的增值税专用发票上注明的价值为120万元，税款19.2万元。当月该公司将该批高尔夫球杆全部报关出口，报关价格为25万欧元(设汇率为1∶7.4)，随后向税务机关申请退税。

已知：高尔夫球杆消费税税率为10%，增值税税率为16%，出口退税率为12%，请计算该公司2016年8月的消费税应退税额。

【解析】该公司是具有出口经营权的外贸企业，可以享受消费税的退税政策。该公司应退消费税税额＝120×10%＝12(万元)。

第五节　消费税征收管理

一、纳税义务发生时间

(1)纳税人销售的应税消费品，其纳税义务发生时间为：

①纳税人采取赊销和分期收款结算方式的，其纳税义务的发生时间为书面合同约定的收款日期的当天。书面合同没有约定收款日期或者无书面合同的，为发出应税消费品的当天。

②纳税人采取预收货款结算方式的，其纳税义务的发生时间为发出应税消费品的当天。

③纳税人采取托收承付和委托银行收款方式销售的应税消费品，其纳税义务的发生时间为发出应税消费品并办妥托收手续的当天。

④纳税人采取其他结算方式的，其纳税义务的发生时间为收讫销售款或者取得索取销售款凭据的当天。

(2)纳税人自产自用的应税消费品，其纳税义务的发生时间为移送使用的当天。

(3)纳税人委托加工的应税消费品，其纳税义务的发生时间为纳税人提货的当天。

(4)纳税人进口应税消费品的，为报关进口的当天。

【例3—28·单选题】某市一高尔夫球具生产企业(增值税一般纳税人)2017年9月1日以分期收款方式销售一批球杆，价税合计为139.2万元，合同约定客户于9月5日、11月5日各支付50%价款；9月5日按照约定收到50%价款，但并未给客户开具发票。已知高尔夫球具消费税税率为10%。该企业9月就该项业务应缴纳的消费税为(　　)万元。

A. 0　　B. 12　　C. 14.04　　D. 6

【答案】D

【解析】纳税人采取分期收款结算方式的，消费税纳税义务发生时间为书面合同约定的收款日期的当天。该企业9月就该项业务应缴纳的消费税$=139.2\times50\%\div(1+16\%)\times10\%=6$(万元)。

二、纳税期限

消费税的纳税期限分别为1日、3日、5日、10日、15日、1个月或者1个季度。纳税人的具体纳税期限，由主管税务机关根据纳税人应纳税额的大小分别核定；不能按照固定期限纳税的，可以按次纳税。

纳税人以1个月或者1个季度为一个纳税期的，自期满之日起15日内申报纳税；以1日、3日、5日、10日或者15日为一个纳税期的，自期满之日起5日内预缴税款，于次月1日起15日内申报纳税并结清上月应纳税款。

纳税人进口应税消费品，应当自海关填发海关进口消费税专用缴款书之日起15日内缴纳税款。

三、纳税地点

纳税人销售的应税消费品，以及自产自用的应税消费品，除国务院财政、税务主管部门另有规定外，应当向纳税人机构所在地或者居住地的主管税务机关申报纳税。

纳税人到外县(市)销售或者委托外县(市)代销自产应税消费品的，于应税消费品销售后，向机构所在地或者居住地主管税务机关申报纳税。

纳税人的总、分支机构不在同一县(市)的，应在各自机构所在地主管税务机关申报缴纳消费税；纳税人的总机构与分支机构不在同一县(市)，但在同一省(自治区、直辖市)范围内，经省(自治区、直辖市)财政厅(局)、国家税务局审批同意，可以由总机构汇总向总机构所在地的主管税务机关申报纳税。

卷烟批发企业的纳税地点比较特殊，总机构与分支机构不在同一地区的，由总机构申报纳税。

委托加工的应税消费品，除受托方为个人外，由受托方向机构所在地或居住地主管税务机关解缴消费税税款。

进口的应税消费品，由进口人或者其代理人向报关地海关申报纳税。

纳税人销售的应税消费品，如因质量等原因发生退货的，其已缴纳的消费税税款可予以退还。纳税人办理退税手续时，应将开具的红字增值税发票、退税证明等资料报主管税务机关备案。主管税务机关核对无误后办理退税。

【例3—29·单选题】下列各项中，符合消费税有关规定的是(　　)。

A. 纳税人的总、分支机构不在同一县(市)的，一律在总机构所在地缴纳消费税

B. 纳税人销售的应税消费品，除另有规定外，应向纳税人机构所在地或居住地的主管税务机关申报纳税

C. 纳税人委托加工应税消费品，其纳税义务发生时间，为纳税人支付加工费的当天

D. 纳税人到外县(市)销售或者委托外县(市)代销自产应税消费品的，向销售地主管税务机关申报纳税

【答案】 B

【解析】 选项A：除卷烟的批发企业外，纳税人总、分支机构不在同一县(市)的，应在各自机构所在地主管税务机关申报缴纳消费税；选项C：纳税人委托加工应税消费品，其纳税义务发生时间，为纳税人提货的当天；选项D：纳税人到外县(市)销售或者委托外县(市)代销自产应税消费品的，于应税消费品销售后，向机构所在地或者居住地税务机关申报纳税。

【例3—30·单选题】 甲市某汽车企业为增值税一般纳税人，2018年6月在甲市销售自产小汽车300辆，不含税售价18万元/辆，每辆收取优质费2万元；将200辆小汽车发往乙市一经贸公司代销，取得的代销清单显示当月销售120辆、不含税售价18.5万元/辆。小汽车消费税税率为5%，则该汽车企业当月应向甲市税务机关申报缴纳的消费税为(　　)万元。

A. 295.64　　B. 300　　C. 406.86　　D. 411

【答案】 C

【解析】 本题委托代销的自产小汽车应在甲市税务机关申报缴纳消费税。收取的优质费是属于收取的价外费用，应看作含税收入，作价税分离以后并入销售额计算缴纳消费税。该汽车企业当月应向甲市税务机关申报缴纳消费税＝(300×18＋300×2/1.16＋120×18.5)×5%＝406.86(万元)。

本章小结

消费税是以特定消费品和消费行为的流转额为课税对象，向其生产者或经营者征收的一种税。在中国境内生产、委托加工和进口应税消费品以及从事卷烟批发业务的单位和个人，从事金银首饰、钻石及钻石饰品零售业务的单位和个人，为消费税的纳税人。

消费税的征税范围包括生产应税消费品、委托加工应税消费品、进口应税消费品，以及属于特殊情形的批发应税消费品和零售应税消费品。按照《消费税暂行条例》的规定，具体划分为烟、酒等15个税目。

消费税的征收方法灵活，采用从价定率、从量定额和从价从量复合计征三种方法。纳税人自产应税消费品用于连续生产应税消费品的不纳税，用于其他方面的在移送使用时纳税；委托加工的应税消费品，受托方在交货时代收代缴消费税，委托方收回后直接销售的，不再征收消费税；纳税人委托加工或者购买的应税消费品用于连续生产应税消费品的，在销售时缴纳消费税，但已纳的消费税税款准予按规定抵扣；进口的应税消费品，于报关进口时由海关代征消费税。

同步测试

一、单选题

1. 企业生产销售的下列产品中，属于消费税征税范围的是(　　)。

A. 雪地车　　B. 体育用发令纸

C. 涂料　　D. 销售价格为 9 000 元的手表

2. 下列各项中，不属于消费税纳税义务人的是(　　)。

A. 金首饰零售商　　B. 高档化妆品进口商

C. 涂料生产商　　D. 鞭炮批发商

3. 税务机关在税务检查中发现专门为委托本地个体户李某加工实木地板张某已将实木地板收回并销售但未入账，也不能出示消费税完税证明。下列关于税务机关征管行为的表述中正确的是(　　)。

A. 要求李某补缴税款

B. 要求张某补缴税款

C. 应对张某处以未缴消费税额 0.5 倍至 3 倍的罚款

D. 应对李某处以未代收代缴消费税额 0.5 倍至 3 倍的罚款

4. 下列有关消费税的表述中，正确的是(　　)。

A. 纳税人将生产的应税消费品偿还债务的，应当照章缴纳消费税

B. 随啤酒销售取得的包装物押金，无论是否返还，都应该征收消费税

C. 纳税人进口的应税消费品，其纳税义务的发生时间为货物到岸的当天

D. 纳税人将自产的应税消费品用于连续生产应税消费品的，在使用时缴纳消费税

5. 消费税纳税义务人规定中的“在中华人民共和国境内”，是指生产、委托加工和进口属于应当征收消费税的消费品的(　　)在境内。

A. 生产地　　B. 使用地

C. 起运地或所在地　　D. 销售地

6. 依据消费税的有关规定，下列行为中应缴纳消费税的是(　　)。

A. 进口涂料　　B. 进口服装

C. 零售高档化妆品　　D. 批发白酒

7. 以下视为应税消费品生产行为的是(　　)。

A. 高档化妆品批发商从厂家进货后加价批发高档化妆品

B. 餐饮企业购入啤酒为顾客提供现场消费

C. 油品销售企业将外购的润滑助剂以润滑脂的品名对外销售

D. 家居商城零售木制一次性筷子

8. 下列项目中，应征收消费税的是(　　)。

A. 啤酒屋销售的自制果啤

B. 商店出售的外购焰火、鞭炮

C. 汽车制造厂销售的资产货运加长大卡车

D. 服装厂销售自己使用过的小轿车

9. 下列消费品中，属于消费税“小汽车”税目征税范围的是(　　)。

A. 高尔夫车　　B. 中轻型商用客车

C. 卡丁车　　D. 电动汽车

10. 根据消费税暂行条例的规定，下列情况中应征收消费税的是(　　)。

A. 汽车厂外购已税电池装配小轿车后销售

B. 商业企业外购已税珠宝玉石后零售

C. 企业将外购的实木地板用于职工福利

D. 企业将委托加工收回的粮食白酒以不高于受托方的计税价格直接销售

11. 根据现行税法规定，下列消费品的生产经营环节，既征收增值税又征收消费税的是（　　）。

A. 葡萄酒的批发环节　　B. 金银首饰的生产销售环节

C. 珍珠饰品的零售环节　　D. 高档手表的生产销售环节

12. 根据消费税的相关规定，下列移送环节应视同销售缴纳消费税的情况是（　　）。

A. 将外购已税消费品用于继续加工应税消费品

B. 将委托加工收回的应税消费品用于继续加工应税消费品

C. 自制应税消费品用于继续加工应税消费品

D. 自制应税消费品用于向外单位投资

13. 下列关于以外购已税杆头、杆身和握把为原料连续生产的高尔夫球杆的消费税处理中，正确的是（　　）。

A. 外购已税杆头的已纳消费税可以按购进入库数量在应纳消费税税款中扣除

B. 外购已税杆头的已纳消费税可以按生产领用数量在应纳消费税税款中扣除

C. 外购已税杆头的已纳消费税可以按高尔夫球杆出厂销售数量在应纳消费税税款中扣除

D. 外购已税杆身的已纳消费税不可以在应纳消费税税款中扣除

14. 某酒厂（增值税一般纳税人）2017 年 1 月份生产一种新型的白酒，用于奖励职工 0.8 吨。已知该种白酒无同类产品出厂价，生产成本每吨 40 000 元，成本利润率为 10%，白酒消费税定额税率为 0.5 元/500 克，消费税比例税率为 20%。该酒厂当月应缴纳的消费税为（　　）元。

A. 8 600　　B. 8 800　　C. 9 600　　D. 9 800

15. 某百货公司是增值税一般纳税人，其黄金饰品部 2018 年 6 月直接零售金首饰 3 000 克，每克零售价 200 元；以旧换新销售金首饰，收回旧首饰 200 克，换出新首饰 600 克，收取含税差价 80 000 元，并收取旧首饰折价补偿 20 元/克。当月该黄金饰品部还零售镀金首饰一批，收取零售收入 30 000 元。该黄金饰品部当月应缴纳消费税（　　）元。

A. 29 059.82　　B. 29 482.76　　C. 30 769.23　　D. 30 940

16. 卷烟批发企业甲 2017 年 1 月批发销售卷烟 500 箱，其中批发给另一卷烟批发企业 300 箱、零售专卖店 150 箱、个体烟摊 50 箱。每箱不含税批发价格为 13 000 元。甲企业应缴纳的消费税为（　　）元。

A. 32 500　　B. 325 000　　C. 336 000　　D. 195 000

17. 甲厂将一批原材料委托乙厂加工成应税消费品，该批原材料不含税价格 10 万元，乙厂代垫辅料收费 1 万元（含税），另收取加工费 3 万元（含税），假定该应税消费品消费税税率为 5%。甲厂、乙厂均为增值税一般纳税人，则该项委托加工业务消费税组成计税价格为（　　）万元。

A. 13.68　　B. 14.16　　C. 14.74　　D. 15

18. 某筷子生产企业为增值税一般纳税人，2017 年 2 月取得不含税销售额如下：销售烫花木制筷子15万元;销售竹制筷子18万元;销售木制一次性筷子12万元。另外,没收逾期未退还的木制一次性筷子包装物押金0.23万元,该押金于2016年12月收取。已知木制一次性筷子适用的消费税税率为5%。该企业当月应纳消费税(　　)万元。

A. 0.61　　B. 0.59　　C. 1.36　　D. 2.26

19. 某商场为增值税一般纳税人,2017年1月珠宝首饰部发生下列业务,零售铂金首饰取得收入12.76万元;将金银首饰与镀金首饰组成配套首饰盒销售,取得收入20.88万元,其中金银首饰18.56万元、镀金首饰2.32万元,该商场当月应缴消费税(　　)万元。

A. 0.55　　B. 0.90　　C. 1.45　　D. 1.35

20. 下列关于消费税纳税地点的说法,正确的是(　　)。

A. 纳税人销售应税消费品,应当在销售行为发生地的主管税务机关申报纳税

B. 纳税人总分支机构不在同一县(市)的,可以选择由总机构汇总,向总机构所在地的主管税务机关申报缴纳消费税

C. 委托加工应税消费品,受托方为个人的,由委托方向其机构所在地主管税务机关申报纳税

D. 进口应税消费品,由进口人或由其代理人向其机构所在地或住所地主管税务机关申报纳税

二、多选题

1. 甲企业从境外进口一批高档化妆品,下列关于该业务征缴消费税的表述中,正确的有(　　)。

A. 海关代征的消费税应分别入中央库和地方库

B. 甲企业应当自海关填发进口消费税专用缴款书之日起15日内缴纳税款

C. 甲企业应向报关地海关申报缴纳消费税

D. 甲企业使用该进口已税高档化妆品生产高档化妆品准许扣除进口环节已缴纳的消费税

2. 根据消费税现行政策规定,下列选项中属于消费税纳税人的有(　　)。

A. 钻石的进口商　　B. 高档化妆品的生产商

C. 卷烟的批发商　　D. 金首饰的零售商

3. 下列环节中既征收消费税又征收增值税的有(　　)。

A. 卷烟的批发环节　　B. 白酒的批发环节

C. 金银首饰的零售环节　　D. 高档化妆品的进口环节

4. 根据现行税法规定,下列消费品中既征收增值税又征收消费税的有(　　)。

A. 日化厂销售自产洗发水和沐浴露

B. 葡萄酒厂销售自产的葡萄酒

C. 烟酒经销商店零售外购的已税烟酒

D. 从国外进口小轿车

5. 下列应税消费品中,采用定额税率从量征收消费税的有(　　)。

A. 黄酒　　B. 葡萄酒　　C. 柴油　　D. 烟丝

6. 下列各项中,应当征收消费税的有(　　)。

A. 化妆品厂作为样品赠送给客户的高档香水

B. 用于产品质量检验耗费的高尔夫球杆

C. 白酒生产企业向百货公司销售的试制药酒

D. 化妆品厂移送非独立核算门市部待销售的高档化妆品

7. 下列不同用途的应税消费品中应缴纳消费税的有(　　)。

A. 将自产应税消费品用于投资的

B. 将自产应税消费品用于集体福利的

C. 用委托加工收回的应税消费品(受托方已代收代缴消费税)连续生产应税消费品后销售的

D. 将委托加工收回的应税消费品(受托方已代收代缴消费税)以不高于受托方计税价格直接销售的

8. 下列选项中,属于消费税征税范围的有(　　)。

A. 燃料油　　B. 影视演员化妆用的上妆油

C. 未经打磨、倒角的木制一次性筷子　　D. 电动汽车

9. 下列选项中,属于应征收消费税的项目有(　　)。

A. 20 000 元一只的高档手表　　B. 帆船

C. 高档胭脂　　D. 戏剧演员化妆用的油彩

10. 下列各项中,在零售环节缴纳消费税的应税消费品有(　　)。

A. 翡翠手镯　　B. 钻石胸针

C. 镀金项链　　D. 18K 金镶嵌翡翠耳钉

11. 下列委托加工行为中,受托方(非个人)应代收代缴消费税的有(　　)。

A. 建筑公司委托加工一批涂料

B. 某企业提供外购汽车底盘及配件委托加工成小货车

C. 某企业委托加工一批高档化妆品

D. 某企业提供烟叶委托加工成烟丝

12. 下列消费品中应征收消费税的是(　　)。

A. 用于职工福利的自产卷烟

B. 出厂前进行化学检验的自产高档化妆品

C. 作为礼品赠送给客户的自产高档化妆品

D. 用于管理部门的自产应税小汽车

13. 下列纳税人连续生产应税消费品再销售的,可按生产领用量扣除外购应税消费品已纳消费税税款的有(　　)。

A. 外购已税烟丝生产的卷烟　　B. 外购已税蒸馏酒生产的配制酒

C. 进口葡萄酒连续生产应税葡萄酒　　D. 外购已税润滑油生产的润滑油

14. 纳税人用规定来源的葡萄酒,连续生产葡萄酒的,准予从葡萄酒消费税应纳税额中扣除所耗用应税葡萄酒已纳消费税税款。如本期消费税应纳税额不足抵扣的,余额留待下期抵扣。该规定来源有(　　)。

A. 从葡萄酒生产企业购进　　B. 从葡萄酒批发企业购进

C. 从葡萄酒零售企业购进　　D. 进口葡萄酒

15. 以下选项中符合卷烟批发环节征收消费税规定的有(　　)。

A. 卷烟批发商之间销售卷烟不缴纳消费税

B. 纳税人批发卷烟和其他商品不能分别核算的,一并征收消费税

C. 卷烟批发企业总分支机构不在同一地区的,由各批发卷烟的分支机构分别纳税

D. 批发环节计算纳税时,不得扣除已含的生产环节消费税税款

16. 对于委托加工应税消费品,受托方(非个人)没有按规定代收代缴税款的,下列说法中错误的有(　　)。

A. 受托方代委托方补缴税款

B. 委托方补缴税款

C. 委托方按受托方同类消费品销售价格补缴税款

D. 委托方一律按组成计税价格补缴税款

17. 甲地板生产企业为增值税一般纳税人,2018 年 6 月将外购成本为 260 万元的未经涂饰的地板委托乙企业加工成漆饰地板,取得增值税专用发票,注明加工费 25 万元;当月委托加工收回的漆饰地板 70%已经销售,开具增值税专用发票,注明金额 350 万元。已知实木地板的消费税税率为 5%,对于上述业务的税务处理,下列说法中正确的有(　　)。

A. 甲企业销售漆饰地板不再缴纳消费税

B. 乙企业应代收代缴的消费税 15 万元

C. 甲企业销售漆饰地板应纳消费税 7 万元

D. 甲企业销售漆饰地板应纳消费税 2.5 万元

18. 下列关于消费税计税依据的说法中,正确的有(　　)。

A. 啤酒生产企业生产销售啤酒时收取的包装物押金应并入销售额计税

B. 白酒生产企业向商业销售单位收取的“品牌使用费”应并入白酒销售额计税

C. 纳税人自产应税消费品用于换取生产资料和消费资料、投资入股和抵偿债务等方面,应以纳税人同类应税消费品的最高销售价格计税

D. 纳税人通过自设非独立核算门市部销售的自产应税消费品,应当按照门市部对外销售额或者销售数量计税

19. 下列不可抵扣外购应税消费品的已纳消费税税额的项目有(　　)。

A. 为生产实木地板而领用的外购已税涂料

B. 为生产金银首饰而领用的外购已税翡翠首饰

C. 为生产实木地板而领用的外购已税实木地板

D. 领用外购已税白酒勾兑成白酒

20. 以下选项中符合消费税纳税义务发生时间规定的有(　　)。

A. 纳税人采取赊销和分期收款结算方式销售应税消费品的,其纳税义务的发生时间为实际收款日期的当天

B. 纳税人自产自用的应税消费品,其纳税义务的发生时间为移送使用的当天

C. 纳税人委托加工的应税消费品,其纳税义务的发生时间为委托方支付加工费的当天

D. 纳税人采取直接收款方式销售应税消费品的,其纳税义务的发生时间为收讫销售款或者取得索取销售款凭据的当天

三、计算题

1. 某企业为增值税一般纳税人。2018 年 6 月经营状况如下：

(1)生产使用酒精一批，将其中的 50%用于销售，开具的增值税专用发票注明金额 10 万元、税额 1.6 万元。

(2)将剩余 50%的食用酒精作为酒基，加入食品添加剂调制成 38 度的配制酒，当月全部销售，开具的增值税专用发票注明金额 18 万元、税额 2.88 万元。

(3)配制葡萄酒一批，将 10%的葡萄酒用于生产酒心巧克力，采用赊销方式销售、不含税总价为 20 万元，货已经交付，合同约定 10 月 31 日付款。

(4)将剩余 90%的葡萄酒装瓶对外销售，开具的增值税专用发票注明金额 36 万元、税额 5.76 万元。

其他相关资料：企业当期通过认证可抵扣的进项税额为 8 万元，其他酒的消费税税率为 10%。

要求：根据上述资料，按照下列序号回答问题，如有计算需计算出合计数。

(1)计算业务(1)应缴纳的消费税。

(2)计算业务(2)应缴纳的消费税。

(3)计算业务(3)应缴纳的消费税。

(4)计算业务(4)应缴纳的消费税。

2. 某汽车生产企业主要从事小汽车生产和改装业务，为增值税一般纳税人，2018 年 6 月份的经营状况如下：

(1)将生产的 800 辆小汽车分两批销售，其中 300 辆开具的增值税专用发票注明金额 4 500 万元、税额 720 万元；500 辆开具的增值税专用发票注明金额 6 500 万元、税额 1 040 万元。

(2)将生产的 100 辆小汽车用于换取生产资料，并按照成本价每辆 12 万元互相开具增值税专用发票，注明金额 1 200 万元、税额 192 万元。

(3)将生产的 10 辆小汽车奖励给劳动模范，并按照成本价计入“应付职工薪酬——应付福利费”。

(4)从其他生产企业外购小汽车 5 辆进行底盘改装，取得的增值税专用发票注明金额 40 万元、税额 6.4 万元；改装完成后对外销售，开具增值税专用发票注明金额 60 万元，税额 9.6 万元。

其他相关资料：小汽车消费税税率为 5%。

要求：根据上述资料，按照下列序号回答问题，如有计算需计算出合计数。

(1)计算业务(1)应缴纳的消费税。

(2)判断业务(2)的处理是否正确并计算应缴纳的消费税。

(3)判断业务(3)的处理是否正确并计算应缴纳的消费税。

(4)计算业务(4)应缴纳的消费税。

第四章　城市维护建设税法和教育费附加

知识目标

1. 理解城建税的计征依据；
2. 掌握城建税的征税范围、纳税人与适用税率；
3. 掌握教育费附加和地方教育附加的征收制度；
4. 熟悉城建税和教育费附加的征收管理。

能力目标

1. 能够熟练计算城建税和教育费附加应纳税额；
2. 能够进行城建税和教育费附加纳税申报。

关键词

城市维护建设税　教育费附加　地方教育附加

开篇案例

中华人民共和国成立以来，我国城市建设和维护在不同时期都取得了较大的成绩，但国家在城市建设方面一直资金不足。1979 年以前，我国用于城市维护建设的资金来源由当时的工商税附加、城市公用事业附加和国家下拨城市维护费组成。1985 年 2 月 8 日，国务院正式颁布了《城市维护建设税暂行条例》，在全国范围内施行。城建税具有专款专用的特点，并根据城市规模设计不同的比例税率。教育费附加是为加快地方教育事业，扩大地方教育经费的资金而征收的一项专用基金。国务院于 1986 年 4 月 28 日颁布了《征收教育费附加的暂行规定》，并在同年 7 月 1 日开始在全国范围内征收教育费附加。自 2006 年 9 月 1 日起施行的《教育法》规定，税务机关依法足额征收教育费附加，由教育行政部门统筹管理，主要用于实施义务教育。省、自治区、直辖市人民政府，根据国务院的有关规定，可以决定开征用于教育的地方附加费，专款专用。教育费附加和地方教育附加是一种附加费。

思考：想一想，城建税、教育费附加和地方教育附加的征收起到了什么作用？它们有哪些特点？

第一节　城市维护建设税法

城市维护建设税是对从事经营活动，缴纳增值税、消费税（简称“两税”）的单位和个人征收的一种税，主要目的在于筹集城镇设施建设和维护资金。

城市维护建设税具有以下三个特点：(1)税款专款专用。所征税款用来保证城市的公共事业和公共设施的维护与建设。(2)属于一种附加税。城市维护建设税与其他税种不同，没有独立的征税对象或税基，而是以纳税人实际缴纳的增值税、消费税税额为计税依据，随“两税”同时征收，其征管方法也完全比照“两税”的有关规定办理。(3)根据城镇规模设计不同的比例税率。根据纳税人所在城镇规模及其资金需要设计税率。

一、纳税义务人

城市维护建设税的纳税人是指负有缴纳增值税、消费税义务的单位和个人，包括国有企业、集体企业、私营企业、股份制企业、其他企业和行政单位、事业单位、军事单位、社会团体、其他单位，以及个体工商户及其他个人。

城市维护建设税的代扣代缴、代收代缴，一律比照增值税、消费税的有关规定办理。增值税、消费税的代扣代缴、代收代缴义务人同时也是城市维护建设税的代扣代缴、代收代缴义务人。

二、征税范围

城市维护建设税的征税范围具体包括城市、县城、建制镇，以及税法规定征收增值税和消费税的其他地区。

三、税率

城市维护建设税按纳税人所在地的不同，设置了三档地区差别比例税率，具体规定如下：

(1)纳税人所在地为市区的，税率为7%。

(2)纳税人所在地为县城、镇的，税率为5%。

(3)纳税人所在地不在市区、县城或者镇的，税率为1%；开采海洋石油资源的中外合作油(气)田所在地在海上，其城市维护建设税适用1%的税率。

【知识拓展】城市维护建设税的适用税率，应当按纳税人所在地的规定税率执行。但是，对下列两种情况，可按缴纳“两税”所在地的规定税率就地缴纳城市维护建设税：

(1)由受托方代扣代缴、代收代缴“两税”的单位和个人，其代扣代缴、代收代缴的城市维护建设税按受托方所在地适用税率执行；

(2)流动经营等无固定纳税地点的单位和个人，在经营地缴纳“两税”的，其城市维护建设税的缴纳按经营地适用税率执行。

四、计税依据

城市维护建设税的计税依据，是指纳税人实际缴纳的“两税”税额。纳税人违反“两税”有关规定而加收的滞纳金和罚款，是税务机关对纳税人违法行为的经济制裁，不作为城市维护建设税的计税依据。但纳税人在被查补“两税”和被处以罚款时，应同时对其城市维护建设税进行补税、征收滞纳金和罚款。

城建税随着“两税”的征收而征收，如果要免征或者减征“两税”，也要同时免征或者减征城市维护建设税。但对出口产品退还增值税、消费税的，不退还已缴纳的城市维护建设税。

【知识归纳】城市维护建设税计税依据的包含因素和不包含因素见表4—1。

表4—1　　城市维护建设税计税依据归纳表

城建税计税依据的包含因素	城建税计税依据的不包含因素
1. 纳税人向税务机关实际缴纳的增值税、消费税 2. 纳税人被税务机关查补的增值税、消费税 3. 纳税人出口货物免抵的增值税	1. 纳税人进口环节被海关代征的增值税、消费税 2. 除“两税”以外的其他税 3. 非税款项（纳税人违反“两税”有关规定而被加收的滞纳金和罚款等）

五、应纳税额的计算

城市维护建设税应纳税额是根据纳税人实际缴纳的增值税、消费税税额和纳税人所在地的税率计算得到的。其计算公式为：

应纳税额＝实际缴纳的增值税、消费税税额×适用税率

【例4—1·计算题】位于市区的甲企业2017年7月份销售产品缴纳增值税和消费税共计50万元，被税务机关查补增值税15万元并处罚款5万元。计算甲企业7月份应缴纳的城市维护建设税。

【解析】甲企业7月应缴纳的城市维护建设税＝(50＋15)×7%＝4.55(万元)。

【例4—2·计算题】位于市区的某企业2017年3月份共缴纳增值税、消费税和关税562万元，其中关税102万元、进口环节缴纳的增值税和消费税260万元。计算该企业3月份应缴纳的城市维护建设税。

【解析】城建税计税依据不包含纳税人进口环节被海关代征的增值税、消费税，不包含除“两税”以外的其他税。该企业应缴纳的城市维护建设税＝(562－102－260)×7%＝14(万元)。

六、税收优惠

城市维护建设税原则上不单独规定减免税，但因城市维护建设税具有附加税性质，当减免“两税”时，相应减免城市维护建设税。具体有以下几种减免规定：

(1)城市维护建设税按减免后实际缴纳的“两税”税额计征，随“两税”的减免而减免。

(2)对于因减免税而需进行“两税”退库的，城市维护建设税也可同时退库。

(3)海关对进口产品代征的增值税、消费税，不征收城市维护建设税。

(4)对“两税”实行先征后返、先征后退、即征即退办法的，除另有规定外，对随“两税”附征的城市维护建设税和教育费附加，一律不退(返)还。

(5)为支持国家重大水利工程建设，对国家重大水利工程建设基金免征城市维护建设税。

七、征收管理

(一)纳税环节

城市维护建设税与“两税”的纳税环节一致，纳税人只要发生“两税”的纳税义务，就要在同样的环节，分别计算缴纳城市维护建设税。

(二)纳税地点

纳税人缴纳“两税”的地点，就是该纳税人缴纳城市维护建设税的地点。有特殊情况的，按下列原则和办法确定纳税地点：

(1)代扣代缴、代收代缴“两税”的单位和个人，同时也是城市维护建设税的代扣代缴、代收代缴义务人，其城市维护建设税的纳税地点在代扣代收地。

(2)跨省开采的油田，下属生产单位与核算单位不在一个省内的，其生产的原油，在油井所在地缴纳增值税，其应纳税款由核算单位按照各油井的产量和规定的税率，计算汇拨各油井缴纳。所以，各油井应纳的城市维护建设税，应由核算单位计算，随同增值税一并汇拨油井所在地，由油井在缴纳增值税的同时，一并缴纳城市维护建设税。

(3)纳税人跨地区提供建筑服务、销售和出租不动产的，应在建筑服务发生地、不动产所在地预缴增值税时，以预缴增值税税额为计税依据，并按预缴增值税所在地的城市维护建设税适用税率和教育费附加征收率，就地计算缴纳城市维护建设税和教育费附加。

预缴增值税的纳税人在其机构所在地申报缴纳增值税时，以其实际缴纳的增值税税额为计税依据，并按机构所在地的城市维护建设税适用税率和教育费附加征收率就地计算缴纳城市维护建设税和教育费附加。

(4)对流动经营等无固定纳税地点的单位和个人，应随同“两税”在经营地按适用税率缴纳。

(三)纳税期限

由于城市维护建设税是由纳税人在缴纳增值税、消费税的同时缴纳的，所以其纳税期限分别与增值税、消费税的纳税期限一致。增值税、消费税的纳税期限分别为 1 日、3 日、5 日、10 日、15 日、1 个月或者 1 个季度。城市维护建设税的纳税期限应比照上述增值税、消费税的纳税期限，由主管税务机关根据纳税人应纳税额的大小分别核定；不能按照固定期限纳税的，可以按次纳税。

第二节　教育费附加和地方教育附加

教育费附加和地方教育附加是对缴纳增值税、消费税的单位和个人，就其实际缴纳的税额为计算依据征收的一种附加费。为了调动各种社会力量办教育的积极性，开辟多种渠道筹措教育经费，国务院于 1986 年 4 月 28 日颁布了《征收教育费附加的暂行规定》，同年 7 月

1 日开始在全国范围内征收教育费附加。

一、教育费附加和地方教育附加的征收范围及计征依据

教育费附加和地方教育附加对缴纳增值税、消费税的单位和个人征收，以其实际缴纳的增值税、消费税为计税依据，分别与增值税、消费税同时缴纳。

二、教育费附加和地方教育附加计征比率

随着经济发展，教育投入的需求也在增加，与此相适应，教育费附加计征比率也经历了一个由低到高的变化过程。自 1994 年至今，教育费附加比率为 3%，地方教育附加征收率从 2010 年起统一为 2%。

三、教育费附加和地方教育附加的计算

教育费附加和地方教育附加的计算公式为：

应纳教育费附加或地方教育附加＝实际缴纳的增值税额、消费税额×征收比率

【例 4—3 · 计算题】某市区一家企业 2017 年 5 月实际缴纳增值税 20 万元，缴纳消费税 30 万元。计算该企业应缴纳的教育费附加和地方教育附加。

【解析】

(1)应纳教育费附加＝(20＋30)×3%＝1.5(万元)

(2)应纳地方教育附加＝(20＋30)×2%＝1(万元)

四、教育费附加和地方教育附加的减免规定

(1)对海关进口的产品征收的增值税、消费税，不征收教育费附加。

(2)对由于减免增值税、消费税而发生退税的，可以同时退还已征收的教育费附加；但对出口产品退还增值税、消费税的，不退还已征的教育费附加。

(3)对国家重大水利工程建设基金免征教育费附加。

本章小结

城市维护建设税是对从事经营活动，缴纳增值税、消费税的单位和个人征收的一种税，主要目的在于筹集城镇设施建设和维护资金。

教育费附加和地方教育附加是对缴纳增值税、消费税的单位和个人，就其实际缴纳的税额为计税依据征收的一种附加费。

城市维护建设税和教育费附加的纳税人都是负有缴纳增值税和消费税纳税义务的单位和个人，计税依据都是纳税人实际缴纳的增值税和消费税税额。

城市维护建设税按纳税人所在地的不同，分别设置了 7%、5%、1%三档税率。现行教育费附加征收比率为 3%，地方教育附加征收率为 2%。

城市维护建设税和教育费附加按减免后实际缴纳的“两税”税额计征，随“两税”的减免而减免。对于因减免税而需进行“两税”退库的，城市维护建设税和教育费附加也可同时退库。海关对进口产品代征的增值税、消费税，不征收城市维护建设税和教育费附加。

城市维护建设税和教育费附加的纳税环节、纳税地点、纳税期限与增值税、消费税相同。

同步测试

一、单选题

1. 某市工业企业2016年10月份进口货物，向海关缴纳增值税20万元、消费税10万元、关税2万元；向当地主管税务机关实际缴纳增值税50万元、消费税15万元、企业所得税20万元。已知城建税税率为7%，教育费附加征收率为3%，则该企业当月应缴纳城建税和教育费附加合计为（　　）万元。

A. 4.9　　B. 6.5　　C. 8.1　　D. 9.7

2. 根据城市维护建设税法律制度的规定，下列关于城市维护建设税表述中，不正确的是（　　）。

A. 对出口产品退还增值税的，可同时退还已缴纳的城市维护建设税

B. 海关对进口产品代征的增值税，不征收城市维护建设税

C. 由受托方代扣代缴、代收代缴增值税、消费税的单位和个人，其代扣代缴、代收代缴的城市维护建设税按受托方所在地适用税率执行

D. 纳税人因违反增值税、消费税的有关规定而加收的滞纳金和罚款，不作为城市维护建设税的计税依据

3. 企业缴纳的下列税额中，应作为城市维护建设税计税依据的是（　　）。

A. 消费税税额　　B. 房产税税额　　C. 关税税额　　D. 城镇土地使用税税额

4. 位于某市的甲地板厂在2017年1月份购进一批木材，取得增值税专用发票注明不含税价格800 000元，当月委托位于县城的乙工厂加工成实木地板，支付不含税加工费150 000元。乙工厂2月份交付50%的实木地板，3月份完工交付剩余部分。已知实木地板消费税税率为5%，乙工厂3月份应代收代缴城市维护建设税（　　）元。

A. 1 250　　B. 1 750　　C. 2 500　　D. 3 500

5. 某企业地处市区，2017年5月被税务机关查补增值税45 000元、消费税25 000元、所得税30 000元，还被加收滞纳金2 000元、被处罚款50 000元。该企业应补缴城市维护建设税和教育费附加（　　）元。

A. 5 000　　B. 7 000　　C. 8 000　　D. 10 000

二、多选题

1. 下列关于城建税计税依据的说法中，正确的有（　　）。

A. 城建税的计税依据为纳税人应缴纳的增值税、消费税税额

B. 纳税人因违反增值税有关规定而加收的滞纳金和罚款，应作为城建税的计税依据

C. 纳税人在被查补消费税时，应同时对其城建税进行补税、征收滞纳金和罚款

D. 纳税人在被处以消费税罚款时，应同时对其城建税进行补税、征收滞纳金和罚款

2. 下列各项中，应计入城市维护建设税计税依据的有（　　）。

A. 偷逃增值税而被查补的税款　　B. 偷逃消费税而被加收的滞纳金

C. 出口货物免抵的增值税税额　　　　D. 出口产品征收的消费税税额

3. 下列关于城市维护建设税计税依据的表述中，正确的有（　　）。

A. 免征“两税”时应同时免征城市维护建设税

B. 对出口产品退还增值税的，不退还已缴纳的城市维护建设税

C. 纳税人被查补“两税”时应同时对查补的“两税”补缴城市维护建设税

D. 纳税人违反“两税”有关规定而被加收的滞纳金应计入城市维护建设税的计税依据

4. 以下关于城建税和教育费附加的说法中，正确的有（　　）。

A. 城建税和教育费附加随增值税、消费税的纳税环节分别在销售、进口等环节缴纳

B. 减免增值税、消费税而发生退税的，可同时退还已征收的教育费附加

C. 代扣代缴“两税”的，按照扣缴义务人所在地适用税率计算缴纳城建税

D. 代扣代缴“两税”的，在按规定扣缴城建税的同时也应扣缴教育费附加

5. 下列各项中属于城市维护建设税纳税人的是（　　）。

A. 外商投资企业　　　　B. 外国企业

C. 缴纳所得税的所有企业　　　　D. 缴纳“两税”的国有企业

6. 下列关于城市维护建设税的说法中，正确的有（　　）。

A. 外商投资企业、外国企业不征收城市维护建设税

B. 进口货物行为不征收城市维护建设税

C. 对出口产品退还增值税、消费税的，退还已缴纳的城市维护建设税

D. 对出口产品退还增值税、消费税的，不退还已缴纳的城市维护建设税

7. 下列各项中，符合城市维护建设税征收管理规定的有（　　）。

A. 海关对进口产品代征增值税时，应同时代征城市维护建设税

B. 对增值税实行先征后返的，应同时返还附征的城市维护建设税

C. 对出口产品退还增值税的，不退还已经缴纳的城市维护建设税

D. 纳税延迟缴纳增值税而加收滞纳金，不作为城市维护建设税的计税依据

8. 征收教育费附加主要是扩大地方教育经费的资金来源，其计征依据是（　　）。

A. 增值税　　　B. 资源税　　　C. 关税　　　D. 消费税

9. 下列关于教育费附加的表述中，正确的有（　　）。

A. 教育费附加征收比率按照地区差别设定

B. 对海关进口的产品征收增值税、消费税，但不征收教育费附加

C. 出口产品退还增值税、消费税的，同时退还已征收的教育费附加

D. 外商投资企业和外国企业也要缴纳教育费附加

三、判断题

1. 对出口产品退还增值税、消费税的，也退还已缴纳的城建税。（　　）

2. 我国现行税法规定对外商投资企业不征收城市维护建设税和教育费附加。（　　）

3. 我国目前按照纳税人所在地区不同，对城市维护建设税设置了 3 档差别比例税率。（　　）

4. 由受托方代收代缴增值税、消费税的，其代收代缴的城市维护建设税按委托方所在地的适用税率执行。（　　）

5. 对海关进口的产品征收的增值税、消费税,不征收教育费附加。 ( )

四、计算题

1. 某企业2017年12月实际缴纳增值税100万元、消费税50万元、房产税8万元、契税5万元、土地使用税2万元。已知该企业适用的城市维护建设税税率为7%,教育费附加征收率3%、地方教育附加征收率2%。请计算该企业本月应缴纳的城市维护建设税、教育费附加和地方教育附加金额。

2. 2017年10月,甲公司销售产品实际缴纳增值税200万元,实际缴纳消费税150万元;进口产品实际缴纳增值税20万元。已知该企业适用的城市维护建设税税率为7%,教育费附加征收率3%。请计算该企业本月应缴纳的城市维护建设税和教育费附加金额。

第五章　关税法

知识目标

1. 了解关税的基本概念、关税的税率及其分类；
2. 理解关税计税价格组成；
3. 掌握关税应纳税额的计算；
4. 熟悉关税征收管理的规定。

能力目标

1. 能够计算关税的完税价格；
2. 能够计算关税的应纳税额。

关键词

关税　关税税则　关税税率　完税价格

开篇案例

大家总是在感慨国外汽车的售价与进口到国内销售的售价相差甚远，例如，2017 年刚上市的阿斯顿马丁 DB11V8，国外售价 20 万美元起，约合人民币 135 万元，而该车型在国内的售价却高达 240 万元人民币；一辆宝马 X5，在国外售价 5 万美元，约合人民币 33 万元，但在国内的售价却近百万元。为什么售价会有这么大的差距呢，人们往往第一印象想到了关税。那么什么是关税呢？关税是怎样计算的呢？

思考：国家为什么要征收关税？其应纳税额是怎样计算出来的？

第一节　关税的征税对象与纳税义务人

关税是由海关根据国家制定的有关法律，以进出关境的货物和物品为征税对象而征收的一种商品税。

所谓“境”，是指关境，又称“海关境域”“海关领域”，是国家《海关法》全面实施的领域。在通常情况下，一国关境与国境是一致的，包括国家全部的领土、领海、领空。但当某国家在国境内设立了自由港、自由贸易区等，这些区域就进出口关税而言处在关境之外，这时该国家的关境小于国境。例如,我国的香港和澳门特别行政区保持自由港地位,为我国单独的关税地区,即单独关境区。单独关境区是不完全适用该国海关法律、法规或实施单独海关管理制度的区域。

关税是由海关征收的一种流转税,其征税对象是准许进出境的货物和物品。进出关境的货物在进出境环节一次性征收关税后,在国内流通的任何环节均不再征收关税。关税是贯彻对外贸易政策的重要手段,它在调节国民经济和对外贸易、增加国家财政收入、保护民族产业、防止国外的经济侵袭等方面发挥了重要的作用。

关税一般分为进口关税、出口关税和过境关税。我国目前对进出关境的货物和物品征收的关税分为进口关税和出口关税两类。

一、关税的征税对象和税目

关税的征税对象是准许进出境的货物和物品。货物是指贸易性商品;物品指入境旅客随身携带的行李物品、个人邮递物品、各种运输工具上的服务人员携带进口的自用物品、馈赠物品以及其他方式进境的个人物品。货物和物品在计征关税时有不同的计税规则。

关税的税目由《海关进出口税则》规定。中华人民共和国准许进出口的货物、进境物品,除法律、行政法规另有规定外,海关依照《进出口关税条例》的规定征收进出口关税。对从境外采购进口的原产于中国境内的货物,也应按规定征收进口关税。

二、关税的纳税义务人

进口货物的收货人、出口货物的发货人、进出境物品的所有人,是关税的纳税义务人。

贸易性商品的纳税人是经营进出口货物的收、发货人。

物品的纳税人包括进出境物品的所有人和推定为所有人的人。一般情况下,对于携带进境的物品,推定其携带人为所有人;对分离运输的行李,推定相应的进出境旅客为所有人;对以邮递方式进境的物品,推定其收件人为所有人;对以邮递或其他运输方式出境的物品,推定其寄件人或托运人为所有人。

第二节　关税进出口税则

一、进出口税则概况

进出口税则是一国政府根据国家关税政策和经济政策,通过一定的立法程序制定公布实施的进出口货物和物品应税的关税税率表。进出口税则以税率表为主体,通常还包括实施税则的法令、使用税则的有关说明和附录等。

税率表作为税则主体,包括税则商品分类目录和税率栏两大部分。税则商品分类目录是把种类繁多的商品加以综合,按照其不同特点分门别类地简化成数量有限的商品类目,分别编号,按序排列,称为税则号列,并逐号列出该号中应列入的商品名称。

按照税则的规定,将每项具体进出口商品按其特性,在税则中找出其最适合的某一个税号,即"对号入座",以便确定其适用的税率,进而计算关税税负。

二、税率

关税税率是进出口税则的关键组成部分。纳税人进出口商品缴纳关税时，需要根据进出口商品的构成、功能用途、材料属性等，在进出口税则中找到相应的商品类目，筛选出最为合适的税号与税率，依法纳税。

（一）进口货物的关税税率

根据《进出口关税条例》的规定，进口关税设置最惠国税率、协定税率、特惠税率、普通税率、暂定税率、关税配额税率等税率。

（1）最惠国税率。最惠国税率适用原产于与我国共同适用最惠国待遇条款的 WTO 成员的进口货物，或原产于与我国签订有相互给予最惠国待遇条款的双边贸易协定的国家或地区的进口货物，以及原产于我国境内的进口货物。

（2）协定税率。协定税率适用于原产于与我国签订含有关税优惠条款的区域性贸易协定的国家或地区的进口货物。

（3）特惠税率。特惠税率适用于原产于与我国签订含有特殊关税优惠条款的贸易协定的国家或地区的进口货物。

（4）普通税率。普通税率适用于原产于上述以外的其他国家或地区的进口货物，以及原产地不明的进口货物。

（5）暂定税率。暂定税率是根据国家需要在一定时期内实行的一种进口关税税率。

（6）关税配额税率。按照国家规定实行关税配额管理的进口货物，关税配额内的，适用关税配额税率；关税配额外的，其税率的适用根据具体情况按照上述几项税率的规定执行。

（7）特别关税税率。按照有关法律、行政法规的规定对进口货物采取反倾销、反补贴、保障措施的，其税率的适用按照相关规定执行。

（二）出口货物的税率

国家对于出口商品一般不征收关税，只对少数资源性产品及易于竞相杀价、盲目出口、需要规范出口秩序的半制成品征收出口关税。现行税制对 100 余种商品计征出口关税，主要有鳗鱼苗、部分有色金属矿砂及其精矿、生锑、磷、氟钽酸钾、苯、山羊板皮、部分铁合金、钢铁废碎料、铜和铝原料及其制品、镍锭、锌锭、锑锭，但对上述范围内的 23 种商品实行 0～25%的暂定税率；此外，根据需要对其他 200 多种商品征收暂定税率。与进口暂定税率一样，出口暂定税率优先适用于出口税则中规定的出口税率。

（三）进口物品的关税税率

对非贸易性物品所适用的税率根据《关于入境旅客行李物品和个人邮递物品征收进口税办法》所附的税率表确定。

【知识拓展】对关税税率的理解要注意以下几方面：

第一，进口适用税率的选择是根据货物的不同原产地而确定的。也就是说，进口适用税率的选择与原产地有直接关系。进口商品绝大部分采用从价定率的征税方法，对部分商品实行从量税、复合税和滑准税。滑准税是一种特殊的从价定率征税方法。

第二，征收出口关税的货物项目很少，采用的都是从价定率征税的方法。

第三，原产地不明的进口货物实行普通税率。

三、税率的运用

进出口货物，应当依照税则规定的归类原则归入适合的税号，并按照适用的税率征税。其中：

(1)进出口货物，应当按照纳税义务人申报进口或者出口之日实施的税率征税。

(2)进出口货物到达前，经海关核准先行申报的，应当按照装载此货物的运输工具申报进境之日实施的税率征税。

(3)进出口货物的补税和退税，适用该进出口货物原申报进口或者出口之日所实施的税率，但下列情况除外：

①按照特定减免税办法批准予以减免税的进口货物，后因情况改变经海关批准转让或出售或挪作他用需补税的，应当适用海关接受申报办理纳税手续之日实施的税率征税。

②加工贸易进口料、件等属于保税性质的进口货物，如经批准转为内销，应按向海关申报转为内销之日实施的税率征税；如未经批准擅自转为内销的，则按海关查获日期所施行的税率征税。

③暂时进口货物转为正式进口需补税时，应按其申报正式进口之日实施的税率征税。

④分期支付租金的租赁进口货物，分期付税时，应按海关接受申报办理纳税手续之日实施的税率征税。

⑤溢卸、误卸货物事后确定需补税时，按原运输工具申报进口日期所实施的税率征税。如原进口日期无法查明的，按确定补税当天实施的税率征税。

⑥对由于税则归类的改变、完税价格的审定或其他工作差错而需补税按原征税日期实施的税率征税。

⑦对经批准缓税进口的货物以后缴税时，不论是分期或一次缴清税款，都应按货物原进口之日实施的税率计征税款。

⑧查获的走私货物需补税时，按查获日期实施的税率征税。

第三节　关税完税价格

关税的计税依据为关税的完税价格。我国对进出口货物征收关税，主要采取从价计征的办法，以商品价格为标准征收关税。

一、进口货物的完税价格

根据《海关法》规定，进口货物的完税价格包括货物的货价、货物运抵我国境内输入地点起卸前的运输及其相关费用、保险费。《海关法》规定，进出口货物的完税价格，由海关以该货物的成交价格审查确定。成交价格不能确定时，完税价格由海关估定。

(一)以成交价格为基础的完税价格

正常情况下，进口货物采用以成交价格为基础进行调整，从而确定进口货物的完税价格。进口货物的成交价格，是指卖方向我国境内销售该货物时买方为进口该货物向卖方实付、应付的，并且按照《完税价格办法》有关规定调整后的价款总额，包括直接支付的价款和间接支付的价款。

进口货物的成交价格应当符合的条件：

(1)对进口成交价格而言，交易应是真实的；价格应是确定的、完整的、公允的。

进口货物完税价格所包含的基本构成要素应当包括货物的货价、货物运抵至中华人民共和国境内输入地点起卸前的运费及其相关费用、保险费。

(2)应计入完税价格的调整项目。进口货物完税价格中的货价应该是完整的，包括应由买方负担、支付的佣金、经纪费、包装费用、与货物视为一体的容器费用和其他费用等；但不包括买方向自己的采购代理人支付的购货佣金，也不包括货物进口后发生的安装、运输费用等。

(二)进口货物完税价格的估定

对于进口货物的价格不符合成交价格条件或成交价格不能确定的，海关经了解有关情况，并且与纳税义务人进行价格磋商后，依次以下列价格估定该货物的完税价格：

(1)相同货物成交价格估价方法，是指与该货物同时或者大约同时向中华人民共和国境内销售的相同货物的成交价格。

(2)类似货物成交价格估价方法，是指与该货物同时或者大约同时向中华人民共和国境内销售的类似货物的成交价格。

(3)倒扣价格估价方法，是指海关以进口货物、相同或者类似进口货物在境内销售价格为基础，扣除境内发生的有关费用后，确定进口货物完税价格的估价方法。

(4)计算价格估价方法，是指按照下列各项总和计算的价格估定完税价格。包括：

①生产该货物所使用的料件成本和加工费用；

②向中华人民共和国境内销售同等级或者同种类货物通常的利润和一般费用；

③该货物运抵境内输入地点起卸前的运输及其相关费用、保险费。

(5)其他以合理方法估定的价格。

【例5—1·计算题】 某公司从国外进口一批货物共500吨，货物以境外口岸离岸价格成交，单价折合人民币(下同)为30 000元，买方承担包装费每吨600元，另向卖方支付佣金为每吨800元。向自己的采购代理人支付佣金5 000元，已知该货物运抵中国海关境内输入地起卸前的包装、运输、保险和其他劳务费用为每吨1 000元。进口后另发生国内运输和装卸费用500元，计算该批原料的关税完税价格。

【解析】 进口货物完税价格包括货价、支付的佣金、买方负担的包装费和容器费、进口途中的运费，但不包括买方向自己的采购代理人支付的购货佣金和进口后发生的运输装卸费。关税完税价＝(30 000＋600＋800＋1 000)×500＝16 200 000(元)。

二、出口货物的完税价格

出口货物的完税价格，由海关以该货物向境外销售的成交价格为基础审查确定，并应当包括货物运至中华人民共和国境内输出地点装载前的运输及其相关费用、保险费。但其中包含的出口关税税额，应当扣除。出口货物的成交价格不能确定时，完税价格由海关估定。

(一)以成交价格为基础的完税价格

出口货物的完税价格由海关以该货物的成交价格及该货物运至中华人民共和国境内输

出地点装载前的运费及其相关费用、保险费为基础审查确定。

出口货物的成交价格是指该货物出口时卖方为出口该货物应当向买方直接收取和间接收取的价款总额。出口关税不计入完税价格。

(二)出口货物完税价格的估定

出口货物的成交价格不能确定的，海关经了解有关情况，并与纳税人进行价格磋商后，依次以下列价格估定该货物的完税价格：

(1)与该货物同时或者大约同时向同一国家或者地区出口的相同货物的成交价格。

(2)与该货物同时或者大约同时向同一国家或者地区出口的类似货物的成交价格。

(3)依据境内生产相同或者类似货物的成本、加工费用、通常的利润和一般费用，境内发生的运输及其相关费用、保险费计算所得的价格。

(4)其他以合理方法估定的价格。

第四节　关税应纳税额的计算

关税以进出口货物的完税价格为计税依据，按照符合规定的计税方法相应计算应纳税额。计税方法主要有以下几种。

一、从价税应纳税额的计算

目前，我国海关计征关税标准主要是从价税，其计算公式如下：

应纳关税税额＝关税完税价格×关税税率

【例5—2·计算题】上海某进出口公司从美国进口货物一批，货物以离岸价格成交，成交价折合人民币为1 410万元，其中包括单独计价并经海关审查属实的向境外采购代理人支付的购货佣金10万元，但不包括为使用该货物而向境外支付的软件费50万元、向卖方支付的佣金15万元，另需支付货物运抵我国上海港的运费、保险费等35万元。假设该货物适用的关税税率为20%。

要求：计算该公司进口环节应纳关税税额。

【解析】

(1)关税完税价格＝1 410－10＋50＋15＋35＝1 500(万元)

(2)进口环节关税＝1 500×20%＝300(万元)

二、从量税应纳税额的计算

我国目前对原油、啤酒和胶卷等进口商品征收从量税，其计算公式如下：

应纳关税税额＝货物数量×单位税额

【例5—3·计算题】某公司从美国进口啤酒800箱，每箱30瓶，每瓶容积500毫升，成交价格为5 600美元。征税日美元兑人民币汇率为1∶6.5，该啤酒适用优惠税率为3元/升。

要求：计算该公司的应纳关税的税额。

【解析】应纳关税税额＝[（800×30×500）/1 000] ×3＝36 000（元）

三、复合税应纳税额的计算

我国目前仅对录像机、放像机、摄像机、数字照相机和摄录一体机等进口商品征收复合税，其计算公式如下：

应纳关税税额＝应税进（出）口货物数量×单位货物税额＋ 应税进（出）口货物完税价格×关税税率

四、滑准税应纳税额的计算

应纳关税税额＝应税进（出）口货物完税价格×滑准税税率

第五节 关税减免规定

关税减免是对某些纳税人和征税对象给予鼓励和照顾的一种特殊调节手段。正是有了这一手段，使关税政策制定工作兼顾了普遍性和特殊性、原则性和灵活性。关税减免分为法定减免税、特定减免税和临时减免税。

一、法定减免税

法定减免税是税法中明确列出的减税或免税。符合税法规定可予以减免税的进出口货物，纳税义务人无须提出申请，海关可按规定直接予以减免税。海关对法定减免税货物一般不进行后续管理。法定减免税的条件主要有：

（1）关税税额在人民币 50 元以下的一票货物。

（2）无商业价值的广告品和货样。

（3）外国政府、国际组织无偿赠送的物资。

（4）进出境运输工具装载的途中必需的燃料、物料和饮食用品。

（5）在海关放行前损失的货物。

（6）在海关放行前遭受损坏的货物，可以根据海关认定的受损程度减征关税。

（7）因品质或者规格原因，出口货物自出口之日起 1 年内原状复运进境的，不征收进口关税。因品质或者规格原因，进口货物自进口之日起 1 年内原状复运出境的，不征收出口关税。

（8）法律规定减征、免征关税的其他货物、物品。

二、特定减免税

特定减免税也称政策性减免税。在法定减免税之外，国家按照国际通行规则和我国实际情况，制定发布的有关进出口货物减免关税的政策，称为特定或政策性减免税。特定减免税货物一般有地区、企业和用途的限制，海关需要进行后续管理，也需要减免税统计。

特定减免税货物包括科教用品、残疾人专用品、慈善性捐赠物资、加工贸易产品、边境贸易进口物资等。有关规定对上述物资的具体物品种类和品名都做了明确规定。

三、临时减免税

临时减免税是指除以上法定和特定减免税以外的其他减免税，即由国务院对某个单位、某类商品、某个项目或某批进出口货物的特殊情况，给予特别照顾，一案一批，专文下达的减免税。一般有单位、品种、期限、金额或数量等限制，不能比照执行。

我国严格控制减免税，一般不办理个案临时性减免税，对特定减免税也在逐步进行规范和清理，对不符合国际惯例的税收优惠政策将逐步予以废止，以利企业公平税负、平等竞争。

第六节　关税征收管理

一、关税申报时间与纳税期限

进口货物自运输工具申报进境之日起 14 日内，出口货物在货物运抵海关监管区后装货的 24 小时以前，由进(出)口货物的纳税人向货物进(出)境地海关申报，海关核定应缴纳的关税和进口环节代征税，并填发税款缴款书。纳税人应当自海关填发税款缴款书之日起 15 日内缴纳税款。

纳税人未在规定的期限内缴纳税款的，自关税缴纳期限届满滞纳之日起，至纳税人缴纳关税之日止，按滞纳税款 0.5‰的比例按日征收，星期六、星期日等休息日或法定节假日不予扣除。

二、关税的强制执行

如纳税义务人在海关填发纳税缴款书之日起 3 个月内仍未缴纳税款，经海关关长批准，海关可以采取强制扣款，书面通知其开户银行或者其他金融机构从其存款中扣缴税款，或者变价抵缴，依法将应税货物变卖，以变卖所得抵缴税款。

三、关税退还

关税的退还是指关税纳税人按海关核定的税额缴纳关税后，由于某种原因，海关将实际缴纳的多于应征收的税额退还给原纳税人的一种行政行为。

有下列情形之一的，纳税人自缴纳税款之日起 1 年内，书面申明理由，连同原纳税收据向海关申请退税并加算银行同期活期存款利息：

(1)已征进口关税的货物，因品质或者规格原因，原状退货复运出境的；

(2)已征出口关税的货物，因品质或者规格原因，原状退货复运进境，并已重新缴纳因出口而退还的国内环节有关税收的；

(3)已征出口关税的货物，因故未装运出口，申报退关的。

四、关税补正和追征

关税补征和追征，是指海关在纳税义务人按海关核定的税额缴纳关税后，发现实际征收税额少于应征税额(短征关税)时，责令纳税义务人补缴所差税款的一种行政行为。补征和追征概念的差异在于导致少纳税款的责任不同，责任的不同也带来补征与追征时限的不同。追征适用于纳税人违反海关规定造成少缴税款的情形，补征适用于非因纳税人违反海关规定造成少缴税款的情形。补征的征收时效为，海关发现自缴纳税款或货物、物品放行之日起1年内；追征的征收时效为自纳税人缴纳税款或货物、物品放行之日起3年内，并按日加收0.5‰的滞纳金。

本章小结

关税是对准许进出关境的货物和物品征收的一种税，是维护国家主权和经济权益的重要手段，关税在调控经济运行、取得财政收入、促进对外经济贸易和国民经济的发展等方面发挥了重要作用。

关税的征税对象是准许进出关境的货物和物品，纳税人是进出口货物的收发货人和进出境物品的所有人以及推定所有人。

关税税则主要包括国家实施税则法令、税则的归类总规则和税目表，其中税目表的税率栏列出了商品各自的税率。根据《进出口关税条例》的规定，关税设置最惠国税率、协定税率、特惠税率、普通税率、暂定税率、关税配额税率等税率。

关税以进出口货物的完税价格为计税依据，按照符合规定的计税方法相应计算应纳税额。关税完税价格是关税的计税依据，由海关以该货物的成交价格为基础审查确定，分为从价计征、从量计征、复合计征、滑准计征关税税额。

关税优惠主要有法定减免、特定减免和临时减免三种类型。关税的征收管理主要有关税的申报时间与纳税期限、关税的强制执行、关税退还、关税的补征与追征。

同步测试

一、单选题

1. 根据关税的有关规定，下列选项中不属于关税纳税人的是(　　)。

A. 外贸出口公司　　B. 工贸或农贸结合的进口公司

C. 经营出口货物的收货人　　D. 个人邮递物品的收件人

2. 根据关税的有关规定，下列选项中应征收关税的是(　　)。

A. 无商业价值的广告品及货样

B. 进出境运输工具装载的途中必需的燃料、物料和饮食用品

C. 外国企业无偿赠送的物资

D. 一票货物关税税额在人民币50元以下的

3. 根据关税法律制度的规定，进口原产于与我国签订含有关税优惠条款的区域性贸易协定的国家或地区的进口货物，适用的关税税率是(　　)。

A. 最惠国税率　　B. 普通税率　　C. 协定税率　　D. 特惠税率

4. 关税税率随进口商品价格由高到低而由低到高设置，这种计征关税的方法称为(　　)。

A. 从价税　　B. 从量税　　C. 复合税　　D. 滑准税

5. 下列税费中，应计入进口货物关税完税价格的是（　　）。

A. 单独核算的境外技术培训费用

B. 进口货物运抵我国境内输入地点起卸前的保险费

C. 报关时海关代征的增值税和消费税

D. 由买方单独支付的入关后的运输费用

6. 下列进口货物中，免征进口关税的是（　　）。

A. 外国政府无偿赠送的物资　　B. 具有一定商业价值的货样

C. 海关放行后损坏的进口货物　　D. 关税税额为人民币80元的一票货物

7. 某公司进口一批货物，海关于2016年3月1日填发税款缴款书，但公司迟至3月27日才缴纳500万元的关税。海关应征收关税滞纳金（　　）。

A. 2.75万元　　B. 3万元　　C. 6.5万元　　D. 6.75万元

8. 进出口货物完税放行后，如发现少征或者漏征关税税款（非纳税人原因），海关应自缴纳税款或者货物、物品放行之日起（　　）内，向纳税人补征。

A. 1年　　B. 2年　　C. 3年　　D. 5年

二、多选题

1. 下列各项中，属于关税纳税人的有（　　）。

A. 进口货物的收货人　　B. 出口货物的发货人

C. 进口货物的发货人　　D. 进出境物品的携带人

2. 以下关于关税税率的表述中，错误的有（　　）。

A. 进口适用税率的选择是根据货物的不同起运地而确定的

B. 适用最惠国税率、协定税率、特惠税率的国家或地区的名单，由国务院关税税则委员会决定

C. 我国进口商品绝大部分采用从价定率的征税方法

D. 原产地不明的进口货物不予征税

3. 下列各项中，应当计入进口货物关税完税价格的有（　　）。

A. 由买方负担的购货佣金

B. 由买方负担的境外包装材料费用

C. 由买方负担的境外包装劳务费用

D. 由买方负担的与进口货物视为一体的容器费用

4. 下列各项中，应计入出口货物完税价格的有（　　）。

A. 出口关税税额

B. 向买方间接收取的价款

C. 货物在我国境内输出地点装载后的运输费用

D. 货物运至我国境内输出地点装载前的保险费

5. 下列出口货物完税价格确定方法中，符合关税法规定的有（　　）。

A. 海关依法估价确定的完税价格

B. 以成交价格为基础确定的完税价格

C. 根据境内生产类似货物的成本、利润和费用计算出的价格

D. 以相同或类似的进口货物在境内销售价格为基础估定的完税价格

三、判断题

1. 对从境外采购进口的原产于中国境内的货物，不征收进口关税。 （ ）
2. 对外国公司无偿赠送的物资，经海关审查无误后可以免征关税。 （ ）
3. 进口货物适用的关税税率是以进口货物的原产地为标准的。 （ ）
4. 我国对啤酒、原油等少数商品实行从量计征关税。 （ ）
5. 进出境运输工具装载的途中必需的燃料、物料和饮食用品，经海关审查无误后可以免予缴纳关税。 （ ）

四、计算题

1. 某外贸公司从美国进口一批货物，该货物的到岸价格为50万美元，另支付包装材料与劳务费4万美元，美元兑人民币汇率为1：6.5，关税税率为10%。计算应纳的进口关税。

2. 某进出口公司出口货物一批，离岸成交价格为40万美元，货物运至我国境内输出地点装载后的运输费用为5 000美元，美元兑人民币汇率为1：6.5，适用的关税税率为10%。计算应纳的出口关税。

第六章　企业所得税法

知识目标

1. 了解企业所得税的概念、纳税义务人、税率等内容；
2. 掌握企业所得税应纳税额的计算；
3. 了解企业所得税的各项优惠政策、纳税地点、纳税期限等征管内容。

能力目标

1. 能够熟记各项收入及扣除项目的规定；
2. 能够熟练、准确计算企业所得税的应纳税额。

关键词

纳税义务人　税率　应纳税额的计算

开篇案例

我是一名刚刚参加工作的财务人员，对税收知识不太了解，现在我公司 2018 年末账面利润是 10 万元，后经税务机关核实，调增利润 2 万元。

思考：我公司作为居民纳税企业适用的所得税税率是多少？应纳税所得额是如何计算出来的？我公司该缴纳多少企业所得税？

第一节　企业所得税的纳税人、征税对象与税率

企业所得税是对我国境内的企业和其他取得收入的组织就其生产经营所得和其他所得征收的一种税。它是国家参与企业利润分配、调节企业收益水平、正确处理国家与企业分配关系的一个重要税种。企业所得税在国外称为“公司税”“公司所得税”“法人税”“法人所得税”。

一、企业所得税纳税人

企业所得税的纳税义务人一般是指企业和其他取得收入的组织。这里的企业包括国有企业、集体企业、私营企业、联营企业、股份制企业、外商投资企业、外国企业以及有生产、经营所得和其他所得的其他组织。其中，有生产、经营所得和其他所得的其他组织，是指经国

家有关部门批准，依法注册、登记的事业单位、社会团体等组织 。

我国《企业所得税法》第1条规定，除个人独资企业、合伙企业不适用企业所得税法外，在我国境内，企业和其他取得收入的组织（以下统称企业）为企业所得税的纳税人，依照法律规定缴纳企业所得税。

【例6—1·判断题】依照中国法律、行政法规成立的个人独资企业属于企业所得税的纳税义务人。（　　）

【答案】×

【解析】个人独资企业、合伙企业不属于企业所得税的纳税人。

【小思考】个人独资企业和合伙企业不是企业所得税的纳税人，那么这两类企业的所得交什么税呢？

【解析】这两类企业的所得交个人所得税。

企业所得税的纳税人分为居民企业和非居民企业。

（一）居民企业

居民企业是指依法在中国境内成立，或者依照外国（地区）法律成立但实际管理机构在中国境内的企业。

其中，实际管理机构，是指对企业的生产经营、人员、账务、财产等实施实质性全面管理和控制的机构。

（二）非居民企业

非居民企业是指依照外国（地区）法律成立且实际管理机构不在中国境内，但在中国境内设立机构、场所，或者在中国境内未设立机构、场所，但有来源于中国境内所得的企业。

非居民企业委托营业代理人在中国境内从事生产经营活动的，包括委托单位或者个人经常代其签订合同，或者储存、交付货物等，该营业代理人被视为非居民企业在中国境内设立的机构、场所。

【知识拓展】机构、场所指的是什么？

所谓机构、场所是指在中国境内从事生产经营活动的机构、场所。包括：

（1）管理机构、营业机构、办事机构；

（2）工厂、农场、开采自然资源的场所；

（3）提供劳务的场所；

（4）从事建筑、安装、装配、修理、勘察等工程作业的场所；

（5）其他从事生产经营活动的机构、场所。

【小思考】在我国注册的肯德基（中国）公司和大众汽车（中国）公司是我国的居民企业纳税人还是非居民企业纳税人？

【解析】这两个企业都是我国的居民企业纳税人。

【例6—2·多选题】依据企业所得税法的规定，判定居民企业的标准有（　　）。

A. 登记注册地标准　　B. 所得来源地标准

C. 经营行为实际发生地标准　　D. 实际管理机构所在地标准

【答案】AD

【解析】判定居民企业的标准有两个，分别是：登记注册地标准和实际管理机构所在地标准。

二、企业所得税的征税对象

企业所得税的征税对象是指企业的生产经营所得、其他所得和清算所得。从空间范围上看，包括来源于中国境内、境外的所得。以上所指的“所得”，包括销售货物所得、提供劳务所得、转让财产所得、股息红利等权益性投资所得，以及利息所得、租金所得、特许权使用费所得、接受捐赠所得和其他所得。

（一）居民企业

居民企业应就其来源于中国境内、境外的所得作为征税对象。

（二）非居民企业

（1）非居民企业在中国境内设立机构、场所的，应就其所设机构、场所取得的来源于中国境内的所得，以及发生在中国境外但与其所设机构、场所有实际联系的所得缴纳所得税。

（2）非居民企业在中国境内未设立机构、场所的，或虽设有机构、场所但取得的所得与这些机构场所没有实际联系的，应当就其来源于中国境内的所得缴纳企业所得税。

【例 6—3 · 判断题】非居民企业取得的来源于中国境外与其在中国境内设立的机构、场所没有实际联系的所得，应缴纳企业所得税。（　　）

【答案】×

【解析】非居民企业取得的来源于中国境外与其在中国境内设立的机构、场所有实际联系的所得才缴纳企业所得税，没实际联系的不缴纳。

（三）所得来源地的确定

（1）销售货物所得，按照交易活动发生地确定。

（2）提供劳务所得，按照劳务发生地确定。

（3）不动产转让所得按照不动产所在地确定，动产转让所得按照转让动产的企业或者机构、场所所在地确定，权益性投资资产转让所得按照被投资企业所在地确定。

（4）股息、红利等权益性投资所得，按照分配所得的企业所在地确定。

（5）利息所得、租金所得、特许权使用费所得，按照负担、支付所得的企业或者机构、场所所在地确定，或者按照负担、支付所得的个人的住所地确定。

（6）其他所得，由国务院财政、税务主管部门确定。

【例 6—4 · 多选题】依据企业所得税法的规定，下列关于所得来源地的确定的说法，正确的有（　　）。

A. 销售货物所得按照交易活动发生地确定

B. 提供劳务所得按照提供劳务的企业或者机构、场所所在地确定

C. 不动产转让所得按照转让不动产的企业或者机构、场所所在地确定

D. 权益性投资资产转让所得按照被投资企业所在地确定

【答案】AD

【解析】提供劳务所得，应该按照劳务发生地确定，不动产转让所得应该按照不动产所在地确定。

三、企业所得税的税率

我国企业所得税实行比例税率。

(1)基本税率为25%。适用于居民企业和在中国境内设有机构、场所且所得与机构、场所有关联的非居民企业。

(2)低税率为20%。适用于在中国境内未设立机构、场所，或者虽设立机构、场所但取得的所得与其所设机构、场所没有实际联系的非居民企业。但对这类企业实际征税时适用10%的税率。

【例6—5·多选题】以下适用25%企业所得税税率的企业有(　　)。

A. 在中国境内的居民企业

B. 在中国境内设有机构场所，且所得与机构场所有实际联系的非居民企业

C. 在中国境内设有机构场所，但所得与机构场所没有实际联系的非居民企业

D. 在中国境内未设立机构场所的非居民企业

【答案】AB

【解析】25%的企业所得税税率适用于居民企业和在中国境内设有机构、场所且所得与机构、场所有关联的非居民企业。

(3)居民企业中符合条件的小型微利企业减按20%税率征税；国家重点扶持的高新技术企业和经认定的技术先进型服务企业(服务贸易类)减按15%税率征税。

第二节　企业所得税应纳税所得额的计算

应纳税所得额是企业所得税的计税依据。按照《企业所得税法》的规定，应纳税所得额的确定主要涉及收入总额、不征税收入、免税收入、准予扣除项目和不得扣除项目的确认，以及亏损的弥补、资产的税务处理等内容。

其计算公式为：

(1)直接法：

应纳税所得额＝收入总额－不征税收入－免税收入－各项扣除－以前年度亏损

(2)间接法：

应纳税所得额＝会计利润＋纳税调整增加额－纳税调整减少额－以前年度亏损

即问即答

问：企业所得税是不是对企业的会计利润征税？

答：企业所得税是对企业的应纳税所得额征收的一种税。应纳税所得额是按税法规定计算出的企业每一纳税年度的收入总额减去准予扣除项目后的余额，并不是企业自身账面核算的利润。因此，应当对企会计利润按照税法的规定进行纳税调整后申报缴纳企业所得税。

所得作为企业所得税的征税对象，是指按照《企业所得税法》规定的收入与成本口径，一定时间内收入扣减成本（费用）后的经营成果。企业会计利润也是一定时间内收入扣减成本（费用）后的经营成果。会计利润与所得税的所得，其本质都是企业生产经营过程创造的纯收入，都是一定时期内的收入扣减成本（费用）后的经营成果，不同之处在于两者间就收入与成本（费用）的规定不完全一致，这也是应纳企业所得税额采用调整法的根源。

一、收入总额的确定

企业的收入总额包括以货币形式和非货币形式从各种来源取得的收入，具体有：销售货物收入，提供劳务收入，转让财产收入，股息、红利等权益性投资收益，利息收入，租金收入，特许权使用费收入，接受捐赠收入，其他收入。

企业取得的货币形式的收入，包括现金、存款、应收账款、应收票据、准备持有至到期的债券投资以及债务的豁免等。

企业以非货币形式取得的收入，包括固定资产、生物资产、无形资产、股权投资、存货、不准备持有至到期的债券投资、劳务以及有关权益等。这些非货币资产应当按照公允价值确定收入额。公允价值是指按照市场价格确定的价值。

（一）一般收入的确认

（1）销售货物收入，是指企业销售商品、产品、原材料、包装物、低值易耗品以及其他存货取得的收入。

（2）提供劳务收入，是指企业从事建筑安装、修理修配、交通运输、仓储租赁、金融保险、邮电通信、咨询经纪、文化体育、科学研究、技术服务、教育培训、餐饮住宿、中介代理、卫生保健、社区服务、旅游、娱乐、加工以及其他劳务服务活动取得的收入。

（3）转让财产收入，是指企业转让固定资产、生物资产、无形资产、股权、债权等财产取得的收入。

【例 6—6 · 多选题】企业所得税法规定的“转让财产收入”包括转让（　　）取得的收入。

A. 无形资产　　B. 存货　　C. 股权　　D. 债权

【答案】ACD

【解析】转让财产收入是指企业转让固定资产、生物资产、无形资产、股权、债权等财产取得的收入。B选项转让存货应该属于销售货物。

（4）股息、红利等权益性投资收益，是指企业因权益性投资从被投资方取得的收入。

股息、红利等权益性投资收益，除国务院财政、税务主管部门另有规定外，应以被投资企业股东会或股东大会做出利润分配或转股决定的日期，确认收入的实现。

（5）利息收入，是指企业将资金提供他人使用但不构成权益性投资，或者因他人占用本企业资金取得的收入，包括存款利息、贷款利息、债券利息、欠款利息等收入。

利息收入，按照合同约定的债务人应付利息的日期确认收入的实现。

（6）租金收入，是指企业提供固定资产、包装物或者其他有形资产的使用权取得的收入。

租金收入，按照合同约定的承租人应付租金的日期确认收入的实现。

【例 6—7 · 计算题】甲公司 2018 年度取得以下收入：销售商品收入 200 万元，其他企业使用甲公司可循环使用的包装物支付100万元，获得股息收入100万元，其他企业租用甲公司的固定资产支付200万元，转让无形资产收入100万元，甲公司2018年度取得的租金收入总额是多少？

【解析】甲公司2018年度取得的租金收入总额＝100＋200＝300（万元）

（7）特许权使用费收入，是指企业提供专利权、非专利技术、商标权、著作权以及其他特许权的使用权取得的收入。

特许权使用费收入，按照合同约定的特许权使用人应付特许权使用费的日期确认收入的实现。

（8）接受捐赠收入，是指企业接受的来自其他企业、组织或者个人无偿给予的货币性资产、非货币性资产。

接受捐赠收入按照实际收到捐赠资产的日期确认收入的实现。

【案例探究】某居民企业（增值税一般纳税人）接受捐赠一批材料，取得捐赠方按市场价格开具的增值税专用发票上注明价款10万元，增值税税额1.6万元；受赠方委托某运输公司（增值税一般纳税人）将该批材料运回企业，取得运输公司开具的增值税专用发票，注明运费金额0.3万元。已知该企业适用25％的企业所得税税率，取得的相关发票均通过认证并可以抵扣。则：

受赠非货币性资产计入应纳税所得额的内容包括：受赠资产的价值和由捐赠企业负担的增值税，但不包括由受赠企业另外支付的相关税费。

该批材料入账时接受捐赠收入金额＝10＋1.6＝11.6（万元）

受赠该批材料应纳的企业所得税＝11.6×25％＝2.9（万元）

该批材料可抵扣进项税＝1.6＋0.3×10％＝1.63（万元）

该批材料账面成本＝10＋0.3＝10.3（万元）

（9）其他收入，是指企业取得的除以上收入外的其他收入，包括企业资产溢余收入、逾期未退包装物押金收入、确实无法偿付的应付款项、已作坏账损失处理后又收回的应收款项、债务重组收入、补贴收入、违约金收入、汇兑收益等。

（二）特殊收入及相关收入的确认

（1）分期收款方式销售货物。按照合同约定的收款日期确认收入的实现。

（2）采用售后回购方式销售商品。销售的商品按售价确认收入，回购的商品作为购进商品处理。有证据表明不符合销售收入确认条件的，如以销售商品方式进行融资，收到的款项应确认为负债，回购价格大于原售价的，差额应在回购期间确认为利息费用。

（3）以旧换新销售商品的。销售商品应当按照销售商品收入确认条件确认收入，回收的商品作为购进商品处理。

（4）商业折扣条件销售。企业为促进商品销售而在商品价格上给予的价格扣除属于商业折扣。商品销售涉及商业折扣的，应当按照扣除商业折扣后的金额确定销售商品收入金额。

（5）现金折扣条件销售。债权人为鼓励债务人在规定的期限内付款而向债务人提供的债务扣除属于现金折扣。销售商品涉及现金折扣的，应当按扣除现金折扣前的金额确定销售商品收入金额，现金折扣在实际发生时作为财务费用扣除。

(6)折让方式销售。企业因售出商品的质量不合格等原因而在售价上给予的减让属于销售折让;企业因售出商品质量、品种不符合要求等原因而发生的退货属于销售退回。企业已经确认销售收入的售出商品发生销售折让和销售退回,应当在发生当期冲减当期销售商品收入。

(7)买一赠一方式组合销售。企业以买一赠一等方式组合销售本企业商品的,不属于捐赠,应将总的销售金额按各项商品的公允价值的比例来分摊确认各项的销售收入。

【知识归纳】企业以买一赠一等方式组合销售本企业商品的,不属于捐赠,应将总的销售金额按各项商品的公允价值的比例来分摊确认各项的销售收入:

分摊到A产品上的收入=买一赠一整体收入×A/(A+B)

分摊到B产品上的收入=买一赠一整体收入×B/(A+B)

【案例探究】某服装企业(增值税一般纳税人)用买一赠一的方式销售本企业商品,规定以每套1 500元(不含增值税价格,下同)购买A西服的客户可获赠一条B领带。A西服正常出厂价格1 500元,B领带正常出厂价格200元。该服装厂西服单位成本800元/件,领带单位成本100元/件。当期该服装企业销售组合西服领带100套,收入150 000元,则该服装厂应申报西服和领带的销售收入为多少?

【解析】

(1)A西服所得税申报销售收入为:

150 000×1 500/(1 500+200)=132 352.94(元)

(2)B领带所得税申报销售收入为:

150 000×200/(1 500+200)=17 647.06(元)

(8)持续时间超过12个月的劳务。企业受托加工制造大型机械设备、船舶、飞机等,以及从事建筑、安装、装配工程业务或者提供劳务等,持续时间超过12个月的,按照纳税年度内完工进度或者完成的工作量确认收入的实现。

(9)采取产品分成方式取得收入。以企业分得产品的时间确认收入的实现,其收入额按照产品的公允价值确定。

【例6—8·单选题】甲公司2018年3月出资500万元与乙公司合作生产某新型产品,合同约定12月20日进行产品分配。由于生产延期,2019年2月甲公司才分得该产品,该公司分得产品生产成本600万元,市场公允价值800万元。下列关于该业务税务处理的说法,正确的是(　　)。

A. 甲公司应以800万元确认该批产品的收入

B. 甲公司应以600万元确认该批产品的收入

C. 乙公司应以800万元确认该项合作经营支出

D. 甲公司应于2018年12月30日确认收入实现

【答案】A

【解析】以企业分得产品的时间确认收入的实现,即在2019年2月确认收入,其收入额按照产品的公允价值800万元确定。

(10)非货币性资产交换及货物、财产、劳务流出企业。企业发生非货币性资产交换,以及将货物、财产、劳务用于捐赠、偿债、赞助、集资、广告、样品、职工福利和进行利润分配等用途，应当视同销售货物、转让财产和提供劳务。

（三）处置资产收入的确认

（1）企业发生下列情形的处置资产，除将资产转移至境外以外，由于资产所有权属在形式和实质上均不发生改变，可作为内部处置资产，不视同销售确认收入，相关资产的计税基础延续计算：

①将资产用于生产、制造、加工另一产品。

②改变资产形状、结构或性能。

③改变资产用途（如自建商品房转为自用或经营）。

④将资产在总机构及其分支机构之间转移。

⑤上述两种或两种以上情形的混合。

⑥其他不改变资产所有权属的用途。

（2）企业将资产移送他人的下列情形，因资产所有权属已发生改变而不属于内部处置资产，应按规定视同销售确定收入：

①用于市场推广或销售。

②用于交际应酬。

③用于职工奖励或福利。

④用于股息分配。

⑤用于对外捐赠。

⑥其他改变资产所有权属的用途。

【例题 6—9 · 单选题】企业在境内发生的处置资产的下列情形中，应视同销售确认企业所得税应税收入的是（　　）。

A. 将资产用于职工奖励或福利　　B. 将资产用于加工另一种产品

C. 将资产结构或性能改变　　D. 将资产在总分支机构之间转移

【答案】A

【解析】BCD 选项，由于资产所有权属在形式和实质上均不发生改变，可作为内部处置资产，不视同销售确认收入。

【知识拓展】所得税与增值税、消费税等流转税的视同销售规则是存在差别的。将自产货物用于企业内部行为，诸如在建工程、管理部门、分公司，所得税不视同销售。增值税和消费税则视其是否离开征税范围而判别其是否作视同销售处理。

（3）企业发生上述第（2）种情形时，属于企业自制的资产，应按企业同类资产同期对外销售价格确定销售收入；属于外购的资产，不以销售为目的，具有替代职工福利等费用支出性质，且购买后在一个纳税年度内处置的，可按购入时的价格确定销售收入。

【例 6—10 · 单选题】2018 年 12 月甲饮料厂给职工发放自制果汁和当月外购的取暖器作为福利，其中果汁的成本为 20 万元，公允价值为 25 万元；取暖器的公允价值为 10 万元。根据企业所得税相关规定，该厂发放上述福利应确认的收入是（　　）万元。

A. 10　　B. 20　　C. 30　　D. 35

【答案】D

【解析】该厂发放上述福利应确认的收入＝25＋10＝35(万元)。

二、不征税收入和免税收入

国家为了扶持和鼓励某些特定的项目，对企业取得的某些收入予以不征税或免税的特殊政策，促进经济的协调发展。

(一)不征税收入

不征税收入，是指根据企业所得税原理，从性质上和根源上不属于企业营利性活动带来的经济利益，不负有纳税义务的收入，其不属于税收优惠的范畴。

(1)财政拨款，是指各级人民政府对纳入预算管理的事业单位、社会团体等组织拨付的财政资金，但国务院和国务院财政、税务主管部门另有规定的除外。

(2)依法收取并纳入财政管理的行政事业性收费、政府性基金。行政事业性收费，是指依照法律、法规等有关规定，按照规定程序批准，在实施社会公共管理，以及在向公民、法人或者其他组织提供特定公共服务过程中，向特定对象收取并纳入财政管理的费用。政府性基金，是指企业依照法律、行政法规等有关规定，代政府收取的具有专项用途的财政资金。

(3)国务院规定的其他不征税收入，是指企业取得的，由国务院财政、税务主管部门规定专项用途并经国务院批准的财政性资金。财政性资金是指企业取得的来源于政府及其有关部门的财政补助、补贴、贷款贴息，以及其他各类财政专项资金，包括增值税即征即退、先征后退、先征后返的各种税收，但不包括企业按规定取得的出口退税款。

【例6－11·多选题】根据企业所得税相关规定，下列收入中，属于不征税收入的有(　　)。

A. 国债利息　　B. 存款利息　　C. 财政补贴　　D. 财政拨款

E. 居民企业直接投资于其他居民企业(非上市公司)取得的股息

【答案】CD

【解析】选项B是应税收入；选项CD是不征税收入；选项AE是免税收入。

(二)免税收入

免税收入，是指企业取得的相关收入负有纳税义务，而政府根据社会经济政策目标的需要，可以在一定时间对其免于征税，而在一定时期又有可能恢复征税的收入，它属于税收优惠的范畴。

(1)国债利息收入。为鼓励企业积极购买国债，支援国家建设，税法规定，企业因购买国债所得的利息收入，免征企业所得税。

【例6－12·计算题】某企业购入政府发行的年利息率4.5%的一年期国债1 000万元，持有300天时以1 038万元的价格转让。该企业该笔交易的应纳税所得额是多少？

【解析】国债利息收入＝国债金额×(适用年利率÷365)×持有天数＝1 000×(4.5%/365)×300＝36.99(万元)

国债利息收入免税，国债转让收入应计入应纳税所得额。

该笔交易的应纳税所得额＝1 038－1 000－36.99＝1.01(万元)。

(2)符合条件的居民企业之间的股息、红利等权益性收益，是指居民企业直接投资于其他居民企业取得的投资收益。

(3)在中国境内设立机构、场所的非居民企业从居民企业取得与该机构、场所有实际联系的股息、红利等权益性投资收益。

上述两项所称股息、红利等权益性投资收益,不包括连续持有居民企业公开发行上市流通的股票不足 12 个月取得的投资收益。

(4)符合条件的非营利组织的收入。符合条件的非营利组织下列收入为免税收入:

①接受其他单位或者个人捐赠的收入。

②除《企业所得税法》第 7 条规定的财政拨款以外的其他政府补助收入,但不包括因政府购买服务取得的收入。

③按照省级以上民政、财政部门规定收取的会费。

④不征税收入和免税收入孳生的银行存款利息收入。

⑤财政部、国家税务总局规定的其他收入。

【例 6－13 · 多选题】依据企业所得税优惠政策,下列收入中,属于免税收入的有(　　)。

A. 企业购买国债取得的利息收入

B. 非营利组织从事营利性活动取得的收入

C. 在境内设立机构的非居民企业从非上市居民企业取得与该机构有实际联系的红利收入

D. 在中国境内设立机构的非居民企业连续持有上市公司股票不足 12 个月取得的投资收益

【答案】AC

【解析】B 属于应税收入,因为免税收入中符合条件的非营利组织的收入必须是非营利组织的非营利收入。D 选项免税收入不包括连续持有居民企业公开发行上市流通的股票不足 12 个月取得的投资收益。

即问即答

问:不征税收入与免税收入有什么区别?

答:(1)不征税收入和免税收入均属于企业所得税所称的"收入总额",在计算企业所得税应纳税所得额时应扣除。

(2)不征税收入,是不应列入征税范围的收入;免税收入则是应列入征税范围的收入,只是国家出于特殊考虑给予税收优惠,在一定时期有可能恢复征税。

(3)企业的不征税收入对应的费用、折旧、摊销一般不得在计算应纳税所得额时扣除;免税收入对应的费用、折旧、摊销一般可以税前扣除。

三、准予扣除项目

(一)税前扣除项目应遵循的原则

企业申报的扣除项目和金额要真实合法。真实是指能提供有关支出确属已经实际发生的证明;合法是指符合国家税法的规定,若其他法规规定与税收法规不一致,应以税收法规的规定为准。

(1)权责发生制原则,是指企业费用应在发生的所属期扣除。

(2)配比原则,是指企业发生的费用应当与收入配比扣除。除特殊规定外企业发生的费用不得提前或滞后申报扣除。

(3)相关性原则,是指企业可扣除的费用从性质和根源上必须与取得应税收入直接相关。

(4)确定性原则,是指企业可扣除的费用不论何时支付,其金额必须是确定的。

(5)合理性原则,是指符合生产经营活动常规,应当计入当期损益或者有关资产成本的必要和正常的支出。

(二)准予扣除项目的范围

企业所得税法规定,企业实际发生的与取得收入有关的、合理的支出,包括成本、费用、税金、损失和其他支出,准予在计算应纳税所得额时扣除。

(1)成本,是指企业在生产经营活动中发生的销售成本、销货成本、业务支出以及其他耗费,即企业销售商品(产品、材料、下脚料、废料、废旧物资等)、提供劳务、转让固定资产、无形资产(包括技术转让)的成本。

【案例探究】某小汽车生产企业为增值税一般纳税人,2018 年度自行核算的相关数据为:全年取得产品销售收入总额 68 000 万元,应扣除的产品销售成本 45 800 万元。2019 年 2 月经聘请的会计师事务所对 2018 年度的经营情况进行审核,发现以下相关问题:12 月 20 日收到代销公司代销 5 辆小汽车的代销清单及货款 162.4 万元(小汽车每辆成本价 20 万元,与代销公司不含税结算价 28 万元)。

企业会计处理为:

借:银行存款	1 624 000	
贷:预收账款——代销汽车款		1 624 000

该企业的账务处理正确吗?应怎样进行纳税处理?

【解析】按照规定采取代销方式销售货物,所得税应以收到代销清单的当天确认收入,该企业将收到的银行存款记入"预收账款"科目核算不正确。

应调增收入=28×5=140(万元),同时调增销售成本 100 万元。

因此,该企业 2017 年度产品销售收入总额=68 000+140=68 140(万元)

扣除的产品销售成本=45 800+100=45 900(万元)。

(2)费用,是指纳税人每一纳税年度为生产、经营商品和提供劳务等所发生的可扣除的销售(经营)费用、管理费用和财务费用。已计入成本的有关费用除外。

(3)税金,是指企业发生的除企业所得税和允许抵扣的增值税以外的企业缴纳的各项税金及其附加,即企业按规定缴纳的消费税、城市维护建设税、关税、资源税、土地增值税、房产税、车船税、城镇土地使用税、印花税、教育费附加等产品销售税金及附加。这些已纳税金税前扣除的方式有两种:一是在发生当期扣除;二是在发生当期计入相关资产的成本,在以后各期分摊扣除。

【例 6-14·多选题】以下不得在所得税前扣除的税金包括(　　)。

A. 购买材料允许抵扣的增值税　　B. 土地增值税

C. 出口关税　　D. 企业所得税

【答案】 AD

【解析】 增值税和企业所得税不得在企业所得税税前扣除。

【例 6－15 · 计算题】 某企业当期销售货物实际缴纳增值税 20 万元、消费税 15 万元、城建税 2.45 万元、教育费附加 1.05 万元，还缴纳房产税 1 万元、城镇土地使用税 0.5 万元、印花税 0.6 万元，计算企业当期所得税前可扣除的税金合计。

【解析】 单独核算的增值税不得在企业所得税前扣除，则企业当期所得税前可扣除的税金合计＝15＋2.45＋1.05＋1＋0.5＋0.6＝20.6(万元)。

(4)损失，是指纳税人生产经营过程中发生的固定资产和存货的盘亏、毁损、报废损失，转让财产损失，呆坏账损失，自然灾害等不可抗力因素造成的损失以及其他损失。

企业发生的损失，减除责任人赔偿和保险赔款后的余额，依照国务院财政、税务主管部门的规定扣除。企业已经作为损失处理的资产，在以后纳税年度又全部收回或者部分收回时，应当计入当期收入。

【例 6－16 · 计算题】 某企业司机张某驾驶企业小轿车违章行驶，造成车辆报废，该车的资产净值 10 万元，保险公司给予赔偿 6 万元，企业要求张某赔偿 3 万元，则该车可在企业所得税前扣除的损失有多少？

【解析】 企业发生的损失，减除责任人赔偿和保险赔款后的余额才是企业所得税税前允许扣除的净损失，为：10－6－3＝1(万元)。

(5)扣除的其他支出，是指除成本、费用、税金、损失外，企业在生产经营活动中发生的与生产经营活动有关的、合理的支出。

(三)扣除项目及其标准

(1)工资、薪金支出。企业发生的合理的工资、薪金支出准予据实扣除，包括基本工资、奖金、津贴、补贴、年终加薪、加班工资，以及与任职或受雇有关的其他支出。

“合理的工资、薪金”，是指企业按照股东大会、董事会、薪酬委员会或相关管理机构制定的工资、薪金制度规定实际发放给员工的工资、薪金。

企业因雇用季节工、临时工、实习生、返聘离退休人员以及接受外部劳务派遣用工所实际发生的费用，应区分为工资薪金支出和职工福利费支出，并按《企业所得税法》规定在企业所得税税前扣除。其中属于工资薪金支出的，准予计入企业工资薪金总额的基数，作为计算其他各项相关费用扣除的依据。

【例 6－17 · 单选题】 企业支付给如下员工的报酬不属于《企业所得税法》中所称工资薪金支出范畴的是(　　)。

A. 为车间生产雇用季节工　　B. 为宣传产品雇用临时工

C. 为管理部门招用实习生　　D. 为职工食堂返聘退休厨师

【答案】 D

【解析】 福利部门的非常规用工的工资属于福利费支出。

【知识拓展】劳务费、工资薪金、福利费的辨析

企业接受外部劳务派遣用工所实际发生的费用，应分两种情况按规定在税前扣除：按照协议（合同）约定直接支付给劳务派遣公司的费用，应作为劳务费支出；直接支付给员工个人的费用，应作为工资薪金支出和职工福利费支出。

要明确非常规用工不是劳务支出，对非常规用工要注意区分福利部门用工和生产经营活动用工。非福利部门的非常规用工的工资也属于工资薪金总额，可作为职工福利费、工会经费、职工教育经费的扣除基数；福利部门的非常规用工的工资则属于福利费支出。

(2)职工福利费、工会经费、职工教育经费。企业发生的职工福利费、工会经费、职工教育经费按标准扣除，未超过标准的按实际数扣除，超过标准的只能按标准扣除，超出标准的部分不得扣除。

①职工福利费，是指企业为职工提供的除职工工资、奖金、津贴、纳入工资总额管理的补贴、职工教育经费、社会保险费和补充养老保险费（年金）、补充医疗保险费及住房公积金以外的福利待遇支出。

企业发生的职工福利费支出，不超过工资、薪金总额14%的部分准予扣除。

②工会经费。企业拨缴的工会经费，不超过工资、薪金总额2%的部分准予扣除。

③职工教育经费。企业发生的职工教育经费支出，不超过工资、薪金总额8%的部分准予扣除，超过部分准予结转以后纳税年度扣除。国务院财政、税务主管部门另有规定的除外。

软件和集成电路企业发生的职工教育经费中的职工培训费用，根据财政部、国家税务总局《关于进一步鼓励软件产业和集成电路产业发展企业所得税政策的通知》（财税〔2012〕27号）规定，可以全额在企业所得税前扣除。软件生产企业应准确划分职工教育经费中的职工培训费支出，对于不能准确划分的，以及准确划分后职工教育经费中扣除职工培训费用的余额，一律按照工资、薪金总额8%的比例扣除。

动漫企业的职工培训费用，根据《财政部、国家税务总局关于扶持动漫产业发展有关税收政策问题的通知》（财税〔2009〕65号）规定："经认定的动漫企业自主开发、生产动漫产品，可申请享受国家现行鼓励软件产业发展的所得税优惠政策。"因此，经认定的动漫企业职工培训费用，应单独进行核算并按实际发生额在计算应纳税所得额时扣除。

航空企业的空勤训练费用，根据《国家税务总局关于企业所得税若干问题的公告》（国家税务总局公告2011年第34号）第三条规定："航空企业实际发生的飞行员养成费、飞行训练费、乘务训练费、空中保卫员训练费等空勤训练费用，根据《实施条例》第二十七条规定，可以作为航空企业运输成本在税前扣除。"

核力发电企业为培养核电厂操纵员发生的培养费用，依据国家税务总局公告2014年第29号规定，可作为企业的发电成本在税前扣除。企业应将核电厂操纵员培养费与员工的职工教育经费严格区分，单独核算，员工实际发生的职工教育经费支出不得计入核电厂操纵员培养费直接扣除。

【例6—18·计算题】某市一家居民企业主要生产销售彩色电视机，计入成本、费用中的企业生产经营部门员工的合理的实发工资540万元（含管理部门实习生报酬10万元），当年发生的工会经费15万元、职工福利费70万元、职工教育经费16万元，要求计算：职工工

会经费、职工福利费、职工教育经费应调整的应纳税所得额。

【解析】

工会经费应调增应纳税所得额＝15－540×2％＝4.2(万元)

职工福利费的扣除限额＝540×14％＝75.6(万元)

75.6 万元＞70 万元，职工福利费不需要调整。

职工教育经费的扣除限额＝540×8％＝43.2(万元)

43.2 万元＞16 万元，职工教育经费不需要调整。

【例 6－19・计算题】某居民企业为我国软件生产企业，2018 年实际发生的合理的工资支出 500 万元，职工福利费支出 90 万元，职工教育经费支出 60 万元(含职工培训费用 40 万元)，假设该企业无其他纳税调整事项，2018 年该企业计算应纳税所得额时，应调增应纳税所得额多少万元？

【解析】

职工福利费应调增应纳税所得额＝90－500×14％＝20(万元)

职工教育经费的扣除限额＝500×8％＝40(万元)

60－40＝20(万元)＜40 万元，职工教育经费不需要调整。

合计应调增应纳税所得额＝20(万元)。

(3)保险费：

①企业依照国务院有关主管部门或省级人民政府规定的范围和标准为职工缴纳的基本养老、医疗、失业、工伤、生育保险费等基本社会保险费和住房公积金，准予扣除。

②企业为在本企业任职或受雇的全体员工支付的补充养老保险费、补充医疗保险费，分别在不超过职工工资总额 5％标准内的部分，准予扣除。超过部分，不得扣除。企业依照国家有关规定为特殊工种职工支付的人身安全保险费和符合国务院财政、税务主管部门规定可以扣除的商业保险费准予扣除。

③企业参加财产保险，按照规定缴纳的保险费，准予扣除。企业为投资者或者职工支付的商业保险费，不得扣除。

【案例探究】某公司 2018 年度支付合理的工资薪金总额 1 000 万元，按规定标准为职工缴纳基本社会保险费 150 万元，为受雇的全体员工支付补充养老保险费 80 万元、补充医疗保险费 120 万元，为公司高管缴纳商业保险费 30 万元。在本案中有关保险费的扣除金额是怎样的？

【解析】

(1)补充养老保险费的扣除限额＝1 000×5％＝50(万元)，实际发生额 80 万元超过扣除限额，只能按限额扣除；

(2)补充医疗保险费的扣除限额＝1 000×5％＝50(万元)，实际发生额 120 万元超过扣除限额，只能按限额扣除；

(3)按规定为职工缴纳的基本社会保险费 150 万元可以据实扣除，为公司高管缴纳商业保险费 30 万元不得扣除；

(4)该公司 2018 年度发生的上述保险费在企业所得税税前可以扣除的数额＝150＋50＋50＝250(万元)；或者，纳税调增额＝(80－50)＋(120－50)＋30＝130(万元)。

(4)利息费用，是指纳税人为经营活动的需要承担的、与借入资金相关的利息支出。

①纳税人在生产经营期间，向金融机构借款的利息支出，按照实际发生数扣除；向非金融机构借款的利息支出，包括纳税人之间相互拆借的利息支出，按照不高于金融机构同类、同期贷款利率计算的数额以内的部分，准予扣除。所称金融机构，是指各类银行、保险公司以及经中国人民银行批准从事金融业务的非银行金融机构。

【例 6—20 · 计算题】 某公司 2018 年度“财务费用”账户中含有两笔利息支出：(1)1 月初以年利率 8%向某经批准从事信托投资业务的公司借入的期限为 9 个月的生产周转用资金 300 万元的借款利息；(2)1 月初向某事业单位借入的与第一笔借款同期的生产周转用资金 100 万元的借款利息 10.5 万元。该公司 2018 年度可在计算应纳税所得额时扣除的利息费用是多少？

【解析】

可扣除的金融机构利息＝300×8%÷12×9＝18(万元)；向非金融企业借入款项可扣除的利息费用限额＝100×8%÷12×9＝6(万元)＜10.5 万元，只可按照限额扣除。可在税前扣除的利息费用合计＝18＋6＝24(万元)。

②关联企业利息费用的扣除。企业从其关联方接受的债权性投资与权益性投资的比例超过规定标准而发生的利息支出，不得在计算应纳税所得额时扣除。

企业实际支付给关联方的利息支出，除符合有关规定外，其接受关联方债权性投资与其权益性投资比例，金融企业为 5∶1；其他企业为 2∶1。

【例 6—21 · 计算题】 2018 年 1 月 1 日，某新办制造企业(居民企业)为生产经营向关联方借入 1 年期经营性资金 600 万元，关联借款利息支出 50 万元，该关联方对企业的权益性投资为 200 万元，银行同期同类贷款年利率为 7%，则该企业当年在计算应纳税所得额时利息费用需纳税调整的金额为多少？

【解析】

第一步，合理的借款总量＝200×2＝400(万元)

第二步，合理利率水平的利息费用＝400×7%＝28(万元)

利息超过规定标准＝50－28＝22(万元)，需要进行纳税调整，调增应纳税所得额 22 万元。

(5)借款费用：

①企业在生产经营活动中发生的合理的不需要资本化的借款费用，准予扣除。

②企业为购置、建造固定资产、无形资产和经过 12 个月以上的建造才能达到预定可销售状态的存货发生借款的，在有关资产购置、建造期间发生的合理的借款费用，应予以资本化，作为资本性支出计入有关资产的成本；有关资产交付使用后发生的借款利息，可在发生当期扣除。

③企业通过发行债券、取得贷款、吸收保户储金等方式融资而发生的合理的费用支出，符合资本化条件的，应计入相关资产成本；不符合资本化条件的，应作为财务费用，准予在企业所得税前据实扣除。

(6)业务招待费。企业发生的与生产经营活动有关的业务招待费支出，按照发生额的 60%扣除，但最高不得超过当年销售(营业)收入的 5‰。

销售(营业)收入包括销售货物收入、让渡资产使用权(收取资产租金或使用费)收入、提供劳务收入等主营业务收入、其他业务收入,还包括视同销售收入,但不含营业外收入、投资收益(从事股权投资业务的企业除外)等。

【例6—22·计算题】某企业2018年销售货物收入3 000万元,包装物出租收入400万元,视同销售货物收入600万元,转让厂房所有权收入200万元,捐赠收入20万元,当年实际发生业务招待费30万元。该企业当年可在所得税前列支的业务招待费金额是多少?

【解析】转让厂房所有权、捐赠收入均属于营业外收入范畴,不能作为计算业务招待费的基数。

确定计算招待费的扣除限额的基数=3 000+400+600=4 000(万元)

第一,标准的计算,为发生额的60%:30×60%=18(万元);

第二,限度的计算:4 000×5‰=20(万元)。

两数据比大小后择其小者:其当年可在所得税前列支的业务招待费金额是18万元。

(7)广告费和业务宣传费。企业发生的符合条件的广告费和业务宣传费支出,除国务院财政、税务主管部门另有规定外,不超过当年销售(营业)收入15%的部分准予扣除,超过部分,准予结转以后纳税年度扣除。

【例6—23·单选题】2018年甲企业取得销售收入3 000万元,广告费支出400万元;上一年度结转广告费60万元。已知,甲企业发生广告费可以按照当年销售收入的15%在企业所得税前扣除,超过部分准予在以后纳税年度结转扣除。根据企业所得税法律制度的规定,甲企业2018年准予扣除的广告费是(　　)万元。

A. 460　　B. 510　　C. 450　　D. 340

【答案】C

【解析】

(1)税前扣除限额=3 000×15%=450(万元);

(2)当年实际发生数+上年结转额=400+60=460(万元);

(3)甲企业2017年准予扣除的广告费为450万元。

企业在筹建期间,发生的广告费和业务宣传费支出,可按实际发生额计入企业筹办费,并按有关规定在税前扣除。

【知识拓展】广告费、业务宣传费与赞助费之间有什么区别?

广告支出的三个条件是:通过工商部门批准的专门机构制作;已支付费用并取得相应发票;通过一定媒体传播。与生产经营无关的非广告性质的赞助费在所得税前不得列支。

(8)公益性捐赠支出,是指企业通过公益性社会团体或者县级以上人民政府及其部门,用于《公益事业捐赠法》规定的公益事业的捐赠。

企业发生的公益性捐赠支出,不超过年度利润总额12%的部分,准予扣除。超过年度利润总额12%的部分,准予结转以后3年内在计算应纳税所得额时扣除。

年度利润总额,是指企业依照国家会计制度的规定计算的年度会计利润。

用于公益事业的捐赠支出,是指《公益事业捐赠法》规定的向公益事业的捐赠支出,必须符合对象和渠道两个条件。

①对象条件:公益——列举的公益事业。

②渠道条件:间接——县级以上(含县级)人民政府及其部门或公益性的社会团体。

企业进行公益性捐赠的支出,由公益性社会团体和县级以上政府开具公益性捐赠票据。

【例 6—24·计算题】某居民企业按照规定计算出利润总额 300 万元,当年直接到受灾现场给受灾灾民发放慰问金 10 万元,通过省级人民政府机关对受灾地区捐赠 30 万元,其当年捐赠应调整应纳税所得额多少万元?

【解析】

其当年可在企业所得税前列支的公益性捐赠限额=300×12%=36(万元)

通过省级人民政府机关对受灾地区的捐赠 30 万元低于限额 36 万元,所以可以全额在税前扣除,不需纳税调整。

直接给受赠人的捐赠在企业所得税前不得扣除。所以当年捐赠应调增应纳税所得额 10 万元。

(9)租赁费。纳税人租入固定资产支付的租赁费,按照以下方法扣除:

①属于经营性租赁发生的租入固定资产租赁费:根据租赁期限均匀扣除;

②属于融资性租赁发生的租入固定资产租赁费:构成融资租入固定资产价值的部分应当提取折旧费用,分期扣除;租赁费支出不得直接扣除。

(10)劳动保护费。企业发生的合理的劳动保护支出,准予扣除。

合理的劳动保护支出,是指确因特殊工作环境需要为雇员配备或提供工作服、手套、安全保护用品、防暑降温用品等所发生的支出。

【知识拓展】劳动保护费和职工福利费不是等同概念。例如:防暑降温用品和防暑降温费用,前者属于劳动保护费,没有开支的金额比例限制;后者属于职工福利费,有开支的金额比例限制。

(11)环境保护专项资金。企业依照法律、行政法规有关规定提取的用于环境保护、生态恢复等方面的专项资金,准予扣除;上述专项资金提取后改变用途的,不得扣除。

(12)总机构分摊的费用。非居民企业在中国境内设立的机构、场所,就其中国境外总机构发生的与该机构、场所生产经营有关的费用,能够提供总机构出具的费用汇集范围、定额、分配依据和方法等证明文件,并合理分摊的,准予扣除。

(13)资产损失。

①企业当期发生的固定资产和流动资产盘亏、毁损净损失,由其提供清查盘存资料经主管税务机关审核后,准予扣除;

②企业因资产盘亏、毁损、报废等原因不得从销项税金中抵扣的进项税金,应视同企业资产损失,准予与资产损失一起在所得税前按规定扣除。

【例 6—25·计算题】某企业(增值税一般纳税人)2018 年毁损一批库存材料,账面成本 10 120 元(含运费 120 元),保险公司审理后同意赔付 8 000 元,该企业的损失已向税务机关进行了专项申报,其在所得税前可扣除的损失金额为多少?

【解析】

不得抵扣的进项税额=(10 120－120)×16%＋120×10%＝1 612(元)

在所得税前可扣除的损失金额＝10 120＋1 612－8 000＝3 732(元)

(14)其他项目。如会员费、合理的会议费、差旅费、违约金、诉讼费用等，准予扣除。

四、不得扣除项目

在计算应纳税所得额时，下列项目不得从收入总额中扣除：

(1)向投资者支付的股息、红利等权益性投资收益款项。

(2)企业所得税税款。

(3)违法经营的罚款、罚金和被没收的财物的损失。

【知识拓展】“罚金”和“罚款”的区别

罚金是刑事犯罪处罚，是指强制犯罪人向国家缴纳一定数额金钱的刑罚方法。罚金作为一种财产刑，是以剥夺犯罪人金钱为内容的，这是罚金与其他刑罚方法显著区别之所在。

罚款是指处罚违法者(行政处罚)或违反合同者以一定数量的钱款(司法处罚)。

罚金和行政罚款均不得税前扣除，而违反合同的违约金支出则允许税前扣除。

(4)税收的滞纳金。

(5)超过规定标准的捐赠支出。

(6)与生产经营活动无关的非广告性质的赞助支出。

(7)未经核定的准备金支出(指企业未经国务院财政、税务主管部门核定而提取的各项资产减值准备、风险准备等准备金)。

(8)企业之间支付的管理费、企业内营业机构之间支付的租金和特许权使用费，以及非银行企业内营业机构之间支付的利息，不得扣除。

(9)与取得收入无关的其他支出。

【例 6－26·单选题】下列各项支出中，可以在计算企业所得税应纳税所得额时扣除的是(　　)。

A. 向投资者支付的股息　　　　B. 合理的劳动保护支出

C. 为投资者支付的商业保险费　　　　D. 内设营业机构之间支付的租金

【答案】B

【解析】A 和 D 选项都属于不得扣除项目；C 选项为保险费的内容，企业为投资者或者职工支付的商业保险费，不得扣除。

【例 6－27·单选题】以下各项支出中，按照企业所得税法的规定可在税前扣除的是(　　)。

A. 税收滞纳金　　　　B. 非广告性赞助

C. 企业所得税税款　　　　D. 按规定缴纳的财产保险费

【答案】D

【解析】A 和 B 选项都是属于不得扣除项目；C 选项为扣除项目之一税金里涉及的内容，允许扣除的税金是指企业发生的除企业所得税和允许抵扣的增值税以外的企业缴纳的各项税金及其附加。

【例题 6－28·多选题】在计算应纳税所得额时不得扣除的项目有(　　)。

A. 企业赴灾区直接给灾民的现金救济支出

B. 利润分红支出

C. 企业违反销售协议被采购方索取的违约金

D. 违反食品卫生法被政府处以的罚款

【答案】ABD

【解析】A选项虽然是捐赠支出，但是不符合公益性捐赠的渠道条件；B选项向投资者支付的股息、红利等权益性投资收益款项为不得扣除项目；D选项罚金和罚款也是不得扣除项目。

五、亏损弥补

纳税人发生年度亏损，经税务机关核实后，可以用下一年度的应纳税所得额弥补；下一纳税年度的所得不足弥补的，可以逐年延续弥补，但最长不得超过5年。而且，企业在汇总计算缴纳企业所得税时，其境外营业机构的亏损不得抵减境内营业机构的盈利。

企业筹办期间不计算为亏损年度，企业开始生产经营的年度，为开始计算企业损益的年度。企业从事生产经营之前进行筹办活动期间发生筹办费用支出，不得计算为当期的亏损，企业可以在开始经营之日的当年一次性扣除，也可以按照新税法有关长期待摊费用的处理规定处理，但一经选定，不得改变。

另外，自2018年1月1日起，将高新技术企业和科技型中小企业亏损结转年限由5年延长至10年。

第三节　资产的税务处理

一、固定资产的税务处理

固定资产是指企业为生产产品、提供劳务、出租或者经营管理而持有的、使用时间超过12个月的非货币性资产，包括房屋、建筑物、机器、机械、运输工具以及其他与生产经营活动有关的设备、器具、工具等。

（一）固定资产的计税基础

（1）外购的固定资产，以购买价款和支付的相关税费以及直接归属于使该资产达到预定用途发生的其他支出为计税基础。

（2）自行建造的固定资产，以竣工结算前发生的支出为计税基础。

（3）融资租入的固定资产，以租赁合同约定的付款总额和承租人在签订租赁合同过程中发生的相关费用为计税基础；租赁合同未约定付款总额的，以该资产的公允价值和承租人在签订租赁合同过程中发生的相关费用为计税基础。

（4）盘盈的固定资产，以同类固定资产的重置完全价值为计税基础。

（5）通过捐赠、投资、非货币性资产交换、债务重组等方式取得的固定资产，以该资产的公允价值和支付的相关税费为计税基础。

（6）改建的固定资产，除已足额提取折旧的固定资产和租入的固定资产以外的其他固定资产，以改建过程中发生的改建支出增加计税基础。

（二）固定资产折旧的范围

在计算应纳税所得额时，企业按照规定计算的固定资产折旧，准予扣除。下列固定资产不得计算折旧扣除：

（1）房屋、建筑物以外未投入使用的固定资产。

（2）以经营租赁方式租入的固定资产。

（3）以融资租赁方式租出的固定资产。

（4）已足额提取折旧仍继续使用的固定资产。

（5）与经营活动无关的固定资产。

（6）单独估价作为固定资产入账的土地。

（7）其他不得计算折旧扣除的固定资产。

【例6－29·单选题】依据企业所得税的相关规定，下列表述中，正确的是（　　）。

A. 企业未使用的房屋和建筑物，不得计提折旧

B. 企业以经营租赁方式租入的固定资产，应当计提折旧

C. 企业盘盈的固定资产，以该固定资产的原值为计税基础

D. 企业自行建造的固定资产，以竣工结算前发生的支出为计税基础

【答案】D

【解析】A选项房屋和建筑物即使没有投入使用也应该开始计提折旧；B选项企业以经营租赁方式租入的固定资产，不得计提折旧；C选项企业盘盈的固定资产，应当以同类固定资产的重置完全价值为计税基础。

（三）固定资产折旧计提的方法

（1）企业应当自固定资产投入使用月份的次月起计算折旧；停止使用的固定资产，应当自停止使用月份的次月起停止计算折旧。

（2）企业应当根据固定资产的性质和使用情况，合理确定固定资产的预计净残值。固定资产的预计净残值一经确定，不得变更。

（3）固定资产按照直线法计算的折旧，准予扣除。

（4）企业对房屋、建筑物固定资产在未足额提取折旧前进行改扩建的，如属于推倒重置，该资产原值减除提取折旧后的净值，应并入重置后的固定资产计税成本，并在该固定资产投入使用后的次月起，按照税法规定的折旧年限，一并计提折旧；如属于提升功能、增加面积的，该固定资产的改扩建支出，并入该固定资产计税基础，并从改扩建完工投入使用后的次月起，重新按税法规定的该固定资产折旧年限计提折旧，如该改扩建后的固定资产尚可使用的年限低于税法规定的最低年限，可以按尚可使用的年限计提折旧。

【例6－30·计算题】某企业（增值税一般纳税人）2018年6月购入一台不需要安装的生产设备，取得增值税专用发票上注明价款100万元，增值税税额17万元，购入设备发生运费，取得增值税专用发票上注明金额2万元，增值税0.2万元。该设备当月投入使用，假定该企业生产设备折旧年限为10年，预计净残值率5%，则该企业在企业所得税前扣除的该设备的月折旧额是多少万元？

【解析】购入设备及运费的进项税可以抵扣，则购入该设备的计税基础＝100＋2＝102

（万元）

该设备可提折旧金额＝102×(1－5%)＝96.9(万元)

该设备月折旧额＝96.9/(10×12)＝0.81(万元)

（四）固定资产折旧的计提年限

除国务院财政、税务主管部门另有规定外，固定资产计算折旧的最低年限如下：

(1)房屋、建筑物，为20年。

(2)飞机、火车、轮船、机器、机械和其他生产设备，为10年。

(3)与生产经营活动有关的器具、工具、家具等，为5年。

(4)飞机、火车、轮船以外的运输工具，为4年。

(5)电子设备，为3年。

【例6－31·单选题】以下各项中，最低折旧年限为5年的固定资产是(　　)。

A. 建筑物　　B. 生产设备　　C. 家具　　D. 电子设备

【答案】C

【解析】A选项建筑物的最低折旧年限为20年，B选项生产设备的最低折旧年限为10年，D选项电子设备的最低折旧年限为3年。

二、生物资产的税务处理

生物资产分为消耗性生物资产、生产性生物资产和公益性生物资产。税法只对生产性生物资产做出了计税基础和折旧的规定。

生产性生物资产是指企业为生产农产品、提供劳务或出租等而持有的生物资产，包括经济林、薪炭林、产畜和役畜。

（一）生物资产的计税基础

(1)外购的生产性生物资产，以购买价款和支付的相关税费为计税基础；

(2)通过捐赠、投资、非货币性资产交换、债务重组等方式取得的生产性生物资产，以该资产的公允价值和支付的相关税费为计税基础。

（二）生物资产的折旧方法

生产性生物资产按照直线法计算的折旧，准予扣除。企业应当自生产性生物资产投入使用月份的次月起计算折旧；停止使用的生产性生物资产，应当自停止使用月份的次月起停止计算折旧。企业应当根据生产性生物资产的性质和使用情况，合理确定生产性生物资产的预计净残值。生产性生物资产的预计净残值一经确定，不得变更。

生产性生物资产计算折旧的最低年限如下：

(1)林木类生产性生物资产，为10年；

(2)畜类生产性生物资产，为3年。

三、无形资产的税务处理

无形资产是指企业长期使用但没有实物形态的资产，包括专利权、商标权、著作权、土地使用权、非专利技术、商誉等。

（一）无形资产的计税基础

无形资产按照以下方法确定计税基础：

(1)外购的无形资产,以购买价款和支付的相关税费以及直接归属于使该资产达到预定用途发生的其他支出为计税基础;

(2)自行开发的无形资产,以开发过程中该资产符合资本化条件后至达到预定用途前发生的支出为计税基础;

(3)通过捐赠、投资、非货币性资产交换、债务重组等方式取得的无形资产,以该资产的公允价值和支付的相关税费为计税基础。

(二)无形资产摊销的范围

在计算应纳税所得额时,企业按照规定计算的无形资产摊销费用,准予扣除。

下列无形资产不得计算摊销费用扣除:

(1)自行开发的支出已在计算应纳税所得额时扣除的无形资产。

(2)自创商誉。

(3)与经营活动无关的无形资产。

(4)其他不得计算摊销费用扣除的无形资产。

(三)无形资产的摊销方法及年限

无形资产的摊销,采取直线法计算。无形资产的摊销年限不得低于10年。作为投资或者受让的无形资产,有关法律规定或者合同约定了使用年限的,可以按照规定或者约定的使用年限分期摊销。外购商誉的支出,在企业整体转让或者清算时,准予扣除。

【例6—32·计算题】某市区的一个企业,2017年转让一项两年前购买的无形资产的所有权。购买时是60万元,转让的不含税收入是70万元,摊销期限是10年。不考虑城市维护建设税及教育费附加等,请计算转让该无形资产应当缴纳的企业所得税。

【解析】无形资产的账面成本=60－(60÷10×2)=48(万元)

应纳税所得额=70－48=22(万元)

应纳企业所得税=22×25%=5.5(万元)

四、长期待摊费用的税务处理

长期待摊费用,是指企业发生的应在一个年度以上或几个年度进行摊销的费用。在计算应纳税所得额时,企业发生的下列支出作为长期待摊费用,按照规定摊销的,准予扣除。

(一)长期待摊费用的范围

(1)已足额提取折旧的固定资产的改建支出。

(2)租入固定资产的改建支出。

(3)固定资产的大修理支出。

(4)其他应当作为长期待摊费用的支出。

企业所得税法所指固定资产的大修理支出,是指同时符合下列条件的支出:修理支出达到取得固定资产时的计税基础50%以上;修理后固定资产的使用年限延长2年以上。

【例6—33·多选题】依据企业所得税的有关规定,企业发生的下列支出中,应作为长期待摊费用的有(　　)。

A. 长期借款不符合资本化条件的利息支出

B. 租入固定资产的改建支出

C. 固定资产的大修理支出

D. 已提足折旧的固定资产的改建支出

【答案】BCD

【解析】借款的利息支出不符合资本化条件的可以在发生当期直接扣除。

(二)长期待摊费用的摊销年限

(1)已足额提取折旧的固定资产的改建支出,按照固定资产预计尚可使用年限分期摊销。

(2)租入固定资产的改建支出,按照合同约定的剩余租赁期限分期摊销。

(3)改建的固定资产延长使用年限的,除已足额提取折旧的固定资产、租入固定资产的改建支出外,其他的固定资产发生改建支出,应当适当延长折旧年限。大修理支出,按照固定资产尚可使用年限分期摊销。

(4)其他应当作为长期待摊费用的支出,自支出发生月份的次月起,分期摊销,摊销年限不得低于3年。

五、投资资产的税务处理

投资资产,是指企业对外进行权益性投资和债权性投资形成的资产。

(一)投资资产的成本

投资资产按以下方法确定投资成本:

(1)通过支付现金方式取得的投资资产,以购买价款为成本。

(2)通过支付现金以外的方式取得的投资资产,以该资产的公允价值和支付的相关税费为成本。

(二)投资资产成本的扣除方法

企业对外投资期间,投资资产的成本在计算应纳税所得额时不得扣除。被投资企业发生的经营亏损,由被投资企业按规定结转弥补;投资企业不得调整减低其投资成本,也不得将其确认为投资损失。

企业在转让或者处置投资资产时,投资资产的成本准予扣除。

六、存货的税务处理

存货是指企业持有以备出售的产品或者商品、处在生产过程中的在产品、在生产或者提供劳务过程中耗用的材料和物料等。

(一)存货的计税基础

存货按照以下方法确定成本:

(1)通过支付现金方式取得的存货,以购买价款和支付的相关税费为成本。

(2)通过支付现金以外的方式取得的存货,以该存货的公允价值和支付的相关税费为成本。

(3)生产性生物资产收获的农产品,以产出或者采收过程中发生的材料费、人工费和分摊的间接费用等必要支出为成本。

(二)存货的成本计算方法

企业使用或者销售的存货的成本计算方法,可以采用先进先出法、加权平均法或个别计价法。计价方法一经选用，不得随意变更。

企业转让以上资产，在计算应纳税所得额时，资产的净值允许扣除。其中，资产的净值是指有关资产、财产的计税基础减除已经按照规定扣除的折旧、折耗、摊销、准备金等后的余额。

除国务院财政、税务主管部门另有规定外，企业在重组过程中，应当在交易发生时确认有关资产的转让所得或者损失，相关资产应当按照交易价格重新确定计税基础。

【例 6－34·单选题】以下关于存货的税务处理正确的是(　　)。

A. 通过现金方式取得的存货，以公允价值和支付的相关税费为成本

B. 通过支付现金以外方式取得的存货，以评估价值和支付的相关税费为成本

C. 生产性生物资产收获农产品，以产出或者采收过程中发生的材料费、人工费和分摊的间接费用等必要支出为成本

D. 企业使用或销售存货可以在先进先出法、后进先出法、加权平均法中选用一种

【答案】C

【解析】A 选项通过支付现金方式取得的存货，以购买价款和支付的相关税费为成本；B 选项通过支付现金以外的方式取得的存货，以该存货的公允价值和支付的相关税费为成本；D 选项企业使用或者销售的存货的成本计算方法，可以采用先进先出法、加权平均法或个别计价法，没有后进先出法。

第四节　税收优惠

税收优惠是指国家运用税收政策在税收法律、行政法规中规定对某一部分特定企业和课税对象给予减轻或免除税收负担的一种措施。税法规定的企业所得税的税收优惠方式包括免税、减税、加计扣除、加速折旧、减计收入、税额抵免等。

一、税额式减免优惠(免税、减税)

(一)企业从事农林牧渔业项目的所得

(1)企业从事下列项目的所得，免征企业所得税：

①蔬菜、谷物、薯类、油料、豆类、棉花、麻类、糖料、水果、坚果的种植。

②农作物新品种的选育。

③中药材的种植。

④林木的培育和种植。

⑤牲畜、家禽的饲养。

⑥林产品的采集。

⑦灌溉、农产品初加工、兽医、农技推广、农机作业和维修等农、林、牧、渔服务业项目。

⑧远洋捕捞。

(2)企业从事下列项目的所得，减半征收企业所得税：

①花卉、茶以及其他饮料作物和香料作物的种植；

②海水养殖、内陆养殖。

【例 6—35 · 多选题】企业取得下列各项所得，可以免征企业所得税的有(　　)。

A. 林产品的采集所得

B. 海水养殖、内陆养殖所得

C. 香料作物的种植所得

D. 农作物新品种的选育所得

【答案】AD

【解析】海水养殖、内陆养殖所得和香料作物的种植所得是减半征收。

(二)从事国家重点扶持的公共基础设施项目投资经营的所得

税法所称国家重点扶持的公共基础设施项目，是指《公共基础设施项目企业所得税优惠目录》规定的港口码头、机场、铁路、公路、电力、水利等项目。

(1)企业从事国家重点扶持的公共基础设施项目投资经营的所得，自项目取得第一笔生产经营收入所属纳税年度起，第 1 年至第 3 年免征企业所得税，第 4 年至第 6 年减半征收企业所得税。

(2)企业承包经营、承包建设和内部自建自用上述规定的项目，不得享受上述企业所得税优惠。

(三)从事符合条件的环境保护、节能节水项目的所得

环境保护、节能节水项目的所得，自项目取得第一笔生产经营收入所属纳税年度起，第 1 年至第 3 年免征企业所得税，第 4 年至第 6 年减半征收企业所得税。

符合条件的环境保护、节能节水项目，包括公共污水处理、公共垃圾处理、沼气综合开发利用、节能减排技术改造、海水淡化等。项目的具体条件和范围见《财政部国家税务总局国家发展改革委关于公布环境保护、节能节水项目企业所得税优惠目录(试行)的通知》(财税〔2009〕166 号)。

(四)符合条件的技术转让所得

税法所称符合条件的技术转让所得免征、减征企业所得税，是指一个纳税年度内，居民企业转让技术所有权所得不超过 500 万元的部分，免征企业所得税；超过 500 万元的部分，减半征收企业所得税。其计算公式为：

技术转让所得＝技术转让收入－技术转让成本－相关税费

(五)节能服务公司实施合同能源管理项目

对符合条件的节能服务公司实施合同能源管理项目，符合《企业所得税法》有关规定的，自项目取得第一笔生产经营收入所属纳税年度起，第 1 年至第 3 年免征企业所得税，第 4 年至第 6 年按照 25％的法定税率减半征收企业所得税。

(六)企业购置用于环境保护、节能节水、安全生产等专用设备

企业购置并实际使用《环境保护专用设备企业所得税优惠目录》《节能节水专用设备企业所得税优惠目录》和《安全生产专用设备企业所得税优惠目录》规定的环境保护、节能节水、安全生产等专用设备的，该专用设备的投资额的 10％可以从企业当年的应纳税额中抵免；当年不足抵免的，可以在以后 5 个纳税年度结转抵免。

【例 6—36 · 单选题】依据企业所得税法的规定，企业购买专用设备的投资额可按一定

比例实行税额抵免，该设备应符合的条件是（　　）。

A. 用于创业投资　　B. 用于综合利用资源

C. 用于开发新产品　　D. 用于环境保护

【答案】D

【解析】企业购置并实际使用规定的环境保护、节能节水、安全生产等专用设备的，该专用设备的投资额的10%可以从企业当年的应纳税额中抵免。

二、税基式减免优惠（加计扣除、加速折旧、减计收入）

（一）企业综合利用资源减计收入

企业生产符合国家产业政策规定的产品所取得的收入，可以在计算应纳税所得额时减计收入。

综合利用资源指企业以《资源综合利用企业所得税优惠目录（2008年版）》（财税〔2008〕117号文件发布）规定的资源作为主要原材料，生产国家非限制和禁止并符合国家和行业相关标准的产品取得的收入，减按90%计入收入总额。

上述所称原材料占生产产品材料的比例不得低于《资源综合利用企业所得税优惠目录》规定的标准。

（二）研发费用加计扣除

自2016年1月1日起，企业研发活动中发生的研发费用，按以下规定执行。

(1)研发活动及研发费用归集范围。研发活动，是指企业为获得科学与技术新知识，创造性运用科学技术新知识，或实质性改进技术、产品（服务）、工艺而持续进行的具有明确目标的系统性活动。

(2)允许加计扣除的研发费用。企业开展研发活动中实际发生的研发费用，未形成无形资产计入当期损益的，在按规定据实扣除的基础上，再按照本年度实际发生额的50%从本年度应纳税所得额中扣除；形成无形资产的，按照无形资产成本的150%在税前摊销。

【例6－37·计算题】某企业2017年应纳税所得额100万元（未考虑研发费的加计扣除），其中已扣除的研发新产品的研发费用40万元。计算该企业2017年应纳所得税额。

【解析】

(1)该企业2017年应纳税所得额＝100－40×50%＝80（万元）

(2)该企业2017年应纳所得税额＝80×25%＝20（万元）

（三）企业安置残疾人员所支付的工资加计扣除

企业安置残疾人员所支付工资费用的加计扣除，是指企业安置残疾人员的，在按照支付给残疾职工工资据实扣除的基础上，按照支付给残疾职工工资的100%加计扣除。

残疾人员的范围适用《残疾人保障法》的有关规定。企业安置国家鼓励安置的其他就业人员所支付的工资的加计扣除办法，由国务院另行规定。

（四）创投企业优惠

创业投资企业从事国家需要重点扶持和鼓励的创业投资，可以按投资额的一定比例抵扣应纳税所得额。

创投企业优惠是指创业投资企业采取股权投资方式投资于未上市的中小高新技术企业

2年以上的，可以按照其投资额的70%在股权持有满2年的当年抵扣该创业投资企业的应纳税所得额；当年不足抵扣的，可以在以后纳税年度结转抵扣。

（五）加速折旧

1. 一般性加速折旧

企业的固定资产由于技术进步等原因，确需加速折旧的，可以缩短折旧年限或者采取加速折旧的方法。可采用以上折旧方法的固定资产是指：

(1)由于技术进步，产品更新换代较快的固定资产。

(2)常年处于强震动、高腐蚀状态的固定资产。

采取缩短折旧年限方法的，最低折旧年限不得低于规定折旧年限的60%；采取加速折旧方法的，可以采取双倍余额递减法或者年数总和法。

2. 特殊性加速折旧

(1)对所有行业企业2018年1月1日至2020年12月31日期间新购进的单位价值不超过500万元的设备、器具，允许一次性计入当期成本费用在计算应纳税所得额时扣除，不论行业，不论是否专门用于研发，不区别是否小型微利企业。

(2)2018年1月1日至2020年12月31日期间新购进的单位价值超过500万元的设备、器具，专门用于研发或属于特定行业的可以缩短折旧年限或采用加速折旧方法。

(3)企业按上述第(1)条、第(2)条规定缩短折旧年限的，对其购置的新固定资产，最低折旧年限不得低于《企业所得税法实施条例》规定的折旧年限的60%；企业购置已使用过的固定资产，其最低折旧年限不得低于《企业所得税法实施条例》规定的最低折旧年限减去已使用年限后剩余年限的60%；采取加速折旧方法的，可采取双倍余额递减法或者年数总和法。第(1)至(2)条规定之外的企业固定资产加速折旧所得税处理问题，继续按照《企业所得税法》及其实施条例和现行税收政策规定执行。

【例6—38·单选题】企业采取缩短折旧年限方法的，若购置已使用过的固定资产，其最低折旧年限不得低于《企业所得税法实施条例》第60条规定的折旧年限减去(　　)后剩余年限的60%。

A. 已使用年限　　B. 未使用年限

C. 法定最低使用年限的50%　　D. 预计使用年限

【答案】A

【解析】选项A符合企业购置已使用过的固定资产，其最低折旧年限不得低于最低折旧年限减去已使用年限后剩余年限的60%的规定。

三、税率式减免优惠(减低税率)

(一)高新技术企业优惠

国家需要重点扶持的高新技术企业，减按15%的税率征收企业所得税。

高新技术企业是指在国家重点支持的高新技术领域内，持续进行研究开发与技术成果转化，形成企业核心自主知识产权，并以此为基础开展经营活动，在中国境内注册的居民企业。

(二)小型微利企业优惠

小型微利企业是指企业的全部生产经营活动产生的所得均负有我国企业所得税纳税义

务的企业。小型微利企业减按20%的税率征收企业所得税。

小型微利企业的条件如下：

(1)工业企业，年度应纳税所得额不超过100万元，从业人数不超过100人，资产总额不超过3 000万元。

(2)其他企业，年度应纳税所得额不超过100万元，从业人数不超过80人，资产总额不超过1 000万元。

上述"从业人数"按企业全年平均从业人数计算；"资产总额"按企业年初和年末的资产总额平均计算。

自2018年1月1日至2020年12月31日，对年应纳税所得额低于100万元(含100万元)的小型微利企业，其所得减按50%计入应纳税所得额，按20%的税率缴纳企业所得税。

【例6—39·计算题】2018年8月，一家新开业的小型微利商业企业，为了拓展市场，从开业之日起至12月31日销售商品一律实行买一赠一活动，开业5个月销售商品共计取得销售收入230万元，赠送商品的市场价格为15万元，全部销售商品和赠送商品的成本为180万元，应扣除的销售税金和全部费用共计42万元。计算该商业企业2018年度应缴纳企业所得税。

【解析】

(1)该企业当年应纳税所得额(优惠前)=(230－180－42)=8(万元)。

(2)优惠后应纳税所得额=8×50%=4(万元)。

(3)应纳的企业所得税=4×20%=0.8(万元)。

(三)西部大开发的优惠

对设在西部地区以《西部地区鼓励类产业目录》中新增鼓励类产业项目为主营业务，且其当年度主营业务收入占企业收入总额70%以上的企业，自2014年10月1日起，可减按15%税率缴纳企业所得税。

四、非居民企业税收优惠

非居民企业减按10%的税率征收企业所得税。这里的非居民企业是指在中国境内未设立机构、场所，或者虽设立机构、场所但取得的所得与其所设机构、场所没有实际联系的企业。该类非居民企业取得下列所得免征企业所得税：

(1)外国政府向中国政府提供贷款取得的利息所得。

(2)国际金融组织向中国政府和居民企业提供优惠贷款取得的利息所得。

(3)经国务院批准的其他所得。

第五节 企业所得税应纳税额的计算

一、居民企业应纳税额的计算

居民企业应缴纳所得税额等于应纳税所得额乘以适用税率，基本计算公式为：

应纳税额=应纳税所得额×适用税率－减免税额－抵免税额

根据计算公式可以看出，应纳税额的多少，取决于应纳税所得额和适用税率两个因素，而应纳税所得额的计算也有着两种方法，就是我们前面已经学习过的直接计算法和间接计算法。在实际过程中，我们一般使用间接计算法，即：应纳税所得额＝会计利润总额±纳税调整项目金额，以此进行企业所得税应纳税所得额的计算，进而计算出企业应纳所得税税额。

【例6—40·计算题】某企业为居民企业，2018年发生经营业务如下：

(1)取得产品销售收入4 000万元；

(2)发生产品销售成本2 600万元；

(3)发生销售费用770万元(其中广告费650万元)、管理费用480万元(其中业务招待费25万元)、财务费用60万元；

(4)销售税金160万元(含增值税120万元)；

(5)营业外收入80万元，营业外支出50万元(含通过公益性社会团体向贫困山区捐款30万元，支付税收滞纳金6万元)；

(6)计入成本、费用中的实发工资总额200万元、拨缴职工工会经费5万元、发生职工福利费31万元、发生职工教育经费7万元。

要求：计算该企业2017年度实际应纳的企业所得税。

【解析】

(1)利润总额＝4 000＋80－2 600－770－480－60－40－50＝80(万元)

(2)广告费和业务宣传费调增所得额＝650－4 000×15%＝650－600＝50(万元)

(3)业务招待费调增所得额＝25－25×60%＝25－15＝10(万元)

4 000×5‰＝20(万元)＞25×60%＝15(万元)

(4)捐赠支出应调增所得额＝30－80×12%＝20.4(万元)

(5)工会经费应调增所得额＝5－200×2%＝1(万元)

(6)职工福利费应调增所得额＝31－200×14%＝3(万元)

(7)职工教育经费扣除限额＝200×8%＝16(万元)

16万元＞7万元，职工教育经费不需要调整。

(8)应纳税所得额＝80＋50＋10＋20.4＋6＋1＋3＝170.4(万元)

(9)2018年应缴企业所得税＝170.4×25%＝42.6(万元)

二、境外所得抵扣税额的计算

境外已纳税额扣除，是避免国际间对同一所得重复征税的一项重要措施，我国税法规定对境外已纳税款实行限额扣除。境外缴纳的所得税税额，是指企业来源于中国境外的所得依照中国境外税收法律以及相关规定应当缴纳并已经实际缴纳的企业所得税性质的税款。抵免限额采用分国不分项的计算原则。

(一)税额抵免的范围

1. 直接抵免：(总分机构之间)对进行境外经营所得已纳税款的抵扣

(1)居民企业来源于中国境外的应税所得。

(2)非居民企业在中国境内设立机构、场所，取得发生在中国境外但与该机构、场所有实际联系的应税所得，可以从当期应纳税额中抵免。

2. 间接抵免：(母子或母子孙机构之间)对进行境外投资所得已纳税款的抵扣

居民企业从其直接或者间接控制的外国企业分得的来源于中国境外的股息、红利等权益性投资收益，外国企业在境外实际缴纳的所得税税额中属于该项所得负担的部分，可以作为该居民企业的可抵免境外所得税税额，在税法规定的抵免限额内抵免。

直接控制是指居民企业直接持有外国企业20%以上股份；间接控制是指居民企业以间接持股方式持有外国企业20%以上的股份。

(二)税额抵免的方法

我国境外所得抵免税额采取限额抵免法计算。

限额抵免法，是指对纳税人在境外取得的所得按照我国税法规定计算出其应纳所得税额，将该应纳税额作为汇总计算应纳税额时的扣除限额的一种方法。

(三)税额抵免的计算

1. 境外所得税税款扣除限额公式

抵免限额＝境内、境外所得按税法计算的应纳税总额×来源于某国(地区)的应纳税所得额÷境内、境外应纳税所得总额

该公式可以简化成：

抵免限额＝来源于某国的(税前)应纳税所得额×我国税率

需要注意的是，公式中的所得是税前所得(含税所得)。

如果所得是税后的话，可选用以下两种方法将税后所得还原成税前所得：

(1)用分回的税后所得除以(1－境外所得税税率)还原。

(2)用境外已纳税额加分回税后收益还原。

2. 抵免限额的具体应用

用抵免限额与境外实纳税额比大小，择其小者在境内外合计应纳税额中抵扣。

(1)如果纳税人来源于境外的所得在境外实际缴纳的税款低于扣除限额，可从应纳税额中据实扣除。

(2)如果超过扣除限额，其超过部分不得从本年度应纳税额中扣除，也不得列为本年度费用支出，但可以用以后年度抵免限额抵免当年应抵税额后的余额进行抵补，补扣期限最长不能超过5年。

【例6－41·计算题】某境内公司企业所得税税率为25%，2017年取得境内应纳税所得额160万元，境外应纳税所得额50万元，在境外已缴纳企业所得税10万元。计算2017年度该公司汇总纳税时实际应缴纳的企业所得税。

【解析】

(1)境外缴纳企业所得税的抵免限额＝50×25%＝12.5(万元)，在境外已缴纳企业所得税10万元，那么此部分境外已经缴纳的企业所得税10万元可以全额抵免；

(2)汇总纳税时实际应缴纳企业所得税＝(160＋50)×25%－10＝42.5(万元)。

三、居民企业核定征收应纳税额的计算

根据税法相关规定，核定征收企业所得税的有关规定如下。

(一)核定征收企业所得税的范围

居民企业纳税人具有下列情形之一的,核定征收企业所得税:

(1)依照法律、行政法规的规定可以不设置账簿的。

(2)依照法律、行政法规的规定应当设置但未设置账簿的。

(3)擅自销毁账簿或者拒不提供纳税资料的。

(4)虽设置账簿,但账目混乱或者成本资料、收入凭证、费用凭证残缺不全,难以查账的。

(5)发生纳税义务,未按照规定的期限办理纳税申报,经税务机关责令限期申报,逾期仍不申报的。

(6)申报的计税依据明显偏低,又无正当理由的。

(二)核定征收的办法

税务机关应根据纳税人的具体情况,对核定征收企业所得税的纳税人,核定应税所得率或者核定应纳所得税额。

1. 核定应税所得率具有下列情形之一的,核定其应税所得率:

(1) 能正确核算(查实)收入总额,但不能正确核算(查实)成本费用总额的。

(2) 能正确核算(查实)成本费用总额,但不能正确核算(查实)收入总额的。

(3)通过合理方法,能计算和推定纳税人收入总额或成本费用总额的。

纳税人不属于以上情形的,核定其应纳所得税额。

2. 核定应纳所得税额

税务机关采用下列方法核定征收企业所得税:

(1)参照当地同类行业或者类似行业中经营规模和收入水平相近的纳税人的税负水平核定。

(2)按照应税收入额或成本费用支出额定率核定。

(3)按照耗用的原材料、燃料、动力等推算或测算核定。

(4)按照其他合理方法核定。

采用前款所列一种方法不足以正确核定应纳税所得额或应纳税额的,可以同时采用两种以上的方法核定。采用两种以上方法测算的应纳税额不一致时,可按测算的应纳税额从高核定。

采用应税所得率方式核定征收企业所得税的,应纳所得税额计算公式如下:

应纳所得税额=应纳税所得额×适用税率

应纳税所得额=应税收入额×应税所得率

或:应纳税所得额=成本(费用)支出额/(1-应税所得率)×应税所得率

实行应税所得率方式核定征收企业所得税的纳税人,经营多业的,无论其经营项目是否单独核算,均由税务机关根据其主营项目确定适用的应税所得率。

【例6-42·计算题】某批发兼零售的小型微利企业,2017年度自行申报营业收入总额195万元、成本费用总额210万元,当年亏损15万元。经税务机关审核,该企业申报的收入总额无法核实,成本费用核算正确。假定对该企业采取核定征收企业所得税,应税所得率为8%,求该小型微利企业2017年度应缴纳企业所得税。

【解析】

(1)应纳税所得额=210÷(1-8%)×8%=18.26(万元);

(2)年所得<30万元，适用税率和应纳税所得额双重优惠的小型微利企业政策。2017年度应缴纳企业所得税=18.26×50%×20%=1.83(万元)。

第六节 企业所得税的征收管理与纳税申报

一、企业所得税的征收管理

(一)纳税地点

(1)除税收法律、行政法规另有规定外，居民企业以企业登记注册地为纳税地点；但登记注册地在境外的，以实际管理机构所在地为纳税地点。企业注册登记地是指企业依照国家有关规定登记注册的住所地。

(2)居民企业在中国境内设立不具有法人资格的营业机构的，应当汇总计算并缴纳企业所得税。企业汇总计算并缴纳企业所得税时，应当统一核算应纳税所得额，具体办法由国务院财政、税务主管部门另行制定。

(3)非居民企业在中国境内设立机构、场所的，应当就其所设机构、场所取得的来源于中国境内的所得，以及发生在中国境外但与其所设机构、场所有实际联系的所得，以机构、场所所在地为纳税地点。非居民企业在中国境内设立两个或者两个以上机构、场所的，经税务机关审核批准，可以选择由其主要机构、场所汇总缴纳企业所得税。

(4)非居民企业在中国境内未设立机构、场所，或者虽设立机构、场所但取得的所得与其所设机构、场所没有实际联系的，以扣缴义务人所在地为纳税地点。

(5)除国务院另有规定外，企业之间不得合并缴纳企业所得税。

(二)纳税期限

企业所得税按年计征，分月或者分季预缴，年终汇算清缴，多退少补。

企业所得税的纳税年度，自公历1月1日起至12月31日止。企业在一个纳税年度的中间开业，或者由于合并、关闭等原因终止经营活动，使该纳税年度的实际经营期不足12个月的，应当以其实际经营期为一个纳税年度。

企业清算时，应当以清算期间作为一个纳税年度。企业应当自清算结束之日起15日内，向主管税务机关报送企业所得税纳税申报表，并结清税款。

正常情况下，企业自年度终了之日起5个月内，向税务机关报送年度企业所得税纳税申报表，并汇算清缴，结清应缴应退税款。

企业在年度中间终止经营活动的，应当自实际经营终止之日起60日内，向税务机关办理当期企业所得税汇算清缴。

二、企业所得税的纳税申报

(一)企业所得税的预缴

企业应当自月份或者季度终了之日起15日内，向税务机关报送预缴企业所得税纳税申报表[A类月(季)度预缴纳税申报表见表6-1]并缴纳税款。

表 6－1　　　　中华人民共和国企业所得税月(季)度预缴纳税申报表(A 类)

税款所属期间：　年　月　日至　年　月　日

纳税人识别号(统一社会信用代码)：□□□□□□□□□□□□□□□□□□□□

纳税人名称：　　　　　　　　　　　　　　　　　　金额单位：人民币元(列至角分)

<table>
<tr><td>预缴方式</td><td colspan="3">□ 按照实际利润额预缴　　□ 按照上一纳税年度应纳税所得额平均额预缴　　□ 按照税务机关确定的其他方法预缴</td></tr>
<tr><td>企业类型</td><td colspan="3">□ 一般企业　　□ 跨地区经营汇总纳税企业总机构　　□ 跨地区经营汇总纳税企业分支机构</td></tr>
<tr><td colspan="4">预缴税款计算</td></tr>
<tr><td>行次</td><td colspan="2">项　　目</td><td>本年累计金额</td></tr>
<tr><td>1</td><td colspan="2">营业收入</td><td></td></tr>
<tr><td>2</td><td colspan="2">营业成本</td><td></td></tr>
<tr><td>3</td><td colspan="2">利润总额</td><td></td></tr>
<tr><td>4</td><td colspan="2">加：特定业务计算的应纳税所得额</td><td></td></tr>
<tr><td>5</td><td colspan="2">减：不征税收入</td><td></td></tr>
<tr><td>6</td><td colspan="2">减：免税收入、减计收入、所得减免等优惠金额(填写 A201010)</td><td></td></tr>
<tr><td>7</td><td colspan="2">减：固定资产加速折旧(扣除)调减额(填写 A201020)</td><td></td></tr>
<tr><td>8</td><td colspan="2">减：弥补以前年度亏损</td><td></td></tr>
<tr><td>9</td><td colspan="2">实际利润额(3＋4－5－6－7－8)\按照上一纳税年度应纳税所得额平均额确定的应纳税所得额</td><td></td></tr>
<tr><td>10</td><td colspan="2">税率(25%)</td><td></td></tr>
<tr><td>11</td><td colspan="2">应纳所得税额(9×10)</td><td></td></tr>
<tr><td>12</td><td colspan="2">减：减免所得税额(填写 A201030)</td><td></td></tr>
<tr><td>13</td><td colspan="2">减：实际已缴纳所得税额</td><td></td></tr>
<tr><td>14</td><td colspan="2">减：特定业务预缴(征)所得税额</td><td></td></tr>
<tr><td>15</td><td colspan="2">本期应补(退)所得税额(11－12－13－14)\ 税务机关确定的本期应纳所得税额</td><td></td></tr>
<tr><td colspan="4">汇总纳税企业总分机构税款计算</td></tr>
<tr><td>16</td><td rowspan="4">总机构填报</td><td>总机构本期分摊应补(退)所得税额(17＋18＋19)</td><td></td></tr>
<tr><td>17</td><td>其中：总机构分摊应补(退)所得税额(15×总机构分摊比例__%)</td><td></td></tr>
<tr><td>18</td><td>财政集中分配应补(退)所得税额(15×财政集中分配比例__%)</td><td></td></tr>
<tr><td>19</td><td>总机构具有主体生产经营职能的部门分摊所得税额(15×全部分支机构分摊比例__%×总机构具有主体生产经营职能部门分摊比例__%)</td><td></td></tr>
<tr><td>20</td><td rowspan="2">分支机构填报</td><td>分支机构本期分摊比例</td><td rowspan="2"></td></tr>
<tr><td>21</td><td>分支机构本期分摊应补(退)所得税额</td></tr>
<tr><td colspan="4">附 报 信 息</td></tr>
<tr><td>小型微利企业</td><td>□ 是　□ 否</td><td>科技型中小企业</td><td>□ 是　□ 否</td></tr>
<tr><td>高新技术企业</td><td>□ 是　□ 否</td><td>技术入股递延纳税事项</td><td>□ 是　□ 否</td></tr>
<tr><td>期末从业人数</td><td colspan="3"></td></tr>
<tr><td colspan="4">谨声明：此纳税申报表是根据《中华人民共和国企业所得税法》《中华人民共和国企业所得税法实施条例》以及有关税收政策和国家统一会计制度的规定填报的，是真实的、可靠的、完整的。
法定代表人(签章)：　　　　年　月　日</td></tr>
<tr><td colspan="2">纳税人公章：
会计主管：

填表日期：　年　月　日</td><td>代理申报中介机构公章：
经办人：
经办人执业证件号码：
代理申报日期：　年　月　日</td><td>主管税务机关受理专用章：
受理人：

受理日期：　年　月　日</td></tr>
</table>

（二）企业所得税的汇算清缴

企业应当自年度终了之日起5个月内，向税务机关报送年度企业所得税纳税申报表（A类年度纳税申报表同表6－1，填报税款所属年度1月1日至12月31日），并汇算清缴，结清应缴应退税款。

企业在报送企业所得税纳税申报表时，应当按照规定附送财务会计报告和其他有关资料。

本章小结

企业所得税是对在中华人民共和国境内企业和其他取得收入的组织，就其生产经营所得和其他所得征收的一种税。

企业所得税的纳税人，分为居民企业和非居民企业。非居民企业又分在中国境内设立机构、场所和在中国境内没有设立机构、场所但有来源于中国境内所得的两类。

居民企业应就其来源于中国境内、境外所得缴纳企业所得税。非居民企业一般只对来源于中国境内以及发生在中国境外但与其机构、场所有实际联系的所得缴纳企业所得税。

企业所得税的税率为25％，但对符合条件的小微企业，减按20％的税率征收企业所得税；高新技术企业，减按15％的税率征收企业所得税。

企业所得税应纳税额的计算公式为：

应纳税额＝应纳税所得额×适用税率－减免税额－抵免税额

应纳税所得额＝收入总额－不征税收入－免税收入－各项扣除－允许弥补的以前年度亏损

收入总额为企业以货币形式和非货币形式从各种来源取得的收入，具体包括销售货物收入、提供劳务收入、转让财产收入、股息红利等权益性投资收益、利息收入、租金收入、特许权使用费收入、接受捐赠收入和其他收入。不征税收入包括财政资金、行政事业性收费、政府性基金和其他不征税收入；准予扣除项目包括成本、费用、税金、损失和其他支出。

在实际工作中，应纳税所得额不采用本公式计算，而是通过纳税调整来确定，计算公式为：

应纳税所得额＝会计利润＋纳税调整增加额－纳税调整减少额

确定纳税调整金额就是要在利润总额的基础上，分析、比较会计制度与《企业所得税法》对收入、成本费用规定不同所产生的差异，并对利润总额进行相应的调整。

纳税调整增加额，主要涉及超标准的费用扣除如借款利息、业务招待费、广告费和业务宣传费、捐赠支出、固定资产租赁费用等。不得扣除的项目调整，如税收滞纳金、罚金、罚款和被没收财物的损失，不符合税法规定的捐赠支出、赞助支出，未经核定的准备金支出等。

纳税调整减少额，主要涉及不征税收入、免税收入、加计扣除项目等。

资产税务处理的规定与新会计准则的规定基本相同，主要包括固定资产、存货、无形资产、投资资产、长期待摊费用、生产性生物资产的税务处理。

居民企业来源于中国境内、境外的所得，在中国境内设立机构、场所的非居民企业来源于中国境内的所得，应纳的企业所得税为应纳税所得额乘以适用税率，减除依照税法规定减免和抵免的税额后的余额。其计算公式为：

应纳税额＝应纳税所得额×适用税率－减免税额－抵免税额

我国对境外所得应纳企业所得税税额，实行限额抵免办法。其抵免限额为该项所得依照我国税法规定计算的应纳税额。超过抵免限额的部分，可在以后5个纳税年度内用每年度抵免限额抵免当年应抵税额后的余额进行抵补。

核定征收是由税务机关审核确定纳税人的应纳税额或收入额、所得率等，据以征收税款的一种方式。具体方法包括定额征收和核定应税所得率征收两种方法。

企业所得税按纳税年度计算，纳税年度自公历1月1日起至12月31日止。

企业所得税实行分月或分季预缴，年终汇算清缴、多退少补的缴纳方法。居民企业以企业登记注册地为纳税地点；企业登记注册地在境外的，以实际管理机构所在地为纳税地点。

同步测试

一、单选题

1. 根据企业所得税法的规定，下列企业中属于非居民企业的是（　　）。

A. 依法在外国成立但实际管理机构在中国境内的企业

B. 在中国境内成立的外商独资企业

C. 在中国境内未设立机构场所，但有来源于中国境内所得的企业

D. 依法在中国境外成立，在中国境内未设立机构场所，也没有来源于中国境内所得的企业

2. 下列各项中，不属于企业所得税征税对象的是（　　）。

A. 居民企业来源于境外的所得

B. 设立机构、场所的非居民企业，其机构、场所来源于中国境内的所得

C. 未设立机构、场所的非居民企业来源于中国境外的所得

D. 居民企业来源于中国境内的所得

3. 根据企业所得税的规定，以下收入中属于不征税收入的是（　　）。

A. 财政拨款

B. 在中国境内设立机构、场所的非居民企业从居民企业取得的股息、红利所得

C. 符合条件的非营利组织的收入

D. 国债利息收入

4. 根据企业所得税的规定，以下项目在计算应纳税所得额时，准予扣除的是（　　）。

A. 行政罚款　　　　B. 被没收的财物

C. 赞助支出　　　　D. 经审批的流动资产盘亏损失

5. 某居民企业2018年度实现利润总额20万元，经某注册会计师审核发现，在财务费用账户中反映了两笔利息费用：一笔向银行借入流动资金200万元，借款期限6个月，支付利息费用4.5万元；另一笔向其他企业借入流动资金50万元，借款期限9个月，支付利息费用2.25万元。在营业外支出账户中列支了通过公益性社会团体向贫困地区的捐赠5万元。假设不存在其他纳税调整事项，该公司2018年度应缴纳企业所得税为（　　）万元。

A. 5.84　　B. 5.25　　C. 5.41　　D. 5.79

6. 某机器制造企业为居民纳税人，2018年计入成本、费用的实发工资总额为420万元，支出职工福利费75万元，职工教育经费10万元，拨交职工工会经费8.4万元，该企业2018年计算应纳税所得额时准予在税前扣除的工资和三项经费合计为(　　)万元。

A. 513.4　　B. 503.4　　C. 497.7　　D. 497.2

7. 企业以非货币形式取得的收入，应当按照(　　)确定收入额。

A. 公允价值　　B. 重置价值　　C. 历史价值　　D. 原始价值

8. 某软件生产企业为居民企业，2018年实际发生的工资支出500万元，职工福利费支出90万元，职工教育经费60万元，其中职工培训费用支出40万元，2018年该企业计算应纳税所得额时，应调增应纳税所得额(　　)万元。

A. 67.5　　B. 47.5　　C. 20　　D. 20.5

9. 下列各项中，能作为业务招待费税前扣除限额计算基数的是(　　)。

A. 让渡固定资产使用权的收入

B. 因债权人原因确实无法支付的应付款项

C. 转让无形资产所有权的收入

D. 出售固定资产的收入

10. 2018年某居民企业实现商品销售收入2 000万元，接受捐赠收入100万元，转让固定资产所有权，取得收入20万元。该企业当年实际发生业务招待费30万元，广告费240万元，业务宣传费80万元。当年度该企业可税前扣除的业务招待费、广告费、业务宣传费合计(　　)万元。

A. 294.5　　B. 310　　C. 325.5　　D. 330

11. 2018年某居民企业主营业务收入5 000万元、营业外收入80万元，与收入配比的成本4 100万元，全年发生管理费用、销售费用和财务费用共计700万元，营业外支出60万元(其中符合规定的公益性捐赠支出50万元)，2017年度经核定结转的亏损额30万元。2018年度该企业应缴纳企业所得税(　　)万元。

A. 47.5　　B. 53.4　　C. 53.6　　D. 54.3

12. 下列支出中，可以从应纳税所得额中据实扣除的是(　　)。

A. 建造固定资产过程中向银行借款的利息

B. 诉讼费用

C. 对外投资的固定资产计提的折旧费

D. 业务招待费支出

13. 以下各项支出中，可以在计算企业所得税应纳税所得额时扣除的是(　　)。

A. 支付给母公司的管理费

B. 按规定缴纳的财产保险费

C. 以现金方式支付给某中介公司的佣金

D. 赴灾区慰问时直接向灾民发放的慰问金

14. 依据企业所得税的相关规定，下列表述中，正确的是(　　)。

A. 企业未使用的房屋和建筑物，不得计提折旧

B. 企业以经营租赁方式租入的固定资产，应当计提折旧

C. 企业盘盈的固定资产，以该固定资产的原值为计税基础

D. 企业自行建造的固定资产，以竣工结算前发生的支出为计税基础

15. 以下各项中，最低折旧年限为5年的固定资产是（　　）。

A. 建筑物　　B. 生产设备　　C. 家具　　D. 电子设备

二、多选题

1. 根据企业所得税法律制度规定，下列各项中，不属于企业所得税纳税人的是（　　）。

A. 有限责任公司　　B. 股份有限公司

C. 个人独资企业　　D. 合伙企业

2. 下列属于非居民企业所得税征税对象的有（　　）。

A. 设有机构、场所的非居民企业取得的来源于中国境内的所得

B. 设有机构、场所的非居民企业取得与机构、场所有实际联系的中国境外所得

C. 没有设立机构、场所，来源于中国境外的所得

D. 设有机构、场所的非居民企业取得与机构、场所没有实际联系的中国境外所得

3. 下列各项中属于企业所得税法规定的免税收入的有（　　）。

A. 符合条件的非营利组织的收入

B. 符合条件的居民企业之间的股息、红利等权益性投资收益

C. 财政拨款

D. 国债利息收入

4. 根据企业所得税法的规定，下列各项中，不得在企业所得税税前扣除的是（　　）。

A. 税收滞纳金　　B. 被没收财物的损失

C. 向投资者支付的利息　　D. 缴纳的教育费附加

5. 依据企业所得税法的规定，判定居民企业的标准有（　　）。

A. 登记注册地标准　　B. 所得来源地标准

C. 经营行为实际发生地标准　　D. 实际管理机构所在地标准

6. 注册地与实际管理机构所在地均在法国的某银行，取得的下列各项所得中，应按规定缴纳我国企业所得税的有（　　）。

A. 转让位于我国的一处不动产取得的财产转让所得

B. 在香港证券交易所购入我国某公司股票后取得的分红所得

C. 在我国设立的分行为我国某公司提供理财咨询服务取得的服务费收入

D. 在我国设立的分行为位于日本的某电站提供流动资金贷款取得的利息收入

7. 以下适用25%企业所得税税率的企业有（　　）。

A. 在中国境内的居民企业

B. 在中国境内设有机构场所，且所得与机构场所有实际联系的非居民企业

C. 在中国境内设有机构场所，但所得与机构场所没有实际联系的非居民企业

D. 在中国境内未设立机构场所的非居民企业

8. 在计算应纳税所得额时不得扣除的项目有（　　）。

A. 为企业子女入托支付给幼儿园的赞助支出

B. 利润分红支出

C. 企业违反销售协议被采购方索取的违约金

D. 违反食品卫生法被政府处以的罚款

9. 企业实际发生的与取得收入有关的、合理的支出，包括(　　)和其他支出，准予在计算应纳税所得额时扣除。

A. 成本　　B. 费用　　C. 税金　　D. 损失

三、计算题

1. 某公司2018年相关资料如下：

(1)主营业务收入6 800万元，其他业务收入200万元。

(2)主营业务成本4 600万元，其他业务成本120万元。

(3)财务费用80万元。

(4)管理费用120万元，其中业务招待费45万元。

(5)销售费用1 800万元，其中广告费和业务宣传费1 500万元。

(6)投资收益5万元，属于国债利息收入。

(7)营业外收入100万元。

(8)营业外支出220万元，其中公益性捐赠20万元、税收滞纳金5万元、违反《环保法》被处罚款10万元、违反经济合同支付的违约金18万元。

要求：计算企业2018年应缴纳的企业所得税税额。

2. 某自行车厂为增值税一般纳税人，主要生产"和谐"牌自行车，2018年度实现会计利润600万元，全年已累计预缴企业所得税税款150万元，相关财务资料如下：

(1)销售自行车取得不含税收入5 950万元，同时收取包装费58万元；取得到期国债利息收入25万元、企业债券利息收入12万元。

(2)发生财务费用125万元，其中：支付银行借款利息54万元，支付因向商场借款1 000万元而发生的利息71万元。

(3)发生销售费用1 400万元，其中广告费用750万元、业务宣传费186万元。

(4)发生管理费用320万元，其中业务招待费55万元。

(5)发生营业外支出91万元，其中通过当地市政府捐赠85万元，用于该市所属边远地区饮用水工程建设。当年，被税务机关加收滞纳金6万元。

已知，增值税税率为16%，企业所得税税率为25%，同期银行贷款年利率6.1%，当年实际发放工资总额560万元。

要求：计算企业2018年应缴纳的企业所得税税额。

3. 甲企业为增值税一般纳税人，2018年度取得销售收入8 800万元，销售成本5 000万元，会计利润845万元。2018年甲企业其他相关财务资料如下：

(1)管理费用中，业务招待费140万元，新产品研究开发费用280万元(未形成无形资产计入当期损益)。

(2)销售费用中，广告费700万元，业务宣传费140万元。

(3)财务费用中，其中支付给与其有业务往来的客户(非关联方)借款利息700万元，年利率为7%，金融机构同期同类贷款利率为6%。

(4)营业外支出中，通过减灾委员会向遭受自然灾害的地区的捐款50万元，支付给客户的违约金10万元。

(5)在成本费用中列支的实发工资数额为500万元,职工福利费105万元,上缴工会经费10万元,职工教育经费20万元。

要求:计算甲企业2018年应缴纳的企业所得税税额。

第七章　个人所得税法

知识目标

1. 了解个人所得税的概念、纳税义务人、税率等内容；
2. 掌握个人所得税不同类型的所得对应的应纳税所得额及应纳税额的计算；
3. 了解个人所得税的各项优惠政策、纳税地点、纳税期限等征管内容。

能力目标

1. 能够熟记各种类型的所得项目费用扣除的标准；
2. 能够熟练、准确计算个人所得税的应纳税额。

关键词

纳税义务人　税率　应纳税额的计算

开篇案例

天上落下馅饼时——个人所得税的应税所得

吴芳是在校大学生，学习很努力，上学期获得一等奖学金 5 000 元；吴芳还在课余时做一些家教，每月家教收入有 800～1 000 元。这学期吴芳的一篇论文在本校学报上发表，学报通知她有 900 元稿费，但当她去拿时，学报只给她 886 元，说要扣除 14 元的个人所得税。一天，吴芳在某超市购买方便面居然中了二等奖，奖品是价值 300 元的随身听。吴芳拿着中奖单按说明到超市兑奖，被告之要交 60 元的个人所得税才能得到随身听。吴芳曾经听说过中奖交税骗局的事，认为超市也在骗人。

思考：吴芳哪些所得要交个人所得税？

第一节　个人所得税的纳税人及纳税义务

个人所得税是以自然人取得的各种应税所得为对象所征收的一种税。个人所得税的征税对象不仅仅包括个人，还包括具有自然人性质的企业。

一、个人所得税的纳税义务人

个人所得税纳税义务人，包括中国公民、个体工商业户、个人独资企业、合伙企业投资者以及在中国有所得的外籍人员（包括无国籍人员，下同）和香港、澳门、台湾同胞。

纳税义务人依据住所和居住时间两个标准，区分为居民纳税人和非居民纳税人，分别承担不同的纳税义务。

（一）居民纳税人

居民纳税人是指在中国境内有住所，或者无住所而在境内居住满 1 年的个人。居民纳税人负有无限纳税义务，应就其来源于中国境内和境外的应纳税所得缴纳个人所得税。

这里所说的“住所”是税法的特定概念，它不是说居住的场所和居住的地方，是指因户籍、家庭、经济利益关系而在中国境内习惯性居住。

【知识拓展】所谓习惯性居住或住所，是在税收上判断居民和非居民的一个法律意义上的标准，不是指实际居住或在某一特定时期内的居住地。例如一个人因学习、工作、探亲、旅游等而在中国境外居住的，当其在境外居住的原因消除之后，则必须回到中国境内居住。那么，即使该人并未居住在中国境内，仍应将其判定为在中国习惯性居住。所以，我国个人所得税法中所说的“住所”，其概念与通常所说的住所是有区别的。

【案例探究】李某受我国政府委派到我国驻联合国办事处担任工作人员，任期 4 年，不携带家眷。赴任前，依照我国政府关于户籍管理的规定，在原户口所在地的户籍管理部门办理了注销手续。请问：李某是我国个人所得税的哪类纳税人？

【解析】李某在中国境内无住所且不居住，但其家庭及经济关系在中国境内，其是我国个人所得税的居民纳税人。

“在境内居住满 1 年”是指在一个纳税年度中在中国境内居住 365 日。临时离境的，不扣减日数。临时离境是指在一个纳税年度中，一次不超过 30 日或者多次累计不超过 90 日的离境。纳税年度是指自公历 1 月 1 日起至 12 月 31 日止。

【案例探究】某位在我国无住所的外籍人员 2016 年 5 月 3 日来华工作，2017 年 9 月 30 日结束工作离华。

【解析】该外籍人员是我国的非居民纳税人。这是因为该外籍人员在 2016 年和 2017 年两个纳税年度中都未在华居住满 365 日，则为我国非居民纳税人。

（二）非居民纳税人

非居民纳税人是指在中国境内无住所又不居住或者无住所而在境内居住不满 1 年的个人。非居民纳税人承担有限纳税义务，即仅就其来源于中国境内的所得，向中国缴纳个人所得税。

【知识归纳】住所标准和居住时间标准只要具备一个就成为居民纳税人；非居民纳税人的判定条件是以下两条必须同时具备：

（1）在我国无住所；

（2）在我国不居住或居住不满 1 年。

【例 7—1·单选题】某外籍人员 2015 年 2 月 12 日来华工作，2016 年 2 月 15 日回国，

2016 年 3 月 2 日返回中国，2016 年 11 月 15～30 日期间因工作需要去了日本，2016 年 12 月 1 日返回中国，之后于 2017 年 11 月 20 日离华回国工作。下列说法中正确的是(　　)。

A. 2015 年度为我国居民纳税人，2016 年度为我国非居民纳税人

B. 2016 年度为我国居民纳税人，2017 年度为我国非居民纳税人

C. 2016 年度和 2017 年度均为我国非居民纳税人

D. 2015 年度和 2016 年度均为我国居民纳税人

【答案】B

【解析】2016 年两次临时离境时间累计不超过 90 日，所以 2016 年度为居民纳税人；2015 年、2017 年在华时间均不是一个完整的纳税年度，所以在 2015 年度、2017 年度为非居民纳税人。故正确答案为 B。

二、扣缴义务人

我国个人所得税实行源泉扣缴和自行申报相结合的征收管理制度。所以，凡支付应纳税所得的单位和个人，都是个人所得税的扣缴义务人。扣缴义务人在向纳税人支付各项应纳税所得时，必须履行代扣代缴义务。

【例 7－2・问答题】中国境内居民李某 2017 年 6 月从武汉受雇单位取得工资收入 5 000 元，按税法规定应缴纳 45 元的个人所得税。请问李某如何完成自己的纳税义务？

【解析】应由李某受雇单位代扣代缴，从而完成其个人所得税的纳税义务。

第二节　个人所得税的征税对象

一、个人所得税的应税所得项目

个人所得税的征税对象是指纳税人从中国境内和境外取得的所得，具体分为 11 个项目：

(一)工资、薪金所得

工资、薪金所得是指个人因任职或受雇而取得的工资、薪金、奖金、年终加薪、劳动分红、津贴、补贴及与任职或受雇有关的其他所得。

除工资、薪金以外，奖金、年终加薪、劳动分红、津贴、补贴也被确定为工资、薪金范畴。其中，年终加薪、劳动分红不分种类和取得情况，一律按工资、薪金所得课税；津贴、补贴等则有例外。

【知识拓展】根据我国目前个人收入的构成情况，规定对于一些不属于工资、薪金性质的补贴、津贴或者不属于纳税人本人工资、薪金所得项目的收入，不予征税。这些项目包括：

(1)独生子女补贴。

(2)执行公务员工资制度未纳入基本工资总额的补贴、津贴差额和家属成员的副食品补贴。

(3)托儿补助费。

(4)差旅费津贴、误餐补助。其中,误餐补助是指按照财政部门规定,个人因公在城区、郊区工作,不能在工作单位或返回就餐,根据实际误餐顿数,按规定的标准领取的误餐费。单位以误餐补助名义发给职工的补助、津贴不包括在内。

退休人员再任职取得的收入,符合相关条件的,在减除按税法规定的费用扣除标准后,按"工资、薪金所得"应税项目缴纳个人所得税。

出租汽车经营单位对出租车驾驶员采取单车承包或承租方式运营,出租车驾驶员从事客货营运取得的收入,按"工资、薪金所得"征税。

【例 7—3 · 多选题】下列各项中,应当按照"工资、薪金所得"项目征收个人所得税的有(　　)。

A. 劳动分红　　　　　　　　B. 离退休后再任职的收入

C. 差旅费津贴　　　　　　　D. 发放给职工的午餐费

【答案】ABD

【解析】C 选项差旅费津贴为不予征税项目。

(二)个体工商户的生产、经营所得

个体工商户的生产、经营所得是指个体工商户从事工业、手工业、建筑业、交通运输业、商业、饮食业、服务业、修理业及其他行业取得的所得;个人经政府有关部门批准,取得执照,从事办学、医疗、咨询以及其他有偿活动取得的所得;其他个人从事个体工商业生产、经营取得的所得等。

合伙企业以每一个合伙人为纳税义务人。合伙企业合伙人是自然人的,缴纳个人所得税。合伙企业生产经营所得和其他所得采取"先分后税"的原则。

个人因从事彩票代销业务而取得的所得,应按照"个体工商户的生产、经营所得"项目计征个人所得税。

个体工商户和从事生产、经营的个人,取得与生产、经营活动无关的其他各项应税所得,应分别按照其他应税项目的有关规定,计算征收个人所得税。

【知识归纳】辨析出租车驾驶员收入的问题

辨析出租车归属是否为个人,以此判断驾驶员从事客运所得的征税项目。

从事个体出租车运营的出租车驾驶员取得的收入,按"个体工商户的生产、经营所得"项目缴纳个人所得税。出租车属个人所有,但挂靠出租汽车经营单位或企事业单位,驾驶员向挂靠单位缴纳管理费的,或出租汽车经营单位将出租车所有权转移给驾驶员的,出租车驾驶员从事客货运营取得的收入,比照"个体工商户的生产、经营所得"项目征税。

出租汽车经营单位对出租车驾驶员采取单车承包或承租方式运营,出租车驾驶员从事客货运营取得的收入,按"工资、薪金所得"征税。

【知识拓展】个人投资者以企业(包括个人独资企业、合伙企业和其他企业)资金为本人家庭成员及其相关人员支付消费性支出及购买家庭财产的处理问题(财税〔2003〕158 号)

个人独资企业、合伙企业的个人投资者以企业资金为本人、家庭成员及其相关人员支付与企业生产经营无关的消费性支出及购买汽车、住房等财产性支出,视为企业对个人投资者利润分配,并入投资者个人的生产经营所得,依照"个体工商户的生产、经营所得"项目计征个人所得税。

【例 7—4·多选题】 下列各项中，应按“个体工商户生产、经营所得”项目征税的有(　　)。

A. 个人因从事彩票代销业务而取得的所得

B. 私营企业的个人投资者以本企业资金为本人购买的汽车

C. 个人独资企业的个人投资者以企业资金为本人购买的住房

D. 出租汽车经营单位对出租车驾驶员采取单车承包或承租方式运营，出租车驾驶员从事客货营运取得的所得

【答案】 AC

【解析】 个人因从事彩票代销业务而取得的所得，应按照“个体工商户的生产、经营所得”项目计征个人所得税，所以 A 选项正确；个人独资企业的个人投资者以企业资金为本人购买的住房，视为企业对个人投资者利润分配，并入投资者个人的生产经营所得，依照“个体工商户的生产、经营所得”项目计征个人所得税，所以 C 选项正确。

(三)对企事业单位的承包、承租经营所得

对企业的承包、承租经营所得是指个人承包经营、承租经营所得以及转包、转租取得的所得。

【知识归纳】 注意按照登记和分配的不同情况，区分承包承租经营所得应纳的个人所得税与企业所得税(见表 7—1)。

表 7—1　　承包承租经营所得应纳个人所得税与企业所得税分析表

个人承包登记状况	是否交企业所得税	是否交个人所得税
承包后登记改变为个体工商户的	不交	按照个体户生产经营所得交个人所得税
承包、承租后，登记仍为企业的	交	承包、承租人对企业经营成果不拥有所有权，仅按合同(协议)规定取得一定所得的，应按工资、薪金所得项目征收个人所得税 承包、承租人按合同(协议)规定只向发包方、出租人缴纳一定的费用，缴纳承包、承租费后的企业的经营成果归承包、承租人所有的，其取得的所得，按对企事业单位承包、承租经营所得项目征收个人所得税

【例 7—5·多选题】 王某承包了一家餐厅，餐厅每年支付王某承包收入 10 万元，王某不参与分享经营成果；张某承包了一家国有招待所，承包合同规定每月支付张某工资 4 000 元，还规定每年要上交承包费 50 万元，其余经营成果归张某所有。则下列关于个人所得税的说法正确的有(　　)。

A. 王某取得的承包费按照工资薪金项目征税

B. 王某取得的承包费按照对企事业单位承包、承租经营所得项目征税

C. 张某取得的工资按照工资薪金项目征税

D. 张某取得的工资和承包费都按照对企事业单位承包、承租经营所得项目征税

【答案】 AD

【解析】 王某对餐厅经营成果不拥有所有权，仅按合同(协议)规定取得一定所得的，应按工资、薪金所得项目征收个人所得税，所以A正确；张某缴纳承包、承租费后的企业的经营成果归张某所有的，其取得的所得，按对企事业单位承包、承租经营所得项目征收个人所得税，所以D正确。

(四)劳务报酬所得

劳务报酬所得是指个人独立从事各种非雇佣的劳务所取得的所得，包括设计、装潢、安装、制图、化验、测试、医疗、法律、会计、咨询、讲学、新闻、广播、审稿、书画、雕刻、影视、录音、演出、表演、广告、技术服务、介绍服务、经纪服务、代办服务以及其他劳务取得的报酬。

上述各项所得一般属于个人独立从事自由职业取得的所得或属于独立个人劳动所得。是否存在雇佣与被雇佣关系，是判断一种收入是属于劳务报酬所得，还是属于工资、薪金所得的重要标准。劳务报酬所得是个人独立从事某种技艺，独立提供某种劳务而取得的所得；工资、薪金所得则是个人从事非独立劳动，从所在单位领取的报酬。后者存在雇佣与被雇佣的关系，而前者则不存在这种关系。

【知识拓展】 特定收入项目的界定

(1)董事费、监事费收入。个人担任公司董事、监事且不在公司任职受雇的，按劳务报酬所得项目征税；个人在公司(包括关联公司)任职受雇，同时兼任董事、监事的，应将董事费、监事费与个人工资收入合并，统一按“工资、薪金所得”项目缴纳个人所得税。

(2)营销业绩奖励。自2004年1月20日起，对商品营销活动中，企业和单位对营销业绩突出的非雇员以培训班、研讨会、工作考察等名义组织旅游活动，通过免收差旅费、旅游费对个人实行的营销业绩奖励(包括实物、有价证券等)，应根据所发生费用的全额作为该营销人员当期的劳务收入，按照“劳务报酬所得”项目征收个人所得税，并由提供上述费用的企业和单位代扣代缴。若是对雇员的奖励，按“工资、薪金所得”项目缴纳个人所得税。

在校学生因参与勤工俭学活动(包括参与学校组织的勤工俭学活动)而取得属于《个人所得税法》规定的应税所得项目的所得，应依法缴纳个人所得税。

个人兼职取得的收入应按照“劳务报酬所得”应税项目缴纳个人所得税。

【例7－6·多选题】 下列个人所得按“劳务报酬所得”项目缴纳个人所得税的有(　　)。

A. 公司独立董事的董事费收入

B. 会计到外单位兼职取得的收入

C. 教师受聘给企业讲座取得的收入

D. 离退休人员再任职取得的收入

【答案】 ABC

【解析】 离退休人员再任职取得的收入符合条件的应该按照“工资、薪金所得”项目缴纳个人所得税。

(五)稿酬所得

稿酬所得是指个人因其作品以图书、报刊形式出版、发表所得。这里的“作品”包括文学作品、书画作品、摄影作品以及其他作品。

【案例探究】中国公民王某任职于国内甲翻译公司，是甲公司的专职翻译人员：王某每月从甲公司取得工资收入，按“工资、薪金所得”征收个人所得税；王某利用周六、日在乙公司兼职，为外国游客提供导游服务，从乙公司取得的兼职收入应按“劳务报酬所得”征收个人所得税；王某利用晚上空闲时间翻译了一部外国小说，交由丙出版社出版，从丙出版社取得的收入应按“稿酬所得”征收个人所得税。

作者去世后，财产继承人取得的遗作稿酬，应当征收个人所得税。

【例 7—7 · 单选题】下列属于稿酬所得项目的是（　　）。

A. 记者在本单位刊物发表文章取得的报酬

B. 提供著作的版权而取得的报酬

C. 将国外的作品翻译出版取得的报酬

D. 书画家出席笔会现场书写作画取得的收入

【答案】C

【解析】A 选项记者在本单位刊物发表文章取得的报酬属于工资薪金所得；B 选项提供著作的版权而取得的报酬属于特许权使用费所得；D 选项书画家出席笔会现场书写作画取得的收入属于劳务报酬。

（六）特许权使用费所得

特许权使用费所得是指个人提供专利权、商标权、著作权、非专利技术以及其他特许权所取得的所得。提供著作权的使用权所得，不包括稿酬所得。我国是将使用权和所有权的转让合在一起，一并列入个人所得税“特许权使用费所得”的征税范围。

对于作者将自己的文字作品手稿原件或复印件公开拍卖（竞价）取得的所得，属于提供著作权的使用所得，故应按“特许权使用费所得”项目征收个人所得税。

个人取得特许权的经济赔偿收入，应按“特许权使用费所得”应税项目缴纳个人所得税，税款由支付赔款的单位或个人代扣代缴。

从 2002 年 5 月 1 日起，编剧从电视剧的制作单位取得的剧本使用费，不再区分剧本的使用方是否为其任职单位，统一按“特许权使用费所得”项目计征个人所得税。

【例 7—8 · 多选题】下列个人收入，应按照“特许权使用费所得”项目缴纳个人所得税的有（　　）。

A. 个人转让技术诀窍取得的收入

B. 作家公开拍卖自己的文字作品手稿复印件的收入

C. 作家公开拍卖自己写作时用过的金笔的收入

D. 电视剧编剧从电视剧制作中心获得的剧本使用费收入

【答案】ABD

【解析】C 选项，作家公开拍卖自己写作时用过的金笔的收入属于财产转让所得。

（七）利息、股息、红利所得

利息、股息、红利所得是指个人拥有债权、股权而取得的利息、股息、红利所得。

国债和国家发行的金融债券利息免税。

纳税年度内个人投资者从其投资企业(个人独资企业、合伙企业除外)借款,在该纳税年度终了后既不归还又未用于企业生产经营的,其未归还的借款可视为企业对个人投资者的红利分配,依照"利息、股息、红利所得"项目计征个人所得税。

【例 7—9·多选题】下列各项个人所得中,应当征收个人所得税的有(　　)。

A. 企业集资利息

B. 从股份公司取得股息

C. 企业债券利息

D. 国家发行的金融债券利息

【答案】ABC

【解析】D 选项,国债和国家发行的金融债券利息免税。

(八)财产租赁所得

财产租赁所得是指个人出租建筑物、土地使用权、机器设备、车船以及其他财产取得的所得。

个人取得的财产转租收入,属于"财产租赁所得"的征税范围。在确定纳税义务人时,应以产权凭证为依据,对无产权凭证的,由主管税务机关根据实际情况确定。

产权所有人死亡,在未办理产权继承手续期间,该财产出租而有租金收入的,以领取租金的个人为纳税义务人。

(九)财产转让所得

财产转让所得是指个人转让有价证券、股权、建筑物、土地使用权、机器设备、车船以及其他财产而取得的所得。对个人取得的各项财产转让所得,除股票转让所得外,都要征收个人所得税。

【例 7—10·多选题】以下应按照财产转让所得项目征收个人所得税的有(　　)。

A. 个人转让债券取得的所得

B. 个人转让住房取得的所得

C. 个人将其收藏的已故作家文字作品手稿拍卖取得的所得

D. 个人将自己的文字作品手稿拍卖取得的所得

【答案】ABC

【解析】作者将自己的文字作品手稿原件或复印件拍卖取得的所得,按照"特许权使用费所得"项目缴纳个人所得税。个人拍卖别人作品手稿或个人拍卖除文字作品原稿及复印件外的其他财产,都应按照"财产转让所得"项目缴纳个人所得税。所以 D 选项应该是按"特许权使用费所得"项目缴纳个人所得税。

(十)偶然所得

偶然所得是指个人得奖、中奖、中彩以及其他偶然性质的所得。

得奖是指参加各种有奖竞赛活动,取得名次获得的奖金;中奖、中彩是指参加各种有奖活动,如有奖销售、有奖储蓄或购买彩票,经过规定程序,抽中、摇中号码而取得的奖金。

个人取得单张有奖发票奖金不超过 800 元(含 800 元)的,暂免征收个人所得税;个人取得单张有奖发票所得超过 800 元的,应全额按照"偶然所得"征收个人所得税。

偶然所得应缴纳的个人所得税税款,一律由发奖单位或机构代扣代缴。

除了《个人所得税法实施条例》规定的得奖、中奖、中彩等所得外，其他偶然性所得的征税问题，还需要由税务机关依法具体认定。

（十一）经国务院财政部门确定征税的其他所得

除上述列举的各项个人应税所得外，其他确有必要征税的个人所得，由国务院财政部门确定。个人取得的所得，难以界定应纳税所得项目的，由主管税务机关确定。

二、所得来源地的确定

下列所得，不论支付地点是否在中国境内，均为来源于中国境内的所得：

（1）因任职、受雇、履约等而在中国境内提供劳务取得的所得。

（2）将财产出租给承租人在中国境内使用而取得的所得。

（3）转让中国境内的建筑物、土地使用权等财产或者在中国境内转让其他财产取得的所得。

（4）许可各种特许权在中国境内使用而取得的所得。

（5）从中国境内的公司、企业以及其他经济组织或者个人取得的利息、股息、红利所得。

第三节 个人所得税的税率

2018 年 6 月 19 日，《个人所得税法修正案（草案）》提请十三届全国人大常委会第三次会议审议，提出要优化调整税率结构，扩大较低档税率级距。

一、工资、薪金所得适用税率

工资、薪金所得，适用 3%～45%的七级超额累进税率，如表 7—2 所示。

表 7—2　　工资、薪金所得个人所得税税率表

级数	全月含税应纳税所得额	全月不含税应纳税所得额	税率	速算扣除数
1	不超过 1 500 元的部分	不超过 1 455 元的部分	3%	0
2	超过 1 500 元至 4 500 元的部分	超过 1 455 元至 4 155 元的部分	10%	105 元
3	超过 4 500 元至 9 000 元的部分	超过 4 155 元至 7 755 元的部分	20%	555 元
4	超过 9 000 元至 35 000 元的部分	超过 7 755 元至 27 255 元的部分	25%	1 005 元
5	超过 35 000 元至 55 000 元的部分	超过 27 255 元至 41 255 元的部分	30%	2 755 元
6	超过 55 000 元至 80 000 元的部分	超过 41 255 元至 57 505 元的部分	35%	5 505 元
7	超过 80 000 元的部分	超过 57 505 元的部分	45%	13 505 元

注：（1）表中全月应纳税所得额是指依照税法规定，以每月收入额减除费用 3 500 元后的余额，或减除附加减除费用后的余额。（2）含税级距适用于由纳税人负担税款的工资、薪金所得；不含税级距适用于由他人（单位）代付税款的工资、薪金所得。

二、个体工商户的生产、经营所得和对企事业单位的承包、承租经营所得适用税率

个体工商户的生产、经营所得和对企事业单位的承包、承租经营所得，适用 5%～35%

的超额累进税率；个人独资企业和合伙企业的生产经营所得，也适用于5%～35%的超额累进税率。如表7—3所示。

表7—3　个体工商户的生产、经营所得和对企事业单位的承包、承租经营所得个人所得税税率表

级数	全年含税应纳税所得额	全年不含税应纳税所得额	税率	速算扣除数
1	不超过15 000元的部分	不超过14 250元的部分	5%	0
2	超过15 000元至30 000元的部分	超过14 250元至27 750元的部分	10%	750元
3	超过30 000元至60 000元的部分	超过27 750元至51 750元的部分	20%	3 750元
4	超过60 000元至100 000元的部分	超过51 750元至79 750元的部分	30%	9 750元
5	超过100 000元的部分	超过79 750元的部分	35%	14 750元

注：表中所列全年含税应纳税所得额与全年不含税应纳税所得额，均为按照税法规定减除有关费用后的所得额。

三、劳务报酬所得适用税率

劳务报酬所得适用20%的比例税率。对劳务报酬所得一次收入畸高的，可以实行加成征收。

"一次收入畸高"，是指个人一次取得劳务报酬，其应纳税所得额超过20 000元的，对其超过20 000～50 000元的部分，依照税法规定计算应纳税额后，再按照应纳税额加征五成；超过50 000元的部分，加征十成。因此，劳务报酬实际适用税率为20%、30%、40%的三级超额累进税率。如表7—4所示。

表7—4　劳务报酬所得个人所得税税率表

级 数	每次应纳税所得额	税　率	速算扣除数(元)
1	不超过20 000元的部分	20%	0
2	超过20 000元至50 000元的部分	30%	2 000
3	超过50 000元的部分	40%	7 000

注：表中所列每次应纳税所得额，在每次收入不超过4 000元时，应纳税所得额为收入减除800元；在每次收入超过4 000元时，应纳税所得额为收入减除20%。

四、稿酬所得适用税率

稿酬所得适用比例税率，税率为20%，并按应纳税额减征30%，其实际税负为14%。

五、特许权使用费所得，利息、股息、红利所得，财产租赁所得，财产转让所得，偶然所得和其他所得适用税率

特许权使用费所得，利息、股息、红利所得，财产租赁所得，财产转让所得，偶然所得和其他所得，适用比例税率，税率为20%。

第四节 个人所得税应纳税所得额及应纳税额的计算

纳税人取得各项应税收入额减去税法规定的费用扣除标准后的余额，为该项应纳税所得额，应纳税所得额乘以适用税率即为应纳税额。

2018年6月19日，《个人所得税法修正案(草案)》提请十三届全国人大常委会第三次会议审议，提出工资薪金、劳务报酬、稿酬和特许权使用费等四项劳动性所得实行综合征税，个税起征点由每月3 500元提高至每月5 000元(每年6万元)，并增加子女教育支出、继续教育支出、大病医疗支出、住房贷款利息和住房租金等专项附加扣除。

一、工资、薪金所得

(一)应纳税所得额的计算

工资、薪金所得以纳税人每月收入额减除3 500元费用以后的余额为应纳税所得额。对在中国境内无住所而在中国境内取得工资、薪金所得的纳税人和在中国境内有住所而在中国境外取得工资、薪金所得的纳税人，在每月扣除3 500元的基础上，再附加扣除1 300元，费用扣除总额为4 800元。

【知识拓展】附加减除费用所适用的具体范围是：

(1)在中国境内的外商投资企业和外国企业中工作的外籍人员。

(2)应聘在中国境内企业、事业单位、社会团体、国家机关中工作的外籍专家。

(3)在中国境内有住所而在中国境外任职或者受雇取得工资、薪金所得的个人。

(4)财政部确定的其他人员。

华侨、港澳台同胞参照上述附加减除费用标准执行。

应纳税所得额＝月工薪收入－3 500元－其他规定扣除

应纳税所得额＝月工薪收入－(3 500＋1 300)元－其他规定扣除

【知识拓展】其他规定扣除包括法定的个人缴纳的“五险一金”和符合条件的商业健康保险。

(二)应纳税额的计算

1. 工资、薪金所得一般计税方法

工资、薪金所得应纳税额的计算公式为：

应纳税额＝应纳税所得额×适用税率－速算扣除数

＝(每月收入额－3 500元或4 800元)×适用税率－速算扣除数

【例7－11·计算题】我国公民张先生为国内某企业高级技术人员，2017年1～6月每月取得工资薪金收入8 400元，其中含个人承担的基本“五险一金”1 500元；另外，企业每月为其购买商业性补充养老保险2 000元。请计算他1～6月工资薪金收入应缴纳的个人所得税。

【解析】

(1)企业每月为张先生购买商业性补充养老保险2 000元应计入工资薪金总额;个人承担的基本"五险一金"1 500元,属于可扣除项目。

(2)张先生每月的应纳税所得额=8 400+2 000-1 500-3 500=5 400(元)

(3)1~6月的应纳个人所得税税额=(5 400×20%-555)×6=3 150(元)

【例7-12·计算题】假定在上海某外商投资企业中工作的美国专家(为非居民纳税人),2017年7~12月取得该企业发放的月工资收入为15 000元人民币,请计算其7~12月的应纳个人所得税。

【解析】

(1)美国专家每月的应纳税所得额=15 000-4 800=10 200(元)

(2)7~12月的应纳个人所得税税额=(10 200×25%-1 005)×6=9 270(元)

2. 取得全年一次性奖金的征税问题

全年一次性奖金,是指行政机关、企事业单位等扣缴义务人根据其全年经济效益和对雇员全年工作业绩的综合考核情况,向雇员发放的一次性奖金。

纳税人取得全年一次性奖金,单独作为一个月工资、薪金所得计算纳税,并按以下计税办法,由扣缴义务人发放时代扣代缴:

(1)如果雇员当月工资、薪金所得大于或者等于3 500元,计算步骤如下:

第一步,找税率。将雇员当月内取得的全年一次性奖金,除以12个月,按其商数确定适用税率和速算扣除数。

第二步,算税额。应纳税额=雇员当月取得全年一次性奖金×适用税率-速算扣除数。

【例7-13·计算题】中国公民肖某2017年12月份取得当月工薪收入4 800元和2017年的年终奖金36 000元。计算肖某12月份应纳个人所得税。

【解析】

(1)肖某12月份4 800元工资应纳个人所得税=(4 800-3 500)×3%=39(元);

(2)36 000元年终奖金平摊12个月找税率:36 000/12=3 000(元),适用10%的税率,速算扣除数105元;

(3)年终奖应纳的个人所得税=36 000×10%-105=3 495(元);

(4)肖某12月份应纳个人所得税=39+3 495=3 534(元)。

(2)如果雇员当月工资、薪金所得低于3 500元,计算步骤如下:

第一步,找税率。将雇员当月内取得的全年一次性奖金减去"雇员当月工资薪金所得与3 500元之间的差额"后的余额,除以12个月,按其商数确定适用税率和速算扣除数。

第二步,算税额。应纳税额=(雇员当月取得全年一次性奖金-雇员当月工资薪金所得与费用扣除额的差额)×适用税率-速算扣除数。

【例7-14·计算题】中国公民王某2017年1月份工资3 000元,当月一次性取得上年奖金9 000元,计算王某当月应缴纳的个人所得税。

【解析】当月工资3 000元不超过3 500元,不需要交个人所得税,而对于年终奖9 000元,首先,判断适用税率和速算扣除数:[9 000-(3 500-3 000)]÷12=708.33(元);对应的税率为3%，速算扣除数为0。

其次，计算税额：

王某当月应缴纳的个人所得税＝[9 000－(3 500－3 000)]×3%＝255(元)

在一个纳税年度内，对每一个纳税人，该计税办法只允许采用一次。

【知识拓展】年终一次性奖金计算方法的项目还包括：

(1)年终加薪。

(2)实行年薪制和绩效工资的单位，个人取得年终兑现的年薪和绩效工资。

(3)单位低于购建成本价对职工售房。

(4)对雇员以非上市公司股票期权形式取得的工资薪金所得，一次收入较多的。

雇员取得除全年一次性奖金以外的其他各种名目奖金，如半年奖、季度奖、加班奖、先进奖、考勤奖等，一律与当月工资、薪金收入合并，按税法规定缴纳个人所得税。

二、个体工商户生产、经营所得

(一)应纳税所得额的计算

个体工商户生产、经营所得按年纳税，以每一纳税年度的收入总额，减除成本、费用以及损失后的余额，为应纳税所得额。

1. 扣除范围

个体工商户从事生产经营以及与生产经营有关的活动(以下简称生产经营)取得的货币形式和非货币形式的各项收入，为收入总额，包括销售货物收入、提供劳务收入、转让财产收入、利息收入、租金收入、接受捐赠收入、其他收入。

成本是指个体工商户在生产经营活动中发生的销售成本、销货成本、业务支出以及其他耗费。

费用是指个体工商户在生产经营活动中发生的销售费用、管理费用和财务费用，已经计入成本的有关费用除外。

税金是指个体工商户在生产经营活动中发生的除个人所得税和允许抵扣的增值税以外的各项税金及其附加。

损失是指个体工商户在生产经营活动中发生的固定资产和存货的盘亏、毁损、报废损失，转让财产损失，坏账损失，自然灾害等不可抗力因素造成的损失以及其他损失。个体工商户发生的损失，减除责任人赔偿和保险赔款后的余额，参照财政部、国家税务总局有关企业资产损失税前扣除的规定扣除。其计算公式为：

应纳税所得额＝全年收入总额－成本、费用以及损失

个体工商户下列支出不得扣除：

(1)个人所得税税款；

(2)税收滞纳金；

(3)罚金、罚款和被没收财物的损失；

(4)不符合扣除规定的捐赠支出；

(5)赞助支出；

(6)用于个人和家庭的支出；

(7)与取得生产经营收入无关的其他支出；

(8)国家税务总局规定不准扣除的支出。

2. 扣除项目及标准

(1)个体工商户实际支付给从业人员的、合理的工资薪金支出，准予扣除。个体工商户业主的费用扣除标准，依照相关法律、法规和政策规定执行。个体工商户业主的工资薪金支出不得税前扣除。

(2)个体工商户按照国务院有关主管部门或者省级人民政府规定的范围和标准为其业主和从业人员缴纳的基本养老保险费、基本医疗保险费、失业保险费、生育保险费、工伤保险费和住房公积金，准予扣除。个体工商户为从业人员缴纳的补充养老保险费、补充医疗保险费，分别在不超过从业人员工资总额5%标准内的部分据实扣除；超过部分，不得扣除。个体工商户业主本人缴纳的补充养老保险费、补充医疗保险费，以当地(地级市)上年度社会平均工资的3倍为计算基数，分别在不超过该计算基数5%标准内的部分据实扣除；超过部分，不得扣除。

(3)个体工商户向当地工会组织拨缴的工会经费、实际发生的职工福利费支出、职工教育经费支出分别在工资薪金总额的2%、14%、2.5%的标准内据实扣除。个体工商户业主本人向当地工会组织缴纳的工会经费、实际发生的职工福利费支出、职工教育经费支出，以当地(地级市)上年度社会平均工资的3倍为计算基数，在上述规定比例内据实扣除。(职工教育经费的扣除标准自2018年7月1日起由2.5%提高至8%)

(4)个体工商户发生的与生产经营活动有关的业务招待费，按照实际发生额的60%扣除，但最高不得超过当年销售(营业)收入的5‰。业主自申请营业执照之日起至开始生产经营之日止所发生的业务招待费，按照实际发生额的60%计入个体工商户的开办费。

(5)个体工商户每一纳税年度发生的与其生产经营活动直接相关的广告费和业务宣传费不超过当年销售(营业)收入15%的部分，可以据实扣除；超过部分，准予在以后纳税年度结转扣除。

(6)个体工商户通过公益性社会团体或者县级以上人民政府及其部门，用于《公益事业捐赠法》规定的公益事业的捐赠，捐赠额不超过其应纳税所得额30%的部分可以据实扣除。

财政部、国家税务总局规定可以全额在税前扣除的捐赠支出项目，按有关规定执行。

个体工商户直接对受益人的捐赠不得扣除。

公益性社会团体的认定，按照财政部、国家税务总局、民政部有关规定执行。

(7)业主费用减除标准。个体工商户的费用减除标准统一确定为42 000元/年，即每月3 500元。

(8)个体工商户生产经营活动中，应当分别核算生产经营费用和个人、家庭费用。对于生产经营与个人、家庭生活混用难以分清的费用，其40%视为与生产经营有关费用，准予扣除。

(9)个体工商户代其从业人员或者他人负担的税款，不得税前扣除。

(10)个体工商户按照规定缴纳的摊位费、行政性收费、协会会费等，按实际发生数额扣除。

(11)个体工商户研究开发新产品、新技术、新工艺所发生的开发费用，以及研究开发新产品、新技术而购置单台价值在10万元以下的测试仪器和试验性装置的购置费准予直接扣除；单台价值在10万元以上(含10万元)的测试仪器和试验性装置，按固定资产管理，不得在当期直接扣除。

【例7—15·单选题】个体工商户发生的下列支出中允许在个人所得税税前扣除的是（　　）。

A. 用于家庭的支出

B. 非广告性质赞助支出

C. 生产经营过程中发生的财产转让损失

D. 已缴纳的增值税税款

【答案】C

【解析】A选项家庭的支出不得在所得税前扣除；B选项非广告性质赞助支出也是同企业所得税一样为不得扣除项目；可扣除的税金是指个体工商户在生产经营活动中发生的除个人所得税和允许抵扣的增值税以外的各项税金及其附加，所以D选项不得税前扣除。

（二）应纳税额的计算

个体工商户生产、经营所得应纳税额的计算公式为：

应纳税额＝应纳税所得额×适用税率－速算扣除数

＝（全年收入总额－成本、费用以及损失）×适用税率－速算扣除数

【例7—16·计算题】徐某2017年承包某加工厂，根据协议变更登记为个体工商户，2017年加工厂取得收入总额70万元，发生成本、费用及相关支出合计63万元（不含徐某每月3 500元的费用扣除），其中包含徐某每月从加工厂领取的工资2 700元。假定没有其他纳税调整事项，请计算徐某2017年的应纳税所得额及应纳个人所得税税额。

【解析】

（1）应纳税所得额＝70－63＋0.27×12－（0.35×12）＝6.04（万元）

（2）应纳个人所得税税额＝6.04×30%－0.975＝0.837（万元）

三、对企事业单位承包经营、承租经营所得

（一）应纳税所得额的计算

对企事业单位承包经营、承租经营所得，以每一纳税年度的收入总额，减除必要费用后的余额，为应纳税所得额。每一纳税年度的收入总额，是指纳税人按照承包经营、承租经营合同规定分得的经营利润和工资、薪金性质的所得；减除必要费用，是指按月减除3 500元。其计算公式为：

应纳税所得额＝纳税年度收入总额－3 500×12

在一个纳税年度中，承包经营、承租经营期限不足一年的，以其实际经营期为纳税年度。

（二）应纳税额的计算

对企事业单位承包经营、承租经营所得应纳税额的计算公式为：

应纳税额＝应纳税所得额×适用税率－速算扣除数

＝（纳税年度收入总额－3 500×12）×适用税率－速算扣除数

【例7—17·计算题】2017年9月1日起，张某承包一个招待所，规定每月取得工资4 000元，年度终从企业所得税后利润中上交承包费50 000元，其余经营成果归张某所有。2017年该招待所税后利润95 000元，当年张某共缴纳多少个人所得税？

【解析】

(1)纳税年度收入总额=4 000×4+(95 000−50 000)=16 000+45 000=61 000(元)

(2)年应纳税所得额=61 000−3 500×4=47 000(元)

(4)应纳个人所得税=47 000×20%−3 750=5 650(元)

四、劳务报酬所得

(一)应纳税所得额的计算

劳务报酬所得,按次纳税,每次收入不超过 4 000 元的减除费用 800 元;每次收入超过 4 000 元的减除 20%的费用。其计算公式为:

(1)每次收入不超过 4 000 元的,应纳税所得额=每次收入额−800

(2)每次收入超过 4 000 元的,应纳税所得额=每次收入额×(1−20%)

劳务报酬所得因其一般具有不固定、不经常性,不便于按月计算,所以,规定凡属于一次性收入的,以取得该项收入为一次,按次确定应纳税所得额;凡属于同一项目连续性收入的,以一个月内取得的收入为一次,据以确定应纳税所得额。

考虑属地管辖与时间划定有交叉的特殊情况,统一规定以县(含县级市、区)为一地,其管辖内的一个月内同一项目的劳务服务为一次;当月跨县地域的,则应分别计算。

(二)应纳税额的计算

劳务报酬所得,个人所得税应纳税额的计算公式为:

(1)每次收入不超过 4 000 元的:

应纳税额=应纳税所得额×适用税率

=(每次收入额−800)×20%

(2)每次收入超过 4 000 元的:

应纳税额=应纳税所得额×适用税率

=每次收入额×(1−20%)×适用税率

(3)每次收入的应纳税所得额超过 20 000 元的:

应纳税额=应纳税所得额×适用税率−速算扣除数

=每次收入额×(1−20%)×适用税率−速算扣除数

【例 7−18 · 计算题】假定歌星李春一次取得表演收入为 40 000 元,计算其应缴纳个人所得税税额。

【解析】收入为 40 000 元,则费用扣除为 20%,应纳税所得额为 32 000 元,对应的税率为 30%,速算扣除数为 2 000 元。

应纳税额=40 000×(1−20%)×30%−2 000=7 600(元)

五、稿酬所得

(一)应纳税所得额的计算

稿酬所得按次纳税,每次收入不足 4 000 元的:

应纳税所得额=每次收入额−800

每次收入 4 000 元以上的:

应纳税所得额=每次收入额×(1−20%)

【知识拓展】关于稿酬所得"次"的界定

(1)同一作品再版取得的所得,应视为另一次稿酬所得计征个人所得税;

(2)同一作品先在报刊上连载,然后再出版,或者先出版,再在报刊上连载的,应视为两次稿酬所得征税,即连载作为一次,出版作为另一次;

(3)同一作品在报刊上连载取得收入的,以连载完成后取得的所有收入合并为一次,计征个人所得税;

(4)同一作品在出版和发表时,以预付稿酬或分次支付稿酬等形式取得的稿酬收入,应合并计算为一次;

(5)同一作品出版、发表后,因添加印数而追加稿酬的,应与以前出版、发表时取得的稿酬合并计算为一次,计征个人所得税。

(二)应纳税额的计算

稿酬所得,个人所得税应纳税额的计算公式为:

(1)每次收入不超过 4 000 元的:

应纳税额＝应纳税所得额×适用税率×(1－30%)

　　　　＝(每次收入额－800)×20%×(1－30%)

(2)每次收入超过 4 000 元的:

应纳税额＝应纳税所得额×适用税率×(1－30%)

　　　　＝每次收入额×(1－20%)×20%×(1－30%)

【例 7－19・计算题】假定作家韩寒一次取得未扣除个人所得税的稿酬收入 5 000 元,则其应缴纳个人所得税的税额为多少?

【解析】应纳税额＝5 000×(1－20%)×20%×(1－30%)＝560(元)

【例 7－20・单选题】作家李先生从 2017 年 3 月 1 日起在某报刊连载一小说,每期取得报社支付的收入 300 元,共连载 110 期(其中 3 月份 30 期)。9 月份将连载的小说结集出版,取得稿酬 48 600 元。下列各项关于李先生取得上述收入缴纳个人所得税的表述中,正确的是(　　)。

A. 小说连载每期取得的收入应由报社按劳务报酬所得代扣代缴个人所得税 60 元

B. 小说连载取得收入应合并为一次,由报社按稿酬所得代扣代缴个人所得税 3 696 元

C. 3 月份取得的小说连载收入应由报社按稿酬所得于当月代扣代缴个人所得税 1 800 元

D. 出版小说取得的稿酬缴纳个人所得税时允许抵扣其在报刊连载时已缴纳的个人所得税

【答案】B

【解析】小说连载取得收入应合并为一次,由报社按稿酬所得代扣代缴个人所得税＝300×110×(1－20%)×20%×(1－30%)＝3 696(元)。

【例 7－21・单选题】作家马某 2017 年 2 月初在杂志上发表一篇小说,取得稿酬 3 800 元;自 2 月 15 日起又将该小说在晚报上连载 10 天,每天稿酬 450 元。马某当月需缴纳个人所得税(　　)。

A. 420 元　　B. 924 元　　C. 929.6 元　　D. 1 320 元

【答案】B

【解析】杂志发表与晚报连载视为两次稿酬；应纳个人所得税=(3 800−800)×20%×(1−30%)+450×10×(1−20%)×20%×(1−30%)=924(元)。

【例 7−22・单选题】王某的一篇论文被编入某论文集出版，取得稿酬 5 000 元，当年因添加印数又取得追加稿酬 2 000 元。上述王某所获稿酬应缴纳的个人所得税为(　　)。

A. 728 元　　B. 784 元　　C. 812 元　　D. 868 元

【答案】B

【解析】王某所获稿酬应缴纳的个人所得税=(5 000+2 000)×(1−20%)×20%×(1−30%)=784(元)。

六、特许权使用费所得

(一)应纳税所得额的计算

特许权使用费所得按次纳税，每次收入不足 4 000 元的：

应纳税所得额=每次收入额−800

每次收入 4 000 元以上的：

应纳税所得额=每次收入额×(1−20%)

特许权使用费所得，以某项使用权的一次转让所取得的收入为一次。如果该次转让取得的收入是分笔支付的，则应将各笔收入相加为一次的收入，计征个人所得税。

(二)应纳税额的计算

特许权使用费所得，个人所得税应纳税额的计算公式为：

(1)每次收入不超过 4 000 元的：

应纳税额=应纳税所得额×适用税率

　　　　=(每次收入额−800)×20%

(2)每次收入超过 4 000 元的：

应纳税额=应纳税所得额×适用税率

　　　　=每次收入额×(1−20%)×20%

【例 7−23・计算题】王某 2017 年 11 月份取得两项特许权使用费收入，一项是 3 000 元，另一项是 4 500 元。计算王某 11 月份取得的特许权使用费收入应纳个人所得税。

【解析】特许权以某项使用权的一次转让所取得的收入为一次，所以

应纳税额=(3 000−800)×20%+4 500×(1−20%)×20%=1 160(元)

七、财产租赁所得

(一)应纳税所得额的计算

财产租赁所得以一个月内取得的收入为一次，每次收入不足 4 000 元的：

应纳税所得额=每次(月)收入额−准予扣除项目−修缮费用(800 为限)−800

每次收入 4 000 元以上的：

应纳税所得额=[每次(月)收入额−准予扣除项目−修缮费用(800 为限)]×(1−

20%）

财产租赁收入扣除费用范围和顺序包括：税费＋租金（财产转租情况下才有）＋修缮费＋法定扣除标准

（二）应纳税额的计算

应纳税额计算公式：

每次（月）收入额不足4 000元的：

应纳税额＝应纳税所得额×适用税率＝[每次（月）收入额－允许扣除的项目－修缮费用（800为限）－800]×20%

每次收入额在4000元以上的：

应纳税额＝应纳税所得额×适用税率＝[每次（月）收入额－允许扣除的项目－修缮费用（800为限）]×（1－20%）×20%

八、财产转让所得

（一）应纳税所得额的计算

财产转让所得按次纳税，以转让财产的收入额减除财产原值和合理费用后的余额，为应纳税所得额。"合理费用"是指卖出财产时按照规定支付的有关税费，经税务机关认定方可减除。其计算公式为：

应纳税所得额＝收入总额－财产原值－合理费用

（二）应纳税额的计算

财产转让应纳税额的计算公式为：

应纳税额＝（收入总额－财产原值－合理费用）×20%

【例7－24·计算题】李某转让一处临街商铺（原值为200万元），取得不含增值税的转让收入450万元，支付可以税前扣除的各项合理税费合计5万元（均取得合法票据）。李某出售该商铺应纳个人所得税是多少？

【解析】房产原值及合理税费允许扣除。

应纳个人所得税＝（450－200－5）×20%＝49（万元）

九、利息、股息、红利所得和偶然所得和其他所得

（一）应纳税所得额的计算

这5类所得均适用20%的比例税率，并均无减除费用的规定。

应纳税所得额＝每次收入额

以支付利息、股息、红利时取得的收入为一次。偶然所得以每次收入为一次。

（二）应纳税额的计算

应纳税额的计算公式为：

应纳税额＝应纳税所得额×适用税率＝每次收入额×20%

【例7－25·计算题】假定某人某次中六合彩头奖，得奖金150万元，计算其应纳个人所得税税额。

【解析】应纳税额＝150×20%＝30（万元）

十、个人所得税中境外所得的税额扣除

纳税人从中国境外取得的所得，准予其在应纳税额中扣除已在境外缴纳的个人所得税税额。但是，扣除额不得超过该纳税人境外所得依照我国税法规定计算的应纳税额。

计算境外税款扣除限额的方法采用的是分国分项计算、分国加总的方法，不同于企业所得税的分国不分项的计算。

【例 7—26·计算题】中国公民王某就职于国内 A 上市公司，2017 年 5 月赴国外进行技术交流期间，在甲国演讲取得收入折合人民币 10 000 元、稿酬收入 2 000 元；在乙国取得专利实施许可折合人民币 60 000 元，分别按照收入来源国的税法规定缴纳了个人所得税折合人民币 1 400 元、200 元和 12 000 元。

要求：计算王某 5 月从国外取得收入应在国内补缴的个人所得税。

【解析】

甲国限额＝10 000×(1－20%)×20%＋(2 000－800)×20%×(1－30%)＝1 600＋168＝1 768(元)，实际缴纳(1 400＋200)＝1 600(元)，应补税 168 元。

乙国限额＝60 000×(1－20%)×20%＝9 600(元)，实际缴纳 12 000 元，不必补税。

第五节　个人所得税税收优惠

个人所得税既是一种分配手段，也是体现国家政策的重要工具。为了鼓励科学发明，支持社会福利、慈善事业和照顾某些纳税人的实际困难，《个人所得税法》及其实施条例以及财政部、国家税务总局的若干规定对个人所得项目，有免税、减税的优惠规定。

一、免税项目

根据《个人所得税法》和相关法规、政策，对下列各项个人所得，免征个人所得税：

(1)省级人民政府、国务院部委和中国人民解放军军以上单位，以及外国组织、国际组织颁发的科学、教育、技术、文化、卫生、体育、环境保护等方面的奖金。

(2)国债和国家发行的金融债券利息。

(3)个人取得的教育储蓄存款利息。

(4)按照国家统一规定发给的补贴、津贴。这是指按照国务院规定发给的政府特殊津贴、院士津贴、资深院士津贴和国务院规定免纳个人所得税的补贴、津贴。

(5)福利费、抚恤金、救济金。其中，福利费是指根据国家有关规定，从企业、事业单位、国家机关、社会团体提留的福利费或者从工会经费中支付给个人的生活补助费；救济金是指国家民政部门支付给个人的生活困难补助费。

(6)保险赔款。

(7)军人的转业安置费、复员费。

(8)按照国家统一规定发给干部、职工的安家费、退职费、退休工资、离休工资、离休生活补助费。其中，退职费是指符合国务院《关于工人退休、退职的暂行办法》规定的退职条件，并按该办法规定的退职费标准所领取的退职费。离退休人员按规定领取离退休工资或养老

金外，另从原任职单位取得的各类补贴、奖金、实物，不属于免税的退休工资、离休工资、离休生活补助费，应按“工资、薪金所得”应税项目的规定缴纳个人所得税。

(9)依照我国有关法律规定应予免税的各国驻华使馆、领事馆的外交代表、领事官员和其他人员的所得。

(10)中国政府参加的国际公约、签订的协议中规定免税的所得。

(11)经国务院财政部门批准免税的所得。

二、减税项目

有下列情形之一的，经批准可以减征个人所得税：

(1)残疾、孤老人员和烈属的所得。

(2)因严重自然灾害造成重大损失的。

(3)其他经国务院财政部门批准减税的。

减税项目的减征幅度和期限，由省、自治区、直辖市人民政府规定。

上述对残疾人个人取得的劳动所得才适用减税规定，具体所得项目为：工资薪金所得、个体工商户的生产经管所得、对企事业单位的承包和承租经营所得、劳务报酬所得、稿酬所得和特许权使用费所得。

三、暂免征税项目

根据财政部、国家税务总局《关于个人所得税若干政策问题的通知》和有关文件的规定，对下列所得暂免征收个人所得税：

(1)外籍个人以非现金形式或实报实销形式取得的住房补贴、伙食补贴、搬迁费、洗衣费。

(2)外籍个人按合理标准取得的境内、境外出差补贴。

(3)外籍个人取得的探亲费、语言训练费、子女教育费等，经当地税务机关审核批准为合理的部分。

(4)外籍个人从外商投资企业取得的股息、红利所得。

(5)凡符合下列条件之一的外籍专家取得的工资、薪金所得，可免征个人所得税：

①根据世界银行专项贷款协议，由世界银行直接派往我国工作的外国专家。

②联合国组织直接派往我国工作的专家。

③为联合国援助项目来华工作的专家。

④援助国派往我国专为该国援助项目工作的专家。

⑤根据两国政府签订的文化交流项目来华工作两年以内的文教专家，其工资、薪金所得由该国负担的。

⑥根据我国大专院校国际交流项目来华工作两年以内的文教专家，其工资、薪金所得由该国负担的。

⑦通过民间科研协定来华工作的专家，其工资、薪金所得由该国政府机构负担的。

(6)个人举报、协查各种违法、犯罪行为而获得的奖金。

(7)个人办理代扣代缴手续，按规定取得的扣缴手续费。

(8)个人转让自用达 5 年以上，并且是唯一的家庭生活用房取得的所得。

(9)对个人购买福利彩票、赈灾彩票、体育彩票,一次中奖收入在1万元以下的(含1万元)暂免征收个人所得税;超过1万元的,全额征收个人所得税。

(10)达到离休、退休年龄,但确因工作需要,适当延长离休、退休年龄的高级专家(指享受国家发放的政府特殊津贴的专家、学者),其在延长离休、退休期间的工资、薪金所得,视同离休、退休工资免征个人所得税。

(11)企业和个人按照国家或地方政府规定的比例,提取并向指定金融机构实际缴付的住房公积金、医疗保险金、基本养老保险金、失业保险金,免予征收个人所得税。超过规定的比例缴付的部分计征个人所得税。

(12)个人领取原提存的住房公积金、医疗保险金、基本养老保险金,以及具备《失业保险条例》规定条件的失业人员领取的失业保险金,免予征收个人所得税。

(13)自2008年10月9日(含)起,对居民储蓄存款利息所得暂免征收个人所得税。

(14)生育妇女按照县级以上人民政府根据国家有关规定制定的生育保险办法,取得的生育津贴、生育医疗费或其他属于生育保险性质的津贴、补贴,免征个人所得税。

第六节　个人所得税的征收管理与纳税申报

一、征收方式

个人所得税的征收方式有两种:一种是由扣缴义务人代扣代缴;另一种是由纳税人自行申报纳税。两种方式缴纳税款时,均要填报个人所得税纳税申报表。

2018年6月19日,《个人所得税法修正案(草案)》提请十三届全国人大常委会第三次会议审议,提出为堵塞税收漏洞,拟增加反避税条款,针对个人不按独立交易原则转让财产、在境外避税地避税、实施不合理商业安排获取不当税收利益等避税行为,赋予税务机关按合理方法进行纳税调整的权力。

(一)代扣代缴

代扣代缴是指按照税法规定负有扣缴义务的单位或个人,在向个人支付应纳税所得时,应计算应纳税额,从其所得中扣除并缴入国库,同时向税务机关报送扣缴个人所得税报告表。

(1)扣缴义务人。凡支付个人应纳税所得的企业(公司)事业单位、机关、社团组织、军队、驻华机构、个体户等单位或个人,为个人所得税的扣缴义务人。

(2)代扣代缴的范围包括个人所得税法中的工资薪金所得、对企事业单位承包经营承租经营所得、劳务报酬所得、稿酬所得、特许权使用费所得、利息股息红利所得、财产租赁所得、财产转让所得、偶然所得以及经国务院和财政部批准征税的其他所得。

【知识拓展】不按规定履行代扣代缴义务的,税务机关负责向纳税人追缴税款,但对扣缴义务人将依《税收征管法》规定予以应扣未扣税款50%以上3倍以下的罚款。

(二)自行申报

税法规定,凡有下列情形之一的,纳税人必须自行向税务机关申报所得并缴纳税款:

(1)年所得 12 万元以上的；

(2)在两处或两处以上取得工资、薪金所得的；

(3)从中国境外取得所得的；

(4)取得应纳税所得，没有扣缴义务人的，如个体工商户从事生产、经营的所得；

(5)国务院规定的其他情形。

二、纳税期限

扣缴义务人每月所代扣的税款，应当在次月 15 日内缴入国库，并向主管税务机关报送《扣缴个人所得税报告表》，有其他规定的除外。年所得 12 万元以上的纳税人，在纳税年度终了后 3 个月内向主管税务机关办理纳税申报，具体规定如下：

(1)工资、薪金所得的应纳税款，按月计征，由纳税人在次月 15 日内缴入国库，并向税务机关报送个人所得税纳税申报表。采掘业、远洋运输业、远洋捕捞业等特定行业的纳税人，其工资、薪金所得应纳的税款，考虑其工作的特殊性，可以实行按年计算，分月预缴的方式计征，自年度终了之日起 30 日内，合计全年工资、薪金所得，再按 12 个月平均并计算实际应纳的税款，多退少补。

(2)对于账册健全的个体工商户，其生产、经营所得应纳的税款实行按年计算、分月预缴，由纳税人在次月 15 日内申报预缴，年度终了后 3 个月汇算清缴，多退少补。对账册不健全的个体工商户，其生产、经营所得的应纳税款，由税务机关依据《税收征管法》自行确定征收方式。

(3)纳税人年终一次性取得承包经营、承租经营所得的，自取得收入之日起 30 日内申报纳税；在一年内分次取得承包经营、承租经营所得的，应在取得每次所得后的 15 日内预缴税款，年度终了后 3 个月内汇算清缴，多退少补。

(4)劳务报酬、稿酬、特许权使用费、利息、股息、红利、财产租赁、财产转让所得和偶然所得等，按次计征。取得所得的纳税人应当在次月 15 日内将应纳税款缴入国库，并向税务机关报送个人所得税纳税申报表。

(5)个人从中国境外取得所得的纳税人，在纳税年度终了后 30 日内，向中国主管税务机关办理纳税申报。

(6)除以上规定的情形外，纳税人取得其他各项所得须申报纳税的，在取得所得的次月 15 日内向主管税务机关办理纳税申报。

三、纳税地点

自行申报缴纳个人所得税的纳税人，在中国境内有任职、受雇单位的，向任职、受雇单位所在地主管税务机关申报纳税；纳税人在中国境内两处或两处以上取得所得的，可由纳税人选择一地税务机关申报纳税。纳税人要求变更申报纳税地点的，须报原主管税务机关备案。

本章小结

个人所得税是以个人取得的各项应税所得为征税对象征收的一种税。个人所得税应税所得包括工资、薪金所得，个体工商户的生产、经营所得，对企事业单位的承包、承租经营所得，劳务报酬所得，稿酬所得，特许权使用费所得，利息、股息、红利所得，财产租赁所得，财产转让所得，偶然所得和其他所得。

个人所得税的纳税人按在中国境内是否有住所和居住时间，分为居民纳税人和非居民纳税人。居民纳税人承担无限纳税义务，来自中国境内外收入都要申报缴纳个人所得税，非居民纳税人仅对来自我国收入要缴纳个人所得税。

个人所得税缴纳通常采用代扣代缴方式，支付个人应纳税所得的单位、组织或个人就是个人所得税的扣缴义务人。

个人所得税税率有适用于工薪所得的七级超额累进税率、适用于个体工商户生产经营所得和承包承租经营所得的五级超额累进税率、适用于其他各种应税所得的20%比例税率。

个人所得税应纳税额=应纳税所得额×适用税率。确定应纳税额的关键是要了解对不同收入项目的法定扣除标准，并据此确定应纳税所得额。税法规定不同应税收入项目法定扣除标准不同。

个人所得税的纳税地点一般应为收入来源地的主管税务机关，纳税期限在次月15日内。

个人所得税的纳税申报有代扣代缴和自行纳税申报两种方式。

同步测试

一、单选题

1. 2011年9月1日起，涉外人员个人所得税费用扣除为(　　)元。

A. 16 000　　B. 2 000　　C. 3 500　　D. 4 800

2. 王某根据劳务合同的规定，取得税后劳务报酬30 000元。在不考虑其他税费的情况下，王某该项劳务报酬应缴纳个人所得税(　　)元。

A. 3 823.5　　B. 4 794.5　　C. 5 032.12　　D. 6 842.11

3. 某企业职工2017年每月取得工资收入3 500元，另在3月底、6月底、9月底、12月底分别取得季度奖金4 000元。企业决定以12月份奖金作为全年一次性奖金。则该职工2017年应纳个人所得税为(　　)元。

A. 1 500　　B. 1 450　　C. 1 100　　D. 1 005

4. 中国公民郑某2017年1～12月每月工资3 200元，12月份除取得当月工资外，还取得全年一次性奖金10 000元，郑某2017年12月应缴纳个人所得税(　　)元。

A. 230　　B. 291　　C. 310　　D. 215

5. 某高校特级教师为一个企业做业务培训两个月，第一个月培训4次，第二个月培训5次，每次的培训费用均为1 000元，该企业按月发放培训的酬金。该教师共缴纳个人所得税为(　　)元。

A. 800　　B. 1 152　　C. 1 440　　D. 1 280

6. 某教授2017年8月因其编著的小说出版，获得稿酬8 500元，2017年9月又在另外一个出版社出版取得稿酬4 000元，该教授共应缴纳个人所得税(　　)元。

A. 952　　B. 1 288　　C. 1 400　　D. 1 358

7. 某高级工程师2017年7月从A国取得特许权使用费收入20 000元，该收入已经在A国缴纳个人所得税3 000元；同时从A国取得担保收入1 400元，已经在A国缴纳个人所得税300元；该月从B国发表论文所得3 000元，已缴纳个人所得税280元。该工程师当月应在我国补缴个人所得税(　　)元。

A. 0　　B. 208　　C. 180　　D. 280

8. 下列各项所得中，适用加成征税规定的是(　　)。

A. 个体工商户的生产经营所得　　B. 劳务报酬所得

C. 稿酬所得　　D. 偶然所得

9. 在计算个人所得税时，可以减除定额800元或者定率20%的所得是(　　)。

A. 工资、薪金所得　　B. 个体工商户的生产、经营所得

C. 劳务报酬所得　　D. 利息、股息、红利所得

10. 下列各项所得中，适用减税规定的是(　　)。

A. 特许权使用费所得　　B. 劳务报酬所得

C. 稿酬所得　　D. 工资、薪金所得

二、多选题

1. 个人所得税居民纳税人与非居民纳税人的判定标准是(　　)。

A. 户籍标准　　B. 住所标准

C. 居住时间标准　　D. 经营、工作地标准

2. 下列所得中适用超额累进税率的有(　　)。

A. 工资、薪金所得

B. 个体工商户的生产经营所得

C. 财产转让所得

D. 对企事业单位的承包经营、承租经营所得

3. 个人所得税法规定的临时离境是指(　　)。

A. 一次不超过30日的离境　　B. 一次不超过90日的离境

C. 多次累计不超过90日的离境　　D. 多次累计不超过183日的离境

4. 个人所得税应税项目，采用费用定额扣除(800元)与定率扣除(20%)两种扣除方法相结合的项目有(　　)。

A. 财产转让所得　　B. 财产租赁所得

C. 特许权使用费所得　　D. 劳务报酬所得

5. 下列各项所得在计算应纳税所得额时不允许扣减任何费用的有(　　)。

A. 偶然所得　　B. 特许权使用费所得

C. 利息、股息、红利所得　　D. 财产租赁所得

三、计算题

1. 某作家2017年相关的收入如下：

(1)发表论文两篇，稿酬分别为500元和2 000元。

(2)在报刊上连载 3 个月小说，稿酬分别是 3 000 元、4 000 元、5 000 元。

(3)创作的新小说由一家出版社出版，合同约定，2017 年 3 月预付稿酬 30 000 元，2017 年 9 月正式出版再付稿酬 15 000 元；同年，该作家还授权某晚报连载，历时 60 天，每天 180 元。

(4)2016 年 10 月出版的小说，当时稿酬 5 000 元，2017 年再版，取得稿酬 3 000 元。

(5)2016 年 8 月出版的小说，稿酬 6 000 元，2017 年 6 月因添加印数追加稿酬 2 000 元。

要求：计算每个业务中应缴纳的个人所得税。

2. 中国公民周某 2017 年取得收入情况如下：

(1)将本人一部长篇小说手稿的著作权拍卖取得收入 5 万元，同时拍卖一幅名人书法作品取得收入 35 万元。经税务机关确认，所拍卖的书法作品原值及相关费用为 20 万元。

(2)2 月份以 10 万元购买 A 企业股权，并于 10 月份以 25 万元将股权转让给 B，不考虑相关的税费。

(3)5 月份出版一本专著，取得稿酬 40 000 元。

(4)6 月份取得建筑工程设计费 30 000 元，同时从中拿出 9 000 元通过市教育部门捐给农村义务教育。

要求：

(1)计算周某拍卖收入应缴纳的个人所得税。

(2)计算周某股权转让行为应缴纳个人所得税。

(3)计算周某取得的稿酬所得应缴纳个人所得税。

(4)计算周某取得设计费收入应纳个人所得税。

3. 2017 年 9 月 1 日起，张某承包一家招待所，规定每月取得工资 4 000 元，年终从企业所得税税后利润中上交承包费 50 000 元，其余经营成果归张某所有。2017 年该招待所税后利润 95 000 元，请问当年张某共缴纳多少个人所得税？

4. 中国公民李某为某知名大学教授，2017 年收入情况如下：

(1)每月取得工资收入 8 000 元。

(2)12 月份应邀参加讲学，取得讲学收入 60 000 元。

(3)出版专著一部，取得稿酬收入 100 000 元。

(4)购物中奖获得奖金 20 000 元。

要求：计算李某 2017 年应缴纳的个人所得税税额。

第八章　其他各税税法

知识目标

1. 了解资源类税、财产类税和行为目的类税的概念、纳税义务人、税率等内容；
2. 掌握上述税种应纳税额的计算；
3. 了解上述税种的纳税地点、纳税期限等征管内容。

能力目标

1. 能够掌握资源类税法的基本法律内容；
2. 能够熟练、准确计算不同税种涉税业务的应纳税额。

关键词

纳税义务人　税率　应纳税额的计算

开篇案例

某盐场为增值税一般纳税义务人，2017 年 11 月发生以下业务：

(1)盐场实际占地 8 000 平方米，由于经营规模扩大，年初该盐场又受让了一块市郊区 12 000 平方米耕地用于建设新厂房。

(2)自产海盐 500 吨，其中 300 吨对外销售并取得不含税收入 200 万元，其余用于抵偿债务。

(3)该盐场年末为了周转资金，转让附近的一块土地使用权，该土地占用面积 2 000 平方米，取得转让收入 400 万元，购买该土地使用权时支付金额 220 万元，转让时发生相关税费 25 万元。

思考：该盐场需要缴纳哪些税，这些税的计税依据是什么？

第一节　资源类税法

一、资源税法

资源税是对在我国境内从事应税矿产品开采和生产盐(简称开采或者生产应税产品)的

单位和个人课征的一种税，属于对自然资源占用课税的范畴。

国家开征资源税，可以通过合理调节资源级差收入水平，促进企业之间的公平竞争，促进资源的合理开采、节约使用，促进资源有效配置，同时开征资源税有利于配合其他税种，发挥税收杠杆的整体功能，为国家增加一定的财政收入。

（一）资源税纳税义务人

在中华人民共和国领域及管辖海域开采或者生产应税产品的单位和个人，为资源税的纳税人。自 2016 年 7 月 1 日起，在河北省利用取水工程或者设施直接从江河、湖泊（含水库）和地下取用地表水、地下水的单位和个人，为水资源税纳税人。纳税人应按我国《水法》《取水许可和水资源费征收管理条例》等规定申领取水许可证。

单位，是指企业、行政单位、事业单位、军事单位、社会团体及其他单位；个人，是指个体工商户和其他个人。但是，进口应税资源产品的单位或个人则不在纳税人的范围。

收购未税矿产品的独立矿山、联合企业以及其他单位作为资源税的扣缴义务人。其他单位包括收购未税矿产品的个体户在内。

【例 8—1·多选题】下列各项中，属于资源税纳税人的有（　　）。

A. 开采原煤的国有企业

B. 进口铁矿石的私营企业

C. 开采石灰石的个体经营者

D. 开采天然原油的外商投资企业

【答案】ACD

【解析】进口应税产品不属于“境内开采”，不征收资源税。

【例 8—2·多选题】下列收购未税矿产品的单位能够成为资源税扣缴义务人的有（　　）。

A. 收购未税矿石的独立矿山

B. 收购未税矿石的个体经营者

C. 收购未税矿石的联合企业

D. 收购未税矿石的冶炼厂

【答案】ABCD

【解析】资源税的扣缴义务人可以是独立矿山、联合企业和其他收购未税矿产品的单位。其他收购未税矿石的单位包括个体户在内。

（二）资源税的征税范围

资源税的征税范围，从理论上讲可以包括一切开发和利用的国有资源，但受资源条件、征收条件等的限制，《资源税暂行条例》只将矿产资源和盐资源纳入了资源税的征收范围。具体来讲包括以下项目：

1. 矿产品

（1）原油。指开采的天然原油，不包括人造石油。

（2）天然气。指专门开采或与原油同时开采的天然气，暂不包括煤矿生产的天然气。

（3）煤炭。应税煤炭包括原煤和以未税原煤（即自采原煤）加工的洗选煤。

（4）金属矿。包括铁矿、金矿、铜矿、铝土矿、铅锌矿、镍矿、锡矿、稀土、钨矿、钼矿及未列举名称的其他金属矿产品原矿或精矿。

(5)其他非金属矿。包括石墨、硅藻土、高岭土、萤石、石灰石、硫铁矿、磷矿、氯化钾、硫酸钾、井矿盐、湖盐、提取地下卤水晒制的盐、煤层(成)气及未列举名称的其他非金属矿产品。

2. 海盐

海盐是指海水晒制的盐,不包括提取地下卤水晒制的盐。

自 2016 年 7 月 1 日起,水资源在河北省试点。这样,现行资源税征税范围可以分为矿产品、盐和水资源三大类。

【例 8—3 · 多选题】下列项目中,属于资源税征税范围的有(　　)

A. 人造石油

B. 海盐

C. 井矿盐

D. 与原油同时开采的天然气

【答案】BCD

【解析】开采的天然原油征税,人造石油不征税。

(三)资源税税率

资源税实行从价定率和从量定额的计征方法,适用定额税率和比例税率两种税率形式(见表 8—1)。

表 8—1　　**资源税税目及税率(额)表**

税　目		征税对象	税率幅度
一、原油		天然原油	6%～10%
二、天然气		专门开采或者与原油同时开采的天然气	6%～10%
三、煤炭		原煤和以未税原煤加工的洗选煤	2%～10%
四、金属矿	铁矿	精矿	1%～6%
	金矿	金锭	1%～4%
	铜矿	精矿	2%～8%
	铝土矿	原矿	3%～9%
	铅锌矿	精矿	2%～6%
	镍矿	精矿	2%～6%
	锡矿	精矿	2%～6%
	稀土	原矿和以自采原矿加工的精矿	轻稀土,按地区执行不同的使用税率(内蒙古为 11.5%、四川为 9.5%、山东为 7.5%);中重稀土,为 27%
	钨矿	原矿和以自采原矿加工的精矿	6.5%
	钼矿	原矿和以自采原矿加工的精矿	11%
	未列举名称的其他金属矿产品	原矿或精矿	税率不超过 20%

续表

税目		征税对象	税率幅度
五、非金属矿	石墨	精矿	3%～10%
	硅藻土	精矿	1%～6%
	高岭土	原矿	1%～6%
	萤石	精矿	1%～6%
	石灰石	原矿	1%～6%
	硫铁矿	精矿	1%～6%
	磷矿	原矿	3%～8%
	氯化钾	精矿	3%～8%
	硫酸钾	精矿	6%～12%
	井矿盐	氯化钠初级产品	1%～6%
	湖盐	氯化钠初级产品	1%～6%
	提取地下卤水晒制的盐	氯化钠初级产品	3%～15%
	煤层(成)气	原矿	1%～2%
	黏土、砂石	原矿	每吨或立方米0.1～5元
	未列举名称的其他非金属矿产品	原矿或精矿	从量税率每吨或立方米不超过30元;从价税率不超过20%
六、海盐		氯化钠初级产品	1%～5%
七、水资源	对水力发电和火力发电贯流式以外的取用水设置最低税额标准		地表水平均不低于每立方米0.4元
	水力发电和火力发电贯流式取用水		每千瓦小时0.005元

注:(1)铝土矿包括耐火级矾土、研磨级矾土等高铝黏土。(2)氯化钠初级产品是指井矿盐、湖盐原盐、提取地下卤水晒制的盐和海盐原盐,包括固体和液体形态的初级产品。(3)海盐是指海水晒制的盐,不包括提取地下卤水晒制的盐。

纳税人开采或者生产不同税目应税产品的,应当分别核算不同税目应税产品的销售额或者销售数量;未分别核算或者不能准确提供不同税目应税产品的销售额或者销售数量的,从高适用税率。

【例8-4·多选题】下列各项中,应征收资源税的有(　　)。

A. 进口的天然气　　B. 专门开采的天然气

C. 煤矿生产的天然气　　D. 与原油同时开采的天然气

【答案】BD

【解析】进口的天然气不征收资源税;煤矿生产的天然气暂不征收资源税。

【例8-5·多选题】我国资源税采用定额税率从量定额征收的项目有(　　)。

A. 井矿盐　　B. 高岭土　　C. 黏土　　D. 砂石

【答案】CD

【解析】井矿盐和高岭土实行从价定率征收资源税,黏土、砂石仍实行从量定额计征资源税。

（四）应纳税额的计算

资源税的应纳税额，按照从价定率或者从量定额的办法，分别以应税产品的销售额乘以纳税人具体适用的比例税率或者以应税产品的销售数量乘以纳税人具体适用的定额税率计算。

1. 从价定率征收资源税的应纳税额计算

从价定率征收资源税的，是以应税产品的销售额乘以适用的比例税率计算应纳税额，计算公式为：

应纳税额＝销售额×适用税率

公式中的销售额是指纳税人销售应税矿产品向购买方收取的全部价款和价外费用，但不包括收取的增值税销项税额和运杂费用。

运杂费用是指应税产品从坑口或洗选（加工）地到车站、码头或购买方指定地点的运输费用、建设基金以及随运销产生的装卸、仓储、港杂费用。运杂费用应与销售额分别核算，凡未取得相应凭据或不能与销售额分别核算的，应当一并计征资源税。

价外费用，包括价外向购买方收取的手续费、补贴、基金、集资费、返还利润、奖励费、违约金、滞纳金、延期付款利息、赔偿金、代收款项、代垫款项、包装费、包装物租金、储备费、优质费以及其他各种性质的价外收费。但下列项目不包括在内：

（1）同时符合以下条件的代垫运输费用：

①承运部门的运输费用发票开具给购买方的；

②纳税人将该项发票转交给购买方的。

（2）同时符合以下条件代为收取的政府性基金或者行政事业性收费：

①由国务院或者财政部批准设立的政府性基金，由国务院或者省级人民政府及其财政、价格主管部门批准设立的行政事业性收费；

②收取时开具省级以上财政部门印制的财政票据；

③所收款项全额上缴财政。

以原矿为征收对象应税产品资源税应纳税额按照原矿销售额或者精矿计税销售额乘以适用税率计算，精矿计税销售额为精矿销售额乘以换算比或折算率，计算公式为：

应纳税额＝原矿销售额×适用税率（精矿销售额×换算比或折算率×适用税率）

纳税人将其开采的原矿加工为精矿销售的，按精矿销售额和适用税率计算缴纳资源税。纳税人开采并销售原矿的，将原矿销售额换算为精矿销售额计算缴纳资源税。应纳税额的计算公式为：

应纳税额＝精矿销售额×适用税率（原矿销售额×换算比或折算率×适用税率）

2. 从量定额征收资源税的应纳税额计算

从量定额征收资源税的，是以应税产品的销售数量乘以适用的定额税率计算，计算公式为：

应纳税额＝课税数量×单位税额

水资源税实行的也是从量计征，应纳税额计算公式：

应纳税额＝取水口所在地税额标准×实际取用水量

水力发电和火力发电贯流式取用水量按照实际发电量确定。

销售数量的具体规定为：

(1)纳税人开采或者生产应税产品销售的,以实际销售数量为销售数量。

(2)纳税人开采或者生产应税产品自用的,以移送时的自用数量为销售数量。

(3)纳税人不能准确提供应税产品销售数量或移送使用数量的,以应税产品的产量或按主管税务机关确定的折算比换算成的数量为计征资源税的销售数量。

纳税人将其开采的矿产品原矿自用于连续生产精矿产品,无法提供移送使用原矿数量的,可将其精矿按选矿比折算成原矿数量,以此作为销售数量。

(4)纳税人的减税、免税项目,应当单独核算销售额和销售数量;未单独核算或者不能准确提供销售额和销售数量的,不予减税或者免税。

【例8—6·单选题】纳税人开采应税矿产品销售的,其资源税的征税数量为(　　)。

A. 开采数量　　B. 实际产量　　C. 计划产量　　D. 销售数量

【答案】D

【解析】纳税人开采应税矿产品销售的,资源税的计税数量是开采或生产的应税资源的销售数量。

【例8—7·单选题】某砂石厂2017年3月开采砂石5 000立方米,对外销售4 000立方米,当地砂石资源税税率为3元/立方米,则该厂当月应纳资源税(　　)万元。

A. 1.5　　B. 1.2　　C. 0.6　　D. 0.3

【答案】B

【解析】该厂应纳资源税=4 000×3÷10 000=1.2(万元)。

【例8—8·单选题】某省煤炭资源税税率为8%,某煤矿2月销售自采原煤取得收入200万元(不含增值税,下同);用自采未税原煤连续加工成洗选煤800吨,销售380吨,每吨售价950元,移送洗选煤120吨用于集体宿舍采暖。已知计算资源税时洗选煤折算率为80%,则该煤矿当月应纳资源税为(　　)万元。

A. 18.31　　B. 19.04　　C. 19.80　　D. 20.86

【答案】B

【解析】应纳资源税=200×8%+(380+120)×0.095×80%×8%=19.04(万元)。

(五)税收优惠

资源税贯彻普遍征收、级差调节的立法原则,因此税法规定的资源税的减免项目比较少。

(1)开采原油过程中用于加热、修井的原油免税。

(2)纳税人开采或者生产应税产品过程中,因意外事故或者自然灾害等原因遭受重大损失的,由省、自治区、直辖市人民政府酌情决定减税或者免税。

(3)对油田范围内运输稠油过程中用于加热的原油、天然气免征资源税;对稠油、高凝油和高含硫天然气资源税减征40%;对三次采油资源税减征30%;对低丰度油气田资源税暂减征20%;对深水油气田资源税减征30%;符合上述减免税规定的原油、天然气划分不清的,一律不予减免资源税;同时符合上述两项及两项以上减税规定的,只能选择其中一项执行,不能叠加适用。

(4)对实际开采年限在15年(含)以上的衰竭期矿山开采的矿产资源,资源税减征30%。

衰竭期矿山是指剩余可采储量下降到原设计可采储量的20%(含)以下或剩余服务年限不超过5年的矿山,以开采企业下属的单个矿山为单位确定。

(5)对依法在建筑物下、铁路下、水体下(简称“三下”)通过充填开采方式采出的矿产资源,资源税减征50%。减征资源税的充填开采,应当同时满足以下三个条件:一是采用先进适用的胶结或膏体等充填方式;二是对采空区实行全覆盖充填;三是对地下含水层和地表生态进行必要的保护。

(6)对已经缴纳资源税的岩金矿原矿经选矿形成的尾矿进行再利用的,只要纳税人能够在统计、核算上清楚地反映,并在堆放等具体操作上能够同原矿明确区隔开来,不再计征资源税;尾矿与原矿如不能划分清楚,应按原矿计征资源税。

(7)纳税人开采销售共伴生矿,共伴生矿与主矿产品销售额分开核算的,对共伴生矿暂不计征资源税;没有分开核算的,共伴生矿按主矿产品的税目和适用税率计征资源税。财政部、国家税务总局另有规定的,从其规定。

(8)国务院规定的其他减税、免税项目。

由于对进口应税资源产品不征收资源税,相应地对出口应税资源产品也不免征或退还已纳的资源税。

【例8—9·多选题】下列各项关于资源税的表述中,正确的有(　　)。

A. 对出口的应税产品免征资源税

B. 对进口的应税产品不征收资源税

C. 开采原油过程中用于修井的原油免征资源税

D. 开采应税产品过程中因自然灾害有重大损失的可由省级人民政府酌情决定减征或免征资源税

【答案】BCD

【解析】选项A:按照税法规定,对出口产品没有资源税减免税的优惠。

(六)征收管理

1. 纳税义务发生时间

根据纳税人的生产经营、货款结算方式和资源税征收的几种情况,其纳税义务的发生时间可分以下几种情况:

(1)纳税人采取分期收款结算方式销售应税产品的,其纳税义务发生时间为销售合同规定的收款日期的当天。

(2)纳税人采取预收货款结算方式销售应税产品的,其纳税义务发生时间为发出应税产品的当天。

(3)纳税人采取除分期收款和预收货款以外的其他结算方式销售应税产品的,其纳税义务发生时间为收讫销售款或者取得索取销售款凭证的当天。

(4)纳税人自产自用应税产品的,其纳税义务发生时间为移送使用应税产品的当天。

(5)扣缴义务人代扣代缴税款的,其纳税义务发生时间为支付首笔货款或首次开具支付货款凭据的当天。

(6)水资源税的纳税义务发生时间为纳税人取用水资源的当日。

【例8—10·多选题】下列各项中,符合资源税纳税义务发生时间规定的有(　　)。

A. 采取分期收款结算方式的为实际收到款项的当天

B. 采取预收货款结算方式的为发出应税产品的当天

C. 自产自用应税产品的为移送使用应税产品的当天

D. 采取其他结算方式的为收讫销售款或取得索取销售款凭据的当天

【答案】 BCD

【解析】 纳税人采取分期收款结算方式的，其资源税纳税义务发生时间，为销售合同规定的收款日期的当天。

2. 纳税环节

资源税在应税产品的销售或自用环节计算缴纳。具体情况规定如下：

(1)以自采原矿加工精矿产品的，在原矿移送使用时不缴纳资源税，在精矿销售或自用时缴纳资源税。

(2)纳税人以自采原矿加工金锭的，在金锭销售或自用时缴纳资源税。纳税人销售自采原矿或者自采原矿加工的金精矿、粗金，在原矿或者金精矿、粗金销售时缴纳资源税，在移送使用时不缴纳资源税。

(3)以应税产品投资、分配、抵债、赠与、以物易物等，视同销售，依照上述有关规定计算缴纳资源税。

【例 8—11 · 多选题】 以下关于资源税纳税环节的表述符合税法规定的有(　　)。

A. 资源税在应税产品的销售或自用环节计算缴纳

B. 以自采原矿加工精矿产品的，在原矿移送使用时缴纳资源税

C. 纳税人以自采原矿加工金锭的，在金锭销售或自用时缴纳资源税

D. 纳税人销售自采原矿加工的金精矿、粗金，在移送加工时缴纳资源税

【答案】 AC

【解析】 选项 B：以自采原矿加工精矿产品的，在原矿移送使用时不缴纳资源税，在精矿销售或自用时缴纳资源税；选项 D：纳税人销售自采原矿或者自采原矿加工的金精矿、粗金，在原矿或者金精矿、粗金销售时缴纳资源税，在移送使用时不缴纳资源税。

3. 纳税地点

(1)纳税人应当向矿产品的开采地或盐的生产地缴纳资源税。

(2)纳税人在本省、自治区、直辖市范围开采或者生产应税产品，其纳税地点需要调整的，由省级地方税务机关决定。

(3)纳税人跨省开采资源税应税产品，其下属生产单位与核算单位不在同一省、自治区、直辖市的，对其开采或者生产的应税产品，一律在开采地或者生产地纳税。实行从量计征的应税产品，其应纳税款由独立核算的单位，按照每个开采地或者生产地的销售量及适用税率计算划拨；实行从价计征的应税产品，其应纳税款一律由独立核算的单位按照每个开采地或者生产地的销售数量、单位销售价格及适用税率计算划拨。

(4)扣缴义务人代扣代缴的资源税，应当向收购地主管税务机关缴纳。

(5)海洋原油、天然气资源税向国家税务总局海洋石油税务管理机构缴纳。

(6)在河北省区域内取用水的，水资源税由取水审批部门所在地的地方税务机关征收。其中，由流域管理机构审批取用水的，水资源税由取水口所在地的地方税务机关征收。

4. 纳税期限

资源税的纳税期限由主管税务机关根据纳税人应纳税额的多少，分别核定为 1 日、3 日、5 日、10 日、15 日或 1 个月。不能按固定期限纳税的，可以按次纳税。以 1 个月为一期纳税的，自期满之日起 10 日内申报纳税；以 1 日、3 日、5 日、10 日或 15 日为一期纳税的，自期满之日起 5 日内预缴税款，于次月 1 日起 10 日内申报纳税并结清上月税款。

水资源税按季或者按月征收，由主管税务机关根据实际情况确定；不能按固定期限计算纳税的，可以按次申报纳税。

5. 其他事项

纳税人用已纳资源税的应税产品进一步加工应税产品销售的，不再缴纳资源税。纳税人以未税产品和已税产品混合销售或者混合加工为应税产品销售的，应当准确核算已税产品的购进金额，在计算加工后的应税产品销售额时，准予扣减已税产品的购进金额；未分别核算的，一并计算缴纳资源税。

对在 2016 年 7 月 1 日前已按原矿销量缴纳过资源税的尾矿、废渣、废水、废石、废气等实行再利用，从中提取的矿产品，不再缴纳资源税。

【例 8—12 · 单选题】关于资源税申报与缴纳的说法，正确的是（　　）。

A. 跨省开采的，其下属生产单位与核算单位不在同一省的，应纳的资源税应当向核算地缴纳

B. 扣缴义务人代扣代缴的资源税，应当向开采地主管税务机关缴纳

C. 纳税人应纳的资源税，一般应当向应税资源的开采或生产所在地主管税务机关缴纳

D. 纳税人在本省范围内开采应税资源，其纳税地点需要调整的，由省人民政府决定

【答案】C

【解析】选项 A：纳税人跨省开采资源税应税产品，其下属生产单位与核算单位不在同一省、自治区、直辖市的，对其开采或者生产的应税产品一律在开采地或者生产地纳税；选项 B：扣缴义务人代扣代缴的资源税，应当向收购地主管税务机关缴纳；选项 D：纳税人在本省、自治区、直辖市范围内开采或者生产应税产品，其纳税地点需要调整的，由所在地省级地方税务机关决定。

二、城镇土地使用税法

城镇土地使用税是以开征范围内的土地为征税对象，以实际占用的土地面积为计税依据，按规定税额对拥有土地使用权的单位和个人征收的一种税。

（一）城镇土地使用税的纳税义务人

凡在城市、县城、建制镇、工矿区范围内使用土地的单位和个人，为城镇土地使用税的纳税义务人。单位包括国有企业、集体企业、私营企业、股份制企业、外商投资企业、外国企业以及其他企业和事业单位、社会团体、国家机关、军队以及其他单位；个人包括个体工商户及其他个人。

税法根据用地者的不同情况，对纳税人作了如下具体规定：

（1）拥有土地使用权的单位或个人。

（2）土地使用权未确定或权属纠纷未解决的，其实际使用人为纳税人。

（3）拥有土地使用权的单位和个人不在土地所在地的，土地的实际使用人或代管人为纳

税人。

(4)土地使用权共有的,共有各方都是纳税人,由共有各方分别纳税。

土地使用权共有的,以共有各方实际使用土地的面积占总面积的比例,分别计算缴纳城镇土地使用税。

(二)城镇土地使用税的征税范围

城镇土地使用税的征税范围为城市、县城、建制镇和工矿区内的土地。

城市是指经国务院批准设立的市,其征税范围包括市区和郊区。

县城是指县人民政府所在地,其征税范围为县人民政府所在地的城镇。

建制镇是指经省、自治区、直辖市人民政府批准设立的,符合国务院规定的镇建制标准的镇,其征税范围一般为镇人民政府所在地,不包括所辖的行政村。

工矿区是指工商业比较发达,人口比较集中,符合国务院规定的建制镇标准,但尚未设立建制镇的大中型工矿企业所在地,工矿区的设立必须经省、自治区、直辖市人民政府批准。

建立在城市、县城、建制镇和工矿区以外的工矿企业不需要缴纳城镇土地使用税。

(三)城镇土地使用税税率

城镇土地使用税采用定额税率,即采用有幅度的差别税额。每平方米土地年税额规定如下:

(1)大城市 1.5～30 元;

(2)中等城市 1.2～24 元;

(3)小城市 0.9～18 元;

(4)县城、建制镇、工矿区 0.6～12 元。

上述大、中、小城市是以登记在册的非农业正式户口人数为依据,其中:市区及郊区非农业人口在 50 万以上的,称为大城市;市区及郊区非农业人口在 20 万～50 万的,称为中等城市;市区及郊区非农业人口在 20 万以下的,称为小城市。

经省、自治区、直辖市人民政府批准,经济落后地区的城镇土地使用税适用税额标准可以适当降低,但降低额不得超过规定的最低税额的 30%。经济发达地区城镇土地使用税的适用税额标准可以适当提高,但须报经财政部批准。

(四)减免税优惠

1. 法定免交城镇土地使用税的优惠

(1)国家机关、人民团体、军队自用的土地。

(2)由国家财政部门拨付事业经费的单位自用的土地。

(3)宗教寺庙、公园、名胜古迹自用的土地。

以上单位的生产、经营用地和其他用地,不属于免税范围,应按规定缴纳城镇土地使用税。

(4)市政街道、广场、绿化地带等公共用地。

(5)直接用于农、林、牧、渔业的生产用地。这部分土地是指直接从事种植养殖、饲养的专业用地,不包括农副产品加工场地和生活办公用地。

(6)经批准开山填海整治的土地和改造的废弃土地,从使用的月份起免缴土地使用税 5～10 年。

(7)对非营利性医疗机构、疾病控制机构和妇幼保健机构等卫生机构自用的土地,免征城镇土地使用税。

(8)企业办的学校、医院、托儿所、幼儿园，其用地能与企业其他用地明确区分的，免征城镇土地使用税。

(9)对免税单位无偿使用纳税单位的土地（如公安、海关等单位使用铁路、民航等单位的土地），免征城镇土地使用税；对纳税单位无偿使用免税单位的土地，纳税单位应照章缴纳城镇土地使用税。

(10)对行使国家行政管理职能的中国人民银行总行（含国家外汇管理局）所属分支机构自用的土地，免征城镇土地使用税。

2. 政策性减免规定

为了体现国家的产业政策，支持重点产业的发展，国家对石油、电力、煤炭等能源用地，民用港口、铁路等交通用地和水利设施用地，三线调整企业、盐业、采石场、邮电等一些特殊用地划分了征免税界限和给予政策性减免税照顾。具体规定如下：

(1)对石油天然气生产建设中用于地质勘探、钻井、井下作业、油气田地面工程等施工临时用地暂免征收城镇土地使用税。

(2)对企业的铁路专用线、公路等用地，在厂区以外、与社会公用地段未加隔离的，暂免征收城镇土地使用税。

(3)对企业厂区以外的公共绿化用地和向社会开放的公园用地，暂免征收城镇土地使用税。

(4)对盐场的盐滩、盐矿的矿井用地，暂免征收城镇土地使用税。

3. 省、自治区、直辖市地方税务局确定的土地使用税减免优惠

(1)个人所有的居住房屋及院落用地。

(2)房产管理部门在房租调整改革前经租的居民住房用地。

(3)免税单位职工家属的宿舍用地。

(4)集体和个人举办的各类学校、医院、托儿所、幼儿园用地。

【例 8—13・单选题】下列土地中，免征城镇土地使用税的是（　　）。

A. 营利性医疗机构自用的土地

B. 公园内附设照相馆使用的土地

C. 生产企业无偿使用海关部门的免税土地

D. 公安部门无偿使用铁路企业的应税土地

【答案】D

【解析】选项 A：对于非营利性医疗机构、疾病控制机构和妇幼保健机构等卫生机构自用的土地，免征城镇土地使用税；选项 B：公园中附设的营业单位如影剧院、饮食部、茶社、照相馆等使用的土地不免税；选项 C：纳税单位无偿使用免税单位的土地，纳税单位应照章缴纳城镇土地使用税；选项 D：免税单位无偿使用纳税单位的土地，免征城镇土地使用税。

【例 8—14・单选题】下列各项中，属于《城镇土地使用税暂行条例》直接规定的免税项目的是（　　）。

A. 个人所有的居住房屋及院落用地

B. 宗教寺庙自用的土地

C. 免税单位职工家属的宿舍用地

D. 个人办的医院、托儿所和幼儿园用地

【答案】 B

【解析】 ACD选项属于由省、自治区、直辖市地方税务局确定减免税的项目。

【例题8—15·单选题】 某盐场2017年度占地200 000平方米，其中办公楼占地20 000平方米，盐场内部绿化占地50 000平方米，盐场附属幼儿园占地10 000平方米，盐滩占地120 000平方米。盐场所在地城镇土地使用税单位年税额每平方米0.7元。该盐场2017年应缴纳的城镇土地使用税为（　　）元。

A. 14 000　　B. 49 000　　C. 56 000　　D. 140 000

【答案】 B

【解析】 该盐场2017年应缴纳的城镇土地使用税＝(200 000－10 000－120 000)×0.7＝70 000×0.7＝49 000(元)。

(五)城镇土地使用税的计税依据和应纳税额的计算

1. 计税依据

城镇土地使用税以纳税人实际占用的土地面积(平方米)为计税依据。具体按以下办法确定：

(1)由省、自治区、直辖市人民政府确定的单位组织测定土地面积的，以测定的面积为准。

(2)尚未组织测量，但纳税人持有政府部门核发的土地使用证书的，以证书确认的土地面积为准。

(3)尚未核发土地使用证书的，应由纳税人申报土地面积，据以纳税，待核发土地使用证以后再作调整。

2. 应纳税额的计算

城镇土地使用税的应纳税额依据纳税人实际占用的土地面积和适用单位税额计算。计算公式如下：

年应纳税额＝计税土地面积(平方米)×适用税额

【例8—16·计算题】 某市一商场坐落在该市繁华地段，企业土地使用证书记载占用土地的面积为6 000平方米，经确定属一等地段；该商场另设两个统一核算的分店均坐落在市区三等地段，共占地4 000平方米；一座仓库位于市郊，属五等地段，占地面积为1 000平方米；另外，该商场自办托儿所占地面积2 500平方米，属三等地段。计算该商场全年应纳城镇土地使用税税额。(一等地段年税额4元/平方米；三等地段年税额2元/平方米；五等地段年税额1元/平方米；当地规定托儿所占地免税。)

【解析】

(1)商场占地应纳税额＝6 000×4＝24 000(元)

(2)分店占地应纳税额＝4 000×2＝8 000(元)

(3)仓库占地应纳税额＝1 000×1＝1 000(元)

(4)商场自办托儿所按税法规定免税。

(5)全年应纳土地使用税额＝24 000＋8 000＋1 000＝33 000(元)

（六）征收管理

1. 纳税义务发生时间

（1）购置新建商品房，自房屋交付使用之次月起计征城镇土地使用税。

（2）购置存量房，自办理房屋权属转移、变更登记手续，房地产权属登记机关签发房屋权属证书之次月起计征城镇土地使用税。

（3）出租、出借房产，自交付出租、出借房产之次月起计征城镇土地使用税。

（4）以出让或转让方式有偿取得土地使用权的，应由受让方从合同约定交付土地时间的次月起缴纳城镇土地使用税；合同未约定交付土地时间的，由受让方从合同签订的次月起缴纳城镇土地使用税。

（5）纳税人新征用的耕地，自批准征用之日起满1年时开始缴纳城镇土地使用税。

（6）纳税人新征用的非耕地，自批准征用次月起缴纳城镇土地使用税。

2. 纳税期限

城镇土地使用税按年计算，分期缴纳。缴纳期限由省、自治区、直辖市人民政府确定。各省、自治区、直辖市税务机关结合当地情况，一般分别确定按月、季、半年或1年等不同的期限缴纳。

3. 纳税地点

城镇土地使用税的纳税地点为土地所在地，由土地所在地的税务机关负责征收。纳税人使用的土地不属于同一省（自治区、直辖市）管辖范围内的，由纳税人分别向土地所在地的税务机关申报缴纳。在同一省（自治区、直辖市）管辖范围内，纳税人跨地区使用的土地，由各省、自治区、直辖市税务局确定纳税地点。

【例8—17·多选题】下列各项中，符合城镇土地使用税有关纳税义务发生时间规定的有（　　）。

A. 纳税人新征用的耕地，自批准征用之日起缴纳城镇土地使用税

B. 纳税人出租房产，自交付出租房产之次月起缴纳城镇土地使用税

C. 纳税人新征用的非耕地，自批准征用之月起缴纳城镇土地使用税

D. 纳税人购置新建商品房，自房屋交付使用之次月起缴纳城镇土地使用税

【答案】BD

【解析】纳税人新征用的耕地，自批准征用之日起满1年时开始缴纳城镇土地使用税；纳税人新征用非耕地，自批准征用之次月起缴纳城镇土地使用税。

三、耕地占用税法

耕地占用税是对占用耕地建房或从事其他非农业建设的单位和个人，就其实际占用的耕地按面积征收的一种税，它属于对特定土地资源占用课税。

（一）纳税义务人

耕地占用税的纳税义务人，是占用耕地建房或从事非农业建设的单位和个人。单位包括国有企业、集体企业、私营企业、股份制企业、外商投资企业、外国企业以及其他企业和事业单位、社会团体、国家机关、军队以及其他单位；个人包括个体工商户及其他个人。

（二）征税范围

耕地占用税的征税范围包括纳税人为建房或从事其他非农业建设而占用的国家所有和

集体所有的耕地。耕地，是指用于种植农作物的土地，包括菜地、园地。其中，园地包括花圃、苗圃、茶园、果园、桑园和其他种植经济林木的土地。

占用鱼塘及其他农用土地建房或从事其他非农业建设，视同占用耕地，依法征收耕地占用税。占用已开发从事种植、养殖的滩涂、草场、水面和林地等从事非农业建设，由省、自治区、直辖市本着有利于保护土地资源和生态平衡的原则，结合具体情况确定是否征收耕地占用税。

农田水利不论是否包含建筑物、构筑物占用耕地，均不属于耕地占用税征税范围，不征收耕地占用税。

【例 8－18·多选题】根据耕地占用税有关规定，下列各项土地中属于耕地的有(　　)。

A. 果园　　B. 花圃　　C. 茶园　　D. 菜地

【答案】ABCD

【解析】耕地占用税的征税范围所指的耕地包括菜地、园地。其中，园地包括花圃、苗圃、茶园、果园、桑园和其他种植经济林木的土地。

(三)税率

耕地占用税实行定额税率。根据不同地区的人均耕地面积和经济发展情况实行有地区差别的幅度税额标准，税率标准如下：

(1)人均耕地不超过 1 亩的地区(以县级行政区域为单位，下同)，每平方米为 10～50 元；

(2)人均耕地超过 1 亩但不超过 2 亩的地区，每平方米为 8～40 元；

(3)人均耕地超过 2 亩但不超过 3 亩的地区，每平方米为 6～30 元；

(4)人均耕地超过 3 亩以上的地区，每平方米为 5～25 元。

经济特区、经济技术开发区和经济发达、人均耕地特别少的地区，适用税额可以适当提高，但最多不得超过上述规定税额的 50%。各地平均税额见表 8－2。

表 8－2　　各省、自治区、直辖市耕地占用税平均税额表

地　区	每平方米平均税额(元)
上海	45
北京	40
天津	35
江苏、浙江、福建、广东	30
辽宁、湖北、湖南	25
河北、安徽、江西、山东、河南、重庆、四川	22.5
广西、海南、贵州、云南、陕西	20
山西、吉林、黑龙江	17.5
内蒙古、西藏、甘肃、青海、宁夏、新疆	12.5

(四)计税依据

耕地占用税以纳税人占用耕地的面积为计税依据,以每平方米为计量单位。

(五)应纳税额的计算

耕地占用税以纳税人实际占用的耕地面积为计税依据,以每平方米土地为计税单位,按适用的定额税率计税。其计算公式为:

应纳税额=实际占用耕地面积(平方米)×适用定额税率

【例8—19·计算题】假设某市一家企业新占用62 500平方米耕地用于工业建设,所占耕地适用的定额税率为18元/平方米,计算该企业应纳的耕地占用税。

【解析】应纳耕地占用税税额=62 500×18=1 125 000(元)

(六)税收优惠和征收管理

1. 免征耕地占用税

(1)军事设施占用耕地;

(2)学校、幼儿园、养老院、医院占用耕地。

2. 减征耕地占用税

(1)铁路线路、公路线路、飞机场跑道、停机坪、港口、航道占用耕地,减按每平方米2元的税额征收耕地占用税。

根据实际需要,国务院财政、税务主管部门报国务院有关部门并经国务院批准后,可以对以上情形免征或者减征耕地占用税。

(2)农村居民占用耕地新建住宅,按照当地适用税额减半征收耕地占用税。

(3)农村烈士家属、残疾军人、鳏寡孤独以及革命老根据地、少数民族聚居区和边远贫困山区生活困难的农村居民,在规定用地标准以内新建住宅缴纳耕地占用税确有困难的,经所在地乡(镇)人民政府审核,报经县级人民政府批准后,可以免征或者减征耕地占用税。

依照条例规定,免征或者减征耕地占用税后,纳税人改变原占地用途,不再属于免征或者减征耕地占用税情形的,应当按照当地适用税额补缴耕地占用税。

【例8—20·单选题】下列耕地占用的情形中,属于免征耕地占用税的是(　　)。

A. 医院占用耕地　　B. 建厂房占用鱼塘

C. 高尔夫球场占用耕地　　D. 商品房建设占用林地

【答案】A

【解析】医院占用耕地免征耕地占用税,选项BCD均不属于免税范围,应照章征收耕地占用税。

3. 征收管理与纳税申报

耕地占用税由地方税务机关负责征收。

土地管理部门在通知单位或者个人办理占用耕地手续时,应当同时通知耕地所在地同级地方税务机关。获准占用耕地的单位或者个人应当在收到土地管理部门的通知之日起30日内缴纳耕地占用税。土地管理部门凭耕地占用税完税凭证或者免税凭证和其他有关文件发放建设用地批准书。

纳税人临时占用耕地,应当缴纳耕地占用税;在批准临时占用耕地的期限内恢复原状的,可全部退还已经缴纳的耕地占用税。

【例8－21·单选题】某农户有一处花圃，占地1 200平方米，2017年3月将其中的1 100平方米改造为果园，其余100平方米建造住宅。已知该地适用的耕地占用税定额税率为每平方米25元。则该农户应缴纳的耕地占用税为(　　)元。

A. 1 250　　B. 2 500　　C. 15 000　　D. 30 000

【答案】A

【解析】该农户应缴纳的耕地占用税＝100×25×50％＝1 250(元)。

四、土地增值税

土地增值税是对有偿转让国有土地使用权及地上建筑物和其他附着物产权并取得增值性收入的单位和个人所征收的一种税。

(一)纳税义务人

土地增值税的纳税义务人是转让国有土地使用权及地上建筑物及其附着物产权，并取得收入的单位和个人。单位包括各类企业、事业单位、国家机关和社会团体及其他组织；个人包括个体经营者。

(二)土地增值税的征税范围

土地增值税的征税范围是有偿转让国有土地使用权及地上建筑物和其他附着物产权所取得的增值额。

1. 征税范围的一般规定

(1)土地增值税只对转让国有土地使用权的行为课税，转让非国有土地和出让国有土地的行为均不征税。

(2)土地增值税既对转让土地使用权课税，也对转让地上建筑物和其他附着物的产权征税。

(3)土地增值税只对有偿转让的房地产征税，对以继承、赠与等方式无偿转让的房地产，不予征税。

不征收土地增值税的房地产赠与行为包括以下两种情况：

①房产所有人、土地使用权所有人将房屋产权、土地使用权赠与直系亲属或承担直接赡养义务人的行为。

②房产所有人、土地使用权所有人通过中国境内非营利的社会团体、国家机关将房屋产权、土地使用权赠与教育、民政和其他社会福利、公益事业的行为。其中，社会团体是指中国青少年发展基金会、希望工程基金会、宋庆龄基金会、减灾委员会、中国红十字会、中国残疾人联合会、全国老年基金会、老区促进会，以及经民政部门批准成立的其他非营利的公益性组织。

2. 征税范围的若干具体规定

(1)合作建房。对于一方出地，一方出资金，双方合作建房，建成后分房自用的，暂免征收土地增值税。但是，建成后转让的，属于征收土地增值税的范围。

(2)交换房地产。交换房地产行为既发生了房产产权、土地使用权的转移，交换双方又取得了实物形态的收入，按照规定属于征收土地增值税的范围。但对个人之间互换自有居住用房地产的，经当地税务机关核实，可以免征土地增值税。

(3)房地产抵押。在抵押期间不征收土地增值税。待抵押期满后，以房地产抵债而发生房地产产权转让的，属于征收土地增值税的范围。

(4)房地产出租。房地产出租，出租人取得了收入，但没有发生房地产产权的转让，不属于征收土地增值税的范围。

(5)房地产评估增值。房地产评估增值，没有发生房地产权属的转让，不属于征收土地增值税的范围。

(6)房地产的代建房行为。对于房地产开发公司而言，虽然取得了收入，但没有发生房地产权属的转移，其收入属于劳务收入性质，故不属于土地增值税的征税范围。

(7)未办理土地使用权证转让土地。土地使用者转让、抵押或置换土地，无论其是否取得了该土地的使用权属证书，无论其在转让、抵押或置换土地过程中是否与对方当事人办理了土地使用权属证书变更登记手续，只要土地使用者享有占有、使用、收益或处分该土地的权利，且有合同等证据表明其实质转让、抵押或置换了土地并取得了相应的经济利益，土地使用者及其对方当事人应当依照税法规定缴纳土地增值税等相关税收。

(三)税率

土地增值税采用四级超率累进税率。土地增值税的税率如表 8-3 所示。

表 8-3　　　　土地增值税四级超率累计税率表

级数	增值额与扣除项目金额的比率	税率(%)	速算扣除系数(%)
1	不超过 50%的部分	30	0
2	超过 50%～100%的部分	40	5
3	超过 100%～200%的部分	50	15
4	超过 200%的部分	60	35

(四)土地增值税计税依据

土地增值税的计税依据是转让房地产所取得的增值额。转让房地产的增值额，是转让房地产的收入减除税法规定的扣除项目金额后的余额。土地增值额的大小，取决于转让房地产的收入额和扣除项目金额两个因素。

1. 收入额的确定

纳税人转让房地产所取得的收入，是指转让房地产所取得的各种收入，包括货币收入、实物收入和其他收入在内的全部价款及有关的经济收益，但不含增值税收入。

(1)对取得的实物收入，要按收入时的公允价值折算成货币收入。

(2)对取得的无形资产收入，要进行专门的评估，在确定其价值后折算成货币收入。

(3)取得的收入为外国货币的，应当以取得收入当天或当月 1 日国家公布的市场汇价折合成人民币，据以计算土地增值税税额。当月以分期收款方式取得的外币收入，也应按实际收款日或收款当月 1 日国家公布的市场汇价折合成人民币。

2. 扣除项目的确定

税法准予纳税人从转让收入额中减除的扣除项目具体可分为以下 6 类：

(1)取得土地使用权所支付的金额，具体包括两方面内容：

①纳税人为取得土地使用权所支付的地价款。如果是以出让方式取得土地使用权的，

为支付的土地出让金；如果是以行政划拨方式取得土地使用权的，为转让土地使用权时按规定补交的出让金；如果是以转让方式取得土地使用权的，则为支付的地价款。

②纳税人按国家统一规定缴纳的有关费用。它是指纳税人在取得土地使用权过程中为办理有关手续，按国家统一规定缴纳的有关登记、过户手续费。

(2)房地产开发成本，是指纳税人房地产开发项目实际发生的成本，包括土地征用及拆迁补偿费、前期工程费、建筑安装工程费、基础设施费、公共配套设施费、开发间接费用。

①土地征用及拆迁补偿费，包括土地征用费、耕地占用税、劳动力安置费及有关地上、地下附着物拆迁补偿的净支出及安置动迁用房支出等。

②前期工程费，包括规划、设计、项目可行性研究和水文、地质、勘察、测绘、“三通一平”等支出。

③建筑安装工程费，是指以出包方式支付给承包单位的建筑安装工程费，以自营方式发生的建筑安装工程费。

④基础设施费，包括开发小区内道路、供水、供电、供气、排污、排洪、通信、照明、环卫、绿化等工程发生的支出。

⑤公共配套设施费，包括不能有偿转让的开发小区内公共配套设施发生的支出。

⑥开发间接费用，是指直接组织、管理开发项目发生的费用，包括工资、职工福利费、折旧费、修理费、办公费、水电费、劳动保护费、周转房摊销等。

(3)房地产开发费用，是指与房地产开发项目有关的销售费用、管理费用和财务费用。根据现行财务制度的规定，与房地产开发有关的费用直接计入当年损益，不按房地产项目进行归集或分摊。为了便于计算操作，《土地增值税实施细则》规定，财务费用中的利息支出，凡能够按转让房地产项目计算分摊并提供金融机构证明的，允许据实扣除，但最高不能超过按商业银行同类同期贷款利率计算的金额。其他房地产开发费用，按取得土地使用权所支付的金额及房地产开发成本之和的5%以内予以扣除。凡不能提供金融机构证明的，利息不单独扣除，三项费用的扣除按取得土地使用权所支付的金额及房地产开发成本的10%以内计算扣除。计算扣除的具体比例，由各省、自治区、直辖市人民政府规定。

需要注意的是，财政部、国家税务总局还对扣除项目金额中利息支出的计算问题做了两点专门规定：①利息的上浮幅度按国家的有关规定执行，超过上浮幅度的部分不允许扣除；②对于超过贷款期限的利息部分和加罚的利息不允许扣除。

(4)与转让房地产有关的税金。是指转让房地产时缴纳的城市维护建设税、印花税。教育费附加和地方教育附加视同税金扣除。

(5)财政部确定的其他扣除项目。财政部确定的一项重要扣除项目是，对从事房地产开发的纳税人允许按取得土地使用权时所支付的金额和房地产开发成本之和，加计20%扣除。

(6)旧房及建筑物的评估价格：

①按评估价格扣除。旧房及建筑物的评估价格，是指转让已使用过的房屋及建筑物时，由政府批准设立的房地产评估机构评定的重置成本价乘以成新度折扣率后的价格。评估价格须经当地税务机关确认。

重置成本的含义是：对旧房及建筑物，按转让时的建材价格及人工费用计算，建造同样面积、同样层次、同样结构、同样建设标准的新房及建筑物所需花费的成本费用。成新度折扣率的含义是:按旧房的新旧程度作一定比例的折扣。因此,转让旧房的,应按房屋及建筑物的评估价格、取得土地使用权所支付的地价款和按国家统一规定缴纳的有关费用以及在转让环节缴纳的税金,作为扣除项目金额计征土地增值税。对取得土地使用权时未支付地价款或不能提供已支付的地价款凭据的,不允许扣除取得土地使用权所支付的金额。

②按购房发票金额计算扣除。纳税人转让旧房及建筑物,凡不能取得评估价格,但能提供购房发票的,经当地税务部门确认,取得土地使用权所支付的金额、旧房及建筑物的评估价格,可按发票所载金额并从购买年度起至转让年度止每年加计5%计算扣除。

对纳税人购房时缴纳的契税,凡能提供契税完税凭证的,准予作为"与转让房地产有关的税金"予以扣除,但不作为加计5%的基数。

【例8—22·计算题】某房地产开发公司整体出售了其新建的商品房,已知与商品房相关的取得土地使用权支付金额和开发成本共计10 000万元;该公司没有按房地产项目计算分摊借款利息;该项目所在省政府规定,计征土地增值税时房地产开发费用扣除比例按国家规定允许的最高比例执行;与转让该商品房有关的税金为200万元。请计算允许扣除的金额。

【解析】应扣除的房地产开发费用和"其他扣除项目"的合计金额=10 000×(10%+20%)=3 000(万元)。

(五)应纳税额的计算

1. 应纳税额的计算公式

土地增值税按照纳税人转让房地产所取得的增值额和规定的税率计算征收。基本计算公式是:

应纳税额=∑(每级距的增值额×适用税率)

由于分步计算比较烦琐,一般可以采用速算扣除法计算。计算公式为:

应纳税额=增值额×适用税率-扣除项目金额×速算扣除系数

具体计算公式如下:

(1)增值额未超过扣除项目金额50%:

土地增值税税额=增值额×30%

(2)增值额超过扣除项目金额50%未超过100%:

土地增值税税额=增值额×40%-扣除项目金额×5%

(3)增值额超过扣除项目金额100%未超过200%:

土地增值税税额=增值额×50%-扣除项目金额×15%

(4)增值额超过扣除项目金额200%:

土地增值税税额=增值额×60%-扣除项目金额×35%

公式中的5%、15%、35%为速算扣除系数。

2. 应纳税额的计算步骤

(1)计算增值额:

增值额=收入额-扣除项目金额

(2)计算增值率:

增值率=增值额÷扣除项目金额×100%

(3)确定适用税率：

按照计算出的增值率，从土地增值税税率表中确定适用税率。

(4)计算应纳税额：

应纳税额＝增值额×适用税率－扣除项目金额×速算扣除系数

【例8－23·计算题】某房地产开发公司出售一幢写字楼，收入总额为10 000万元。开发该写字楼有关支出为：支付地价款及各种费用1 000万元；房地产开发成本3 000万元；财务费用中的利息支出为500万元(可按转让项目计算分摊并提供金融机构证明)，但其中有50万元属加罚的利息；转让环节缴纳的有关税费共计为555万元；该单位所在地政府规定的其他房地产开发费用计算扣除比例为5%。试计算该房地产开发公司应纳的土地增值税。

【解析】

(1)取得土地使用权支付的地价款及有关费用为1 000万元

(2)房地产开发成本为3 000万元

(3)房地产开发费用＝500－50＋(1 000＋3 000)×5%＝650(万元)

(4)允许扣除的税费为555万元

(5)从事房地产开发的纳税人加计扣除20%

加计扣除额＝(1 000＋3 000) ×20%＝800(万元)

(6)允许扣除的项目金额合计＝1 000＋3 000＋650＋555＋800＝6 005(万元)

(7)增值额＝10 000－6 005＝3 995(万元)

(8)增值率＝3 995÷6 005×100%＝66.53%

(9)应纳税额＝3 995×40%－6 005×5%＝1 297.75(万元)

(六)减免税优惠

对房地产转让征收土地增值税，涉及面广，政策性强。为了促进房地产开发结构的调整，改善城镇居民的居住条件，并有利于城市改造规划的实施，《土地增值税暂行条例》及其他有关法规规定了相应的减免税项目。

(1)建造普通标准住宅出售，其增值额未超过扣除项目金额之和20%的，予以免税；超过20%的，应就其全部增值额按规定计税。

所谓“普通标准住宅”，是指按所在地一般民用住宅标准建造的居住用住宅。高级公寓、别墅、小洋楼、度假村，以及超面积、超标准豪华装修的住宅，均不属于普通住宅。

对纳税人既建普通标准住宅，又搞其他房地产开发的，应分别核算增值额；不分别核算增值额或不能准确核算增值额的，其建造的普通标准住宅不适用该免税规定。

(2)因国家建设需要而被政府征收、收回的房地产，免税。这类房地产是指因城市市政规划、国家建设需要拆迁，而被政府征收、收回的房地产。由于上述原因，纳税人自行转让房地产的，亦给予免税。

(3)对企事业单位、社会团体以及其他组织转让旧房作为公共租赁住房房源，且增值额未超过扣除项目金额20%的，免征土地增值税。

(4)自2008年11月1日起，对居民个人转让住房一律免征土地增值税。

【例8－24·多选题】下列项目中，按税法规定可以免征土地增值税的有(　　)。

A. 国家机关转让自用的房产

B. 外国企业将境内办公楼用于抵债

C. 纳税人建造普通标准住宅出售，增值额未超过扣除项目金额20%的

D. 因国家建设需要而被依法征用的房产

【答案】CD

【解析】土地增值税的纳税人是指转让国有土地使用权、地上建筑物及其附着物并取得收入的单位和个人，包括中外资企业、行政事业单位、中外籍个人等。AB选项应计算缴纳土地增值税。

（七）征收管理

1. 申报纳税程序

根据《土地增值税暂行条例》规定，纳税人应自转让房地产合同签订之日起7日内，向房地产所在地的主管税务机关办理纳税申报，同时向税务机关提交房屋及建筑物产权、土地使用权证书、土地转让合同、房产买卖合同、房地产评估报告及其他与转让房地产有关的资料，并在税务机关核定的期限内缴纳土地增值税。

纳税人因经常发生转让房地产行为而难以在每次转让后申报的，经税务机关审核同意后，可以按月或按季定期进行纳税申报。具体期限由主管税务机关根据情况确定。

纳税人采取预售方式销售房地产的，对在项目全部竣工结算前转让房地产取得的收入，税务机关可以预征土地增值税，具体办法由各省、自治区、直辖市地方税务局根据当地情况制定。对于纳税人预售房地产所取得的收入，凡当地税务机关规定预征土地增值税的，纳税人应当到主管税务机关办理纳税申报，并按规定比例预交，待办理完纳税清算后，多退少补。

2. 纳税地点

土地增值税由房地产所在地的税务机关负责征收。所谓"房地产所在地"，是指房地产的坐落地。纳税人转让的房地产坐落在两个或两个以上地区的，应按房地产所在地分别申报纳税。具体又可分为以下两种情况：

（1）纳税人是法人的。当纳税人转让的房地产的坐落地与其机构所在地或经营所在地同在一地时，可在办理税务登记的原管辖税务机关申报纳税；如果转让的房地产坐落地与其机构所在地或经营所在地不在一地，则应在房地产坐落地的主管税务机关申报纳税。

（2）纳税人是自然人的。当纳税人转让的房地产的坐落地与其居住所在地同在一地时，可在其居住所在地税务机关申报纳税；如果转让的房地产的坐落地与其居住所在地不在一地，则应在办理过户手续所在地的税务机关申报纳税。

第二节　财产类税法

开篇案例

2017年11月，小王以贷款方式购买了一套位于市区一级（城镇土地使用税24元/平方米）地段的150平方米门面房，总房价370万元，他付了270万元首付款后，向银行贷款100

万元，按揭20年，月供6 000多元。3月份，小王以月租金10 000元的价格租给了某连锁店，租期3年。

思考：按照有关规定，小王11月应该缴纳什么税金？

一、房产税法

房产税是以在城市、县城、建制镇和工矿区范围内的房屋为征税对象，以房屋的计税余值或租金收入为计税依据，向房屋产权所有人征收的一种财产税。

（一）纳税义务人

《房产税暂行条例》规定，房产税在城市、县城、建制镇和工矿区征收。

房产税以在征税范围内的房屋产权所有人为纳税人。其中：

（1）产权属国家所有的，其经营管理单位为纳税人；产权属集体和个人所有的，集体单位和个人为纳税人。

所称单位，包括国有企业、集体企业、私营企业、股份制企业、外商投资企业、外国企业以及其他企业和事业单位、社会团体、国家机关、军队以及其他单位；所称个人，包括个体工商户以及其他个人。

（2）产权出典的，承典人为纳税人。所谓产权出典，是指产权所有人为了某种需要，将自己的房屋等的产权，在一定的期限内转让（典当）给他人使用而取得出典价款的一种融资行为。产权所有人（房主）称为房屋出典人。这种业务一般发生于出典人急需用资金，但又想保留产权回赎权的情况。承典人向出典人交付一定的典价之后，在质典期内获取抵押物品的支配权，并可转典。产权的典价一般要低于卖价。出典人在规定期间内须归还典价的本金和利息，方可赎回出典房屋等的产权。由于在房屋出典期间，产权所有人已无权支配房屋，因此，税法规定对房屋具有支配权的承典人为纳税人。

【小思考】

王某将自己拥有产权的一套房产出典给张某，则王某为该房屋房产税的纳税人。判断是否正确。

【解析】错误。房产税法律制度规定，房屋出典的，承典人为房产税的纳税人。题中的纳税人应为张某。

（3）产权所有人、承典人均不在房屋所在地的，房产代管人或者使用人为纳税人。

（4）产权未确定及租典纠纷未解决的，房产代管人或者使用人为纳税人。

（5）纳税单位和个人无租使用房产管理部门、免税单位及纳税单位的房产，应由使用人代为缴纳房产税。

房地产开发企业建造的商品房，在出售前，不征收房产税，但对出售前房地产开发企业已使用或出租、出借的商品房应按规定征收房产税。

【例8-25·单选题】下列房屋及建筑物中，属于房产税征税范围的是（　　）。

A. 农村的居住用房

B. 建在室外的露天游泳池

C. 个人拥有的市区经营性用房

D. 尚未使用或出租而待售的商品房

【答案】C

【解析】选项 A:房产税的征税范围不包括农村;选项 B:建在室外的露天游泳池不属于房产,不征收房产税;选项 D:房地产开发企业建造的商品房,在出售前,不征收房产税,但对出售前房地产开发企业已使用或出租、出借的商品房应按规定征收房产税。

(二)税率

房产税采用比例税率,其计税依据分为两种:依据房产计税余值计税的,税率为 1.2%;依据房产租金收入计税的,税率为 12%。从 2008 年 3 月 1 日起,对个人出租住房,不区分实际用途,均按 4%的税率征收房产税。对企事业单位、社会团体以及其他组织按市场价格向个人出租用于居住的住房,减按 4%的税率征收房产税。

【例 8—26·多选题】下列有关房产税税率的表述,符合现行规定的有(　　)。

A. 工厂拥有并使用的车间适用 1.2%的房产税税率

B. 个体户房屋用于自办小卖部的适用 1.2%的房产税税率

C. 个人出租住房用于美容机构开设连锁店的适用 12%的房产税税率

D. 个人出租住房,不区分用途,按照 4%的房产税优惠税率计税

【答案】ABD

【解析】选项 AB:自用经营性房屋适用 1.2%的房产税税率,从价计征房产税;个人出租住房,不分出租后用途,均按照 4%的优惠税率计征房产税,所以 C 选项错误,D 选项正确。

(三)减免税优惠

(1)国家机关、人民团体、军队自用的房产免征房产税。但上述免税单位出租房产以及非自身业务使用的生产、营业用房,不属于免税范围。

(2)国家财政部门拨付事业经费单位(实行全额或差额预算管理的事业单位)所有的,本身业务范围内使用的房产免征房产税。

(3)宗教寺庙、公园、名胜古迹自用的房产免征房产税。但宗教寺庙、公园、名胜古迹中附设的营业单位,如影剧院、饮食部、茶社、照相馆等所使用的房产及出租的房产,不属于免税房产,应照章纳税。

(4)个人拥有的非营业用的房产免征房产税。对个人拥有的营业用房或者出租的房产,不属于免税房产,应照章纳税。

【例 8—27·多选题】下列各项中,符合房产税优惠政策规定的有(　　)。

A. 个人所有的非营业用房产免征房产税

B. 宗教寺庙、名胜古迹自用的房产免征房产税

C. 国家机关附属招待所使用的房产免征房产税

D. 经营公租房的租金收入免征房产税

【答案】ABD

【解析】国家机关自用的房产免征房产税,附属工厂、商店、招待所等不属于公务、办公用房,应照章缴纳房产税。

（四）计税依据

房产税采用从价计征。计税办法分为按房产余值计税和按租金收入计税两种。

1. 对经营自用的房屋，以房产的计税余值作为计税依据

所谓计税余值，是指依照税法规定按房产原值一次减除10%～30%的损耗价值以后的余额。

（1）房产原值，是指纳税人按照会计制度规定，在账簿固定资产科目中记载的房屋原价。自2009年1月1日起，对依照房产原值计税的房产，不论是否记载在会计账簿固定资产科目中，均应按照房屋原价计算缴纳房产税。房屋原价应根据国家有关会计制度规定进行核算。对纳税人未按国家会计制度核算并记载的，应按规定调整房产原值，对房产原值明显不合理的，应重新予以评估。

（2）房产余值，是房产的原值减除规定比例后的剩余价值。

（3）房屋附属设备和配套设施的计税规定。

房产原值应包括与房屋不可分割的各种附属设备或一般不单独计算价值的配套设施。主要有：暖气、卫生、通风、照明、煤气等设备；各种管线，如蒸汽、压缩空气、石油、给水排水等管道及电力、电讯、电缆导线；电梯、升降机、过道、晒台等。

凡以房屋为载体，不可随意移动的附属设备和配套设施，如给排水、采暖、消防、中央空调、电气及智能化楼宇设备等，无论在会计核算中是否单独记账与核算，都应计入房产原值，计征房产税。

对于更换房屋附属设备和配套设施的，在将其价值计入房产原值时，可扣减原来相应设备和设施的价值；对附属设备和配套设施中易损坏、需要经常更换的零配件，更新后不再计入房产原值。

【例8－28·单选题】某企业有一栋厂房原值200万元，2017年年初对该厂房进行扩建，2017年8月底完工并办理验收手续，增加了房产原值45万元，另外对厂房安装了价值15万元的排水设备并单独作为固定资产核算。已知当地政府规定计算房产余值的扣除比例为20%，2017年度该企业应缴纳房产税（　　）元。

A. 20 640　　B. 21 000　　C. 21 120　　D. 21 600

【答案】C

【解析】应纳房产税＝200×（1－20%）×1.2%÷12×8×10 000 ＋（200＋45＋15）×（1－20%）×1.2%÷12×4×10 000＝21 120（元）。

2. 对于出租的房屋，以租金收入（不含增值税）为计税依据

对出租房产，租赁双方签订的租赁合同约定有免收租金期限的，免收租金期间由产权所有人按照房产余值缴纳房产税。

【例8－29·单选题】甲企业与乙商户签订房屋租赁合同，将一幢原值2 500万元的写字楼租给乙商户使用。合同规定因乙租期为2年，可在租赁开始时有1个月的免收租金期限。按照合同约定，该写字楼月租金20万元（不含增值税），写字楼于2016年12月30日交付承租方，并规定了甲自2017年2月1日起向乙收取租金。则甲企业在2017年应缴纳的房产税为（　　）万元。（当地的房产原值减除比例为20%）

A. 26.4　　B. 26.8　　C. 28.4　　D. 28.8

【答案】C

【解析】甲企业2017年对于该写字楼应纳的房产税应在1月从价计税，2～12月从租计税。2017年甲企业应纳房产税＝2 500×(1－20%)×1.2%/12＋20×12%×11＝2＋26.4＝28.4(万元)。

3. 投资联营及融资租赁房产的计税依据

(1)对投资联营的房产，在计征房产税时应予以区别对待。对于以房产投资联营，投资者参与投资利润分红，共担风险的，按房产的计税余值作为计税依据计征房产税；对以房产投资，收取固定收入，不承担联营风险的，实际是以联营名义取得房产租金，应根据《房产税暂行条例》的有关规定，由出租方按租金收入计算缴纳房产税。

(2)对融资租赁房屋的情况，由于租赁费包括购进房屋的价款、手续费、借款利息等，与一般房屋出租的"租金"内涵不同，且租赁期满后，当承租方偿还最后一笔租赁费时，房屋产权一般都转移到承租方，实际上是一种变相的分期付款购买固定资产的形式，因此在计征房产税时应以房产余值计算征收。融资租赁的房产，由承租人自融资租赁合同约定开始日的次月起依照房产余值缴纳房产税。合同未约定开始日的，由承租人自合同签订的次月起依照房产余值缴纳房产税。

4. 居民住宅区内业主共有的经营性房产的计税依据

对居民住宅区内业主共有的经营性房产，由实际经营(包括自营和出租)的代管人或使用人缴纳房产税。其中：自营的，依照房产原值减除10%～30%后的余值计征；没有房产原值或不能将共有住房划分开的，由房产所在地地方税务机关参照同类房产核定房产原值；出租的，依照租金计征。

【例8－30·多选题】下列项目中，应以房产租金作为计税依据征收房产税的有(　　)。

A. 以融资租赁方式租入的房屋

B. 以收取固定收入、不承担联营风险方式投资的房屋

C. 以经营租赁方式租出的房屋

D. 居民住宅区内业主自营的共有经营性房屋

【答案】BC

【解析】选项AD应以房产余值作为计税依据计征房产税。

(五)应纳税额的计算

房产税应纳税额的计算分为从价计征的计算和从租计征的计算两种。

1. 从价计征的计算

从价计征是按房产的原值减除一定比例后的余值计征，其计算公式为：

应纳税额＝应税房产原值×(1－扣除比例)×1.2%

【例8－31·计算题】某企业的经营用房原值为1 000万元，按当地政府规定计算房产余值的扣除比例为30%，适用税率为1.2%。请计算该企业应纳的房产税。

【解析】应纳房产税＝1 000×(1－30%)×1.2%＝8.4(万元)。

2. 从租计征的计算

从租计征是按房产的租金收入计征，其计算公式为：

应纳税额＝租金收入×12%(或4%)

【例8－32·计算题】 某企业出租房屋5间，年租金收入100万元，适用税率为12%。请计算该企业应纳的房产税。

【解析】 应纳房产税＝100×12%＝12(万元)。

(六)征收管理

1. 纳税义务发生时间

(1)将原有房产用于生产经营的，从生产经营之月起，计征房产税。

(2)自建的房屋用于生产经营的，自建成之日的次月起，计征房产税。

(3)委托施工企业建设的房屋，从办理验收手续之日的次月起，计征房产税。对于在办理验收手续前已使用或出租、出借的新建房屋，应从使用或出租、出借的当月起按规定计征房产税。

(4)购置新建商品房，自房屋交付使用之次月起计征房产税。

(5)购置存量房，自办理房屋权属转移、变更登记手续，房地产权属登记机关签发房屋权属证书之次月起计征房产税。

(6)出租、出借房产，自交付出租、出借房产之次月起计征房产税。

(7)房地产开发企业自用、出租、出借本企业建造的商品房，自房屋使用或交付之次月起计征房产税。

2. 纳税期限

房产税实行按年征收，分期缴纳。纳税期限由省、自治区、直辖市人民政府规定。

3. 纳税地点

房产税在房产所在地缴纳。房产不在同一地方的纳税人，应按房产的坐落地点分别向房产所在地的税务机关缴纳。

二、契税法

契税是以所有权发生转移的不动产为征税对象，向产权承受人征收的一种财产税。

(一)纳税义务人

在中华人民共和国境内转移土地、房屋权属，承受的单位和个人为契税的纳税人。

土地、房屋权属是指土地使用权和房屋所有权。

承受，是指以受让、购买、受赠、交换等方式取得土地、房屋权属的行为。

单位，包括国有企业、集体企业、私营企业、股份制企业、外商投资企业、外国企业以及其他企业和事业单位、社会团体、国家机关、军队以及其他单位；个人，包括个体工商户以及其他个人。

(二)征税范围

契税的征税对象为发生土地使用权和房屋所有权权属转移的土地和房屋。具体征税范围包括：

(1)国有土地使用权出让，是指土地使用者向国家交付土地使用权出让费用，国家将国有土地使用权在一定年限内让与土地使用者的行为。

(2)土地使用权转让,是指土地使用者以出售、赠与、交换或者其他方式将土地使用权转移给其他单位和个人的行为。土地使用权的转让不包括农村集体土地承包经营权的转移。

(3)房屋买卖,是指房屋所有者将其房屋出售,由承受者交付货币、实物、无形资产或其他经济利益的行为。以下几种特殊情况,视同买卖房屋:

①以房产抵债或实物交换房屋,均视同房屋买卖,应由产权承受人按房屋现值缴纳契税。

②以房产作投资或作股权转让。这种交易业务属房屋产权转移,应根据国家房地产管理的有关规定,办理房屋产权交易和产权变更登记手续,视同房屋买卖,由产权承受方按投资房产价值或房产买价缴纳契税。以自有房产作股投入本人经营企业,免纳契税。

③买房拆料或翻建新房,应照章征收契税。

(4)房屋赠与。房屋的受赠人要按规定缴纳契税。以获奖方式取得房屋产权的,其实质是接受赠与房产,应照章缴纳契税。

(5)房屋交换。房屋交换是指房屋所有者之间相互交换房屋的行为。

值得注意的是,以预购方式或者预付集资建房款的方式承受土地、房屋权属的,也属于契税的征收范围。但土地与房屋的典当、继承、分拆(分割)、抵押以及出租等行为,不属于契税的征收范围。

(三)税率

契税实行幅度比例税率,税率幅度为3%～5%。具体执行税率,由各省、自治区、直辖市人民政府在规定的幅度内,根据本地区的实际情况确定。

(四)计税依据

契税的计税依据不含增值税,具体金额按照土地、房屋交易的不同情况确定:

(1)国有土地使用权出让、土地使用权出售、房屋买卖,其计税依据为成交价格。成交价格是指土地、房屋权属转移合同确定的价格,包括承受者应交付的货币、实物、无形资产或其他经济利益。

(2)土地使用权赠与、房屋赠与,其计税依据由征收机关参照土地使用权出售、房屋买卖的市场价格核定。

(3)土地使用权交换、房屋交换,其计税依据是所交换的土地使用权、房屋的价格差额。交换价格相等的,免征契税;交换价格不相等的,以多支付货币、实物、无形资产或其他经济利益的一方缴纳契税。

(4)先以划拨方式取得土地使用权,经批准转让房地产时,由房地产转让者补交契税,其计税依据为补缴的土地使用权出让费或者土地收益。

【例8—33·单选题】甲企业2016年1月因无力偿还乙企业已到期的债务3 000万元,经双方协商甲企业同意以自有房产偿还债务。该房产的原值5 000万元,净值2 000万元,评估现值9 000万元。乙企业支付了差价款6 000万元,双方办理了产权过户手续。则乙企业计缴契税的计税依据是(　　)万元。

A. 2 000　　B. 6 000　　C. 9 000　　D. 5 000

【答案】C

【解析】以房抵债的,应由产权承受人,按房屋现值缴纳契税。本题契税计税依据为9 000万元。

（五）应纳税额的计算

应纳税额的计算公式为：

应纳税额＝计税依据×税率

【例 8－34 · 计算题】居民乙因拖欠居民甲 180 万元的款项无力偿还，2017 年 12 月经当地有关部门调解，以房产抵偿该笔债务，居民甲因此取得该房产的产权并支付给居民乙差价款 20 万元。假定当地省政府规定的契税税率为 5%。居民甲应纳多少契税？

【解析】居民甲应纳契税＝(180＋20)×5%＝10(万元)

【小思考】居民甲有两套住房，将一套出售给居民乙，成交价格为 10 000 元；将另一套两室住房与居民丙交换成两处一室住房，并支付换房差价款 4 000 元。甲、乙、丙相关行为应缴纳多少契税？（假定税率为 3%，所有金额均不含增值税）

【解析】

(1)甲应缴纳契税＝40 000×3% ＝1 200(元)。

(2)乙应缴纳契税＝100 000×3%＝3 000(元)。

(3)丙不缴纳契税。

（六）减免税优惠

(1)国家机关、事业单位、社会团体、军事单位承受土地、房屋用于办公、教学、医疗、科研和军事设施的，免征契税。

(2)城镇职工按规定第一次购买公有住房的，免征契税。

(3)因不可抗力丧失住房而重新购买住房的，酌情准予减征或者免征契税。

(4)土地、房屋被县级以上人民政府征用、占用后，重新承受土地、房屋权属的，由省级人民政府确定是否减免。

(5)承受荒山、荒沟、荒丘、荒滩土地使用权，并用于农、林、牧、渔业生产的，免征契税。

(6)依照我国有关法律规定以及我国缔结或参加的双边和多边条约或协定，应当予以免税的外国驻华使馆、领事馆、联合国驻华机构及其外交代表、领事官员和其他外交人员承受土地、房屋权属的，免征契税。

经批准减征、免征契税的纳税人，改变有关土地、房屋的用途的，应补缴已减征、免征的税款。

（七）征收管理

1. 纳税义务发生时间

契税的纳税义务发生时间是纳税人签订土地、房屋权属转移合同的当天，或者纳税人取得其他具有土地、房屋权属转移合同性质凭证的当天。

2. 纳税期限

纳税人应当自纳税义务发生之日起 10 日内，向土地、房屋所在地的契税征收机关办理纳税申报，并在契税征收机关核定的期限内缴纳税款。

3. 纳税地点

契税在土地、房屋所在地的征收机关缴纳。

4. 其他管理

(1)纳税人办理纳税事宜后，征收机关应向纳税人开具契税完税凭证。纳税人持契税完税凭证和其他规定的文件材料，依法向房地产管理部门办理有关土地、房屋的权属变更登记手续。房地产管理部门应向契税征收机关提供有关资料，并协助契税征收机关依法征收契税。

（2）根据人民法院、仲裁委员会的生效法律文书发生土地、房屋权属转移，纳税人不能取得销售不动产发票的，可持人民法院执行裁定书原件及相关材料办理契税纳税申报，税务机关应予受理。

（3）购买新建商品房的纳税人在办理契税纳税申报时，由于销售新建商品房的房地产开发企业已办理注销税务登记或者被税务机关列为非正常户等原因，致使纳税人不能取得销售不动产发票的，税务机关在核实有关情况后应予受理。

三、车船税法

车船税是对在中华人民共和国境内车船管理部门登记的车辆、船舶（简称车船）的所有人或者管理人征收的一种税。

（一）纳税义务人

车船税的纳税义务人，是指在中华人民共和国境内属于税法规定的车船的所有人或者管理人。

从事机动车第三者责任强制保险机构为机动车车船税的扣缴义务人。

（二）征税范围

车船税的征税范围是指在中华人民共和国境内属于《车船税法》所附《车船税税目税额表》规定的车辆、船舶。具体包括：

（1）依法应当在车船管理部门登记的机动车辆和船舶；

（2）依法不需要在车船管理部门登记、在单位内部场所行驶或者作业的机动车辆和船舶。

（三）税目与税率

车船税采用定额幅度税率，即对征税的车船规定单位上下限税额标准。由于车辆与船舶的行使情况不同，车船税的税额也有所不同。具体情况见表8—4。

表8—4 车船税税目税额表

<table>
<tr><th colspan="2">税 目</th><th>计税单位</th><th>年基准税额</th><th>备 注</th></tr>
<tr><td rowspan="7">乘用车［按发动机汽缸容量（排气量）分档］</td><td>1.0升(含)以下的</td><td rowspan="7">每辆</td><td>60～360元</td><td rowspan="7">核定载客人数9人（含）以下</td></tr>
<tr><td>1.0升以上至1.6升(含)的</td><td>300～540元</td></tr>
<tr><td>1.6升以上至2.0升(含)的</td><td>360～660元</td></tr>
<tr><td>2.0升以上至2.5升(含)的</td><td>660～1 200元</td></tr>
<tr><td>2.5升以上至3.0升(含)的</td><td>1 200～2 400元</td></tr>
<tr><td>3.0升以上至4.0升(含)的</td><td>2 400～3 600元</td></tr>
<tr><td>4.0升以上的</td><td>3 600～5 400元</td></tr>
<tr><td rowspan="2">商用车</td><td>客车</td><td>每辆</td><td>480～1 440元</td><td>核定载客人数9人以上，包括电车</td></tr>
<tr><td>货车</td><td>整备质量每吨</td><td>16～120元</td><td>包括半挂牵引车、三轮汽车和低速载货汽车等</td></tr>
</table>

续表

税目		计税单位	年基准税额	备注
挂车		整备质量每吨	按照货车税额的50%计算	
其他车辆	专用作业车	整备质量每吨	16～120 元	不包括拖拉机
	轮式专用机械车		16～120 元	
摩托车		每辆	36～180 元	
船舶	机动船舶	净吨位每吨	3～6 元	拖船、非机动驳船分别按照机动船舶税额的 50%计算
	游艇	艇身长度每米	600～2 000 元	

1. 机动船舶具体适用税额

(1)净吨位不超过 200 吨的，每吨 3 元；

(2)净吨位超过 200 吨但不超过 2 000 吨的，每吨 4 元；

(3)净吨位超过 2 000 吨但不超过 10 000 吨的，每吨 5 元；

(4)净吨位超过 10 000 吨的，每吨 6 元。

拖船按照发动机功率每 1 千瓦折合净吨位 0.67 吨计算征收车船税。

2. 游艇具体适用税额

(1)艇身长度不超过 10 米的，每米 600 元。

(2)艇身长度超过 10 米但不超过 18 米的，每米 900 元。

(3)艇身长度超过 18 米但不超过 30 米的，每米 1 300 元。

(4)艇身长度超过 30 米的，每米 2 000 元。

(5)辅助动力帆艇，每米 600 元。

【例 8—35 · 单选题】下列关于车船税计税单位确认的表述中，正确的是(　　)。

A. 摩托车按“排气量”作为计税单位

B. 游艇按“净吨位每吨”作为计税单位

C. 商用货车按“每辆”作为计税单位

D. 专用作业车按“整备质量每吨”作为计税单位

【答案】D

【解析】选项 A：摩托车按每辆作为计税单位；选项 B：游艇按艇身长度每米为计税单位；选项 C：商用货车按整备质量每吨为计税单位。

3. 排气量、整备质量、核定载客人数、净吨位、千瓦、艇身长度，以车船管理部门核发的车船登记证书或者行驶证相应项目所载数据为准

依法不需要办理登记、依法应当登记而未办理登记或者不能提供车船登记证书、行驶证的，以车船出厂合格证明或者进口凭证相应项目标注的技术参数、所载数据为准；不能提供车船出厂合格证明或者进口凭证的，由主管税务机关参照国家相关标准核定，没有国家相关标准的参照同类车船核定。

(四)应纳税额的计算

纳税人按照纳税地点所在的省、自治区、直辖市人民政府确定的具体适用税额缴纳车船

税。车船税由地方税务机关负责征收。

(1)购置新车船的税额计算。购置的新车船，购置当年的应纳税额自纳税义务发生的当月起按月计算。计算公式为：

应纳税额＝(年应纳税额÷12)×应纳税月份数

应纳税月份数＝12－纳税义务发生时间(取月份)＋1

【例8－36·计算题】某单位2017年4月3日购买奥迪轿车一辆。该省规定该排量乘用车每辆适用的车船税年税额为960元，则该单位这辆轿车2017年应纳税车船税额是多少？

【解析】纳税车船税月份数＝12－4＋1＝9(个)；该辆轿车当年应纳车船税＝960/12×9＝720(元)。

(2)被盗抢、报废、灭失的车船的税额计算。在一个纳税年度内，已完税的车船被盗抢、报废、灭失的，纳税人可以凭有关管理机关出具的证明和完税证明，向纳税所在地的主管税务机关申请退还自被盗抢、报废、灭失月份起至该纳税年度终了期间的税款。

(3)已办理退税的被盗抢车船失而复得的，纳税人应当从公安机关出具相关证明的当月起计算缴纳车船税。

(4)已缴纳车船税的车船在同一纳税年度内办理转让过户的，不另纳税，也不退税。

【例题8－37·计算题】某运输公司拥有载货汽车15辆(每辆货车整备质量为10吨)；乘人大客车20辆；小客车10辆。计算该公司应纳车船税(注：载货汽车每吨年税额90元，乘人大客车每辆年税额1 200元，小客车每辆年税额800元)。

【解析】

(1)载货汽车应纳税额＝90×15×10＝13 500(元)

(2)乘人汽车应纳税额＝1 200×20＝24 000(元)

(3)小客车应纳税额＝800×10＝8 000(元)

(4)全年应纳车船税额＝13 500＋24 000＋8 000＝45 500(元)

(五)税收优惠

1. 法定减免

(1)捕捞、养殖渔船，是指在渔业船舶管理部门登记为捕捞船或者养殖船的船舶。

(2)军队、武装警察部队专用的车船，是指按照规定在军队、武装警察部队车船管理部门登记，并领取军队、武警牌照的车船。

(3)警用车船，是指公安机关、国家安全机关、监狱、劳动教养管理机关和人民法院、人民检察院领取警用牌照的车辆和执行警务的专用船舶。

(4)依照法律规定应当予以免税的外国驻华使领馆、国际组织驻华代表机构及其有关人员的车船。

(5)对节约能源的减半征收车船税，对使用新能源的车船免征车船税；对受严重自然灾害影响纳税困难以及有其他特殊原因确需减税、免税的，可以减征或者免征车船税。

节约能源、使用新能源的车辆包括纯电动汽车、燃料电池汽车和混合动力汽车。纯电动汽车、燃料电池汽车和插电式混合动力汽车免征车船税，其他混合动力汽车按照同类车辆适用税额减半征税。

(6)省、自治区、直辖市人民政府根据当地实际情况,可以对公共交通车船,农村居民拥有并主要在农村地区使用的摩托车、三轮汽车和低速载货汽车定期减征或者免征车船税。

2. 特定减免

(1)经批准临时入境的外国车船和香港特别行政区、澳门特别行政区、台湾地区的车船,不征收车船税。

(2)按照规定缴纳船舶吨税的机动船舶,自《车船税法》实施之日起5年内免征车船税。

(3)机场、港口内部行驶或作业的车船,自《车船税法》实施之日起5年内免征车船税。

【例8—38·多选题】下列车辆中,不需要缴纳车船税的有(　　)。

A. 自行车　　B. 残疾人专用摩托车

C. 燃料电池汽车　　D. 纯电动汽车

【答案】ACD

【解析】选项B,没有免征车船税的政策规定,应缴纳车船税。

(六)征收管理

1. 车船税的纳税义务发生时间

车船税纳税义务发生时间为取得车船所有权或者管理权的当月,即为购买车船的发票或者其他证明文件所载日期的当月。对于在国内购买的机动车,购买日期以《机动车销售统一发票》所载日期为准;对于进口机动车,购买日期以《海关关税专用缴款书》所载日期为准;对于购买的船舶,以购买船舶的发票或者其他证明文件所载日期的当月为准。

2. 车船税的纳税地点

车船税的纳税地点为车船的登记地或者车船税扣缴义务人所在地。依法不需要办理登记的车船,车船税的纳税地点为车船的所有人或者管理人所在地。

3. 车船税的纳税申报与缴纳

车船税按年申报,分月计算,一次性缴纳。纳税年度为公历1月1日至12月31日。车船税按年申报缴纳。具体申报纳税期限由省、自治区、直辖市人民政府规定。

4. 车船税的税款征收

车船税由地方税务机关负责征收。

从事机动车第三者责任强制保险业务的保险机构为机动车车船税的扣缴义务人,应当在收取保险费时依法代收车船税,并出具代收税款凭证。

第三节　行为类税法

一、车辆购置税法

车辆购置税是以在中国境内购置规定的车辆为课税对象、在特定的环节向车辆购置者征收的一种税。就其性质而言,属于直接税的范畴。

(一)纳税人

车辆购置税的纳税人是指在中华人民共和国境内购置应税车辆的单位和个人。这里的"购置",包括购买、进口、资产、受赠、获奖或者以其他方式取得并自用应税车辆的行为。

【例题 8－39 · 多选题】下列各项中，属于车辆购置税应税行为的有(　　)。

A. 购买使用行为　　B. 进口使用行为

C. 受赠使用行为　　D. 获奖使用行为

【答案】ABCD

【解析】以上选项均属于车辆购置税的应税行为。

(二)征税范围

车辆购置税以列举的车辆为征税对象，未列举的车辆不纳税。其征税范围包括汽车、摩托车、电车、挂车、农用运输车。具体范围包括：

(1)汽车。包括各类汽车。

(2)摩托车。包括轻便摩托车、二轮摩托车、三轮摩托车。

(3)电车。包括无轨电车和有轨电车。

(4)挂车。包括全挂车和半挂车。

(5)农业运输车。包括三轮农用运输车和四轮农用运输车。

(三)税率

我国车辆购置税实行统一比例税率，税率为 10%。

(四)计税依据

车辆购置税实行从价定率征收，以车辆的计税价格为计税依据。具体规定如下：

1. 纳税人购买自用的应税车辆计税依据的确定

纳税人购买自用的应税车辆，计税价格为纳税人购买应税车辆而支付给销售者的全部价款和价外费用，不包含增值税税款。

价外费用是指销售方价外向购买方收取的基金、集资费、违约金(延期付款利息)和手续费、包装费、储存费、优质费、运输装卸费、保管费以及其他各种性质的价外收费，但不包括销售方代办保险等而向购买方收取的保险费，以及向购买方收取的代购买方缴纳的车辆购置税、车辆牌照费。

【例 8－40 · 多选题】某机关 2017 年 4 月购车一辆，随购车支付的下列款项中，应并入计税依据征收车辆购置税的有(　　)。

A. 控购费　　B. 增值税税款　　C. 零部件价款　　D. 车辆装饰费

【答案】CD

【解析】选项 A：购买者支付的控购费，是政府部门的行政性收费，不属于销售者的价外费用范围，不应并入计税价格计算缴纳车辆购置税；选项 B：计税依据不含增值税。

2. 进口自用应税车辆计税依据的确定

纳税人进口自用的应税车辆以组成计税价格为计税依据。计税价格的计算公式为：

计税价格＝关税完税价格＋关税＋消费税

(五)应纳税额的计算

车辆购置税实行从价定率的办法计算应纳税额，应纳税额的计算公式为：

应纳税额＝计税价格×税率

【例 8－41 · 计算题】张某 2018 年 12 月，从上海大众汽车有限公司购买一辆桑塔纳轿车供自己使用，支付含增值税车价款106 000元，支付购买工具件和零配件价款420元，车辆装饰费300元。支付的价款由销货方开具《机动车销售统一发票》。车辆购置税税率10%，计算车辆购置税应纳税额。

【解析】

(1)计税价格=(106 000+420+300)÷(1+16%)=92 000(元)

(2)应纳车辆购置税税额=92 000×10%=9 200(元)

(六)税收优惠

我国车辆购置税实行法定减免税。减税免税范围的具体规定是：

(1)外国驻华使馆、领事馆和国际组织驻华机构及其外交人员自用车辆免税。

(2)中国人民解放军和中国人民武装警察部队列入军队武器装备订货计划的车辆免税。

(3)设有固定装置的非运输车辆免税。

(4)购置列入《新能源汽车车型目录》的新能源汽车免征车辆购置税。

(5)农用三轮运输车免征车辆购置税。

(6)城市公交企业购置的公共汽电车辆免征车辆购置税。

【例8—42·单选题】按照《车辆购置税暂行条例》的规定，下列车辆免征车辆购置税的是(　　)。

A. 挂车

B. 四轮农用运输车

C. 摩托车

D. 设有固定装置的非运输车辆

【答案】D

【解析】设有固定装置的非运输车辆免税。三轮农用运输车免征车辆购置税，但是四轮农用运输车不免税。

(七)征收管理

1. 纳税环节

车辆购置税是在应税车辆上牌登记注册前的使用环节征收。车辆购置税选择单一环节，实行一次课征制度，购置已征车辆购置税的车辆，不再征收车辆购置税。但免税条件消失的车辆，即免税车辆因转让或改变了原免税前提条件的，就不再属于免税范围，应按规定缴纳车辆购置税。

2. 纳税地点

纳税人购置应税车辆，应当向车辆登记注册地(车辆的上牌落籍地或落户地)的主管税务机关申报纳税。购置不需注册上牌的应税车辆(如民航机场的专用车辆、矿山专用车辆等)，应当向纳税人所在地主管税务机关申报纳税。

3. 纳税期限

纳税人购买自用的应税车辆，自购买之日起60日内申报纳税；进口自用的应税车辆，应当自进口之日起60日内申报纳税；自产、受赠、获奖和以其他方式取得并自用应税车辆的，应当自取得之日起60日内申报纳税。

4. 车辆购置税的退税制度

已经缴纳车辆购置税的车辆，发生下列情形之一的，由纳税人申请办理退还车辆购置税手续：

(1)因质量原因,车辆被退回生产企业或者经销商的;
(2)符合免税条件的没有固定装置的非运输车辆但已征税的;
(3)其他依据法律规定应予退税的情形。

二、印花税法

印花税是对经济活动和经济交往中书立、领受、使用的应税经济凭证所征收的一种税。因纳税人主要是通过在应税凭证上粘贴印花税票来完成纳税义务,故名印花税。

(一)纳税义务人

印花税的纳税义务人是指在我国境内书立、领受、使用属于征税范围内所列凭证的单位和个人。单位,是指企业、行政单位、事业单位、军事单位、社会团体及其他单位;个人,是指个体工商户和其他个人。对于同一凭证,如果由两方或者两方以上当事人签订并各执一份,各方均为纳税人,应当由各方就所持凭证的各自金额贴花。

印花税的纳税义务人具体是指:

(1)立合同人。书立各类经济合同的,以立合同人为纳税人。所谓立合同人,是指合同的当事人。当事人在两方或两方以上的,各方均为纳税人,但不包括合同的担保人、证人和鉴定人。

(2)立账簿人。建立营业账簿的,以立账簿人为纳税人。

(3)立据人。订立各种财产转移书据的,以立据人为纳税人。如立据人未贴印花或少贴印花,书据的持有人应负责补贴印花。所立书据以合同方式签订的,应由持有书据的各方分别按全额贴花。

(4)领受人。领取权利许可证照的,以领受人为纳税人。

(5)使用人,是指在国外书立或领受,在国内使用应税凭证的单位和个人。

(6)各类电子应税凭证的签订人,是指以电子形式签订的各类应税凭证的单位和个人。

【例 8—43·单选题】甲企业将货物卖给乙企业,双方订立了购销合同,丙企业作为该合同的担保人,丁先生作为证人,戊单位作为鉴定人,则该购销合同印花税的纳税人为(　　)。

A. 甲企业和乙企业

B. 甲企业、乙企业和戊单位

C. 甲企业、乙企业和丙企业

D. 甲企业、乙企业、丙企业、丁先生、戊单位

【答案】A

【解析】各类合同的纳税义务人是立合同人,但不包括合同的担保人、证人、鉴定人。

(二)征税范围

我国经济活动中发生的经济凭证种类繁多,数量巨大,现行印花税只对《印花税暂行条例》中列举的凭证征收,没有列举的凭证不征税。列举的凭证分为5类,即:经济合同,产权转移书据,营业账簿,权利、许可证照,经财政部门确定的其他凭证。

1. 经济合同

合同是指当事人之间为实现一定目的,经协商一致,明确当事人各方权利、义务关系的

协议。以经济业务活动作为内容的合同，通常称为经济合同。征收印花税的经济合同共10大类：

(1)购销合同。包括供应、预购、采购、购销结合及协作、调剂、补偿、易货等合同；还包括各出版单位与发行单位(不包括订阅单位和个人)之间订立的图书、报刊、音像征订凭证。

(2)加工承揽合同。包括加工、定做、修缮、修理、印刷、广告、测绘、测试等合同。

(3)建设工程勘察设计合同。包括勘察、设计合同的总包合同、分包合同和转包合同。

(4)建筑安装工程承包合同。包括建筑、安装工程承包合同的总包合同、分包合同和转包合同。

(5)财产租赁合同。包括租赁房屋、船舶、飞机、机动车辆、机械、器具、设备等合同；还包括企业、个人出租门店、柜台等所签订的合同，但不包括企业与主管部门签订的租赁承包合同。

(6)货物运输合同。包括民用航空运输、铁路运输、海上运输、内河运输、公路运输和联运合同。

(7)仓储保管合同。包括仓储、保管合同或作为合同使用的仓单、栈单(或称入库单)。对某些使用不规范的凭证不便计税的，可就其结算单据作为计税贴花的凭证。

(8)借款合同。包括银行及其他金融组织和借款人(不包括银行同业拆借)所签订的借款合同。

(9)财产保险合同。包括财产、责任、保证、信用等保险合同。

(10)技术合同。包括技术开发、转让、咨询、服务等合同。其中，技术转让合同包括专利申请权转让、非专利技术转让所书立的合同，但不包括专利权转让、专利实施许可所书立的合同。后者适用于"产权转移书据"合同。技术咨询合同是合同当事人就有关项目的分析、论证、评价、预测和调查订立的技术合同，而一般的法律、会计、审计等方面的咨询不属于技术咨询、技术培训合同和技术中介合同，所以其所立合同不贴印花税。

2. 产权转移书据

产权转移书据是指单位和个人在产权的买卖、交换、继承、赠与、交换、分割等过程中所立的书据，包括财产所有权、版权、商标专用权、专利权、专有技术使用权5项。

另外，土地使用权出让合同、土地使用权转让合同、商品房销售合同按照产权转移书据征收印花税。

3. 营业账簿

营业账簿是指单位或者个人记载生产经营活动的财务会计核算账簿。按照其反映的内容不同，分为记载资金的账簿(简称资金账簿)和其他营业账簿两类。从2018年5月1日起，对纳税人设立的资金账簿减半征收印花税，对其他账簿免征印花税。

4. 权利、许可证照

权利、许可证照是政府授予单位、个人某种法定权利和准予从事特定经济活动的各种证照的统称，包括政府部门发给的房屋产权证、工商营业执照、商标注册证、专利证、土地使用证等。

5. 经财政部门确定征税的其他凭证

【例8－44·单选题】下列合同中，应按"购销合同"税目征收印花税的是(　　)。

A. 企业之间签订的土地使用权转让合同

B. 开发商与个人之间签订的商品房销售合同

C. 发电厂与电商之间签订的购售电合同

D. 银行与工商企业之间签订的融资租赁

【答案】C

【解析】选项AB应按“产权转移书据”税目征收印花税;选项D应按“借款合同”税目征收印花税。

【例8—45·多选题】下列证照中,应按“权利、许可证照”税目征收印花税的有(　　)。

A. 专利证书　　B. 工商营业执照

C. 卫生许可证　　D. 土地使用证

【答案】ABD

【解析】印花税权利、许可证照包括“四证一照”,即房屋产权证、工商营业执照、商标注册证、专利证、土地使用证。

【例8—46. 多选题】下列各项中,应按“产权转移书据”税目征收印花税的有(　　)。

A. 商品房销售合同　　B. 土地使用权转让合同

C. 专利申请权转让合同　　D. 个人无偿赠与不动产登记表

【答案】ABD

【解析】ABD选项属于“产权转移书据”税目;C选项属于“技术合同”税目。

(三)税率

现行印花税采用比例税率和定额税率两种税率。

1. 比例税率

印花税的比例税率分为4档,即1‰、0.5‰、0.3‰、0.05‰。具体规定是:

(1)财产租赁合同、仓储保管合同、财产保险合同的税率为1‰。

(2)加工承揽合同、建设工程勘察设计合同、货物运输合同、产权转移书据、营业账簿中记载资金的账簿,其税率为0.5‰。从2018年5月1日起,对纳税人设立的资金账簿减半征收印花税。

(3)购销合同、建筑安装工程承包合同、技术合同的规定税率为0.3‰。

(4)借款合同的税率为0.05‰。

(5)因股票买卖、继承、赠与而书立“股权转让书据”(包括A股和B股),适用税率为1‰。此税率系后增补税率,《印花税暂行条例》中的《印花税税目税率表》未列此档税率。

2. 定额税率

适用定额税率的是权利、许可证照和营业账簿中的其他账簿,采取按件规定固定税额,单位税额均为每件5元。

印花税税目税率见表8—5。

表 8—5　　印花税税目税率表

税　目	范　围	税　率	纳税人	说　明
1. 购销合同	包括供应、预购、采购、购销结合及协作、调剂、补偿、易货等合同	按购销金额的 0.3‰贴花	立合同人	
2. 加工承揽合同	包括加工、定做、修缮、修理、印刷、广告、测绘、测试等合同	按加工或承揽收入的 0.5‰贴花	立合同人	
3. 建设工程勘察设计合同	包括勘察、设计合同	按收取费用的 0.5‰贴花	立合同人	
4. 建筑安装工程承包合同	包括建筑、安装工程承包合同	按承包金额的 0.3‰贴花	立合同人	
5. 财产租赁合同	包括租赁房屋、船舶、飞机、机动车辆、机械、器具、设备等合同	按租赁金额的 1‰贴花。税额不足 1 元按 1 元贴花	立合同人	
6. 货物运输合同	包括民用航空运输、铁路运输、海上运输、内河运输、公路运输和联运合同	按运输收取的费用的 0.5‰贴花	立合同人	单据作为合同使用的，按合同贴花
7. 仓储保管合同	包括仓储、保管合同	按仓储收取的保管费用的 1‰贴花	立合同人	仓单或栈单作为合同使用的，按合同贴花
8. 借款合同	银行及其他金融组织和借款人(不包括银行同业拆借)所签订的借款合同	按借款金额的 0.05‰贴花	立合同人	单据作为合同使用的，按合同贴花
9. 财产保险合同	包括财产、责任、保证、信用等保险合同	按收取的保险费收入的 1‰贴花	立合同人	单据作为合同使用的，按合同贴花
10. 技术合同	包括技术开发、转让、咨询、服务等合同	按所载金额的 0.3‰贴花	立合同人	
11. 产权转移书据	包括财产所有权和版权、商标专用权、专利权、专有技术使用权等转移书据、土地使用权出让合同、土地使用权转让合同、商品房销售合同	按所载金额的 0.5‰贴花	立据人	
12. 营业账簿	记载资金的账簿	按实收资本和资本公积的合计金额的 0.5‰减半征收	立账簿人	
13. 权利许可证照	包括政府部门发给的房屋产权证、工商营业执照、商标注册证、专利证、土地使用证	按件贴花 5 元	领受人	

（四）计税依据

印花税的计税依据通常为应税凭证上所记载的金额和应税凭证的件数。具体规定如下：

（1）合同或具有合同性质的凭证，以凭证所载金额作为计税依据。

（2）营业账簿中记载资金的账簿，以"实收资本"与"资本公积"两项的合计金额为其计税依据。

（3）不记载金额的营业账簿从2018年5月1日起免征印花税。政府部门发给的房屋产权证、工商营业执照、专利证等权利许可证照，以凭证的件数作为计税依据。

（4）纳税人有以下情形的，地方税务机关可以核定纳税人印花税计税依据：

①未按规定建立印花税应税凭证登记簿，或未如实登记和完整保存应税凭证的。

②拒不提供应税凭证或不如实提供应税凭证致使计税依据明显偏低的。

③采用按期汇总缴纳办法的，未按地方税务机关规定的期限报送汇总缴纳印花税情况报告，经地方税务机关责令限期报告，逾期仍不报告的或者地方税务机关在检查中发现纳税人有未按规定汇总缴纳印花税情况的。

地方税务机关核定征收印花税的，应当根据纳税人的实际生产经营收入，参考纳税人各期印花税情况及同行业合同签订情况，确定科学合理的数额或比例作为纳税人印花税计税依据。

（五）应纳税额计算

（1）按比例税率计算应纳税额的公式为：

应纳税额＝计税金额×适用税率

（2）按定额税率计算应纳税额的公式为：

应纳税额＝凭证数量×单位税额

（3）营业账簿中记载资金的账簿，印花税应纳税额的计算公式为：

$$应纳税额=（实收资本+资本公积）\times 0.5‰\times \frac{1}{2}$$

【例8－47·计算题】某企业2017年2月开业，领受房产权证、工商营业执照、土地使用证各一件，与其他企业订立转移专用技术使用权书据一件，所载金额80万元；订立产品购销合同两件，所载金额为150万元；订立借款合同一份，所载金额为40万元。此外，企业的营业账簿中，"实收资本"科目载有资金600万元，其他营业账簿20本。2017年12月该企业"实收资本"所载资金增加为800万元（注：合同所载金额均不含增值税）。该企业2017年2月应缴纳多少印花税和12月应补缴多少印花税？

【分析】

（1）企业领受权利、许可证照应纳税额＝3×5＝15（元）

（2）企业订立产权转移书据应纳税额＝800 000×0.5‰＝400（元）

（3）企业订立购销合同应纳税额＝1 500 000×0.3‰＝450（元）

（4）企业订立借款合同应纳税额＝400 000×0.05‰＝20（元）

（5）企业营业账簿中"实收资本"所载资金应纳税额＝$6\ 000\ 000\times 0.5‰\times \frac{1}{2}=1\ 500$（元）

(6)企业其他营业账册免税

(7)2 月份企业应纳印花税税额＝15＋400＋450＋20＋1 500＋100＝2 485(元)

(8)12 月份资金账簿应补纳税额＝(8 000 000－6 000 000)×0.5‰×$\frac{1}{2}$＝500(元)

(六)税收优惠

1. 法定免税项目

(1)已缴纳印花税的凭证副本或抄本。

(2)财产所有人将财产赠给政府、社会福利单位、学校所立的书据。

(3)国家指定的收购部门与村民委员会、农民个人书立的农业产品收购合同。

(4)无息、贴息贷款合同。

(5)外国政府或国际金融组织向我国政府及国家金融机构提供优惠贷款所书立的合同。

2. 其他免税项目

(1)对房地产管理部门与个人签订的用于生活居住的租赁合同免税。

(2)为支持农村保险事业的发展,减轻农民的负担,对农牧业保险合同免税。

(3)特殊货运凭证免税,包括军事物资运输凭证、抢险救灾物资运输凭证、新建铁路的工程临管线运输凭证。

(4)为支持我国证券市场的健康发展,自 2003 年 1 月 1 日起,继续对投资者(包括个人和机构)买卖封闭式证券投资基金免征印花税。

(5)企业改制前签订但尚未履行完的各类应税合同,改制后需要变更执行主体的,对仅改变执行主体、其余条款未作变动且改制前已贴花的,不再贴花。

(6)企业因改制签订的产权转移书据免予贴花。

(7)自 2004 年 7 月 1 日起,对经国务院和省级人民政府决定或批准进行的国有(含国有控股)企业改组改制而发生的上市公司国有股权无偿转让行为,暂不征收证券(股票)交易印花税。对不属于上述情况的上市公司国有股权无偿转让行为,仍应征收证券(股票)交易印花税。

(8)对廉租住房、经济适用住房经营管理单位与廉租住房、经济适用住房相关的印花税及廉租住房承租人、经济适用住房购买人涉及的印花税免征。

(9)自 2008 年 1 月 1 日起,对个人销售或购买住房暂免征收印花税。

应纳税额不足 1 角的,免征印花税。

【小思考】对无息、贴息贷款合同要征收印花税,这一说法正确吗?

【解析】这一说法错误。对无息、贴息贷款合同,免征印花税。

(七)征收管理

1. 印花税的缴纳方法

印花税的纳税方法较其他税种不同,是由纳税人根据税法规定,自行计算应纳税额,自行购买印花税票,自行贴花和划销,自行完成纳税义务。同时,对特殊情形采取特定的纳税贴花方法。

(1)一般纳税方法。印花税通常由纳税人根据规定自行计算应纳税额,购买并一次贴足印花税票,完纳税款。纳税人向税务机关或指定的代售单位购买印花税票。就税务机关来说，印花税票一经售出，国家即取得印花税收入；但就纳税人来说，购买了印花税票，不等于履行了纳税义务。因此，纳税人将印花税票粘贴在应税凭证后，应即行注销，注销标记应与骑缝处相交。对国家政策性银行记载资金的账簿，一次贴花数额较大、难以承担的，经当地税务机关核准，可在 3 年内分次贴足印花。

(2)简化纳税方法。为简化贴花手续，对那些应纳税额较大或者贴花次数频繁的，税法规定了以下三种简化的缴纳方法：

①以缴款书或完税证代替贴花的方法。某些应税凭证，如资金账簿、大宗货物的购销合同、建筑工程承包合同等，如果一份凭证的应纳税额数量较大，超过 500 元，贴用印花税票不方便的，可向当地税务机关申请填写缴款书或者完税证，将其中一联粘贴在凭证上或者由税务机关在凭证上加注完税标记，代替贴花。

②按期汇总缴纳印花税的方法。同种类应纳税凭证需要频繁贴花的，纳税人可向当地税务机关申请按期汇总缴纳印花税。经税务机关核准发给许可证后，按税务机关确定的限期(最长不超过 1 个月)汇总计算纳税。应纳税凭证在加注税务机关指定的汇缴戳记、编号，并装订成册后，纳税人应将缴款书的一联粘贴成册后，盖章注销，保存备查。

③代扣(代收)税款汇总缴纳的方法。税务机关为了加强源泉控制管理，可以委托某些代理填开应税凭证的单位(如代办运输、联运的单位)对凭证的当事人应纳的印花税予以代扣(代收)，并按期汇总缴纳。

2. 纳税环节

印花税应当在书立或领受时贴花。具体是指，在合同签订时、账簿启用时和证照领受时贴花。如果合同是在国外签订，并且不便在国外贴花，应在将合同带入境时办理贴花纳税手续。

3. 纳税地点

印花税一般实行就地纳税。对于全国性商品物资订货会(包括展销会、交易会等)上所签订合同应纳的印花税，由纳税人回其所在地后及时办理贴花完税手续；对地方主办、不涉及省际关系的订货会、展销会上所签合同的印花税，其纳税地点由各省、自治区、直辖市人民政府自行确定。

4. 纳税期限

在应纳税凭证书立或领受时即行贴花完税，不得延至凭证生效日期贴花。同一种类应纳税凭证，需频繁贴花的，纳税人可根据实际情况自行决定是否采用按期汇总缴纳印花税的方式，汇总缴纳的期限为一个月。采用按期汇总缴纳方式的纳税人应事先告知主管税务机关，缴纳方式一经选定，一年内不得改变。

本章小结

本章集中阐述了其他税种的征收范围、纳税人、税率、应纳税额的计算方法、征收管理等问题。其他税种分为资源税类、财产税类和行为税类，具体包括资源税、城镇土地使用税、耕地占用税、土地增值税、房产税、契税、车船税、车辆购置税和印花税等小税种。

资源税是对在我国境内从事应税矿产品开采和生产盐的单位和个人课征的一种税。

城镇土地使用税是以城镇土地为征税对象，对拥有土地使用权的单位和个人征收的一种税。

耕地占用税是对占用耕地建房或从事其他非农业建设的单位和个人，就其实际占用的耕地面积征收的一种税。

土地增值税是指转让国有土地使用权、地上的建筑物及其附着物并取得收入的单位和个人，就其转让过程中的增值额征收的一种税。

房产税是以房屋为征税对象，按照房屋的计税余值或租金收入，向产权所有人征收的一种财产税。

车船税是指在中华人民共和国境内的车辆、船舶的所有人或者管理人按照《车船税暂行条例》应缴纳的一种税。

契税是以在中华人民共和国境内转移土地、房屋权属为征税对象，向产权承受人征收的一种财产税。

车辆购置税是以在中国境内购置规定车辆为课税对象，在特定的环节向车辆购置税者征收的一种税。

印花税是以在经济活动和经济交往中，书立、领受应税凭证的行为为征税对象征收的一种税。

同步测试

一、单选题

1. 资源税税目、税率表未列举名称的金属和非金属矿产品的征免规定是（　　）。

A. 不征收资源税

B. 由国务院批准决定征收与缓收

C. 由国家税务总局批准决定征收与缓收

D. 由省级人民政府决定具体税目和适用税率，并报财政部和国家税务总局备案

2. 按照资源税有关规定，独立矿山收购未税矿产品适用（　　）。

A. 矿产品原产地的税额标准　　B. 独立矿山应税产品的税额标准

C. 矿产品购买地的税额标准　　D. 税务机关核定的税额标准

3. 某省煤炭资源税税率为8%，某煤矿2017年2月销售自采原煤取得收入500万元（不含增值税，下同）；用自采未税原煤连续加工成洗选煤1 000吨，销售600吨，每吨售价0.1万元，将洗选煤100吨无偿换取某保洁公司的保洁服务。已知计算资源税时洗选煤折算率为90%，该煤矿当月应纳资源税为（　　）万元。

A. 47.2　　B. 44.32　　C. 45.04　　D. 45.06

4. 甲企业与乙企业按3∶1的占用比例共用一块土地，该土地占地面积3 000平方米。该土地所属地区城镇土地使用税每平方米税额3元，该地区规定城镇土地使用税每半年缴纳一次，甲企业上半年应缴纳的城镇土地使用税为（　　）元。

A. 1 125　　B. 2 250　　C. 6 750　　D. 3 375

5. 经批准开山填海整治的土地和改造的废弃土地，从使用的月份起免缴城镇土地使用税5～10年。具体免税期限由（　　）确定。

A. 省级地方税务局　　B. 地市级地方税务局

C. 县级地方税务局 D. 国家税务总局

6. 以下关于耕地占用税的表述不正确的是(　　)。

A. 耕地占用税是以纳税人实际占用耕地的面积为计税依据,按照规定税额一次性征收

B. 耕地占用税实行地区差别幅度比例税率

C. 占用果园、桑园用以建房的应缴纳耕地占用税

D. 个人占用耕地建房应缴纳耕地占用税

7. 村民张某2016年起承包耕地面积3 000平方米。2017年将其中300平方米用于新建住宅,其余耕地仍和去年一样使用,即700平方米用于种植药材、2 000平方米用于种植水稻。当地耕地占用税税率为25元/平方米,张某应缴纳的耕地占用税为(　　)元。

A. 3 750 B. 25 000 C. 7 500 D. 12 500

8. 下列情形中,应当计算缴纳土地增值税的是(　　)。

A. 工业企业向房地产开发企业转让国有土地使用权

B. 房产所有人通过希望工程基金会将房屋产权赠与西部教育事业

C. 甲企业出资金、乙企业出土地,双方合作建房,建成后按比例分房自用

D. 房地产开发企业代客户进行房地产开发,开发完成后向客户收取代建收入

9. 某生产企业2017年销售一栋8年前建造的办公楼,取得销售收入1 200万元。该办公楼原值700万元,已计提折旧400万元。经房地产评估机构评估,该办公楼的重置成本为1 400万元,成新度折扣率为五成,销售时缴纳各种税费共计72万元(符合土地增值税扣除规定)。该生产企业销售办公楼应缴纳土地增值税(　　)万元。

A. 128.4 B. 132.6 C. 146.8 D. 171.2

10. 以下关于房产税纳税人和征税范围的说法,正确的是(　　)。

A. 房产税的征税对象是房屋和建筑物

B. 房产税不对个人征收

C. 房屋产权出典的,以承典人为房产税的纳税人

D. 农民出租农村的房屋也应缴纳房产税

11. 下列行为中,应计算缴纳契税的是(　　)。

A. 以抵债方式取得土地使用权 B. 以相等价格交换房屋

C. 以划拨方式取得土地使用权 D. 转移农村集体土地承包经营权

12. 根据契税的有关规定,土地使用权的转让不包括(　　)。

A. 城市土地使用权的赠与

B. 企业倒闭出售空地

C. 甲乙两个企业交换经营场所

D. 农村集体土地承包经营权的转移

13. 甲企业从某拍卖公司通过拍卖购进两辆轿车自用,其中一辆是未上牌照的新车,不含税成交价60 000元,国家税务总局核定同类型新车的最低计税价格为120 000元/辆;另一辆是已使用6年的轿车,不含税成交价50 000元(从原车主取得了完税证明)。甲企业应纳车辆购置税(　　)元。

A. 6 000 B. 6 500 C. 12 000 D. 24 000

14. 某运输企业2017年拥有净吨位3 000吨的货运船只6艘;发动机功率7 000千瓦

的拖船4只;净吨位2吨的非机动救生小舢板10只;净吨位1 000吨的非机动驳船3只。机动船舶车船税适用的年税额如下:净吨位200吨(含)以下为每吨3元;净吨位201～2 000吨为每吨4元;净吨位2001～10 000吨为每吨5元,该企业2017年应纳车船税(　　)元。

A. 136 000　　B. 140 600　　C. 142 900　　D. 149 000

15. 下列各项中,不属于印花税应税凭证的合同是(　　)。

A. 无息、贴息贷款合同

B. 发电厂与电网之间签订的电力购售合同

C. 营业外收入账簿

D. 银行因内部管理需要设置的现金收付登记簿

二、多选题

1. 下列各项中,应征收资源税的有(　　)。

A. 进口原油

B. 生产销售固体盐

C. 销售以未税原煤加工的洗选煤

D. 开采销售金属矿原矿

2. 根据资源税暂行条例规定,下列说法不正确的有(　　)。

A. 原油是资源税的应税资源,包括天然原油和人造石油

B. 出口应税资源免征资源税

C. 地面抽采的煤层气暂不缴纳资源税

D. 扣缴义务人代扣代缴税款,其纳税义务发生时间为收到应税资源的当天

3. 下列各项中,可由省、自治区、直辖市地方税务局确定减免城镇土地使用税的有(　　)。

A. 免税单位职工家属的宿舍用地

B. 集体和个人办的各类学校用地

C. 个人所有的居住房屋及院落用地

D. 免税单位无偿使用纳税单位的土地

4. 下列各项中,按税法规定属于法定免征城镇土地使用税的有(　　)。

A. 寺庙内宗教人员的宿舍用地

B. 国家机关职工家属的宿舍用地

C. 个人所有的居住房屋及院落用地

D. 养殖基地专业用地

5. 下列属于城镇土地使用税的纳税人有(　　)。

A. 拥有土地使用权的外资企业

B. 用自由房产经营小卖部的个体工商户

C. 拥有农村承包责任田的农民

D. 权属纠纷未解决的土地使用权的实际使用人

6. 下列各项中,应征收耕地占用税的有(　　)。

A. 铁路线路占用耕地

B. 学校占用耕地
C. 公路线路占用耕地
D. 军事设施占用耕地
7. 下列行为中,应计算缴纳土地增值税的有(　　)。
A. 将房屋产权赠与直系亲属的
B. 双方合作建房后分房自用的
C. 以房地产抵债而发生房地产产权转让的
D. 以房地产作价入股投资于房地产开发公司的
8. 下列各项中,属于土地增值税扣除项目中房地产开发成本项目的有(　　)。
A. 取得土地使用权支付的金额
B. 土地征用费
C. 耕地占用税
D. 周转房摊销
9. 下列关于房产税的有关规定,表述正确的有(　　)。
A. 纳税单位无租使用免税单位的房产免纳房产税
B. 房产不在同一地方的,应分别向房产所在地税务机关缴纳房产税
C. 独立的地下建筑物的房屋原价折算为应税房产原值的具体比例,由各省、自治区、直辖市人民政府确定
D. 融资租赁房屋的,房产税纳税人为承租方
10. 下列可以是契税的纳税人的有(　　)。
A. 国家机关　　B. 军事单位　　C. 个体经营者　　D. 外籍个人
11. 根据《车辆购置税暂行条例》的规定,下列行为属于车辆购置税应税行为的有(　　)。
A. 购买应税车辆自用的行为
B. 销售应税车辆的行为
C. 自产自用应税车辆的行为
D. 以获奖方式取得并自用应税车辆的行为
12. 根据车辆购置税的规定,下列车辆在目前可以免车辆购置税的有(　　)。
A. 外国驻华使馆自用车辆
B. 长期在华定居专家进口1辆自用小汽车
C. 城市公交企业购置的公共汽电车辆
D. 回国服务的留学人员用现汇购买1辆自用国产小汽车
13. 以下关于我国车船税税目税率的表述,正确的有(　　)。
A. 车船税实行定额税率
B. 客货两用汽车按照货车征税
C. 半挂牵引车和挂车按照货车征税
D. 拖船和非机动驳船分别按机动船舶税额的70%计算征税
14. 下列属于印花税纳税人的有(　　)。
A. 签订加工承揽合同的两家中外合资企业

B. 发放专利证的国家专利局

C. 借款合同担保人

D. 在国外书立，在国内使用技术合同的单位

15. 以下项目所书立的合同按照技术合同贴花的有（　　）。

A. 专利实施许可　　B. 专利申请权转让

C. 专利权转让　　D. 非专利技术转让

三、判断题

1. A钢铁厂依法不需要在车船登记管理部门登记的、在单位内部场所行使的机动车辆，不属于车船税的征税范围。（　　）

2. 资源税纳税人开采或者生产不同税目应税产品的，未分别核算或者不能准确提供不同税目应税产品的销售额或者销售数量的，从低适用税率。（　　）

3. 某农场占用苗圃修建水渠用于灌溉，不缴纳耕地占用税。（　　）

4. 房地产开发企业建造的商品房，出售前已使用的，不征收房产税。（　　）

5. 城镇土地使用税以纳税人实际占用的土地面积为计税依据。（　　）

6. 纳税人签订的商品房销售合同应按照"产权转移书据"税目计缴印花税。（　　）

7. 契税的纳税人是在我国境内转让土地、房屋权属的单位和个人。（　　）

8. 土地增值税实行四级超率累进税率。（　　）

9. 根据我国车辆购置税法律制度的规定，火车属于车辆购置税征税范围。（　　）

10. 印花税应自凭证生效日贴花。（　　）

四、计算题

1. 某电厂与某运输公司签订了两份运输保管合同：第一份合同载明的金额合计50万元（运费和保管费并未分别记载）；第二份合同中注明运费30万元、保管费10万元。分别计算该电厂第一份、第二份合同应缴纳的印花税税额。

2. 机构位于甲建制镇的某公司主要经营农产品种植、销售业务，公司占地3万平方米，其中农产品的种植用地2.5万平方米、职工宿舍和办公用地0.5万平方米；房产原值总计500万元。该公司2017年6月30日签订房屋租赁合同一份，将位于乙市的2016年购置的价值100万元的办公室从7月1日起出租给他人使用，租期12个月，含税月租金5 145元，每月收租金1次。

其他相关资料：(1)适用城镇土地使用税税率每平方米5元；(2)公司所在省规定计算房产余值的扣除比例为30%；(3)该公司选择简易计税方法计算不动产租赁的增值税。要求：根据上述资料，按照下列序号计算回答问题。

(1)公司当年租赁房屋应缴纳的增值税，并说明申报缴纳方法。

(2)公司当年租赁房屋应缴纳的城市维护建设税、教育费附加和地方教育费附加，并说明申报缴纳方法。

(3)公司当年应缴纳的城镇土地使用税。

(4)公司当年应缴纳的房产税。

第九章　税收征收管理法

知识目标

1. 掌握税务登记的种类、范围及要求；
2. 理解账证管理、发票管理的基本要求；
3. 熟悉纳税申报、税款征收的内容和方式；
4. 了解税务检查的权利和责任；
5. 了解税务违法的内容及处理。

能力目标

1. 能够在总体上熟悉税收征收管理法的相关规定；
2. 能够掌握税务登记、账簿管理、纳税申报、税款征收、税务检查和税务违法处理的征管内容及要求；
3. 能够依法准确处理好税收征管业务及其有关问题。

关键词

税务管理　税款征收　税务检查　税收法律责任　纳税担保

开篇案例

某企业以经营亏损为由，没有在规定的期限办理纳税申报。税务机关责令其限期申报，但该企业逾期仍未申报，税务机关核定其应缴纳税款为10万元，限其于15日内缴清税款。该企业在限期内未缴纳税款，并对核定的税款提出异议。税务机关未听其申辩，直接扣押了该企业价值为10万元的一辆小轿车。扣押后该企业仍未缴纳税款，该税务机关将扣押的小汽车进行了拍卖，用以抵缴税款。

思考：纳税人和税务机关的上述行为是否符合《税收征管法》的相关要求？为什么？

第一节　税收征收管理法概述

一、税收征收管理法的概念

税收征收管理法，是指调整税收征收与管理过程中所发生的社会关系的法律规范的总称。税收征收管理法是我国税法体系中的重要组成部分，属于税收程序法，它是以规定税收实体法中所确定的权利义务的履行程序为主要内容的法律规范，在税款征收、税务管理等方面发挥重要作用。税收征管法包括国家权力机关制定的税收征管法律、国家权力机关授权行政机关制定的税收征管行政法规和有关税收征管的规章制度等，它不仅是纳税人全面履行纳税义务必须遵守的法律准则，也是税务机关履行征税职责的法律依据。

我国现行的税收征收管理法律制度包括《税收征收管理法》(以下简称《征管法》)及其《实施细则》、《发票管理办法》及其《实施细则》、《税务登记管理办法》、《税务行政复议规则》等。其中，《税收征收管理法》是我国税收征收管理法律制度的核心，是我国税收征管的基本法。

自 2015 年 5 月 1 日起，国家税务总局在全国范围内试行了《全国税收征管规范》。该规范全面梳理了税收征管的所有具体业务事项，对每一个业务事项的流程、环节、操作要求做出具体规定，明确税收管理行政行为标准，压缩自由裁量的空间，限定税收行政行为的随意性，切实规范税务人，更好地服务纳税人。

二、税收征收管理法的适用范围

《征管法》第 2 条规定："凡依法由税务机关征收的各种税收的征收管理，均适用本法。"我国税收的征收机关有税务机关和海关，《征管法》只适用于由税务机关征收的各种税收的征收管理。

【知识拓展】《征管法》的适用范围是税务机关征收的各种税收。由财政部门征收或由海关代征的税种，不属于《征管法》的适用范围。另外，目前还有一部分费由税务机关征收，如教育费附加。这些费的征收同样不适用于《征收法》。

【例 9－1 · 单选题】下列税费的征收管理，适用《征管法》的是(　　)。

A. 关税　　B. 海关代征增值税

C. 房产税　　D. 教育费附加

【答案】C

【解析】关税、海关代征增值税等海关代征的税种及由税务机关征收的费用，不属于《征管法》的适用范围。

三、税收征收管理法的适用主体及其权利与义务的设定

税收征收管理法的遵守主体，主要分为税务行政主体、税务行政管理相对人、有关单位和部门。其中，税务行政主体是指税务机关；税务行政管理相对人是指纳税人、扣缴义务人和其他有关单位。

税务机关是国家进行税收征收管理的执法主体，即税务行政主体，它是指享有税收行政职权，能以自己名义行使国家行政职能，做出影响行政相对人权利义务的行政行为，并能由其本身对外承担行政法律责任的组织。

税务管理相对人是指纳税人、扣缴义务人，也是《征管法》及其《实施细则》重要的遵守主体，是征纳关系或征纳对立统一体中的一方。税收征收管理就是税务机关将纳税人、扣缴义务人应纳或应解缴的税款纳入国库的过程。

(一)税务行政主体的权利与义务的设定

1. 税务机关的权利

(1)负责税收的征收管理工作。

(2)税务机关依法执行职务,任何单位和个人不得阻挠。

2. 税务机关的义务

(1)宣传税收法律、行政法规,普及纳税知识,无偿地为纳税人提供纳税咨询服务。

(2)税务机关应当加强队伍建设,提高税务人员的政治业务素质。

(3)秉公执法、忠于职守、清正廉洁、礼貌待人、文明服务,尊重和保护纳税人、扣缴义务人的权利,依法接受监督。

(4)税务人员不得索贿受贿、徇私舞弊、玩忽职守、不征或少征应征税款;不得滥用职权多征税款,或者故意刁难纳税人和扣缴义务人。

(5)各级税务机关应当建立健全内部制约和监督管理制度。

(6)上级税务机关应当对下级税务机关的执法活动依法进行监督。

(7)各级税务机关应当对其工作人员执行法律、行政法规和廉洁自律准则的情况进行监督检查。

(8)税务机关负责征收、管理、稽查,行政复议的人员的职责应当明确,并相互分离、相互制约。

(9)税务机关应为检举人保密,并按照规定给予奖励。

(10)税务人员征收税款和查处税收违法案件,与纳税人、扣缴义务人或者税收违法案件有利害关系的,应当回避。

(二)税务管理相对人的权利及义务的设定

1. 纳税人、扣缴义务人的权利

(1)纳税人、扣缴义务人有权向税务机关了解国家税收法律、行政法规的规定及与纳税程序有关的情况。

(2)纳税人、扣缴义务人有权要求税务机关为纳税人、扣缴义务人的情况保密。

保密是指纳税人、扣缴义务人的商业秘密及个人隐私。纳税人、扣缴义务人的税收违法行为不属于保密范围。

(3)纳税人依法享有申请减税、免税、退税的权利。

(4)纳税人、扣缴义务人对税务机关所做出的决定享有陈述权、申辩权;依法享有申请行政复议,提起行政诉讼、请求国家赔偿等权利。

(5)纳税人、扣缴义务人有权控告和检举税务机关、税务人员的违纪违法行为。

2. 纳税人、扣缴义务人的义务

(1)纳税人、扣缴义务人必须依照法律、行政法规的规定缴纳税款,代扣代缴、代收代缴税款。

(2)纳税人、扣缴义务人和其他有关单位应当按照国家有关规定如实向税务机关提供与纳税和代扣代缴、代收代缴税款有关的信息。

(3)纳税人、扣缴义务人和其他有关单位应当接受税务机关依法进行的税务检查。

第二节　税务管理

税务管理是税收征收管理的基础环节，具体包括税务登记管理、账簿凭证管理和纳税申报管理等内容。

一、税务登记管理

税务登记是税务机关对纳税人的生产、经营活动进行登记并据此对纳税人实施税务管理的一种法定制度，是税务机关对纳税人实施税收管理的首要环节和基础工作。税务登记制度是指纳税人根据税法规定就其设立、变更、终止等事项，在法定时间内向其住所所在地的税务机关办理登记的一项管理制度。税务登记标志着征纳双方税收法律关系的产生，纳税人必须依法履行自己的纳税义务。建立税务登记制度，是保证国家税收收入及时、足额入库的重要手段。

（一）税务登记申请人

根据法律规定，税务登记申请人主要包括：

(1)企业、企业在外地设立的分支机构和从事生产、经营的场所，个体户和从事生产经营的事业单位，均应当按照规定办理税务登记。

(2)除国家机关、个人和无固定生产、经营场所的流动性农村小商贩以外的其他纳税人，也应当按照规定办理税务登记。

(3)根据规定负有扣缴税款义务的扣缴义务人(国家机关除外)，应当按照规定办理扣缴税款登记。

（二）税务登记主管机关

县以上(含本级)国家税务局、地方税务局是税务登记的主管税务机关，负责税务登记的设立登记、变更登记、注销登记和税务登记证验证、换证以及非正常户处理、报验登记等有关事项。

国家税务局(分局)、地方税务局(分局)按照国务院规定的税收征收管理范围，实施属地管理，采取联合登记或分别登记的方式办理税务登记。有条件的城市，国家税务局(分局)、地方税务局(分局)可以按照“各区分散受理、全市集中处理”的原则办理税务登记。

国家税务局(分局)、地方税务局(分局)联合办理税务登记的，应当对同一纳税人发放同一份加盖国家税务局(分局)、地方税务局(分局)印章的税务登记证。

国家税务局(分局)、地方税务局(分局)之间对纳税人税务登记的主管税务机关发生争议的，由其上一级国家税务局、地方税务局共同协商解决。

（三）“五证合一”登记制度改革

自 2015 年 10 月 1 日起，“三证合一、一照一码”的登记改革在全国推行。

新设立企业、农民专业合作社(统称“企业”)领取由工商行政管理部门核发加载法人和其他组织统一社会信用代码(统称“统一代码”)的营业执照后，无需再次进行税务登记，不再领取税务登记证。企业办理涉税事宜时，在完成补充信息采集后，凭加载统一代码的营业执照可代替税务登记证使用。除以上情形外，其他税务登记按照原有法律制度执行。改革前核发的原税务登记证件在过渡期继续有效。

工商登记"一个窗口"统一受理申请后,申请材料和登记信息在部门间共享,各部门数据互换、档案互认。各级税务机关要加强与登记机关沟通协调,确保登记信息采集准确、完整。对于工商登记已采集信息,税务机关不再重复采集;其他必要涉税基础信息,可在企业办理有关涉税事宜时,及时采集,陆续补齐。发生变化的,由企业直接向税务机关申报变更,税务机关及时更新税务系统中的企业信息。

已实行"三证合一、一照一码"登记模式的企业办理注销登记,须先向税务主管机关申报清税,填写《清税申报表》。企业可向国税、地税任何一方税务主管机关提出清税申报,税务机关受理后应将企业清税申报信息同时传递给另一方税务机关,国税、地税主管机关按照各自职责分别进行清税,限时办理。清税完毕后,一方税务机关及时将本部门的清税结果信息反馈给受理税务机关,由受理税务机关根据国税、地税清税结果向纳税人统一出具《清税证明》,并将信息共享到交换平台。

2016 年 6 月 30 日国务院办公厅发布《关于加快推进"五证合一、一照一码"登记制度改革的通知》,在全国实施工商营业执照、组织机构代码证、税务登记证"三证合一"登记制度改革的基础上,再整合社会保险登记证和统计登记证,即"五证合一"。

二、账簿、凭证管理

账簿是纳税人、扣缴义务人连续地记录其各种经济业务的账册或簿籍。凭证是纳税人用来记录经济业务,明确经济责任,并据以登记账簿的书面证明。税务机关考核纳税人能否及时准确地缴纳税款,其依据就在于纳税人是否具备真实、准确、完整的账簿和凭证。因此,账簿、凭证管理是税收征管的重要环节。

(一)账簿、凭证管理

1. 账簿、凭证设置的管理要求

(1)从事生产、经营的纳税人应当自领取营业执照或者发生纳税义务之日起 15 日内,按照国家有关规定设置账簿。这里的账簿,是指总账、明细账、日记账及其他辅助性账簿。

(2)扣缴义务人应当自税收法律、行政法规规定的扣缴义务发生之日起 10 日内,按照所代扣、代收的税种,分别设置代扣代缴、代收代缴税款账簿。

(3)生产、经营规模小又确无建账能力的纳税人,可以聘请经批准从事会计代理记账业务的专业机构或者经税务机关认可的财会人员代为建账和办理账务。聘请上述机构或者人员有实际困难的,经县以上税务机关批准,可以按照税务机关的规定,建立收支凭证粘贴簿、进货销货登记簿或者使用税控装置。

2. 会计核算的基本要求

(1)纳税人、扣缴义务人按照有关法律、行政法规和国务院财政、税务主管部门的规定设置账簿,根据合法、有效凭证进行账务处理。

(2)纳税人建立的会计电算化系统应当符合国家有关规定,并能正确、完整核算其收入或者所得。纳税人使用计算机记账的,应当在使用前将会计电算化系统的会计核算软件、使用说明书及有关资料报送主管税务机关备案。

(3)纳税人、扣缴义务人会计制度健全,能够通过计算机正确、完整计算其收入和所得或者代扣代缴、代收代缴税款情况的,其计算机输出的完整的书面会计记录可视同会计账簿。

(4) 纳税人扣缴义务人会计制度不健全，不能通过计算机正确、完整计算其收入和所得或者代扣代缴、代收代缴税款情况的，应当建立总账及与纳税或者代扣代缴、代收代缴税款有关的其他账簿。

(5)账簿、会计凭证和报表，应当使用中文。民族自治地方可以同时使用当地通用的一种民族文字。外商投资企业和外国企业可以同时使用一种外国文字。

3. 财务会计制度管理的基本要求

(1)备案制度。凡从事生产、经营的纳税人必须将其财务、会计制度或者财务、会计处理办法，自领取税务登记证件之日起15日内，及时报送主管税务机关备案。

(2)财务支付与税务规定相抵触的处理办法。按照《征管法》规定，纳税人、扣缴义务人的财务、会计制度或者财务、会计处理办法与国务院或者国务院财政、税务主管部门有关税收的规定抵触的，纳税人、扣缴义务人必须依照国务院或者国务院财政、税务主管部门有关税收的规定计算缴纳税款。

4. 账簿、凭证的保管

根据《征管法》有关规定，从事生产、经营的纳税人、扣缴义务人必须按照国务院财政、税务主管部门规定的保管期限保管账簿、记账凭证、完税凭证及其他有关资料。账簿、记账凭证、完税凭证及其他有关资料不得伪造、变造或者擅自损毁。原始凭证、记账凭证、总账、明细账、日记账、其他辅助性账簿及会计档案移交清册应当保存30年。法律、行政法规另有规定的除外。

(二)发票管理

发票是会计核算的原始凭证，也是税务机关进行税款征收和税务稽核的重要依据。因此，加强发票管理，对于控制税源、防止和杜绝税收逃避具有重要意义。《征管法》规定："税务机关是发票的主管机关，负责发票的印制、领购、开具、取得、保管、缴销的管理和监督。"

1. 发票的印制、种类和联次

根据《征管法》第22条规定：增值税专用发票由国务院税务主管部门指定的企业印制；其他发票，按照国务院税务主管部门的规定，分别由省、自治区、直辖市国家税务局、地方税务局指定企业印制。未经规定的税务机关指定，不得印制发票。全国统一发票监制章是税务机关管理发票的法定标志，其形状、规格、内容、印色由国家税务总局规定。

普通发票的基本联次为三联：第一联为存根联，开票方留存备查；第二联为发票联，收执方作为付款的原始凭证；第三联为记账联，开票方作为记账原始凭证。增值税专用发票要求在专用的防伪税控系统开具，基本联次为三联，第一联为记账联，开票方作为记账的原始凭证；第二联为抵扣联，是购买方作为进项税额的抵扣凭证；第三联为发票联，是购买方付款的记账凭证。除增值税专用发票外，县(市)以上税务机关根据需要可适当增减联次并确定其用途。

2. 发票领取管理

依法办理税务登记的单位和个人，在领取税务登记证后，向主管税务机关申请领购；依法无须办理税务登记的单位需要临时使用发票的，可以直接到税务机关申请办理；对无固定经营场所或者财务制度不健全的纳税人申请领用发票，主管税务机关有权要求其提供担保人，不能提供担保人的，可以视其情况，要求其缴纳保证金，并限期缴销发票。

3. 发票的开具、使用、保管和缴销

根据《征管法》第 21 条的规定："单位、个人在购销商品、提供或者接受经营服务以及从事其他经营活动中，应当按照规定开具、使用、取得发票。"发票的开具和使用应符合以下要求：

(1)开具发票应当按照规定的时限、顺序，逐栏、全部联次一次性如实开具，并加盖单位财务印章或者发票专用章。未经税务机关批准，不得拆本使用发票；不得自行扩大专业发票使用范围。

(2)纳税人进行电子商务必须开具或取得发票。

(3)使用电子计算机开具发票，须经主管税务机关批准，并使用税务机关统一监制的机外发票，开具后的存根联应当按照顺序号装订成册。

(4)发票限于领购单位和个人在本省、自治区、直辖市内开具，不得跨省、直辖市、自治区使用。任何单位和个人未经批准，不得跨规定的区域使用携带、邮寄、运输空白发票，禁止携带、邮寄或者运输空白发票出入境。

根据发票管理的要求，发票的保管分为税务机关保管和用票单位及个人保管两个层次，应建立严格的发票保管制度，包括专人保管制度、专库保管制度、专账登记制度、保管交接制度、定期盘点制度。

发票的缴销包括发票收缴和发票销毁。发票收缴是指用票单位和个人按照规定向税务机关上缴已经使用或者未使用的发票；发票销毁是指由税务机关统一将自己或者他人已使用或者未使用的发票进行销毁。发票销毁，首先必须收缴；但收缴的发票不一定都要销毁，一般都要按照法律法规保存一定时期后才能销毁。

【例 9—2・多选题】 根据《税收征收管理法》和《发票管理办法》的规定，下列关于发票管理的规定正确的有(　　)。

A. 税务机关是发票的主管机关，负责发票的印刷、领购、开具、保管、缴销的管理和监督

B. 纳税人申请领购发票，主管税务机关一律有权要求其提供担保人，不能提供担保人的，可以视其情况，要求其提供保证金，并限期缴销发票

C. 增值税专用发票由省、自治区、直辖市税务机关确定的企业印制

D. 禁止携带、邮寄或者运输空白发票出入境

【答案】 AD

【解析】 税法没有 B 选项相关规定；增值税专用发票由国家税务总局确定的企业印制。

三、纳税申报管理

纳税申报是纳税人按照税法规定的期限和内容，向税务机关提交有关纳税事项书面报告的法律行为，是纳税人履行纳税义务、界定纳税人法律责任的主要依据，是税务机关税收管理信息的主要来源和税务管理的重要制度。

(一)纳税申报的对象

根据《征管法》第 15 条的规定，纳税申报的对象为纳税人和扣缴义务人。纳税人在纳税期内没有应纳税款的，也应当按照规定办理纳税申报。纳税人享受减税、免税待遇的，在减税、免税期间应当按照规定办理纳税申报。

【例 9—3・判断题】 纳税人在纳税期内没有应纳税款的，不必办理纳税申报。(　　)

【答案】×

【解析】纳税人在纳税期内没有应纳税款的,也应当按照规定办理纳税申报。

(二)纳税申报的主要内容

纳税申报的内容,主要在各税种的纳税申报表和代扣代缴、代收代缴税款报告表中体现,还可以在随纳税申报表附报的财务报表和有关纳税资料中体现。

纳税人和扣缴义务人的纳税申报和代扣代缴、代收代缴税款报告表的主要内容包括:税种、税目,应纳税项目或者应代扣代缴、代收代缴税款项目,计税依据,扣除项目及标准,适用税率或者单位税额,应退税项目及税额、应减免税项目及税额,应纳税额或者应代扣代缴、代收代缴税额,税款所属期限、延期缴纳税款、欠税、滞纳金等。

(三)纳税申报的期限

《征管法》规定纳税人和扣缴义务人都必须按照法定的期限办理纳税申报。申报期限有两种:一种是法律、行政法规明确规定的;另一种是税务机关按照法律、行政法规的原则规定,结合纳税人生产经营的实际情况及其所应缴纳的税种等相关事项予以确定的。两种期限具有同等的法律效力。

(四)纳税申报的要求

纳税人办理纳税申报时,应当如实填写纳税申报表,并根据不同的情况相应报送下列有关证件、资料:

(1)财务会计报表及其说明材料。

(2)与纳税有关的合同、协议书及凭证。

(3)税控装置的电子报税资料。

(4)外出经营活动税收管理证明和异地完税凭证。

(5)境内或者境外公证机构出具的有关证明文件。

(6)税务机关规定应当报送的其他有关证件、资料。

(7)扣缴义务人办理代扣代缴、代收代缴税款报告时,应当如实填写代扣代缴、代收代缴税款报告表,并报送代扣代缴、代收代缴税款的合法凭证以及税务机关规定的其他有关证件、资料。

(五)纳税申报的延期

《征管法》规定纳税人和扣缴义务人都必须按照法定的期限办理纳税申报;如果按照期限办理有困难需要延期的,应当在规定的期限内向税务机关提出书面延期申请,经税务机关核准,在核准的期限内办理。

(六)纳税申报的方式

目前,纳税申报的方式主要有以下几种:

(1)直接申报的方式,是指纳税人自行到税务机关办理纳税申报。这是一种传统申报方式。

(2)邮寄申报的方式,是指经税务机关批准的纳税人使用统一规定的纳税申报特快专递专用信封,通过邮政部门办理交寄手续,并向邮政部门索取收据作为申报凭据的方式。邮寄申报以寄出的邮戳日期为实际申报日期。

(3)数据电文的方式,是指经税务机关确定的电话语音、电子数据交换和网络传输等电子方式。例如,目前纳税人的网上申报,就是数据电文申报方式的一种。纳税人采取电子方式办理纳税申报的，应当按照税务机关规定的期限和要求保存有关资料，并定期书面报送主管税务机关。纳税人、扣缴义务人采取数据电文方式办理纳税申报的，其申报日期以税务机关计算机网络系统收到该数据电文的时间为准。

(4)简易申报的方式，是指实行定期定额缴纳税款的纳税人，在法律、行政法规规定的期限内或税务机关依据法规的规定确定的期限内缴纳税款的，税务机关可以视同申报。

(5)简并征期的方式，是指实行定期定额缴纳税款的纳税人，经税务机关批准，可以采取将纳税期限合并为按季、半年、年的方式缴纳税款。

【例 9—4·多选题】下列纳税申报方式中，符合税收征收管理法规定的有(　　)。

A. 直接申报　　B. 口头申报　　C. 网上申报　　D. 邮寄申报

【答案】ACD

【解析】目前纳税人进行纳税申报的形式中不包括口头申报。

第三节　税款征收

税款征收是税收征收管理工作中的中心环节，是全部税收征管工作的目的和归宿，在整个税收工作中占据着极其重要的地位。

一、税款征收原则

(一)税务机关是征税的唯一行政主体原则

根据《征管法》第 19 条的规定："除税务机关、税务人员以及经税务机关依照法律、行政法规委托的单位和个人外，任何单位和个人不得进行税款征收活动。"

(二)依法征税的原则

根据《征管法》第 28 条的规定，税务机关只能依照法律、行政法规的规定征收税款。税务机关代表国家向纳税人征收税款，不能任意征收，只能依法征收，不得违反法律、行政法规的规定开征、停征、多征、少征、提前征收或者延缓征收税款或者摊派税款。

税务机关是执行税法的专职机构，既不得在税法生效之前先行向纳税人征收税款，也不得在税法尚未失效时，停止征收税款，更不得擅立章法，新开征一种税。在税款征收过程中，税务机关应当按照税收法律、行政法规预先规定的征收标准进行征税；不得擅自增减改变税目、调高或降低税率、加征或减免税款、提前征收或延缓征收税款以及摊派税款。

(三)遵守法定权限和法定程序的原则

税务机关执法必须遵守法定权限和法定的程序，这也是税款征收的一项基本原则。例如，采取税收保全措施或强制执行措施时，办理减税、免税、退税时，核定应纳税额时，进行纳税调整时，针对纳税人的欠税进行清理采取各种措施时，等等，税务机关都必须按照法律、行政法规规定的审批权限和程序进行操作，否则就是违法。

(四)开具完税凭证或开付扣押、查封的收据或清单原则

《征管法》第 34 条规定："税务机关征收税款时，必须给纳税人开具完税凭证。"第 47 条规定："税务机关扣押商品、货物或者其他财产时，必须开付收据；查封商品、货物或者其他财产时，必须开付清单。"

(五)税款、滞纳金、罚款统一由税务机关上缴国库的原则

《征管法》第53条规定:"国家税务局和地方税务局应当按照国家规定的税收征管范围和税款入库预算级次,将征收的税款缴入国库。"

(六)税款优先的原则

《征管法》第45条的规定,第一次在税收法律上确定了税款优先的地位,确定了税款征收在纳税人支付各种款项和偿还债务时的顺序。税款优先的原则不仅增强了税法的刚性,而且增强了税法在执行中的可操作性。

【例9—5·多选题】下列各项中,符合税收征收管理法税款征收有关规定的有(　　)。

A. 税务机关减免税时,必须给纳税人开具承诺文书

B. 税务机关征收税款时,必须给纳税人开具完税凭证

C. 税务机关扣押商品、货物或者其他财产时必须开付收据

D. 税务机关查封商品、货物或者其他财产时必须开付清单

【答案】BCD

【解析】税务机关减免税时,无须给纳税人开具承诺文书。

二、税款征收方式

税务机关会根据征纳双方的具体条件以及各税种的特点而确定不同的计算征收税款的方法。税款征收的方式主要有以下几种:

(1)查账征收。查账征收是指税务机关按照纳税人提供的账表所反映的经营情况,依照适用税率计算缴纳税款的方式。这种方式一般适用于财务会计制度较为健全的单位。

(2)查定征收。查定征收是指税务机关根据纳税人的从业人员、生产设备、采用原材料等因素,对其生产的应税产品查实核定产量、销售额并据以征收税款的方式。这种方式一般适用于账簿制度的建立不够健全,但能准确核算进销货的单位。

(3)查验征收。查验征收是指税务机关对纳税人应税商品,通过查验数量,按市场一般销售单价计算其销售收入并据以征税的方式。这种方式一般适用于经营品种比较单一,经营地点、时间和商品来源不固定的纳税单位。

(4)定期定额征收。定期定额征收是指税务机关通过典型调查,逐户确定营业额和所得额并据以征税的方式。这种方式一般适用于小型纳税单位。

(5)委托代征税款。委托代征税款是指税务机关委托代征人以税务机关的名义代征税款,并缴入国库的方式。这种方式一般适用于小额、零散税源的征收。

(6)邮寄纳税。这种方式主要适用于有能力按期纳税,但采用其他方式纳税不方便的纳税人。

(7)其他方式。即网络申报、IC卡纳税等方式。

无论采取哪种征税方式,在税务机关征收税款和扣缴义务人代扣、代收税款时,都必须给纳税人开具完税凭证。

三、税款征收制度

(一)扣缴义务人

根据《征管法》及其《实施细则》的规定,扣缴义务人依照法律、行政法规的规定履行代

扣、代收税款的义务。对法律、行政法规没有规定负有代扣、代收税款义务的单位和个人，税务机关不得要求其履行代扣代收税款的义务；同样地，税法规定的扣缴义务人必须履行其义务，如不履行其义务，要承担法律责任；扣缴义务人在依法履行代扣、代收税款义务时，纳税人不得拒绝。税务机关按照规定付给扣缴义务人代扣、代收手续费。

（二）延期缴纳税款制度

纳税人和扣缴义务人必须在税法规定的期限内缴纳、解缴税款。但考虑到纳税人在履行纳税义务的过程中，可能会存在遇到特殊困难的客观情况，为了保护纳税人的合法权益，《征管法》规定，对于纳税人因有特殊困难，不能按期缴销税款的，经省、自治区、直辖市国家税务局、地方税务局批准，可以延期缴纳税款，但最长不得超过 3 个月，同一笔税款不得滚动审批。

这里纳税人的特殊困难是指因不可抗力，导致纳税人发生较大损失，正常生产经营活动受到较大影响的；当期货币资金在扣除应付职工工资、社会保险费后，不足以缴纳税款的。

纳税人需要延期缴纳税款的，应当在缴纳税款期限届满前提出申请，并报送相关资料。税务机关应当自收到申请延期缴纳税款报告之日起 20 日内做出是否批准的决定；对于不予批准的，从缴纳税款期限届满之次日起加收滞纳金；对于批准延期的，在批准延期内免予加收滞纳金。

【例 9—6 · 单选题】 下列各项中，不符合《征管法》延期缴纳税款规定的是（　　）。

A. 延期期限最长不得超过 6 个月

B. 延期纳税的批准级次是省、自治区、直辖市国家税务局、地方税务局

C. 经批准的延期纳税，在批准的延期期限内免予加收滞纳金

D. 税款延期期满，同一笔税款不得滚动审批

【答案】 A

【解析】 延期期限最长不得超过 3 个月。

（三）滞纳金的征收

纳税人未按照规定期限缴纳税款的，扣缴义务人未按照规定期限解缴税款的，税务机关除责令限期缴纳外，从滞纳税款之日起，按日加收滞纳税款 0.5‰的滞纳金。

加收滞纳金的起止时间，为法律、行政法规规定或者税务机关依照法律、行政法规的规定确定的税款缴纳期限届满次日起，至纳税人、扣缴义务人实际缴纳或者解缴税款之日止。

（四）减免税收制度

《税收减免管理办法》中所称的减免税是指国家对特定纳税人或征税对象，给予减轻或者免除税收负担的一种税收优惠措施，包括税基式减免、税率式减免和税额式减免三类，不包括出口退税和财政部门办理的减免税。

（五）核定应纳税额

纳税人有下列情形之一的，税务机关有权核定其应纳税额：

（1）依照法律、行政法规的规定可以不设置账簿的。

（2）依照法律、行政法规的规定应当设置但未设置账簿的。

（3）擅自销毁账簿或者拒不提供纳税资料的。

（4）虽设置账簿，但账目混乱或者成本资料、收入凭证、费用凭证残缺不全，难以查账的。

(5)发生纳税义务,未按照规定的期限办理纳税申报,经税务机关责令限期申报,逾期仍不申报的。

(6)纳税人申报的计税依据明显偏低,又无正当理由的。

目前税务机关核定应纳税额的方法主要有以下 4 种,在采用一种方法不足以正确核定的,可以同时采取两种以上的方法:

(1)参照当地同类行业或者类似行业中经营规模和收入水平相近的纳税人的税负水平核定;

(2)按照营业收入或者成本加合理的费用和利润的方法核定;

(3)按照耗用的原材料、燃料、动力等推算或者测算核定;

(4)按照其他合理方法核定。

(六)税收调整制度

纳税调整主要是指关联企业的税收调整制度。根据《征管法》的规定,企业或者外国企业在中国境内设立的从事生产、经营的机构、场所与其关联企业之间的业务往来,应当按照独立企业之间的业务往来收取或者支付价款、费用;不按照独立企业之间的业务往来收取或者支付价款、费用,而减少其应纳税的收入或者所得额的,税务机关有权进行合理调整。

(七)责令纳税制度

《征管法》规定,对未按照规定办理税务登记的从事生产、经营的纳税人以及临时从事经营的纳税人,由税务机关核定其应纳税额,责令缴纳;不缴纳的,税务机关可以扣押其价值相当于应纳税款的商品、货物。扣押后缴纳应纳税款的,税务机关必须立即解除扣押,并归还所扣押的商品、货物;扣押后仍不缴纳应纳税款的,经县以上税务局(分局)局长批准,依法拍卖或者变卖所扣押的商品、货物,以拍卖或者变卖所得抵缴税款。

税务机关依法扣押纳税人商品、货物的,纳税人应当自扣押之日起 15 日内缴纳税款。

(八)税收保全措施

税收保全措施是指税务机关对可能由于纳税人的行为或者某种客观原因,致使以后税款的征收不能保证或难以保证的情况所采取的限制性措施。

根据《征管法》的规定,税务机关有根据认为从事生产、经营的纳税人有逃避纳税义务行为的,可以在规定的纳税期之前,责令限期缴纳应纳税款;在限期内发现纳税人有明显的转移、隐匿应纳税的商品、货物以及其他财产迹象的,税务机关应责令其提供纳税担保。不能提供担保的,经县以上税务局(分局)局长批准,税务机关可以采取下列税收保全措施:

(1)书面通知纳税人开户银行或者其他金融机构冻结纳税人的金额相当于应纳税款的存款;

(2)扣押、查封纳税人的价值相当于应纳税款的商品、货物或者其他财产,其他财产包括纳税人的房地产、现金、有价证券等不动产和动产。

(九)税收强制执行

税收强制执行是指当事人不履行法律、行政法规规定的纳税义务,有关国家机关采用法定的强制手段,强迫当事人履行义务的行为。

根据《征管法》的规定,从事生产、经营的纳税人、扣缴义务人未按照规定的期限缴纳或者解缴税款,纳税担保人未按照规定的期限缴纳所担保的税款,由税务机关责令限期缴纳,逾期仍未缴纳的,经县以上税务局(分局)局长批准,税务机关可以采取下列强制执行措施:

(1)书面通知其开户银行或者其他金融机构从其存款中扣缴税款;

(2)扣押、查封、依法拍卖或者变卖其价值相当于应纳税款的商品、货物或者其他财产,以拍卖或者变卖所得抵缴税款。

【知识归纳】采取强制执行措施适用于扣缴义务人、纳税担保人,而采取税收保全措施时则不适用。

【例 9—7 · 多选题】根据《税收征管法》的规定,下列项目中属于适用税收强制执行措施的条件有(　　)。

A. 仅适用从事生产经营的纳税人

B. 税收强制执行措施必须发生在责令期满之后

C. 采取税收强制执行措施前,应当报经县以上税务局(分局)局长批准

D. 对逾期不履行法定义务的纳税人等管理相对人必须告诫在先,执行在后

【答案】BCD

【解析】强制执行措施不仅适用于从事生产经营的纳税人,还适用于扣缴义务人、纳税担保人。

(十)欠税清缴制度

欠税是指纳税人未按照规定期限缴纳税款,扣缴义务人未按照规定期限解缴税款。税务机关应建立欠税清缴制度。

1. 执行离境清税制度

根据《征管法》的规定,欠缴税款的纳税人及其法定代表人需要出境的,应当在出境前向税务机关结清应纳税款、滞纳金或者提供担保。既未结清税款、滞纳金又不提供担保的,税务机关可以通知出境管理机关阻止其出境。

2. 改制纳税人的清缴制度

纳税人有合并、分立情形的,应当向税务机关报告,并依法缴清税款。纳税人合并时未缴清税款的,应当由合并后的纳税人继续履行未履行的纳税义务;分立时未缴清税款的,分立后的纳税人对未履行的纳税义务应当承担连带责任。

3. 大额欠税处分财产报告制度

根据《征管法》第 49 条及其《实施细则》第 77 条的规定,欠缴税款数额在 5 万元以上的纳税人,在处分其不动产或者大额资产之前,应当向税务机关报告。这一规定有利于税务机关及时掌握欠税企业处置不动产和大额资产的动向,税务机关可以根据其是否侵害了国家税收,是否有转移资产、逃避纳税义务的情形,决定是否行使税收优先权,是否采取税收保全措施或者强制执行措施。

4. 税务机关行使代位权、撤销权的制度

税务机关可以对欠缴税款的纳税人行使代位权、撤销权,即对纳税人的到期债权等财产权利,税务机关可以依法向第三者追索以抵缴税款。

5. 建立欠税公告制度

根据《征管法》及其《实施细则》的规定,税务机关应当将纳税人的欠税情况,在办税场所或者广播、电视、报纸、期刊、网络等新闻媒体上定期公告。

（十一）税款的退还和追征制度

1. 税款的退还

纳税人超过应纳税额缴纳的税款，税务机关发现后应当立即退还；纳税人自结算缴纳税款之日起3年内发现的，可以向税务机关要求退还多缴的税款并加算银行同期存款利息，税务机关及时查实后应当立即退还。

税务机关发现的多缴税款，无论多长时间，都应当退还给纳税人。

2. 税款的追征

因税务机关责任，致使纳税人、扣缴义务人未缴或者少缴税款的，税务机关在3年内可要求纳税人、扣缴义务人补缴税款，但是不得加收滞纳金。

但是，因纳税人、扣缴义务人计算等失误，未缴或者少缴税款的，税务机关在3年内可以追征税款及滞纳金；有特殊情况的追征期可以延长至5年。这里所说的特殊情况是指因纳税人或者扣缴义务人计算错误等失误造成的未缴或者少缴、未扣或者少扣、未收或者少收税款累计数额在10万元以上的。

对于，逃、抗、骗税的，税务机关追征其未缴或者少缴的税款、滞纳金或者所骗取的税款，不受上述规定期限的限制，即逃避缴纳税款、抗税、骗税的，无追征期限制，并按日加收5‱的滞纳金。

第四节　税务检查

税务检查是税务机关根据税收法律、行政法规的规定对纳税人、扣缴义务人履行纳税义务的扣缴义务的情况进行审查监督的活动。

一、税务机关在税务检查中的权利

（1）检查纳税人的账簿、记账凭证、报表和有关资料，检查扣缴义务人代扣代缴、代收代缴税款账簿、记账凭证和有关资料。

（2）到纳税人的生产、经营场所和货物存放地检查纳税人应纳税的商品、货物或者其他财产，检查扣缴义务人与代扣代缴、代收代缴税款有关的经营情况。

（3）责成纳税人、扣缴义务人提供与纳税或者代扣代缴、代收代缴税款有关的文件、证明材料和有关资料。

（4）询问纳税人、扣缴义务人与纳税或者代扣代缴、代收代缴税款有关的问题和情况。

（5）到车站、码头、机场、邮政企业及其分支机构检查纳税人托运、邮寄、应税商品、货物或者其他财产的有关单据凭证和资料。

（6）经县以上税务局（分局）局长批准，凭全国统一格式的检查存款账户许可证明，查询从事生产、经营的纳税人、扣缴义务人在银行或者其他金融机构的存款账户。

【例9—8·多选题】下列关于税务机关行使税务检查权的表述中，符合税法规定的有（　　）。

A. 到纳税人住所检查应纳税的商品、货物和其他财产

B. 责成纳税人提供与纳税有关的文件、证明材料和有关资料

C. 到车站检查纳税人托运货物或者其他财产的有关单据凭证和资料

D. 经县税务局长批准，凭统一格式的检查存款账户许可证，查询案件涉嫌人员的储蓄存款

【答案】BC

【解析】到纳税人生产经营场所和货物存放地检查应纳税的商品、货物和其他财产；检查的是纳税人的账户而不是涉嫌人员的个人储蓄账户。

二、税务机关在税务检查中的义务

税务人员进行税务检查时，应当出示税务检查证和税务检查通知书，无税务检查证和税务检查通知书的，纳税人、扣缴义务人以及其他当事人有权拒绝检查。税务机关对纳税人、扣缴义务人及其他当事人处以罚款或者没收违法所得的，应当开付罚没凭证；未开付罚没凭证的，纳税人、扣缴义务人以及其他当事人有权拒绝给付。税务机关在行使税务检查中的权利时，有责任保守纳税人的商业秘密。

三、被检查人的义务

（1）纳税人、扣缴义务人必须接受税务机关依法进行的税务检查，如实反映情况，提供有关资料，不得拒绝、隐瞒。

（2）税务机关依法进行税务检查，向有关单位和个人调查纳税人、扣缴义务人和其他当事人与纳税或者代扣代缴、代收代缴税款有关的情况时，有关单位和个人有义务向税务机关如实提供有关资料及证明材料。

第五节　税收法律责任

税收法律责任是指国家及其有关部门对征纳双方违反税法等法律制度时所应承担的法律后果，它是维护国家税法尊严的重要手段。

一、违反税务管理基本规定行为的处罚

（1）根据《征管法》第 60 条及其《实施细则》第 90 条规定：纳税人有下列行为之一的，由税务机关责令限期改正，可以处 2 000 元以下的罚款；情节严重的，处 2 000 元以上 1 万元以下的罚款。

①未按照规定的期限申报办理税务登记、变更或者注销登记的；

②未按照规定设置、保管账簿或者保管记账凭证和有关资料的；

③未按照规定将财务、会计制度或者财务、会计处理办法和会计核算软件报送税务机关备查的；

④未按照规定将其全部银行账号向税务机关报告的；

⑤未按照规定安装、使用税控装置，或者损毁或擅自改动税控装置的；

⑥纳税人未按照规定办理税务登记证件验证或者换证手续的。

（2）纳税人不办理税务登记的，由税务机关责令限期改正，可处以 2 000 元以下的罚款，

情节严重的，处 2 000 元以上 1 万元以下的罚款。逾期不改正的，由工商行政管理机关吊销其营业执照。

(3)纳税人通过提供虚假的证明资料等手段，骗取税务登记证的，处 2 000 元以下的罚款；情节严重的，处 2 000 元以上 1 万元以下的罚款。

(4)扣缴义务人未按照规定办理扣缴税款登记的，税务机关责令其限期改正，并处以 1 000 元以下的罚款。

二、纳税申报的法律责任

1. 纳税人、扣缴义务人未按规定进行纳税申报的法律责任

纳税人未按照规定的期限办理纳税申报和报送纳税资料的，或者扣缴义务人未按照规定的期限向税务机关报送代扣代缴、代收代缴税款报告表和有关资料的，由税务机关责令限期改正，可处以 2 000 元以下的罚款；情节严重的，可处以 2 000 元以上 1 万元以下的罚款。

2. 进行虚假申报或不进行申报行为的法律责任

纳税人、扣缴义务人编造虚假计税依据的，由税务机关责令限期改正，并处 5 万元以下的罚款。

纳税人不进行纳税申报，不缴或者少缴应纳税款的，由税务机关追缴其不缴或者少缴的税款、滞纳金，并处不缴或者少缴的税款 50%以上 5 倍以下的罚款。

三、税款征收方面的法律责任

1. 逃避缴纳税款的法律责任

纳税人采取欺骗、隐瞒手段进行虚假纳税申报或者不申报，逃避缴纳税款数额较大并且占应纳税额 10%以上的，处 3 年以下有期徒刑或者拘役，并处罚金；数额巨大并且占应纳税额 30%以上的，处 3 年以上 7 年以下有期徒刑，并处罚金。扣缴义务人采取上述所列手段，不缴或者少缴已扣、已收税款，数额较大的，依照上述的规定处罚。对多次实施前两款行为，未经处理的，按照累计数额计算。有上述行为，经税务机关依法下达追缴通知后，补缴应纳税款，缴纳滞纳金，已受行政处罚的，不予追究刑事责任；但是，5 年内因逃避缴纳税款受过刑事处罚或者被税务机关给予两次以上行政处罚的除外。

2. 逃避追缴欠税的法律责任

纳税人欠缴应纳税款，采取转移或者隐匿财产的手段，妨碍税务机关追缴欠缴的税款的，由税务机关追缴欠缴的税款、滞纳金，并处欠缴税款 50%以上 5 倍以下的罚款；构成犯罪的，依法追究刑事责任。

3. 骗取出口退税的法律责任

以假报出口或者其他欺骗手段，骗取国家出口退税款的，由税务机关追缴其骗取的退税款，并处骗取税款 1 倍以上 5 倍以下的罚款；构成犯罪的，依法追究刑事责任。对骗取国家出口退税款的，税务机关可以在规定期间内停止为其办理出口退税。

4. 抗税的法律责任

以暴力、威胁方法拒不缴纳税款的，是抗税，除由税务机关追缴其拒缴的税款、滞纳金外，依法追究刑事责任。情节轻微，未构成犯罪的，由税务机关追缴其拒缴的税款、滞纳金，并处拒缴税款 1 倍以上 5 倍以下的罚款。

5. 规定期限内不缴或者少缴税款的法律责任

纳税人、扣缴义务人在规定期限内不缴或者少缴应纳或者应解缴的税款，经税务机关责令限期缴纳，逾期仍未缴纳的，税务机关除采取强制执行措施追缴其不缴或者少缴的税款外，可以处不缴或者少缴税款50%以上5倍以下的罚款。

6. 税务代理人违反税务代理的法律责任

税务代理人违反税收法律、行政法规，造成纳税人未缴或者少缴税款的，除由纳税人缴纳或者补缴应纳税款、滞纳金外，对税务代理人处纳税人未缴或者少缴税款50%以上、3倍以下的罚款。

7. 扣缴义务人不履行扣缴义务的法律责任

扣缴义务人应扣未扣、应收而不收税款的，由税务机关向纳税人追缴税款，对扣缴义务人处应扣未扣、应收未收税款50%以上3倍以下的罚款。

【例9—9·单选题】根据《征管法》规定，扣缴义务人应扣未扣、应收未收税款的，由税务机关向纳税人追缴税款，对扣缴义务人处一定数额的罚款。其罚款限额是(　　)。

A. 2 000元以下

B. 2 000元以上5 000元以下

C. 应扣未扣、应收未收税款50%以上3倍以下

D. 应扣未扣、应收未收税款50%以上5倍以下

【答案】C

【解析】扣缴义务人不履行扣缴义务的处应扣未扣、应收未收税款50%以上3倍以下罚款。

四、税务检查方面的法律责任

纳税人、扣缴义务人逃避、拒绝或者以其他方式阻挠税务机关检查的，由税务机关责令改正，可以处1万元以下罚款；情节严重的，处1万元以上5万元以下罚款。

五、税务机关税收违法行为的法律责任

1. 不按规定征收税款的法律责任

违反法律、行政法规的规定提前征收、延缓征收或者摊派税款的，由其上级机关或者行政监察机关责令改正，对直接负责的主管人员和其他直接责任人员依法给予行政处分。

税务机关违反法律、行政法规的规定，擅自做出税收的开征、停征或者减税、免税、退税、补税以及其他同税收法律、行政法规相抵触的决定的，除依照本法规定撤销其擅自做出的决定外，补征应征未征税款，退还不用征收而征收的税款，并由上级机关追究直接负责的主管人员和其他直接责任人员的行政责任；构成犯罪的，依法追究刑事责任。

2. 税务机关擅自改变征收管理范围的法律责任

税务机关违反规定擅自改变税收征收管理范围和税款入库预算级次的，责令限期改正，对直接负责的主管人员和其他直接责任人员依法给予降级或者撤职的行政处分。

六、税务人员税收违法行为的法律责任

1. 税务人员不依法行政的法律责任

税务人员与纳税人、扣缴义务人勾结，唆使或者协助纳税人、扣缴义务人有违反《征管法》规定的行为，构成犯罪的，依法追究刑事责任；尚不构成犯罪的，依法给予行政处分。

税务人员徇私舞弊，对依法应当移送司法机关追究刑事责任的不移送，情节严重的依法追究刑事责任。

2. 税务人员渎职行为的法律责任

税务人员利用职务上的便利，收受或者索取纳税人、扣缴义务人财物或者谋取其他不正当利益，构成犯罪的，依法追究刑事责任；尚不构成犯罪的，依法给予行政处分。

税务人员徇私舞弊或者玩忽职守，不征或者少征应征税款，致使国家税收遭受重大损失，构成犯罪的，依法追究刑事责任；尚不构成犯罪的，依法给予行政处分。

税务人员滥用职权，故意刁难纳税人、扣缴义务人的，调离税收工作岗位，并依法给予行政处分。

税务人员对控告、检举税收违法违纪行为的纳税人、扣缴义务人以及其他检举人进行打击报复的，依法给予行政处分；构成犯罪的，依法追究刑事责任。

第六节　纳税担保试行办法

纳税担保是指经税务机关同意或确认，纳税人或其他自然人、法人、经济组织以保证、抵押、质押的方式，为纳税人应当缴纳的税款及滞纳金提供担保的行为。

一、纳税保证

这是指纳税保证人向税务机关保证，当纳税人未按照税收法律、行政法规规定或者税务机关确定的期限缴清税款、滞纳金时，由纳税保证人按照约定履行缴纳税款及滞纳金的行为。税务机关认可的，保证成立；税务机关不认可的，保证不成立。

（一）纳税保证人

纳税保证人是指在中国境内具有担保能力的自然人、法人或者其他经济组织。

国家机关、学校、幼儿园、医院等事业单位、社会团体不得作为纳税保证人；企业法人的职能部门也不得作为纳税保证人。

企业法人的分支机构有法人书面授权的可以在授权范围内提供纳税担保。

有以下情形之一的，不得作为纳税保证人：

(1)有偷税、抗税、骗税、逃避追缴欠税行为被税务机关、司法机关追究过法律责任未满2年的。

(2)因有税收违法行为正在被税务机关立案处理或涉嫌刑事犯罪被司法机关立案侦查的。

(3)纳税信誉等级被评为C级以下的。

(4)在主管税务机关所在地的市(地、州)没有住所的自然人或税务登记不在本市(地、州)的企业。

(5)无民事行为能力或限制民事行为能力的自然人。

(6)与纳税人存在担保关联关系的。

(7)有欠税行为的。

(二)纳税担保范围

该范围包括税款、滞纳金和实现税款、滞纳金的费用。费用包括抵押、质押登记费用,质押保管费用,以及保管、拍卖、变卖担保财产等相关费用支出。

【知识拓展】用于纳税担保的财产、权利的价值不得低于应当缴纳的税款、滞纳金,并考虑相关的费用。纳税担保的财产价值不足以抵缴税款、滞纳金的,税务机关应当向提供担保的纳税人或纳税担保人继续追缴。

二、纳税抵押

纳税抵押是指纳税人或纳税担保人不转移对《纳税担保办法》第15条所列财产的占有,将该财产作为税款及滞纳金的担保。纳税人逾期未缴清税款及滞纳金的,税务机关有权依法处置该财产以抵缴税款及滞纳金。

三、纳税质押

纳税质押是指经税务机关同意,纳税人或纳税担保人将其动产或权利凭证移交税务机关占有,将该动产或权利凭证作为税款及滞纳金的担保。纳税人逾期未缴清税款及滞纳金的,税务机关有权依法处置该动产或权利凭证以抵缴税款及滞纳金。纳税质押分为动产质押和权利质押。

本章小结

税收征收管理法是我国税收法律体系的重要组成部分。税收征收管理法是税务机关和纳税人必须共同遵守的法律规范,本章的内容主要包括税务管理、税款征收、税务检查和税收法律责任。

税务管理是税款征收的前提,主要包括税务登记、账簿与凭证管理、纳税申报等;税款征收是税收征收管理的核心,主要包括税款征收的方式和一系列保障税款及时足额入库的管理措施;税务检查可以有效地控制税收征收管理工作,税务机关在依法行使税收检查权的同时也应依法履行相应的义务,确保纳税人的税款缴纳,同时也保障纳税人的权利不受侵害;税务法律责任则是征纳双方违反税收法律制度时给予的处罚。

同步测试

一、单选题

1. 下列各项,适用《征管法》征收的是(　　)。

A. 城市维护建设税　　B. 教育费附加

C. 关税　　D. 海关代征的进口环节增值税

2. 根据税收征收管理法律制度的规定,下列各项中,不属于税务机关税款征收权的是(　　)。

A. 追征税款权　B. 税务检查权　C. 依法计征权　D. 核定税款权

3. 根据税收征收管理法律制度的规定，从事生产、经营的纳税人应当自领取营业执照或者发生纳税义务之日起一定期限内，按照国家有关规定设置账簿，该期限是（　　）。

A. 7日　B. 10日　C. 15日　D. 30日

4. 根据发票管理的相关规定，下列表述正确的是（　　）。

A. 发票的种类、联次和内容以及使用范围由国家税务总局规定

B. 发票的基本联次包括存根联、发票联和抵扣联

C. 增值税专用发票由省、自治区、直辖市税务机关确定的企业印制

D. 发票实行定期换版制度

5. 根据税收征收管理法律制度的规定，下列不属于纳税申报方式的是（　　）。

A. 自行申报　B. 邮寄申报　C. 数据电文申报　D. 代收代缴

6. 下列税款征收方式中，适用于纳税人财务制度不健全、生产经营不固定、零星分散、流动性大的税源的征收方式是（　　）。

A. 查账征收　B. 查定征收　C. 查验征收　D. 定期定额征收

7. 根据税收征收管理法律制度的规定，税务机关在税款征收中可以根据不同情况采取相应的税款征收措施，下列各项中，不属于税款征收措施的是（　　）。

A. 罚款　B. 采取税收保全措施

C. 阻止出境　D. 采取强制执行措施

8. 税务机关采取税收保全和税收强制执行措施都需要经（　　）批准。

A. 国家税务局　B. 财政部

C. 省级人民政府　D. 县级以上税务局（分局）局长

9. 根据税收征收管理法律制度的规定，下列各项中，不属于纳税担保方式的是（　　）。

A. 质押　B. 扣押　C. 保证　D. 抵押

10. 税务机关采取税收保全措施的期限一般不得超过（　　），重大案件需要延长的，应当报国家税务总局批准。

A. 3个月　B. 6个月　C. 1年　D. 3年

二、多选题

1. 根据税收征收管理法律制度的规定，下列属于征税主体的权利的有（　　）。

A. 税收立法权　B. 税务行政处罚权

C. 税收监督权　D. 代位权与撤销权

2. 下列各项中，属于征税主体的义务的有（　　）。

A. 无偿为纳税人提供纳税咨询服务

B. 按期办理税务登记

C. 税务人员在核定应纳税额时，与纳税人、扣缴义务人有利害关系的，应当回避

D. 及时提供信息的义务

3. 下列各项中，应当进行税务登记的有（　　）。

A. 企业在外地设立的分支机构

B. 从事生产、经营的事业单位

C. 国家机关

D. 无固定生产经营场所的流动性农村小商贩

4. 根据发票管理的有关规定，任何单位和个人应当按照发票管理规定使用发票，不得有(　　)行为。

A. 拆本使用发票　　B. 转借发票防伪专用品

C. 扩大发票使用范围　　D. 以其他凭证代替发票使用

5. 根据税收征收管理法律制度的规定，下列对于纳税申报的表述中正确的有(　　)。

A. 邮寄申报以税务机关收到的邮戳日期为实际申报日期

B. 实行定期定额缴纳税款的纳税人，可以实行简易申报、简并征期等方式申报纳税

C. 纳税人享受免税待遇的，在免税期间不需要办理纳税申报

D. 纳税人在纳税期内没有应纳税款的，也应当按照规定办理纳税申报

6. 根据税收征收管理法律制度的规定，纳税人有下列情形之一的，税务机关有权核定其应纳税额：(　　)。

A. 擅自销毁账簿的

B. 依照法律、行政法规的规定可以不设置账簿的

C. 发生纳税义务，未按照规定的期限办理纳税申报的

D. 纳税人申报的计税依据明显偏低，又无正当理由的

7. 根据税收征收管理法律制度的规定，纳税担保的范围包括(　　)。

A. 税款　　B. 罚款

C. 滞纳金　　D. 实现税款、滞纳金的费用

8. 下列各项中，属于税收保全措施的有(　　)。

A. 书面通知纳税人开户银行冻结纳税人的金额相当于应纳税款的存款

B. 书面通知纳税人开户银行从纳税人的存款中扣缴税款

C. 扣押、查封纳税人的价值相当于应纳税款的财产

D. 拍卖所扣押、查封纳税人的价值相当于应纳税款的财产，以拍卖所得抵缴税款

9. 下列关于税收保全措施和税收强制执行措施的说法中，不正确的有(　　)。

A. 纳税人家属作为唯一代步工具的一辆小汽车不在税收保全措施的范围之内

B. 税务机关对单价 4 000 元的家具，不采取税收强制执行措施

C. 税务机关采取税收保全和强制执行措施时，对纳税人未缴纳的滞纳金也同时采取保全和强制执行措施

D. 税收保全措施是强制执行措施的必经前置程序

10. 税务机关派出的人员进行税务检查时，应当出示(　　)。

A. 税务检查证　　B. 税务调查报告

C. 税务检查通知书　　D. 税务事项通知书

三、判断题

1. 经核准延期办理纳税申报的，纳税人在纳税期内无需缴纳税款，只需要在核准的延期内办理税款结算即可。　　(　　)

2. 除增值税专用发票以外的其他发票由国家税务总局确定的企业印制。　　(　　)

3. 纳税人在纳税期内没有应纳税款的，不需要办理纳税申报。（　）

4. 纳税人享受减税、免税待遇的，在减税、免税期间应当按照规定办理纳税申报。（　）

5. 适用于生产经营规模较小、产品零星、税源分散、会计账册不健全，但能控制原材料或进销货的小型厂矿和作坊的征收方式是查定征收。（　）

6. 纳税人申报的计税依据明显偏低，但有正当理由的，税务机关有权核定其应纳税额。（　）

7. 欠缴税款的纳税人或者其法定代表人在出境前未按规定结清应纳税款、滞纳金或者提供纳税担保的，税务机关可以阻止其出境。（　）

8. 纳税担保的财产价值不足以抵缴税款、滞纳金的，税务机关应当向提供担保的纳税人或纳税担保人继续追缴。（　）

同步测试答案

第一章　税法基本理论

一、单选题

1. B　2. B　3. B　4. C　5. D　6. B　7. B　8. B　9. C　10. C
11. D　12. C　13. A　14. D　15. B

二、多选题

1. ABC　2. ABC　3. ACD　4. ABC　5. ABC　6. AB
7. ABD　8. ABC　9. BCD　10. AB　11. ABCD　12. ABCD
13. ABD　14. AC　15. BC

三、判断题

1. ×　2. ×　3. ×　4. ×　5. √　6. √　7. √　8. ×　9. ×　10. √

四、简答题

略

第二章　增值税法

一、单选题

1. B　2. C　3. A　4. C　5. B　6. B　7. C　8. C　9. B　10. C
11. B　12. C　13. D　14. C　15. A

二、多选题

1. ABCD 2. BCD 3. ACD 4. BC 5. ACD 6. BC
7. ACD 8. ABC 9. ABCD 10. AB 11. BCD 12. BC
13. CD 14. AD 15. BC

三、判断题

1. × 2. × 3. × 4. √ 5. √ 6. √ 7. × 8. × 9. √ 10. √
11. × 12. √ 13. × 14. √ 15. × 16. √ 17. √ 18. × 19. × 20. ×

四、简答题

略

五、计算题

1. 当月销项税＝3×16%＋2×16%＝0.8(万元)
当月进项税＝0.32(万元)
当月应纳增值税＝销项税－进项税＝0.8－0.32＝0.48(万元)
2. 当月销项税＝28×16%＋23.2÷(1＋16%)×16%＝7.68(万元)
当月进项税＝3(万元)
当月应纳增值税＝销项税－进项税＝7.68－3＝4.68(万元)
3. 当月销项税＝0.5×16%＋34.8÷(1＋16%)×16%＋8＝12.88(万元)
进项税＝1.6＋3.2＝4.8(万元)
当月应纳增值税＝销项税－进项税＝12.88－4.8＝8.08(万元)
4. 销项税＝300×16%＋1.16÷(1＋16%)×16%＋8.12÷(1＋16%)×16%＝49.28(万元)
进项税＝8＋16＋0.96＝24.96(万元)
进项税额转出＝8×16%＝1.28(万元)
当月应纳增值税＝销项税－进项税＝49.28－(24.96－1.28)＝25.6(万元)
5. 当月应纳增值税＝5.15÷(1＋3%)×3%＋1.03÷(1＋3%)×3%＝0.15＋0.03＝0.18(万元)
6. 进口环节应纳增值税税额＝(200＋200×10%)×16%＝35.2(万元)
7. 进口环节应纳增值税税额＝(100＋100×26%)÷(1－30%)×16%＝28.8(万元)

第三章　消费税法

一、单选题

1. C　2. D　3. B　4. A　5. C　6. A　7. C　8. A　9. B　10. A
11. D　12. D　13. B　14. D　15. B　16. C　17. B　18. A　19. C　20. C

二、多选题

1. BCD　2. BCD　3. ACD　4. BD　5. AC　6. AC
7. ABC　8. AC　9. AC　10. BD　11. ACD　12. ACD
13. ACD　14. AD　15. ABD　16. ACD　17. BC　18. BCD
19. ABD　20. BD

三、计算题

1.(1)应纳税额为0,酒精不属于消费税的应税消费品。

(2)应纳的消费税=18×10%=1.8(万元)

(3)应纳的消费税=36÷90%×10%×10%=0.4(万元)

(4)应纳的消费税=36×10%=3.6(万元)

2.(1)应纳消费税=(4 500+6 500)×5%=550(万元)

(2)这里的处理是不正确的,不能用成本价格,用于换取生产资料的应该用最高销售价格计算消费税,增值税应按平均价格计算。

应纳的消费税=4 500÷300×100×5%=15×100×5%=75(万元)

(3)这里的处理是不正确的,本题不能用成本价格记入应付职工薪酬,应以平均价格和应缴纳的增值税销项税之和记入该科目。

应纳消费税的计税依据=(4 500+6 500)÷800=13.75(万元)

应纳的消费税=10×13.75×5%=6.88(万元)

(4)应纳的消费税=60×5%=3(万元)

第四章　城市维护建设税法和教育费附加

一、单选题

1. B　2. A　3. A　4. A　5. B

二、多选题

1. CD　2. ACD　3. ABC　4. BCD　5. ABD　6. BD
7. CD　8. ACD　9. BD

三、判断题

1. ×　2. ×　3. √　4. ×　5. √

四、计算题

1. 本月应缴纳的城市维护建设税=(100+50)×7%=10.5(万元)
本月应缴纳的教育费附加=(100+50)×3%=4.5(万元)
本月应缴纳的地方教育费附加=(100+50)×2%=3(万元)
2. 本月应缴纳的城市维护建设税=(200+150)×7%=24.5(万元)
本月应缴纳的教育费附加=(200+150)×3%=10.5(万元)
本月应缴纳的地方教育费附加=(200+150)×2%=7(万元)

第五章　关税法

一、单选题

1. C　2. C　3. C　4. D　5. B　6. A　7. B　8. A

二、多选题

1. ABD 2. AD　3. BCD 4. BD　5. ABC

三、判断题

1. ×　2. ×　3. √　4. √　5. √

四、计算题

1. (1)关税完税价格=(50+4)×6.5=351(万元)
(2)应纳进口关税=351×10%=35.1(万元)
2. (1)关税完税价格=40×6.5=260(万元)
(2)应纳出口关税=260×10%=26(万元)

第六章　企业所得税法

一、单选题

1. C　2. C　3. A　4. D　5. D　6. D　7. A　8. C　9. C　10. B
11. B　12. B　13. B　14D　15. C

二、多选题

1. CD　2. AB　3. ABD　4. ABC　5. AD　6. ABCD
7. AB　8. ABD

三、计算题

1.(1)会计利润＝6 800＋200－4 600－120－80－120－1 800＋5＋100－220＝165(万元)。

(2)营业收入＝6 800＋200＝7 000(万元)。

(3)业务招待费的扣除标准为 45×60％＝27(万元)，7 000×5‰＝35(万元)，两者取较小，则业务招待费需要调增 45－27＝18(万元)。

(4)广告费和业务宣传费的扣除标准＝7 000×15％＝1 050(万元)，需调增 1 500－1 050＝450(万元)。

(5)国债利息收入为免税收入，需调减 5 万元。

(6)公益性捐赠的扣除标准为 165×12％＝19.8(万元)，需调增 20－19.8 ＝0.2(万元)。

(7)税收滞纳金和罚款不得扣除，需要调增 5＋10＝15(万元)。

(8)该公司 2018 年的应纳税所得额＝165＋18＋450－5＋0.2＋15＝643.2(万元)。

(9)该公司 2018 年应纳企业所得税税额＝643.2×25％＝160.8(万元)。

2.(1)营业收入＝5 950＋58/(1＋16％)＝5 950＋50＝6 000(万元)。

(2)国债利息 25 万元为免税收入，需调减 25 万元。

(3)银行贷款利率为 6.1％，则向商城借款 1 000 万元的利息费用只允许扣除 1 000×6.1％＝61(万元)，所以利息费用应调增 71－61＝10(万元)。

(4)广告费和业务宣传费共计发生 750＋186＝936(万元)，允许扣除的广告费和业务宣传费的限额为 6 000×15％＝900(万元)，需要调增 936－900＝36(万元)。

(5)业务招待费的扣除标准 55×60％＝33(万元)，6 000×5‰＝30(万元)，两者取较小，业务招待费需要调增 55－30＝25(万元)。

(6)捐赠 85 万元，扣除限额＝600×12％＝72(万元)，需要调增 85－72＝13(万元)。

(7)被税务机关加收滞纳金 6 万元，税前不得扣除，则需要调增 6 万元。

(8)该自行车厂本年应纳税所得额=600-25+10+36+25+13+6=665(万元)。

(9)应纳税额=665×25%=166.25(万元)。

由于全年已累计预缴企业所得税税款 150 万元，所以需要补缴所得税=166.25-150=16.25(万元)。

3.(1)业务招待费的扣除标准 140×60%=84(万元)，8 800×5‰=44(万元)，两者取较小，业务招待费需要调增 140-44=96(万元)。

(2)研发费用未形成无形资产的情况下，允许加计 50%扣除，调减金额=280×50%=140(万元)。

(3)支付给客户利息 700 万元，年利率 7%，可知借款本金=700/7%=10 000(万元)，则允许扣除的利息费用=10 000×6%=600(万元)，需要调增 700-600=100(万元)。

(4)向灾区捐赠的 50 万元的扣除标准=845×12%=101.4(万元)，捐赠没有超标不需要调增。

(5)支付给客户的违约金允许据实扣除。

(6)福利费的扣除标准=500×14%=70(万元)，需要调增 105-70=35(万元)。

(7)工会经费的扣除标准=500×2%=10(万元)，不需要调增。

(8)职工教育经费的扣除标准=500×8%=40(万元)，40 万元>20 万元，不需要调增。

(9)甲企业 2017 年的应纳税所得额=845+96-140+100+35=936(万元)。

(10)应纳企业所得税额=936×25%=234(万元)。

第七章　个人所得税法

一、单选题

1.D　2.D　3.D　4.B　5.C　6.C　7.B　8.B　9.C　10.C

二、多选题

1.BC　2.ABD　3.AC　4.BCD　5.AC

三、计算题

1.(1)应缴纳的个人所得税=(2 000-800)×20%×(1-30%)=168(元)。

(2)应缴纳的个人所得税=(3 000+4 000+5 000)×(1-20%)×14%=1 344(元)。

(3)出版小说应缴纳的个人所得税=(30 000+15 000)×(1-20%)×14%=5 040(元)。

在晚报上连载应缴纳的个人所得税=180×60×(1-20%)×14%=1 209.6(元)。

(4)2016 年出版小说应缴纳的个人所得税=5 000×(1-20%)×14%=560(元)。

2017 年再版小说应缴纳的个人所得税=(3 000-800)×14%=308(元)。

(5)应缴纳的个人所得税=(6 000+2 000)×(1−20%)×14%=896(元)。

2.(1)周某拍卖收入应缴纳的个人所得税包括两个部分，拍卖小说著作权的个人所得税=50 000×(1−20%)×20%=8 000(元)，拍卖名人书法作品的个人所得税=(35−20)×20%=3(万元)。

(2)周某股权转让行为应缴纳个人所得税=(25−10)×20%=3(万元)。

(3)周某取得的稿酬所得应缴纳个人所得税=40 000×(1−20%)×14%=4 480(元)。

(4)捐给农村义务教育可以全额扣除。

周某取得设计费收入应纳个人所得税=[30 000×(1−20%)−9 000] ×20%=3 000(元)。

3.(1)张某当年的收入=4 000×4+95 000−50 000=61 000(元)。

(2)应纳税所得额=61 000−3 500×4=61 000−14 000=47 000(元)。

(3)张某共缴纳个人所得税=47 000×20%−3 750=5 650(元)。

4.(1)工资应当缴纳的个人所得税=[(8 000−3 500)×10%−105] ×12=4 140(元)。

(2)讲学的劳务报酬应当缴纳的个人所得税=60 000×(1−20%)×30%−2 000=12 400(元)。

(3)稿酬应当缴纳的个人所得税=100 000×(1−20%)×20%×(1−30%)=11 200(元)。

(4)中奖奖金应当缴纳的个人所得税=20 000×20%=4 000(元)。

(5)李某 2017 年应缴纳的个人所得税税额=4 140+12 400+11 200+4 000=31 740(元)。

第八章　其他各税税法

一、单选题

1.D　2.B　3.C　4.D　5.A　6.B　7.A　8.A　9.B　10.C

11.A　12.D　13.C　14.C　15.D

二、多选题

1.BCD　2.ABD　3.ABC　4.AD　5.ABD　6.AC

7.CD　8.BCD　9.BD　10.ABCD　11.ACD　12.ABD

13.ABC　14.AD　15.BD

三、判断题

1.×　2.×　3.√　4.×　5.√　6.√　7.×　8.√　9.√　10.×

四、计算题

1. 第一份合同应缴纳印花税税额＝500 000×1‰＝500(元)。

第二份合同应缴纳印花税税额＝300 000×0.5‰＋100 000×1‰＝250(元)。

2.(1)公司租赁房屋应缴纳的增值税＝5 145/(1＋5%)×5%×6＝1 470(元)。纳税人不动产所在地与机构所在地不在同一县(市、区)的，向不动产所在地主管国税局预缴税款，向机构所在地主管国税局申报纳税。即按月向乙市主管国税局预缴增值税，当年预缴金额合计1 470元；按月向甲镇主管国税局作增值税纳税申报。

(2)公司当年租赁房屋应缴纳的城市维护建设税、教育费附加和地方教育附加＝1 470×(7%＋3%＋2%)＝176.4(元)。

纳税人跨地区出租不动产的，应在不动产所在地乙市预缴增值税时，以预缴增值税税额为计税依据，并按预缴增值税所在地的城市维护建设税适用税率和两个附加征收率就地计算缴纳城市维护建设税和两个附加，向乙市地方税务机关缴纳。

(3)应纳城镇土地使用税＝(3－2.5)×5×10 000＝25 000(元)。

直接用于种植、养殖、饲养的专业用地，免征城镇土地使用税。

(4)应纳房产税＝(500－100)×(1－30%)×10 000×1.2%＋5 145/(1＋5%)×6×12%＋100×(1－30%)×6/12×1.2%×10 000

＝33 600＋3 528＋4 200

＝41 328(元)

第九章　税收征收管理法

一、单选题

1.A　2.B　3.C　4.A　5.D　6.C　7.A　8.D　9.B　10.B

二、多选题

1.ABD　2.AC　3.AB　4.ABCD　5.BD　6.ABD

7.ACD　8.AC　9.ACD　10.AC

三、判断题

1.×　2.×　3.×　4.√　5.√　6.×　7.×　8.√

参考文献

[1]中国注册会计师协会．税法．北京:中国财政经济出版社,2017.

[2]全国税务师职业资格考试教材编写组．税法Ⅰ．北京:中国税务出版社,2017.

[3]全国税务师职业资格考试教材编写组．税法Ⅱ．北京:中国税务出版社,2017.

[4]财政部会计资格评价中心．经济法基础．北京:中国税务出版社,2017.

[5]全国会计专业技术资格考试大纲配套教材编写组．经济法基础．上海:立信会计出版社,2017.

[6]李晓红．税法．4版．北京:清华大学出版社,2017.

[7]章七根．企业纳税实务．北京:中国人民大学出版社,2017.

[8]马海涛．中国税制．8版．北京:中国人民大学出版社,2016.

[9]肖良林．轻轻松松营改增．北京:中国经济出版社,2017.

[10]财政部,国家税务总局．关于延续小微企业增值税政策的通知(财税〔2017〕76号).

[11]财政部,国家税务总局．关于扩大小型微利企业所得税优惠政策范围的通知(财税〔2017〕43号).

[12]东奥会计在线,www.dongao.com.